臺灣國家認同問題

與

歷史沿革概論

劉紅 編著

崧燁文化

目 錄

前言
    一、臺灣「國家認同」問題研究的意義
    二、臺灣「國家認同」問題研究的要點

第一章 臺灣「國家認同」特殊性分析
    第一節 臺灣「國家認同」的相關概念
    一、關於「國家認同」的概念
    二、關於臺灣的「國家認同」
    第二節 臺灣「國家認同」的相關性
    一、關於「原生領域的認同」
    二、關於「現實領域的認同」
    第三節 臺灣「國家認同」的歷史性
    一、臺灣早期發展階段「國家認同」的特點
    二、「軍事戒嚴」時期「國家認同」的穩定
    三、「憲政改革」時期「國家認同」的變化
    四、「台獨執政」時期「國家認同」的多元
    第四節 臺灣「國家認同」的特殊性
    一、臺灣「國家認同」的基本特點
    二、臺灣「國家認同」的基本情況
    第五節 「台獨國家認同」的危害性
    一、「台獨」蔓延的社會文化土壤
    二、臺灣政治動亂的理論依據
    三、西方干涉中國內政的藉口
    四、兩岸關係緊張的政治根源

第二章 臺灣「國家認同」的影響因素分析
    第一節 臺灣「國家認同」的原生基礎
    一、民族因素
    二、歷史因素
    三、文化因素
    四、實踐因素
    第二節 臺灣「國家認同」的政治干擾

一、專制統治與省籍矛盾激化
　　二、堅持反共意識形態
　　三、兩岸封鎖與兩岸隔絕
　　四、堅持「法統」與「兩個中國」政策
　第三節　臺灣「國家認同」的變化因素
　　一、兩岸分離的形成
　　二、發展道路的不同
　　三、雙方「差異」的出現
　第四節　臺灣「國家認同」的反向引導
　　一、「住民自決論」與誤導的提出
　　二、「特殊兩國論」與誤導的啟動
　　三、「一邊一國論」與誤導的加深
　　四、不放棄「台獨」與誤導的繼續
　第五節　臺灣「國家認同」的現實因素
　　一、接受「九二共識」與正面引導
　　二、「三不政策」與負面影響
　第六節　臺灣「國家認同」的國際干擾
　　一、西方扶持「台獨」是最早的誤導
　　二、美國插手臺灣問題是直接的誤導
　　三、推行「雙軌政策」是現實的誤導
　第七節　臺灣「國家認同」的片面引導
　　一、臺灣媒體的發展
　　二、傳媒功能與影響
　　三、傳媒與「國家認同」

第三章　臺灣「國家認同」的現實難點
　第一節　臺灣「國家認同」的轉變難點
　　一、兩岸政治對立與「國家認同」
　　二、兩岸關係階段性與「國家認同」
　　三、兩岸交流的認識與「國家認同」
　第二節　「國家認同」問題的階段性認定
　　一、和平統一是兩岸關係的最高階段
　　二、和平發展是兩岸關係的重要階段
　　三、和平發展與和平統一階段的特點

四、現階段臺灣「國家認同」的評估
第三節 影響臺灣「國家認同」變化的基本要素
一、普遍的民意因素
二、穩定的傳統因素
三、待變的政治因素
四、可變的結構因素

第四章 中華文化與臺灣「國家認同」

第一節 兩岸文化都是中華文化
一、內涵和思想上的同質性
二、特點和影響上的共同點
第二節 兩岸文化「差異」的影響
一、有利於兩岸的文化交流與合作
二、島內政治力量利用文化「差異」
三、「差異」與「國家認同」
第三節 兩岸文化交流的全面展開
一、兩岸文化交流合作的全面展開
二、兩岸文化交流合作的基本特點
三、中華文化的促進交流和整合功能
第四節 兩岸文化交流合作的功能分析
一、啟動兩岸政治協商的意識準備
二、促進兩岸經濟交流的持久動力
三、增強「中華文化認同」的專業平臺
四、推進兩岸社會認同的重要途徑

第五章 和平發展鞏固和深化背景概述

第一節 臺灣政治生態與「國家認同」的引導
一、馬英九連任成功與力堵「台獨執政」
二、國民黨主政防止「台獨勢力」復辟
三、民進黨堅持「台獨」與準備重返執政
四、藍綠較量與政治認同的社會基礎
第二節 兩岸關係有利於臺灣認同問題的引導
一、和平發展鞏固和深化階段的到來
二、鞏固和深化是為再創新局創造條件

三、鞏固和深化是要化解和平發展的阻力

第六章 影響和引導臺灣「國家認同」的路徑
第一節 充分認識「一個中國認同」的特殊意義
一、貫徹和平發展戰略的重大舉措
二、做好臺灣人民工作的檢驗標準
三、擴大兩岸交流合作的深層源泉
四、推動兩岸和平統一的信念基礎
五、臺灣內部政治構成的調節槓桿
第二節 營造引導臺灣「國家認同」的文化氛圍
一、正視兩岸文化交流合作中的問題
二、擴大兩岸文化交流的基本設想
三、適時商簽兩岸文化教育交流協議
第三節 營造引導臺灣「國家認同」的社會氛圍
一、堅持「九二共識」，累積政治互信
二、爭取臺灣民心，增加「一中認同」
三、開展綠營工作，加強人員交流
四、做好國際工作，發揮外交優勢
五、加強學術研究，探討深層問題
主要參考資料
一、文獻和書目
二、報刊和媒體

後記

前言

在兩岸關係完成歷史性轉折、和平發展取得突破性進展形勢下，臺灣的「國家認同」問題引起了人們的關注。從臺灣民意調查結果中可以看出，臺灣「國家認同」出現偏移、「統獨選擇」出現偏向、「身分認同」出現偏差、「政治歸屬」出現偏離。臺灣「國家認同」的現狀，反映出問題的複雜性、嚴峻性，以及正面影響和引導這一認同的重要性、迫切性。因而，在兩岸關係和平發展鞏固和深化階段，抓住有利機會，有重點有部署有針對性地的開展工作，影響和引導臺灣的「國家認同」，增加「一個中國認同」，對於和平統一來說是一項具有戰略意義的工作。

一、臺灣「國家認同」問題研究的意義

臺灣「國家認同」問題研究，不僅是一個嚴肅的政治問題，而且是一個嚴謹的學術課題。在兩岸關係和平發展進入鞏固和深化階段後，臺灣社會的「國家認同」、「統獨選擇」出現偏差和錯位，因而成為臺灣一些政治勢力對付大陸的「軟實力」情況下，對臺灣「國家認同」進行全面深入地研究很有必要。

（一）瞭解臺灣「國家認同」的內涵和特點

認識和瞭解臺灣「國家認同」的內涵和特點，這是研究臺灣「國家認同」問題的理論和學理準備。臺灣的「國家認同」有其特殊性，由於中國內戰遺留問題長期沒有解決、兩岸長期處於政治對立的不正常狀態中，臺灣內部在政治、經濟、文化、生活、社會、軍事、意識和安全等涉及生存和發展需要的所有領域，都存在特定的看法和觀念。因此，臺灣的「國家認同」並非是單一、傳統、習慣和理論意義上的認同，實質和形式、內涵和外延都有很大的不同，基本特點是「國家認同」與島內現狀和對大陸的看法相掛鉤。

臺灣的「國家認同」，一類是「原生領域的認同」[1]。主要有「民族認同」，這是因為包括少數民族在內的臺灣四大族群都是來自大陸；有「歷史認同」，這是因為兩岸都有共同的歷史遭遇；有「文化認同」，這是因為臺灣文化源於中華文化；有「語言認同」，這是因為在臺灣，國語、閩南話和客家話互不排斥，都是中國話；有「血脈認同」，這是因為臺灣同胞都是炎黃子孫，兩岸同胞出自同一血脈；有「地緣認同」，這是因為臺灣是移民社會，對於祖先的故鄉和現今居住地都有深刻印象；有「習俗認同」，這是因為兩岸同胞作為同文同種的民族，具有共同的生活習俗習慣。「民族、歷史、文化、語言、血脈、宗教、地緣和習俗認同」一起，成為臺灣民眾「政治歸屬」和「身分認同」的基礎，只要「8種認同」的存在，「國家認同」問題就不會嚴重到失控的程度。一類是「現實領域的認同」[2]。有「政治制度認同」，這是因為通過「憲政改革」，臺灣多元政治基本建立，逐步完善，認可程度和標準差別很大；有「意識形態認同」，這是因為在多元社會中，意識形態也開始出現多元化趨勢；有「政黨認同」，這是因為在兩黨政治格局中，出現國民黨和民進黨支持率在各自陣營中獨大的局面；有「政權認同」，這是因為臺灣政治權力由民主和選舉方式決定；有「宗教認同」，這是因為臺灣宗教異常發達，已經成為政治和社會生活的一部分；有「經濟認同」，這是因為臺灣社會在經濟發展不順的情況下，對經濟的看法越來越多；有「教育認同」，這是因為人們在認同臺灣教育發展的同時，也有對教育改革的期待和批評；有「新聞認同」，這是因為臺灣傳媒和資訊極為發達，有很大的可選性。關於民族、歷史、文化、語言、血脈、宗教、地緣和習俗等「原生領域認同」，對於臺灣民眾的「政治歸屬」和「身分認同」具有保持、維護和增加「一個中國認同」的作用。而政治制度、意識形態、政黨、政權、宗教、經濟、教育和新聞等「現實領域認同」，臺灣民眾更加重視兩岸「差異」的存在，或者說與原生領域中較高的肯定程度不同，對於現實領域的質疑要多一些，因而對於臺灣民眾的「一個中國認同」，在現階段有一定的負面影響。

觀察臺灣「國家認同」的特點，首先，多元性。「國家認同」是集體認知，社會成員是由不同族群和階層組成，認同就會因為族群和階層的不同而呈現一定的差異性和多元性，「國家認同」也是如此。其次，可塑性。「國家認同」是民意的一種體現，民意是變化和可塑的，這是民意的最基本、最普遍的特點。或者說，在相

當程度上，民意是可以引導的。「國家認同」也是這樣，隨著兩岸文化交流合作的擴大和深入，隨著兩岸關係和平發展的鞏固和深化，隨著兩岸共同利益、共同觀念、共同價值和共同命運的形成和增強，「一個中國認同」逐漸會成為臺灣「國家認同」的主流成分。第三，功能性。對於臺灣政治力量來說，通過對民意的掌握，來決定施政措施，推出具體政策，當然也包括如何按照自己的需要繼續引導民意。「國家認同」更是如此。島內反對「台獨」的泛藍陣營、支持「台獨」的泛綠陣營都把「國家認同」作為自己大陸政策的基礎，各取所需，根據自己的政治需要來選擇相應的關於認同問題的民意調查資料，為自己的政治任務服務。研究臺灣「國家認同」的內涵和特點，瞭解和掌握「國家認同」的現狀和發展趨勢，才能更好地把握臺灣的民意脈動。對於臺灣「國家認同」內涵和特點的探討，初步從理論和學術上，構建起研究臺灣「國家認同」的學理基礎。

（二）研究影響臺灣「國家認同」變化的各種因素

關於臺灣「國家認同」問題的政治和學術探討的重點之一，是對影響臺灣「國家認同」變化的各種因素進行系統研究。進入和平發展鞏固和深化階段後，一方面臺灣「國家認同」如何，是事關完成國家和平統一的時機、方法和進程選擇的大是大非問題；一方面臺灣「國家認同」出現偏移，干擾兩岸關係發展與和平統一的進程。面對如此局面，需要認真研究和解決如何增加臺灣「一個中國認同」問題。影響和引導臺灣「國家認同」轉變的關鍵，是要確定影響臺灣「國家認同」變化的各種因素，進而探討正面影響和引導這一認同的途徑和方法。

考察影響臺灣「國家認同」變化的各種因素，歷史、民族和文化的影響構成臺灣「國家認同」的核心和主體。在歷史的進程中，在中華民族前進的過程中，一部臺灣地區的開發史，就是兩岸同胞建設寶島、共同繁榮的發展史，這就是臺灣「國家認同」的源頭和根基。從民族角度看，臺灣是中國第一大島，臺灣人是中國人，是中華民族的成員，這是任何政治力量都無法改變的事實，也是臺灣「國家認同」的內核。從歷史角度看，正是歷史上兩岸的來往，聯結起兩岸人民的心靈，成為組成臺灣「國家認同」的重要元素。從文化角度看，在影響「國家認同」變化的因素中，文化顯得分外重要，因為人民的民族屬性、歷史記憶的重要性自不待言，但只

要具備相同的文化要素,即生活在相同的社會文化氛圍中就能形成相同的認同。與大陸一樣,臺灣是中國人的地方,是中華文化的所在地,兩岸文化、習俗相同,兩岸同胞共同推動中華文化的發展,中華文化成為臺灣「國家認同」的基本元素。

對於臺灣「國家認同」的干擾因素,最早來自國民黨蔣介石當局。一方面蔣介石當局撤到臺灣後,能夠增強「一個中國認同」;另一方面是蔣介石當局的專制統治導致「國家認同」的變化,不少民眾對一黨專制的仇恨,延伸為對蔣家父子、外省人、大陸和「一個中國」的敵視,「國家認同」構成開始蛻變,「一個中國認同」出現弱化。國民黨重新執政後,與大陸一起推動兩岸關係和平發展,給臺灣經濟和臺灣民眾帶來巨大的經濟利益,但改變臺灣「國家認同」演變態勢的效果不明顯,這是由於各種政治力量對於臺灣「國家認同」的建構在繼續,影響臺灣「國家認同」變化的其他因素沒有出現根本性轉變,臺灣「國家認同」多元化和複雜化現象近期不會結束。在各種誤導臺灣「國家認同」的因素中,「台獨」是罪魁禍首。「台獨」極力改變臺灣人民的「一個中國」的「民族、文化、歷史、政治認同和統獨選擇」等「國家認同」,「台獨分子」認為在不可能公開實現「台獨」的情況下,只要有「百分之八十到九十的人都認同臺灣,落實認同『國家』」,無異是完成了「獨立建國」的最為重要的軟體建設[3],也就是在臺灣民眾觀念中已經完成「獨立建國」。從中可以看出,「台獨」是如何看重引導和破解「一個中國認同」的,如何看重建立「台獨國家認同」的。對於臺灣的「一個中國認同」來說,干擾最多的是西方政治勢力插手臺灣問題。西方一些政治勢力的對台「雙軌政策」,加深「臺灣問題國際化」,增加解決臺灣問題的複雜性和長期性,帶來臺灣政治定位和政治前途的不確定性,這會造成一部分臺灣民眾對於「政治歸屬」和「身分認同」的焦慮,從而誤導臺灣「國家認同」。當然,也要看到60多年來兩岸因為發展道路、政治體制、意識形態和經濟模式的不同造成的「差異」的存在和擴大,對臺灣「國家認同」產生重大影響。關於影響臺灣「國家認同」變化的各種因素研究,是本題的研究重點,更是對臺灣「國家認同」深度研究的理論、學術價值所在。

(三)探討引導臺灣「國家認同」的路徑和氛圍

研究臺灣「國家認同」問題的政治和工作參考價值,在於從做好臺灣人民工

作、引導「國家認同」向「一個中國認同」演進角度,提出既有宏觀、戰略性的,也有務實、可操作性的對策建議。

影響和引導臺灣「國家認同」,兩岸文化交流大有作為。「國家認同」是立場、理性和情感綜合反應的產物,這就決定了國家的維繫和發展離不開文化這一根本要素。兩岸文化交流合作,客觀上講也是接受中華文化行為規範的結果,作為中華民族的成員,都有傳承、弘揚和創新中華文化的義務和責任,關鍵的一步,是在兩岸政治對立還沒有解決前,推進文化往來,通過交流合作,增強「中華文化認同」,進而可以影響和引導臺灣「國家認同」。也就是說,兩岸文化往來本身就是「中華文化認同」的體現,與「一個中國認同」的增加有著必然的關聯。兩岸文化交流合作在影響和引導臺灣的「國家認同」問題上佔有很重要的地位。首先,兩岸文化往來的領域要擴大,層次要提升,對於兩岸文化交流合作,要做到交流無限制、合作不封頂、往來無底線,應該以更大幹勁、更積極的態度,向更寬領域、更多專業、更有規模、更深層次、更高層級邁進。其次,加快兩岸文化往來機制建設。兩岸文化交流正常化、制度化和規範化,已成為兩岸共同關注的議題。機制的協商和建立,本身就是對於兩岸文化往來的重要性和意義的認識不斷深化、政策不斷完善、交流不斷成熟、效益不斷提升的過程。第三,適時商簽兩岸文化教育交流協議(以下簡稱「文教ECFA」)。協商「文教ECFA」的難點,不是在談判的具體問題,而是在現有意識形態內,如何儘量縮小不同政治體制的牽制和影響。正因為如此,簽署「文教ECFA」更有必要性和更顯重要性。

影響和引導臺灣「國家認同」,與兩岸文化交流合作一起,大陸是有責任也是可以大有作為的,大陸只要繼續保持穩定發展態勢,逐步確立對臺灣的經濟、文化、教育、科技、軍事、外交、政治、民主和法治優勢,那麼解決臺灣問題的時間就在大陸一邊,和平發展的主導權在大陸一邊,和平統一的決定權在大陸一邊。當前,臺灣「國家認同」出現偏移,「一個中國認同」、「中國人認同」、「贊成統一」的民意調查資料下降,「中華民國認同」、「臺灣人認同」、「既是臺灣人也是中國人認同」、「既是中國人也是臺灣人認同」、「維護現狀和永遠維持現狀」的民意調查資料增加,「台獨認同」、「臺灣共和國認同」、「立即台獨和傾向台獨」的民意調查資料沒有下降。臺灣「國家認同」的偏移狀況,要求大陸保持清醒

的頭腦，既不要急躁冒進，也不要被動觀望，要認真學習中共十八大對台工作戰略和政策，從兩岸關係實際出發，根據對台工作和爭取臺灣民心的特殊性，抓住「國家認同」的要點和重點，從推進兩岸關係和平發展鞏固和深化，推進和平統一進程的高度，戰略上求穩求准，戰術上主動作為，影響和引導臺灣「國家認同」朝著有利於增加「一個中國認同」的方向發展。

爭取臺灣民意是一項長期、複雜的系統工程，涉及對台工作的方方面面，從已有的經驗看，首先，加強兩岸情感紐帶，先從解決社會文化和經濟基礎等方面的融合入手，讓兩岸同胞從日常生活中切實感受到兩岸是「命運共同體」，以此構建「一個中國認同」的生活現實基礎。其次，厚植兩岸共同經濟利益，在《兩岸經濟合作框架協議》（ECFA）基礎上，推動兩岸經濟關係正常化、經濟合作制度化（「經濟兩化」）進程，以此構建臺灣「一個中國認同」的經濟基礎。第三，形成「一中框架、兩岸一國」的政治共識。兩岸之間通過深入探討統一前的政治關係，形成結束政治對立和簽訂和平協定的原則、程式、路徑、方法的共同認知，以此構建「一個中國認同」的政治基礎。爭取臺灣民心是一個長期任務，絕非是一時權宜之計和「統戰計謀」，不因局勢的一時波動而動搖，也不因少數人的蓄意干擾而有改變。對於如何爭取民心、如何影響和引導臺灣「國家認同」，提出工作建議，是本書的理論和學術研究重點，也是對於開展對台工作實踐的參考價值所在。

二、臺灣「國家認同」問題研究的要點

完成《臺灣「國家認同」問題概論》拙稿的難度較大，無論是瞭解研究現狀和確立研究方法，還是確定研究架構和做好研究創新，都涉及臺灣政治和社情民意、兩岸關係和交流、中華文化和兩岸文化交流合作、和平發展與和平統一、「一國兩制臺灣模式」理論和實踐研究等多個領域，這對做好本題研究提出了很高要求，也成為研究進行過程中一直思考和關注的內容。

（一）研究現狀

前言

在對台研究中，無論是理論學術研究，還是政治政策研究，研究臺灣「國家認同」問題一直是熱點、重點。只是由於對於這一問題的評估體系不夠完整，由於臺灣「民族、文化、歷史、政治認同和統獨選擇」等「國家認同」存在的多元、變動和可塑等特點，由於兩岸體制、觀念和關注點的不同，兩岸對於臺灣「國家認同」問題的研究不平衡，就是在兩岸各自內部研究也不一致。

一是臺灣的研究成果多，大陸的研究成果相對少一些。由於兩岸關係對於臺灣政局演變的影響越來越大，臺灣民意和「國家認同」的重要性日益顯露，研究「國家認同」的學者和成果也在增加。從數量上看，研究同類問題的大陸學者和成果，要比臺灣相對少一些，還沒有出現規模效應。

二是時事評論多，學術成果少。從30年來，特別是從2008年以來的兩岸交流實踐看，兩岸學者都十分重視臺灣「國家認同」問題研究。大陸論及臺灣「國家認同」的文章，大部分屬於時事評論，更多地強調這一問題的重要性，系統研究、深度研究、專題研究和學術研究的成果較少。

三是關注民調的多，進行深度研究的少。在臺灣「國家認同」的表達中，最具代表性和功能性的，也最有影響力的，應該是臺灣的民意調查各類資料。正是因為如此，在研究臺灣民意的成果中，一般都把民意調查結果作為研究的資料和根據。但是也要看到，就臺灣「國家認同」具體情況論，臺灣民意的表達方式很多，有「民意調查式、民間接觸式、學術交流式、公共輿論式、政黨宣示式、課堂教育式」等多種方式和途徑，在研究時要注重民意調查資料，更要對其進行系統、綜合和對比分析。

四是宣示立場多，扎實研究少。對於臺灣「國家認同」問題研究，臺灣學者更多的是一邊套用民調資料，一邊結合西方政治學、社會學理論，具有很強的針對性和實用性。應該說臺灣學者對於臺灣民意的研究較為系統、全面一些，與臺灣社會民眾的心理距離相對較近，學術研究的內涵較為豐富，但是因立場的不同有些結論牽強附會。大陸學者更多的是強調要全面、客觀分析臺灣「民族、文化、歷史、政治認同和統獨選擇」等「國家認同」的作用。特別是在藍綠陣營嚴重對立、社會基

本矛盾高度激化的情況下，要看到「國家認同」的局限性，找到有效影響和引導臺灣「國家認同」變化的途徑和辦法。

五是政治考慮多，認真研究少。在臺灣的「國家認同」問題研究中，深受「泛政治化」影響。朝野雙方都表示重視「國家認同」，實際上都把「國家認同」作為爭取選民和打壓對手的工具。對於綠營來說，重視「國家認同」更是為了擴大「台獨國家認同」和對支持者進行政治動員。臺灣學界在研究「國家認同」問題時，也受到「泛政治化」的影響。

六是一般建議多，戰略設想少。在如何影響和引導臺灣「國家認同」演變方向問題上，大陸學界提出過不少對策建議，但在近期和長遠、戰術和戰略、內部和公開相結合上，提出更有針對性和實效性的工作建議方面有些不足。

（二）研究方法

正確的研究方法，是做好專題研究的保證。在本題研究中，是在堅持歷史唯物主義和辯證唯物主義，認真掌握和運用中央對台工作戰略、方針和政策基礎上，做好研究工作。

一是歷史分析法。今天臺灣「國家認同」，由「一個中國認同」變化為多種認同，這一狀況的出現非一日之寒。特別是60多年來，從島內政局看，先是蔣介石、蔣經國父子的專制統治，再是李登輝和陳水扁的「台獨」執政，然後是國民黨再執政後的「不統、不獨、不武政策」，對於「國家認同」的影響和引導；從兩岸關係看，先後經歷了兩岸軍事封鎖、對峙下的交流交往、共同推進和平發展三個階段，對於「國家認同」的影響和引導；從國際上看，西方一些政治勢力推行的利用臺灣問題干預中國發展的圖謀，對於「國家認同」的影響和引導。因此，必須對此進行歷史分析。這是進行本題研究的基礎。

二是文獻歸納法。研究臺灣「國家認同」問題具有實踐性和理論性緊密結合的特點，由於臺灣「國家認同」的複雜性和重要性，文獻資料很多，在研究中特別需要查閱相關檔案、著作、論文、期刊和報紙等，鑒別、整理和分析背景資料及其他

研究者的觀點，分析整理出支撐本題研究的資料和文獻。這是進行本題研究的必要準備。

三是行為研究法。在多元化的臺灣社會裡，不同政治立場、不同政治陣營的對於「國家認同」的看法不同，並且成為他們各自大陸政策和公共政策的組成部分，在社會上有不同的行為表現。有必要對他們的不同主張、不同表現進行比較分析，這是進行本題研究的關鍵。

四是統計分類法。圍繞臺灣社會和民眾的「民族、文化、歷史、政治認同和統獨選擇」等「國家認同」，在臺灣有著廣泛的表達方式，特別是民調機構定期進行跟蹤式調查，民意調查資料很多很全，需要進行統計、鑒別和分析，通過定量分析研究，解讀出符合兩岸關係和島內政治現實的結果，這是進行本題研究的要點。

總之，在研究方法上，儘量做到策略行為研究和戰略結構研究相結合，文獻研究和實證研究相結合，統計研究和比較研究相結合，歷史分析和邏輯分析相結合，定性分析和定量分析相結合，理論分析和實踐分析相結合。在研究中，結合政治學、社會學和政黨學，輔以歷史學、社會學、統計學、國際法學、國際政治學等理論和系統知識，指導完成本題研究。

（三）研究思路

在兩岸關係和平發展取得突破性進展和一系列重大成果情況下，臺灣的「國家認同」出現複雜化現象，島內一些政治勢力也把「國家認同」的多元化作為對付大陸的軟實力，如何應對這一問題既現實又重要。對此，作為前提條件，就是要對臺灣「國家認同」進行系統、深入研究。

一是論證臺灣「國家認同」的概念、內涵、特點和現狀等問題，這是進行本題研究的基礎。在兩岸政治對立沒有解決情況下，臺灣「國家認同」問題很複雜，概念、內涵界定也不明確，藍綠雙方對於「國家認同」的解釋各有不同，如何解讀和評估臺灣「國家認同」的現狀更是各說各話，兩岸也各有各的看法。因此，探討臺灣「國家認同」的概念和特點是第一步。

二是通過政治學、社會學的相關理論探討，對臺灣「國家認同」進行理論和學術層面的跨學科分析，建立這一問題的研究架構和體系，重點是解釋臺灣「國家認同」的理論和政治特徵。為此，建立在政治學、社會學和統計學理論基礎上的研究，結合研究主題，掌握和分析在開放性表達方式下出現的豐富的統計資料，研究影響臺灣「國家認同」變化的各種因素，確定研究臺灣「國家認同」問題的基本脈絡，為順利開展研究和取得理想成果，做好研究理論基礎、思想認識和學識素質等方面的準備。

三是透過研究臺灣「國家認同」的功能和影響，要看到在臺灣選舉已經制度化的情況下，民意地位和功能上升是必然的。也要看到在尊重民意的背後，時常出現民意被誤導、被扭曲現象，對於「民族、文化、歷史、政治認同和統獨選擇」等「國家認同」也是如此。因此，研究臺灣「國家認同」的功能和影響，更要研究現實中的「國家認同」被利用的情況。

四是研究臺灣「國家認同」對兩岸關係的影響。在「台獨勢力」和其他因素的誤導下，部分臺灣民眾對於臺灣前途的認知、對於自我認同的定位以及對兩岸關係的看法都發生了一些變化。因此，一方面是堅決反對「台獨」，制止「分離和趨獨傾向」成為當務之急；另一方面是引導廣大臺灣同胞做兩岸關係和平發展鞏固和深化的促進派。要充分認識這一問題的重要性和迫切性。

五是透過影響臺灣「國家認同」變化的各種因素的研究，要研究臺灣「國家認同」演變的原因，有針對性有重點有區別分層次分物件地開展工作。提出影響和引導臺灣民意和「國家認同」朝著增加「一個中國認同」方向變化的路徑和要點。目前兩岸大交流大合作大發展局面已經形成，但由於兩岸政治對立沒有解決，在政治互信有待增強、臺灣民眾對大陸還有猜忌和疑慮情況下，做好正面影響和引導臺灣「國家認同」的工作，逐步改變島內民眾對大陸認識、「國家認同」和臺灣前途等重大問題上存在的片面看法，拆除橫亙在兩岸大眾之間有形、無形的政治和心理藩籬，凝聚兩岸社會的向心力，把臺灣民意變成促進兩岸關係和平發展鞏固和深化、實現祖國和平統一的動力。

（四）創新、難點

　　《臺灣「國家認同」問題概論》的創新點，首先，量化研究。對於社會科學和意識形態類的專題研究，尤其是「國家認同」問題研究，進行定量分析難度很大。問題是臺灣「國家認同」是靠民意調查資料支撐的，因此量化分析必不可少。透過量化，才能正確、到位評估臺灣「國家認同」在兩岸關係發展、臺灣政局變化之間的作用。這是在研究中需要嘗試的。其次，對臺灣「國家認同」的評估體系的研究。臺灣「國家認同」構成多元，功能和作用被異化，重要的問題是如何看待各種民意調查資料。如何科學解讀臺灣民意調查結果和評估臺灣「國家認同」現狀，是一個重大的現實問題和理論問題，具有很高的理論價值和實踐意義。第三，對策建議。面對臺灣「國家認同」的多元化，研究目的之一是，為解決這一問題，提出有針對性、可操作性、務實和到位的對策建議。對台研究系統已經提出過很多對策建議，作為理論和學術研究，本題能否提出為對台工作系統所認可、有新意、可操作的建議是創新點的關鍵。

　　研究本題的要點和難點，首先，建立關於臺灣「國家認同」問題的研究架構。作為一個專門研究臺灣「國家認同」的專題，嘗試確立研究框架和體系，建立起理論基礎、學術論述、現狀分析、調查實證、影響評估和對策建議的研究架構，是難點之一。其次，探討和論述臺灣「國家認同」與兩岸關係相互影響的節點。臺灣「國家認同」現狀與和平發展出現一些落差，和平發展成果對於增加反獨政黨在選舉時的得票效果有限，這一現象的原因是什麼？如何才能使臺灣「國家認同」與兩岸關係和平發展接軌，這是研究中思考的問題。第三，完成對影響臺灣「國家認同」變化的各種因素的分類研究。在影響臺灣民意的諸多因素中，影響的程度、過程和正負面作用是不一樣的，完成影響臺灣「國家認同」變化的各種因素的分類和評估，是本題研究的重要組成部分。第四，在理論探討和實證基礎上提出有效、系統、務實和具有可操作性的對策建議。加強臺灣「國家認同」研究的目的之一，是對影響和引導臺灣「國家認同」工作提出對策建議，如何避免一般化和空洞化，是本題研究的重點和最大難點所在。

注釋

[1].民眾認同中關於民族、歷史、文化、語言、血脈、宗教、地緣和習俗等內容定為「原生領域」並不確切，在此只是借用一下。

[2].民眾認同中關於政治、意識形態、制度、政黨、政權、民主、人權、經濟、教育等方面的內容定為「現實領域」也不確切，在此只是借用一下。

[3].《李登輝提二〇〇八「建國」論》，參見2002年7月25日臺灣《聯合報》，A1。

第一章 臺灣「國家認同」特殊性分析

　　對於兩岸關係來說，最簡單最明確的身分認同，只需要一個表述：「我是中國人」。在臺灣這一特定的環境中，「統獨選擇」出現「統不升獨不降」的態勢，「國家認同」則變成對於「中國、中華人民共和國、『中華民國』、『臺灣共和國』、中國人、臺灣人、既是臺灣人也是中國人、既是中國人也是臺灣人」等多種認同。以馬英九為例，他表示「血統上，我是中華民族炎黃子孫；身分上，我認同臺灣，為臺灣打拼，我是臺灣人；國籍上，我是『中華民國國民』；而我也是『中華民國總統』。」[1] 從馬英九的表述中，可以看出臺灣民眾認同的特殊性，也反應出瞭解、評估、影響和引導臺灣「國家認同」的緊迫性和必要性。

第一節 臺灣「國家認同」的相關概念

　　無論是理論探討角度，還是實踐層次，臺灣「國家認同」的現狀、變化原因和相關問題都很複雜，釐清概念很有必要。

一、關於「國家認同」的概念

　　對於「國家認同」，政治學定義不一。如有歷史上的「治權獨立的」共同體、政治實體、政治共同體，以及近代「民族國家」的「廣義國家」。如有近代產生的國際體系中的「民族國家、主權國家」的「狹義國家」。如歷史上的「治權獨立和民族統一」的政治共同體，只是具備現代主權民族國家的雛形。只有近代出現的主權與民族於一體的「民族國家」，才是真正意義的國家。在公認為國家的「民族國家」中，存在單一民族國家、同一民族成立不同國家、多民族國家等幾種形式。「民族國家」的內涵，包含主權、政治和實力之外，還有人種、民族、血緣、地域、歷史、文化、習俗、宗教、思維方式和價值觀念等概念，帶有強烈的政治、道

德和感情色彩。無論是「廣義國家」還是「狹義國家」，中國都是國家形成和發展過程中的典型。在中國的發展過程中，由56個民族組成、包括臺灣同胞在內的所有中國人，形成了以民族意識和傳統文化為牢固基礎的「國家認同」，維護國家（不同階段國家的形式不同）的統一和實現民族的振興成為中華民族成員的神聖職責。對「國家」的定義確立了評判認同的標準，因而評判臺灣「國家認同」現狀和演變方向的標準，就是看其對中華民族固有的「中國認同」的回歸程度。

對於「認同」簡單地說，就是「我是誰？」「我屬於哪裡？」。政治學定義不一，威廉‧詹姆斯說是「一個人的性格特徵可以在精神或道德態度上看出，當這種情形突然發生在自己身上時，他會感到自己充滿生機和活力。這一刻，有一種發自內心的聲音在說，這才是真正的自我。」[2] 他把「認同」說成是「性格」。西格蒙德‧佛洛德說是「看作是一個心理過程，是個人向另一個人或團體的價值、規範與面貌去模仿、內化並形成自己的行為模式的過程，認同是個體與他人有情感聯繫的原始形式。」[3] 他把「認同」說成是「心理過程」。查理斯‧泰勒說是源自「依賴一些無法選擇的、基於血緣或宗族的有關『自我根源』的因素」。[4] 他把「認同」說成是「自我根源」。江宜樺認為，一是「同一、等同」，二是「確認、歸屬」，三是「贊同、同意」。[5] 在「同一、等同」內涵和基礎上形成「身分確認和政治歸屬」的認同後，因為出現「差異」導致「身分確認和政治歸屬」的認同出現分歧、分化，而要重新形成一致的「身分確認和政治歸屬」的認同時，正確認識和對待導致認同分化的「差異」就變得十分重要，成為認同的重要組成部分。那麼，「自我根源」包括「共同的歷史、經驗和集體記憶」，「心理過程」是對「自我根源」的認識、判斷，「性格」則是在判斷的基礎上確定認同後的「結論和享受」。具體地說，在「共同的歷史、經驗和集體記憶」的基礎上，透過主觀判斷，來「確認」自己的身分決定自己的「歸屬」。這一認同的形成時間和方式，取決於事實上的「差異」程度和宣傳上的「差異」程度，以及對於「差異」的瞭解、尊重和認同的程度。因此，「同一和等同，確認和歸屬，差異存在」的「認同三部曲」，有助於對臺灣「國家認同」問題產生根源的探討，有助於對於臺灣「國家認同」現狀的分析和判斷標準的確立，有助於影響和引導途徑的探討。

「國家認同」乃是國家建立和存在的基礎，是社會成員在心理上對國家產生歸

屬的狀態。共同的地理、歷史、語言和公共意志,乃是「國家認同」形成和維持的主要條件。[6] 政治學認為,「國家認同」是和「民族認同」、「制度認同」緊密相連,因而存在兩種方式,一是民族主義式的「國家認同」。無論是「原生民族論」,還是「建構民族論」,都承認民族和民族主義對國家和「國家認同」的決定性意義:同一民族成員充分肯定本民族的文化、歷史、語言、血緣、神話、習俗和宗教的優越性,並把其視之為「正義、善良和美好」的代表,更是存在和發展的基礎,「國家」是保護民族生存和發展的「外殼」。「國家認同」和「民族認同」是一致的。

二是自由主義式的「國家認同」。自由主義強調個人主義的自由和平等,認為制度的功能是保障個人的自由權利充分發揮和免受他人侵犯,因此自由主義認為憲政制度才是「國家認同」的基礎。「國家認同」從民族主義來源到自由主義來源的轉型,是從情感層次向認知層次的轉型,是從本能、移情層次認同向自覺、理性層次認同的轉型;是從透過政治系統的「輸入」獲得「國家認同」到透過「輸出」獲得「國家認同」的轉型,是從基於價值、觀念絕對同一的認同,向基於相互依賴、向合作關係的認同的轉型,是從透過強制灌輸獲得認同向透過自由溝通獲得認同的轉型,是從封閉、僵化的認同向開放、包容的「國家認同」的轉型。[7] 兩種「認同」提出的問題是,在影響和引導臺灣「國家認同」過程中,具有同屬中華民族、民族認同的優勢,更有對實現和平統一過程中建立什麼樣的政治體制的要求。

二、關於臺灣的「國家認同」

無論是從以性質劃分的民族主義、自由主義為基點的「認同」出發,還是從內容劃分以「同一、確認和差異」為要點的「認同」出發,或是從分類劃分的原生性的「性格」、「自我根源」或建構性的「心理過程」的「認同」出發,都要聯繫兩岸延續60多年的敵對狀態、島內「台獨」和反獨的基本矛盾、兩岸關係和平發展的取得重大成就、選舉敏感期定期且頻繁出現等特殊背景,因此臺灣「國家認同」的要素,集中表現為對「族群關係、歷史文化傳統、政治社會經濟體制」的認同。[8]「一般來說,前兩者即族群關係、歷史文化傳統被認為是以民族主義為出發點的國家認同,後者即政治社會經濟體制被認為是以自由主義為出發點的國家認同。」[9]

對族群關係的認同實質是對自己身分的「確認」，對歷史文化傳統的認同實質是對民族進而是對祖國的「歸屬」，對政治社會經濟體制的認同實質是對兩岸「差異」的認知。[10] 一個人類共同體之所以成為一個民族和國家，是因為這個共同體的每個成員對這個群體具有無可替代的歸屬感。在臺灣「國家認同」問題中，在「確認」和「歸屬」問題上出現偏差，關鍵原因之一是在對兩岸存在的「差異」的認識和認定上。也就是說，要想改變臺灣民眾中原有的對於一個中國的「確認、歸屬意識」，必須要增加、加深「差異」。蔡英文對「認同」的定義就是，「個體或群體在變動的生活經驗中，尋求某種恆定的特質，以此區別其他的人或團體。」[11] 李登輝、陳水扁為代表的「台獨」勢力就是極力編造、擴大臺灣「區別」大陸的「差異」，以影響和改變臺灣民眾的「確認、歸屬」的「認同」。如此，臺灣「國家認同」的正反兩面的脈絡就清楚了。

臺灣「國家認同」問題較為複雜，從現狀上看，從民族主義的「國家認同觀」，從「確認、歸屬」方面，從原生性的「性格」和「自我根源」角度，從「族群關係、歷史文化傳統」領域，臺灣「國家認同」中的關於中華民族、中華文化、故鄉故土、先祖先輩的內涵是很難改變的。透過現實分析可以看到，這些「認同」屬於在傳統文化和習俗作用下，基於價值、觀念同一的情感和本能層次。無論是在「國家認同」的演變中，還是在推進和平發展鞏固和深化、和平統一過程中，此類認同是不以人們的意志為轉移的，成為增加「一個中國認同」的動力和源泉。此外，屬於不同政治力量引導下，部分民眾「自覺改變」、「自由溝通」形成的理性層次的認同，在「國家認同」問題上主要表現為多元化。就兩岸之間講，這種現象是對兩岸「差異」、島內政治「差異」認知的結果。「差異」之所以決定認同，是因為認同除了是對「自身」和「所屬群體」即「中國臺灣人、群體」的認識和接受，還要認同範圍內的「他者」和「其他群體」即「中國大陸人、群體」的認識和接受，雙方「差異」的存在和誤解，是影響兩岸形成同一「國家認同」的重要因素之一。面對兩岸發展道路、政治體制、意識形態和經濟模式的不同，自由主義視角下的「國家認同」，「更為強調對憲政制度的認同，民族血緣文化認同的重要性相對降低。是否有足以保障個人權利的適當的憲政制度，就成為衡量公民能在多大程度上形成『國家認同』的指標。」[12] 兩岸政治經濟體制的不同，直接影響到兩岸

同一「國家認同」的形成。透過對臺灣「國家認同」的概念、內涵、特點、影響的探討，可以找到臺灣「國家認同」問題所在，即能否正確對待和認同兩岸「差異」，是影響和引導臺灣「國家認同」走向的關鍵之一。

第二節 臺灣「國家認同」的相關性

由於臺灣政治定位問題長期沒有解決和兩岸長期處於政治對立之中，在臺灣的社會生活中，在政治、經濟、文化、生活、社會、軍事、意識和安全等涉及人們生存和發展需要的各領域，都存在「同一、確認、差異」問題。這些對生存和發展所需要的環境、條件的認同也好，對於存在的「差異」的認識也好，在臺灣現有政治制度下，個人意志得到充分體現，立場和看法出現多元化，這是十分正常的現象。在臺灣社會存在的各類認同中，絕大部分都無法擺脫兩岸關係的作用和影響。因此，臺灣的「國家認同」並非是單一、傳統、習慣和理論意義上的認同，在實質和形式、內涵和外延上都有很大不同，基本特點是「國家認同」與島內政治動態和對大陸看法相掛鉤。

一、關於「原生領域的認同」

此類臺灣「國家認同」的構成中，主要有「民族認同」，臺灣四大族群的先祖都是來自大陸，少數民族與遠古時期的大陸居民同為一脈，閩南和客家人自明清時期起移居臺灣，外省籍大部在臺灣光復和國民黨政權撤往臺灣時遷台，因此在「民族認同」方面，「數典忘祖」的不多。

有「歷史認同」，歷史上兩岸相連，兩岸被欺淩的遭遇在時間和過程有不同，但性質一樣，都是外國列強欺負的結果。在中華民族的復興歷程中，值得萬幸的是，兩岸關係和平發展迎來了兩岸同胞共同譜寫新的歷史篇章的新局面，因此在「歷史認同」方面，除了「台獨」分子把臺灣史和中國史對立、為「台獨」編造歷史基礎外，臺灣民眾否認「歷史認同」的不多。

有「文化認同」，臺灣文化源於中華文化，從文學、詩歌、歌曲、戲曲、影視、書畫和建築等文化範疇論，臺灣文化如果排除中華文化基因，自身也將不存在。這是「台獨勢力」極力推行「去中國化」、「文化台獨」沒有得逞的原因之一。應該說「文化認同」是臺灣的「主流認同」。

有「語言認同」，在臺灣語言環境裡，只有在特定選舉期內、在特定選民面前使用相應語言，從全社會看，國語是法定語言，都是中國話的閩南話和客家話同樣流行，社會上都能接受。語言是對交流、認同和歸屬感作用最強的要素，鄉音、國語都有無法抵制的魅力。「文化台獨」囂張時，曾經推行過「通用拼音」等「台獨語言」，喧囂一時但沒有得逞，是因為「語言認同」是無法改變的。

有「血脈認同」，在所有認同中，「同種」的「血脈認同」是基礎，是構成其他認同的前提。臺灣四族群都是炎黃子孫，兩岸同胞出自同一血脈是無法改變的事實，甚至「台獨」分子也不敢說自己不是中國人的後代。只要「血脈認同」的存在就無法擺脫中國元素，更不用說從中國分裂出去。

有「地緣認同」，三代以來的居住地是對「地緣認同」影響最大的因素，對認同主體的所聞所見所歷起著決定性的作用。在人的身分認同中，應該說幾代人的居住地是最直接的思考方向和判斷標準。特別是在兩岸政治對立情況下，「現在居住地」應該和「身分認同」有直接聯繫。

有「習俗認同」，在臺灣民眾的生活習慣中，有西式，有中式，有貴族式，有平民式，有知識份子式，有勞動階層式，有城市式，有鄉村式。但建立在骨子裡、根深蒂固的存在的，就是兩岸同文同種居民的共同習俗，特別是葉落歸根的心態更是集中體現出「習俗認同」的存在和必要。「習俗認同」與「民族、歷史、文化、語言、血脈、宗教和地緣認同」一起，成為臺灣民眾「身分認同」的基礎，只要這些「認同」的存在，「國家認同」多元化的問題就不會嚴重到失控的程度。

二、關於「現實領域的認同」

此類臺灣「國家認同」的構成中，主要有「政治制度認同」，臺灣政治制度分為三類：一類是一黨專制，在國民黨當局撤到臺灣後的40年間，實施「黨禁、報禁」，人民沒有組黨、言論和集會自由，民眾的基本權益被壓制，從民意和認同角度看，否認一黨專制是主流。一類是政黨政治，從「憲政改革」開始到先後實現兩次政黨輪替，臺灣多元政治基本建立，逐步完善，對此認同程度很高。一類是「台獨執政」，以激化社會基本矛盾、加劇族群對立、煽動分裂分治和阻礙經濟發展為特徵，主流民意對此也是持否定態度。在「政治制度認同」上，如果加上兩岸因素，臺灣民眾對大陸政治制度的認同要少一些。

有「意識形態認同」，臺灣意識形態深受中華傳統文化和西方文化的影響，特點是國民黨當局奉行多年的反共政策，民進黨也長期進行敵視大陸的宣傳。在多元社會中，意識形態出現多元化趨勢。如果加上兩岸因素，臺灣民眾對大陸意識形態的認同要少一些。

有「政黨認同」。「憲政改革」結束「黨禁」、開放組黨後，臺灣政黨林立，組成泛藍軍和泛綠軍兩大陣營，泛藍軍有國民黨、親民黨和新黨等政黨組成，泛綠軍由民進黨、台聯黨等政黨組成。在「台獨執政」中後期，特別是2008年1月舉行的第7屆「立委」選舉改為「單一選區兩票制」後，政黨發展趨勢是對大党有利，「政黨認同」也就出現國民黨和民進黨支持率在各自陣營中獨大的局面。如果加上兩岸因素，臺灣民眾對大陸政黨的認同要少一些。

有「政權認同」。臺灣政權有兩類，一類是「專制政府」，一類是「行憲政府」。「專制政府」是國民黨一黨專制的產物，在臺灣存在長達近40年，表面上是按照「憲法」產生，實質是由蔣介石、蔣經國當局決定，民意對此深惡痛絕。「行憲政府」是按照「憲法」規定，由民選產生，因此在臺灣不存在認同問題。如果加上兩岸因素，臺灣民眾對大陸政權的認同要少一些。

有「宗教認同」，臺灣宗教異常發達，分為兩大部分：一是「制度化宗教」，有系統化的教義和經典，有特定的組織和場所，有與日常生活不同的儀式和活動。一是「普化宗教」，信仰、教義、儀式和活動深入民間和生活，因而成為日常生活

的一部分。兩類宗教大部分源自於大陸,「宗教認同」的主流是兩岸一家,當然也有利用宗教鼓吹「台獨」的情況,宗教界也有「頑固台獨組織」。

　　有「經濟認同」,臺灣經濟發展與政治的關係具有特殊性,在一黨專制階段,臺灣經濟取得令其自豪的成就。在1996年3月,隨著「總統」選舉舉行、政黨政治開始起步,當然也是在亞洲和國際金融危機衝擊下,臺灣經濟進入緩慢發展階段。對於臺灣經濟,臺灣民意認同呈現兩極,一邊是過高肯定臺灣經濟的發展水準,一邊是對經濟狀況的嚴厲批評。在大陸經濟快速發展起來後,對於大陸經濟的認同也開始增加。

　　有「教育認同」,臺灣教育現代化、與西方教育體制接軌起步較早,無論是初中級義務教育,還是職業教育和高等教育都相當發達。臺灣民眾在較好的教育環境中接受較好教育的同時,對臺灣教育的認同度也較高,當然其中也包括對教育改革的期待和批評。如果加上兩岸因素,臺灣民眾對大陸教育的認同度要少一些。

　　有「新聞認同」,臺灣新聞事業極為普及,人均擁有的傳統媒體、聲像數碼媒體比例相當高,資訊極為發達。雖說過多過快過細過煩過偏的新聞資訊從某種程度上影響了正常的社會生活,但從人們的知情權和新聞業發展來看,具有必要性。正因為如此,在這一背景下,臺灣民眾對大陸新聞的認同要少一些。

　　關於民族、歷史、文化、語言、血脈、宗教、地緣和習俗等「原生領域認同」,對於臺灣民眾的「身分認同」具有保持和增加「中國認同」的作用。而政治制度、意識形態、政黨、政權、宗教、經濟、教育、新聞等「現實領域認同」中,臺灣民眾看重上述領域中兩岸「差異」的存在。對於兩岸「差異」,對原生領域的「政治認同」影響不大,有較高的認同。在現實領域的「政治認同」中,則反應較為強烈,把兩種制度下客觀、合理存在的「差異」當成「差距」,甚至成為「台獨分子」宣揚「台獨」的依據。

　　觀察上述情況,自然會提出兩個疑問,首先,在美國居民中,「原生領域認同」的基礎幾乎沒有,但是「現實領域認同」有著高度的一致,對「美國」的認同

比例較高,也就是說原生領域的認同並非是影響和引導「國家認同」的決定性條件。美國例子表明,國家強大是國人「國家認同」的關鍵。其次,與兩岸中國人大致相同,朝鮮半島雙方的原生認同較高,現實認同幾乎對立,但是沒有出現「朝獨」或「韓獨」,也就是說沒有降低對祖國的認同。半島例子表明,分離雙方的實力相當是維護「國家認同」的重要條件,不會因為實力過分懸殊而使得永遠無法主導統一的弱小一方尋找分裂空間。這就提出一個問題,臺灣存在的「國家認同」問題的解決,一要靠大陸的發展,增加對臺灣民眾的吸引力。二是在大陸對台優勢不斷增加的前提下,要靠兩岸瞭解、尊重和認同現實領域的「差異」,逐步影響和引導臺灣「國家認同」,增加「一個中國認同」。

第三節 臺灣「國家認同」的歷史性

臺灣作為移民社會,「國家認同」問題一直存在,從性質上看,20世紀90年代之前,「一個中國認同」是臺灣社會的主流;90年代中期起,「國家認同」開始出現偏差。在臺灣社會的發展過程中,可以看出「國家認同」演變的基本脈絡。

一、臺灣早期發展階段「國家認同」的特點

臺灣作為移民社會,因為所處歷史階段的社會性質和基本矛盾的不同,「國家認同」的主題、內涵和影響也不同。

(一)「鄉土意識」,臺灣早期的「國家認同」

臺灣的早期開發,凝聚著中華祖先的血汗,融匯著中華民族的精神。在臺灣的發展過程中,少數民族是在臺灣海峽形成前、兩岸連在一起時就在當地定居。閩南人、客家人和外省籍都是在不同背景下從大陸過去的移民。他們「帶去先進的生產方式,由南到北,由西及東,筆路藍縷,披荊斬棘,大大加速了臺灣整體開發的進程。這一史實說明,臺灣和中國其他省區一樣,同為中國各族人民所開拓所定居。」[13] 在不同階段渡海赴台的移民們,彼此相處形成了初級的社會群體,在他

們的生存奮鬥過程中，自然產生愛臺灣、愛家鄉的「鄉土意識」，形成「大家都生活在遠離大陸故鄉的一個海島之上」的共同的地域性認同即「島民意識」。這一意識更多的是建立在定居、建設臺灣的認識基礎上的。

（二）「祖國認同」，荷蘭入侵時期的「國家認同」

臺灣近代要比大陸更早遭受外國列強的侵略，早在1624年擁有世界上最強大海軍的荷蘭侵佔中國臺灣。荷蘭殖民者在臺灣長達38年的殖民統治過程中，對中國人實行政治高壓統治，軍事殘酷鎮壓，經濟瘋狂掠奪，文化強制傳播西方宗教。荷蘭殖民者的統治，必然遭到臺灣民眾的強烈反抗，比較大規模的反抗鬥爭有二三十起。其中，規模最大、最為著名的當屬1652年的「郭懷一起義」，雙方戰鬥持續了15天，約有6000名義軍在起義中壯烈犧牲。在荷蘭侵台期間，西班牙還佔領臺灣北部16年。荷蘭、西班牙人的殘酷剝削和高壓統治，激發起臺灣中國人的「祖國意識」，也就是一種共同反抗異族統治的漢民族意識。在熱愛用血汗建成的新的家鄉、保衛海島的同時，包含中華民族共同的民族意識，在面對異族入侵時，同仇敵愾，攜手抵抗。「國家認同」在反擊外侵時得到充分表達。

（三）「反清復明」，「明鄭時期」的「國家認同」

1662年2月，民族英雄鄭成功在臺灣人民的配合下，率部收復臺灣，臺灣收復奠定了臺灣社會以後發展的基礎。隨著大批軍事和民間移民的到來，臺灣的漢族人口迅速增加。此外，鄭成功奉行民族和睦的政策，注重團結當地土著上層人士，幫助土著居民發展生產，爭取土著民眾對驅荷和抗清事業的支持。與此同時，開始把大陸的政治制度和文教制度移植到臺灣，設立官治組織，厲行法治，大興文教，實施屯墾，發展貿易，推動了臺灣經濟、文化的發展。「明鄭時期」的特點是奉明朝為正朔，繼續使用明朝永曆帝所封的「延平郡王」稱號，高舉「反清復明」的大旗。「反清復明」的漢民族意識，成為當時萌發的社會認同的主要表現形式和內容。

（四）「鄉土意識」，清朝統治時期的「國家認同」

1683年7月，清政府派施琅率軍平定圖謀分裂的鄭氏政權，臺灣重歸祖國版圖，成為國家統一整體中不可分割的組成部分。中央政府在6度調整臺灣行政區劃後，於1885年12月設立臺灣省，因此在社會矛盾中「國家認同」不成為問題，更多的是地方意識的延續和興盛。來自閩粵兩省的移民，為了協力開發定居點，以及共同抵禦外來侵擾，同一祖籍的移民往往聚居在一起，形成各自的社會群體，「泉州意識」、「漳州意識」、「閩、客意識」依然存在。同時，移民與祖籍地仍然保持不同程度的聯繫，原鄉的影響繼續增強。清代統治臺灣的兩百多年，是赴台移民由移民社會走向定居社會、形成定居社會的過程。移民社會可以說是大陸祖籍地傳統社會的連續或延伸，定居社會對現居地的感情日益加深。因此，熱愛臺灣的「地方意識」，與「民族認同」、「漢民族意識」與「中國意識」融為一體。

（五）「祖國認同」，日本入侵時期的「國家認同」

甲午戰爭後，日寇侵佔臺灣，開始了長達半個世紀的黑暗統治。政治上視臺灣人為「二等公民」、「劣等民族」，臺灣民眾根本沒有參與管理臺灣的權利。經濟上掠奪臺灣工農業產品和礦業資源的同時，為了更多地盤剝臺灣，推動臺灣由傳統的農業經濟社會形態逐步向工商業社會轉變。教育文化上，對臺灣人採取歧視和愚民式教育。1937年日本發動全面侵華戰爭，為了把臺灣建成戰爭基地，殖民當局推行「皇民化運動」，在「去中國化」的同時，加強對臺灣人的「日本天皇精神」灌輸。面對日本殖民統治，在中華文化和民族精神基礎上的臺灣「祖國認同」成為主流意識，臺灣民眾透過武裝起義、政治鬥爭和文化抵制等多種方式，用鮮血和生命顯示了中國人民維護國家領土主權完整的民族正氣。當然也要看到確實也出現了一些「皇民」和「皇民意識」，成為後來「侵略助台發展論」、「台獨意識」的源點。

（六）「民主意識」，臺灣光復後的「國家認同」

抗戰勝利後，臺灣回到祖國懷抱，臺灣人民恢復了中國國籍，大陸和臺灣之間的正常聯繫確立，從社會層面看，「國家認同」問題不再存在。問題是在日寇強佔50年的兩岸分離所引起的兩岸同胞的隔膜還沒有完全消除，政治上備受歧視和壓制

的臺灣民眾,以為臺灣光復後,政治上的歧視可以消除,人權和民主可以得到尊重。然而,國民黨當局接收和統治臺灣後,政治腐敗、經濟凋敝、通貨膨脹、失業增加、文教滯後、政治歧視等弊端,令臺灣民眾失望之極,反對國民黨專制和腐敗統治成為社會主要焦點。由於國民黨當局委派來台任職官員主要為外省人,臺灣人普遍將外省人稱為「阿山」加於區別,在反專制、要民主意識中也包含著強烈的「省籍意識」。兩種意識集中反映在「2·28事件」中。至於,有些「台獨」分子為事件加上「台獨」意識,則是另有圖謀。

綜上所述,臺灣在發展過程中,儘管地處大陸對岸,有過荷蘭、西班牙、日本的三次侵略和一次鄭氏政權的圖謀分離,但是兩岸同胞能夠攜手合作,共同建設和保衛臺灣。當有外國列強侵略時,「祖國認同」是主流;在兩岸和平發展時,發展意識、地方意識和省籍意識成為主流。

二、「軍事戒嚴」時期「國家認同」的穩定

「軍事戒嚴」時期的「國家認同」,應該是兩岸關係形成後的較為正常的時期。國民黨當局到臺灣後,面臨的難題很多。

一是心理上如何消除光復後遺症?到20世紀40年代末,臺灣光復帶來政治上、經濟上和文化上的重大改變依然存在。兩岸隔絕50年,在日本推行的分化兩岸、製造對立的殖民政策下,兩岸經濟發展、生活水準、社會習俗、思維方式和意識形態等方面「差異」和「差距」出現。長期受日本殖民奴化教育的臺灣民眾,在拋棄日本文化圈回到中華文化圈後難免產生一定程度的心理障礙和隔閡。也就是說,對於到台後的國民黨當局來說,緊迫任務之一是如何安撫日本殖民統治50年給臺灣民眾造成的心靈上的創傷。

二是法理上如何確立到台統治的合法性?在臺灣偏安的國民黨蔣介石當局面臨的事實是,中國共產黨領導的新民主主義革命取得了偉大勝利。「中華民國」在大陸已經被推翻,「中華民國憲法」的適用範圍和國民黨當局的統治區域只剩下全國的二百六十六分之一,統治人口和選民由數億減少到台澎金馬地區的數百萬之眾。

面對統治區域由全國壓縮到一個行省、「國民政府」只能在臺灣地區存在，國民黨當局缺少統治的合法性、合理性和權威性。

三是政治上如何鞏固統治基礎？在臺灣民眾對光復後中央政府派來的各級接收大員的種種劣跡的印象沒有消除、在「2‧28事件」形成官民對抗狀態沒有緩和的情況下，國民黨蔣介石當局在大陸失敗後來到臺灣缺少統治合法性、合理性和權威性情況下，統治基礎脆弱：官民高度對立，統治集團與社會各階層的矛盾很深，省籍矛盾較為尖銳；臺灣經濟在光復前夕遭受面臨投降又不甘心的日本殖民當局的嚴重破壞，恢復和發展工作十分繁重；社會上由於在短期內人口由600萬人增加到800多萬人，生存、生活和發展矛盾突出；軍隊編制混雜、裝備缺乏、士氣低落，處於大敗後的混亂階段。可以說當時的臺灣是百廢待興，國民黨統治面臨空前危機。

面對崩潰邊緣的混亂局面，國民黨當局只有一個選擇，就是「撥亂反正」把臺灣建設成為「反攻大陸的復興基地」。為此，只有透過堅持「中華民國法統」、一個中國政策，加深對中華民族和文化、對祖國和故土的認同，來清除日本殖民統治的流毒和影響。只有堅持「中華民國法統」，堅持「中華民國憲法」擁有對包括臺灣地區在內的全中國的許可權，改變「外來流亡政權」形象，才能確立「中華民國」在臺灣統治的合法性。只有擁有合法性、合理性和權威性的情況下，才能鞏固國民黨當局在臺灣地區的執政基礎。

（一）堅持「一個中國政策」

退踞臺灣的蔣介石當局為繼續維護其「法統」地位，一邊宣稱自己仍是中國「唯一合法政府」，將新中國視為「叛亂團體」；一邊在美國的庇護和扶植下，繼續佔據中國在聯合國中的代表席位長達22年之久。在對外關係上，與祖國大陸圍繞「誰代表中國」展開激烈較量。臺灣當局以「正統」自居，奉行所謂「漢賊不兩立」、「賊來漢走」的政策，極力與新中國爭奪外交陣地，並阻止有關國家同中華人民共和國建交，一旦看到已不能阻止有關國家與新中國建交時，便宣稱「寧為玉碎，不為瓦全」，宣佈與之「斷交」。[14] 國民黨當局處理對外事務的行為，對於減少國際上「兩個中國」或「一中一台」問題有一定效果。值得指出的是，作為

「一個中國政策」的重要組成部分，臺灣當局能夠依法「反獨壓獨」，對於「台獨行為」決不姑息。「一個中國政策」客觀上成為臺灣民眾「國家認同」的基礎。

（二）堅持「反共複國」

蔣介石當局反復強調自身的「正統地位」，聲稱中共是「叛亂團體」、中華人民共和國是「偽政權」，要把臺灣建設成進行「反共抗俄聖戰、反共複國基地」，依靠美國軍援，整頓和提升軍事實力，保衛「大臺灣」，長期與大陸軍事對峙，伺機反攻大陸。在20世紀50、60年代，國民黨當局一再派遣軍隊和特務，騷擾大陸沿海。直到1969年蔣經國在接受韓國記者訪問時還強調：「一、中華民國憲法所規定之國家體制絕不改變；二、我們絕不放棄反共複國的總目標；三、我們始終站在民主陣營的這一邊，絕不同任何共產政權、集團來往；四、對竊據大陸的共匪偽政權絕不妥協，而且要奮鬥到底，達到我們統一中國的目標。」[15]　兩岸的「法統之爭」，雖說帶來的是兩岸關係的緊張，在前十幾年間軍事衝突不斷，兩岸封鎖互不往來，政治上意識上文化上社會上的「差異」日趨加深，但表明能堅持「一個中國政策」，兩岸都不允許中國的分裂。

（三）維持「中華民國法統」

為堅持「中華民國法統」，蔣介石當局修正「戡亂時期臨時條款」，為「違憲」的專制統治尋找「法統」依據。在專制獨裁統治下，特務統治、白色恐怖盛行，人們的基本權利被剝奪，許多臺灣同胞一直在「2‧28事件」的噩夢中生活。增強以「中華民國」為核心的「一個中國認同」，既是維護專制統治的手段，也是維護專制統治的結果。作為手段，有利於「國家認同」的形成；作為結果，「國家認同」也會隨著專制統治的改變而改變。國民黨專制統治的政治高壓下，人們的思考、選擇都在國民黨當局圈定的範圍中進行，當局推行的「一個中國政策」和「中華民國法統」，也為民眾的「國家認同」奠定了必要的基礎，「一個中國認同」中的「中華民國法統」成為主流。直到後來國民黨專制統治被迫鬆動時，臺灣社會和民眾中的各種意識開始發酵，人們在反對政治專制的同時，對國民黨當局的合法性產生懷疑，「國家認同」也出現問題。總之，冷戰格局下，臺灣民眾的「一個中國

認同」與「中華民國法統」、「中華民國認同」是緊密聯繫在一起的。

（四）堅持中華文化道統

自臺灣光復起，國民黨當局全面清除殖民文化，恢復和重建中華傳統文化，強調「臺灣人是中國人」、「我們都是中國人」的觀念。特別是在推行「反共復國」決策後，國民黨當局在恢復和發展經濟的同時，認為只有建立「中華文化認同」、確立以「中華民國」為核心的「一個中國認同」，才能讓臺灣民眾為維護「中華民國法統」、實現「反共復國」的神聖使命服務。為此，國民黨當局利用宣傳教育陣地，在經濟發展有限的情況下，加大教育投入，從學前教育到高等教育各個階段，灌輸「中國意識」，教導學生要繼承「中華文化道統」。20世紀60年代中期起，面對西方文化的衝擊和社會風氣的墮落，特別是為了攻擊大陸，臺灣當局推動「中華文化復興運動」，客觀上起到增強社會上「中華文化認同」的作用。「文化認同」本身屬於原生領域的認同，具有較高的穩定性，因此國民黨當局在「文化認同」所做的努力，在同為中華文化一部分的臺灣地區有很好的基礎，從效果上看，長期成為臺灣「一個中國認同」的重要基礎。

「戒嚴時期」的「國家認同」，是臺灣當局從政治、軍事、文化、教育和經濟等各方面重新建構的結果。這一建構與「中華民國」及蔣家統治的存亡密切相關。在國民黨當局看來，兩岸同屬一個中國，中共領導的人民政權衝擊了「中華民國法統」，在臺灣的國民黨當局是「中華民國法統」的繼承者、維護者，「反共復國」則成為實施「中華民國法統」的重要任務，完成「反共復國」任務要靠國民黨蔣介石當局。為此，國民黨當局必須堅持「一個中國政策」、「中華民國法統」，必須增強臺灣民眾的「中國認同」，維護「中華民國法統」，以完成「反共復國」任務。蔣介石當局的政治行為和臺灣「國家認同」的關係，從這一政治迴圈圈中表現出來。由於臺灣當局的政策基點與民眾的「一個中國認同」有共同之處，所以「戒嚴」近40年間，臺灣民眾的「一個中國認同」相對穩定，直到20世紀70年代中後期才開始變化。

三、「憲政改革」時期「國家認同」的變化

李登輝上臺後，面臨國民黨專制統治帶來的嚴重後遺症，是堅持「一個中國政策」、振興國民黨、繼續推進蔣經國逝世前啟動的兩岸交流和人員往來政策、鞏固「一個中國認同」，還是加速國民黨的衰敗、逐漸拋棄「一個中國政策」、推行分裂分治以實現「獨台陰謀」、改變「一個中國認同」？他選擇了後者。

（一）逐步拋棄一個中國原則

拋棄一個中國原則進而破壞「一個中國認同」的政治基礎，為推行「台獨」清除政治障礙。經過長達40年的努力，蔣家父子推行的「一個中國政策」成效顯著，民族、歷史、文化和習俗等原生領域的「國家認同」基礎扎實，經濟、宗教和教育等現實領域的「國家認同」也較為穩定，特別是當時的政治體制、新聞媒體、社會輿論、民意傾向和思維方式都是以「一個中國」作為基點，蓬勃興起的兩岸交流在臺灣取得「一邊倒的支持」，社會民意主要構成也是以「一個中國」為取向的簡單結構。在李登輝看來，理論上需要創立與一個中國原則相對抗的分裂理論體系，政治上要確立兩岸之間的「特殊的國與國關係」，民意上要改變全社會主張和平統一的政治構成，依靠實力上要分裂社會族群形成「台獨陣營」。顯然，李登輝所為是要去除「一個中國認同」的政治基礎。

（二）逐步讓國民黨下野

逐步摧毀堅持「一個中國政策」的國民黨進而摧毀「一個中國認同」在臺灣的政治支撐。李登輝認為實施任何否定「一個中國政策」和推進「台獨」的舉措，需要一方面建立一支足以在政壇上與其他政治力量抗衡的「台獨力量」，資助民進黨進入快速發展通道；另一方面則儘量削弱長期佔領政壇、控制絕大部分政治、行政和經濟資源的國民黨。只有削弱國民黨，才能切斷兩岸的「中國聯結」，從根本上壯大民進黨，改變臺灣民意構成，改變島內的政治態勢，進而改變以國共兩黨為對話主體的兩岸協商結構。只有從上述論述出發，才能理解李登輝為何身為國民黨主席，卻自上任起至撤銷黨籍止，一直在做危害國民黨的事。改變國民黨的政治路線和削弱國民黨，對於臺灣「一個中國認同」可以說是起到釜底抽薪的作用。

（三）爭奪兩岸交流主導權

　　極力扭轉兩岸開放和交流的正確方向，進而淡化「一個中國認同」的現實動力。兩岸封閉的大門打開後，兩岸交流很快成為勢不可擋的潮流。對此，李登輝的顧慮在於，衝破歷時38年的「戒嚴」和封鎖而出現的井噴式交流，限制、阻擋是「下策」，「上策」是改變兩岸交流的方向，清除兩岸交流內含的兩岸統一的靈魂。兩岸交流的本質是「一個中國」，自1949年10月以來的數十年間，兩岸都能堅持「一個中國政策」。從20世紀80年代末開始，兩岸從封鎖到開放，從對峙到交流，從對抗到對話，是因為兩岸交流是國內事務，交流是為了發展兩岸關係，發展兩岸關係是為了和平統一。李登輝的圖謀是在無法阻擋兩岸交流大潮的情況下，還不如順勢而為，利用交流增強臺灣的經濟實力，但要改變兩岸交流走向兩岸和平統一的既定方向，擴大兩岸之間的思想和認識上的距離，爭奪兩岸關係和兩岸交流的主導權。只有從上述情況出發，才能理解李登輝為何一再利用職權，為兩岸交流設置障礙，挑撥離間，惡化兩岸關係。

　　李登輝反對一個中國原則、削弱國民黨、改變兩岸交流方向的圖謀和行為，成為臺灣政治態勢變化、族群矛盾激化、民意內涵轉化的根本原因，也導致原有的以「一個中國認同」為主體的「國家認同」開始多元化。

（四）政治改革有政治圖謀

　　面對20世紀70年代初期開始的政治危機，蔣經國推行「革新保台」和「本土化」等一系列改革措施予以應對，直至1987年7月結束「戒嚴」、開放部分臺灣同胞到大陸探親，專制統治走向尾聲。李登輝在繼續推進「憲政改革」和兩岸交流過程中，更多的是要改變「一個中國政策」，「憲政改革」是為了建立分裂分治的政治體制，改變原有的「一中憲法」和「中華民國法統」，完成「實質獨立」的政治架構；同時在國民黨「一黨獨大」的基礎上，煽動族群分裂，扶持與反對「台獨」力量相對抗的政治力量和民意構成，讓被他認為是「外來政權」的國民黨下臺，讓在他看來是「代表」臺灣人利益的民進黨上臺執政。正是因為李登輝所為，原本非法的「台獨」越趨活躍，族群對立越趨嚴重，統獨分歧越趨激烈，「國家認同」越

趨混亂。

（五）讓國民黨下野

李登輝利用「民主化」推行「本土化」，完成「台獨合法化」，直接間接地向民進黨提供「奶水」，培養國民黨統治的掘墓人；利用民眾對專制統治的痛恨和對民主的要求，趁機清理黨內反對派。到2000年3月，在上述因素綜合作用下，被他稱為「外來政權」的國民黨掌握的統治權「和平轉移」到堅持「台獨黨綱」的民進黨手中。可以說，李登輝透過「憲政改革」，在黨內借社會上要求改革和政治民主的民意來壓黨意，迫使黨內「非主流派（倒李派）」就範，同時在社會上塑造出他的「民主成就」。「李登輝對臺灣民主的最大貢獻，就是引導國民黨走向自我毀滅。」[16] 李登輝的政治邏輯是，堅持「一個中國政策」的國民黨下野了，表明「一個中國政策」的失敗，「中華民國法統」的失效和「台獨」在島內已經擁有相當的民意市場，目的是在引導民眾進行拋棄「一個中國政策」的思考，改變民眾中的「一個中國認同」。

（六）為兩岸交流製造障礙

兩岸交流和人員往來，是溝通兩岸人民心靈和感情的紐帶。開展兩岸交流，是兩岸同胞的共同願望。兩岸交流就是兩岸中國人在走向統一的進程中，兩種不同社會制度下進行的各個領域各個層次的往來，是在兩岸敵對狀態尚未正式結束的特定歷史條件下產生和發展的，具有鮮明的時代特徵[17]。李登輝在無法阻擋兩岸交流大潮的情況下，為兩岸交流設置人為障礙和改變兩岸交流的正確方向。面對「汪辜會談」後兩岸交流新高潮，他借助「千島湖事件」和發表「與司馬遼太郎對談」，惡毒攻擊大陸，挑撥兩岸同胞感情，宣揚「台獨」主張和營造不利於兩岸交流的氛圍。他極力宣揚「一國兩制」是要「吞併臺灣」、政治談判是要「矮化臺灣」、兩岸人員交流是要「滲透臺灣」、文化往來是要「拉攏臺灣」、經貿交流是要從經濟上「套住臺灣」、經濟合作是要「掏空臺灣」、台商投資大陸是要「搞垮臺灣」等論調，並且從相關政策上進行配合，制訂「戒急用忍」措施，設置障礙阻撓兩岸交流和台商投資大陸。

（七）宣揚「兩國論」

為否定一個中國原則，李登輝分別提出「分裂分治」、「中華民國主權及於全中國，但治權及於台澎金馬」[18]、兩岸為「對等的政治實體」[19]、「中華民國在臺灣」、「以一個中國為指向的階段性兩個中國」[20] 等口號，模糊「一個中國定義」。1999年5月19日，拋出《臺灣的主張》，公開主張分割中國領土。7月9日，把兩岸關係定位為「國家與國家，至少是特殊的國與國關係」，公開背叛一個中國原則[21]。2000年7月25日，拋出《亞洲的智略》一書，公開宣稱臺灣已經是「主權獨立國家」，已經成為「臺灣的中華民國」，已經實現「中華民國的第二共和」[22]，「中華民國不存在」[23]。李登輝在推行「和平走向分裂」的「獨台路線」同時，進行了一系列縱容「台獨」和破壞兩岸關係的行動。為了從根本上搞亂國民黨的思想、理念基礎，更是把中國國民黨說成是「外來政權」[24]。他還挑撥說：「長期以來，臺灣一直受『外來政權』所支配。」[25]。「外來政權論」在製造國民黨內思想混亂之外，是在號召選民拋棄國民黨政權。

李登輝執政12年，改變了國民黨「長期獨大局面」以讓主張「台獨」的民進黨上臺執政，改變了存在40年的「一個中國政策」以圖臺灣政治定位的調整，改變了兩岸交流原有的正確方向以圖擴大兩岸的疏離感，改變了「一個中國認同」以圖讓「國家認同」出現多元化。在「身分確認」上原本的「我是中國人」的認同，變為「我是臺灣人、我是中國人、既是中國人也是臺灣人、既是臺灣人也是中國人」的多種選擇；在「政治歸屬」上，原本的「一個中國認同」，變為對「中華民國、中華人民共和國、中國、臺灣」的多種認同。李登輝在2001年10月28日拋出《慈悲與寬容》一書時聲稱，臺灣沒那麼多的時間，須趕快建立「國家認同」，要在（2008年以前的）短短6年內，好好加強推廣臺灣認同，要百分之八十到九十的人都認同臺灣，落實認同「國家」。[26]

在他上臺起，借助反對專制統治宣揚「民主化」和「本土化」，借助「民主化」奪取權力和實施威權統治，借助「本土化」否定「一個中國政策」，借助「修憲」凍結「一中憲法」部分條款。在這過程中，國民黨的「一個中國政策」和黨的形象遭到社會各界的一再質疑，「一個中國認同」開始多元，在過去40年間不存在

疑問的「我是中國人」的認同,大幅下跌,隨著他的「分裂分治」陰謀的實施更加嚴重。從民意調查資料可以看出,李登輝利用公共權力制訂、推動政策配合,加速臺灣「國家認同」的多元化。從他具體實施「憲政改革」的1992年到他下臺的1999年,「我是臺灣人」的認同從17.6%上升到39.6%;「我是中國人」的認同由25.5%下降為12.5%。[27] 甚至有的民意調查資料顯示,在李登輝提出「兩國論」後,「兩國論」獲得高達48.9%到81%的民意支持。[28] 應該說,李登輝在「民主化、本土化、多元化、臺灣主體和臺灣優先」的名義下推行分裂計畫,因而具有很大的欺騙性、煽動性,似乎「一個中國政策」、「一個中國認同」已經過時,廣大臺灣民眾認清其本質和與其劃清界限需要時間和努力。

四、「台獨執政」時期「國家認同」的多元

觀察60多年來臺灣「國家認同」問題的演變過程,由較為穩定的「一個中國認同」向「國家認同」多元化方向轉變,萌芽於蔣家父子執政後期,形成於李登輝時期的「憲政改革」,惡化於陳水扁時期的「台獨執政」。

李登輝宣揚的「中華民國」的「領土、國民、主權」不包括中國大陸地區[29]和「兩國論」,民意調查資料中出現的「國家認同」多元化現象,以及在2000年3月舉行的第十屆臺灣地區領導人換屆選舉中反對「台獨」的連戰和宋楚瑜兩人失敗、陳水扁勝選的事實,極大地刺激了「台獨勢力」的政治神經,把上臺執政當成加快實現「台獨」的舞臺,當成增加「台獨國家認同」的機會。

(一)編造「台獨國家認同」體制

陳水扁上臺執政,本身就是「台獨實力」增長到一定程度的產物,反過來又為「台獨」發展提供了難得的機會。回顧陳水扁執政活動,主要是圍繞「台獨治政」和擴大「台獨實力」開始,以「台獨」和腐敗而結束。回顧陳水扁當局執政8年,沒有按主流民意、經濟規律和施政規律辦事,經濟沒有得到應有發展,民眾沒有得到起碼的實惠,社會沒有得到必要的改善,文化沒有得到應有的提升,政治沒有得到相應的改良,直接危害臺灣經濟、民眾福祉和兩岸關係,當然也損害了民進黨的

政治形象。陳水扁當局的施政重點，一直放在加強「台獨」的政治建設、理論建設、法制建設、輿論建設、民意建設和實力建設方面，把反覆炒作統獨議題、全面推進「台獨」、挑起省籍情結，作為控制社會、調動社會力量、操縱民眾情緒的基本手段，不失時機抓住一切機會炒作「台獨議題」，煽動「台獨」和反「台獨」兩大陣營的政治對立。

每逢選舉時，陳水扁當局總是刻意挑起統獨爭議與族群矛盾，把選舉變成宣揚「台獨」、鞏固「台獨」陣營、加快「台獨」步伐的機會，攻擊國民黨、親民黨、新黨和其他候選人「聯共賣台」，煽動對大陸的敵意，誣衊「一國兩制」和一個中國原則。每年3月國際人權組織會議、5月的世界衛生組織年會、9月的聯合國年會、10月的 APEC（Asia-Pacific Economic Cooperation，亞太經濟合作組織，簡稱APEC）會議時，陳水扁當局總要集中進行挑釁「一個中國格局」活動，每次敗北後總是對大陸進行無端攻擊一番。每逢討論兩岸關係和交流時，只說只做有利於「台獨」不利於兩岸關係的、有利於煽動對大陸敵意不利於改善兩岸關係的、有利於宣揚「一邊一國」不利於宣傳「一個中國」的話和事。日常施政過程中，煽動「統獨」情緒、搞亂社會輿論、加深族群對立。陳水扁使用惡化兩岸關係、限制兩岸交流的「硬招」，則是為了鞏固「台獨鐵票」、推進「台獨路線」。他使用放寬某些限制、放話「推動三通」的「軟招」，則是為了賺取大陸更多的錢，又起到拉攏中間選民的作用。

為了落實「台獨施政」，做好「台獨」的向上發展、向下紮根工作，陳水扁當局的施政目標就是落實「台獨措施」和擴大「台獨陣地」，完成「台獨制度化、政策化」，建立與「台獨」相適應的政治體制、意識形態、倫理道德、文化氛圍和社會基礎。「台獨執政」下，社會上彌漫著「台獨氣氛」，政局處於不間斷的「政治地震」之中，每冒出一項「台獨措施」都造成民眾的恐慌和社會的動盪，人們更對明天不知會冒出什麼樣的「台獨新思路、新舉措」擔心不已。

陳水扁當局在「台獨施政」中的重要一招是堅持「台獨掛帥」，基本做法是：在政治決策上，凡是不符合「台獨黨綱」和「臺灣前途決議文」的，凡是有違於「台獨神主牌」的，凡是影響「台獨政權」連任計畫實施的，一律予以拒絕。在政

治用人上，凡是反對兩岸緩和與阻撓兩岸關係的，凡是沖在前面攻擊大陸的，凡是忠實體現陳水扁的意志、支持「漸進台獨」的，一律予以重用。在意識形態上，凡是有利於「去中國化」的，凡是有利於「文化台獨」的，凡是有利於貫徹「漸進台獨」理念的，一律予以堅持。在公共政策上，凡是在發展經濟與推進「台獨」發生矛盾時，凡是在安定社會與依靠「台獨」凝聚「台獨鐵票」出現矛盾時，凡是在主流民意與「台獨」出現矛盾時，一律向「台獨」傾斜。在政治結盟上，凡是贊成分裂祖國的，凡是有利於推進「台獨」的，凡是有利於「台獨勢力」發展的，則一定支持。在擴大「台獨實力」上，利用執政資源，加快對大型公營企事業等重點領域的「綠化」，加大對經濟資源、人頭資源的控制力。在控制輿論方面，借「黨政軍退出媒體」逼泛藍軍退出所屬媒體，任用親信掌握媒體大權，控制大多數廣播電臺、電視臺和通訊社。在擴大黨員隊伍方面，利用行政特權和經濟利益，借助行政紀律、公務規範拉攏公務階層入黨。總之，執政是為擴大泛綠陣營和增加「台獨實力」服務。

陳水扁當局利用公共權力和制訂公共政策的機會，全力推進「台獨」，加強「台獨制度」建設，目的就是編造「臺灣」是「主權獨立國家」的神話。這一概念對「國家認同」影響極壞。

（二）塑造「台獨國家認同」

李登輝圖謀改變「一個中國認同」，是透過迂回、曲折方式進行，陳水扁則是直接、公開鼓吹「台獨國家認同」。

「台獨國家認同」的政治基礎是「一邊一國論」。陳水扁的「台獨路」，一年一個臺階，逐漸升級。2000年8月，否認「九二共識」[30]，破壞兩岸對話的政治基礎。2001年3月，宣稱自己是「臺灣總統」[31]，自此開始全面推行「漸進式台獨」和「去中國化」。2002年8月，宣揚「臺灣跟對岸中國一邊一國，要分清楚」[32]，「一邊一國」成為「台獨國家認同」的政治基礎。2003年11月，制訂「公民投票法」，「公投」成為陳水扁「拒統」和「台獨」的基本手段。2004年3月，第一次「台獨公投」舉行。2005年10月，宣揚「中華民國是臺灣，臺灣就是中華民

國」[33]。2006年2月，中止「國家統一委員會」和「國家統一綱領」運作，開始全面推進「法理台獨」。2007年6月，聲稱「中華民國是什麼碗糕」[34]，全面推進「入聯公投」。陳水扁的「台獨核心」是「一邊一國」，「中華民國與中華人民共和國互不隸屬、互不代表，中華民國已經建立民主體制，改變現狀必須經由民主程序取得人民的同意。」[35]　陳水扁把兩岸說成是「兩國」，全面推進「台獨」的「制度化、政策化、系統化、法制化和生活化」，就是人為塑造臺灣是「主權獨立國家」的現實模組，圖謀把「一個中國認同」變為「台獨國家認同」。

「台獨國家認同」的制度建設是「公投制憲」。「住民自決」一直是實現「台獨」的基本手段，也是「台獨黨綱」的基本內核，民進黨也為「公投」組織過多次活動。陳水扁當局執政後，「台獨焦慮症、緊迫感、盲動性」越來越強，開始加緊推動「台獨公投」，在「非典」流行時，提出要在「2004年3月20日舉行第一次公投，2006年12月10日透過公投制訂『台獨新憲法』」。在此基礎上，2008年5月20日實施「台獨新憲法」[36]，只是陳水扁制訂和推出的「台獨時間表」，卻成為他的下臺時間表。2003年11月27日，「公民投票法」制訂後，把推動「公投」重點轉向「防衛性公投」[37]。2004年3月20日，「防衛性公投」被選民否決。之後，陳水扁又在下臺前夕，極力推動「入聯公投」。「台獨公投」違反國際法理，違反一個中國原則，愚弄臺灣人民，是對民主的嘲弄和傷害。但也要看到，半個多世紀以來「台獨」夢寐以求的「台獨公投」終於變為現實，從深層次看，由於「統獨公投」的性質和實施，就會使「臺灣的未來只有2300萬臺灣人民才有權利決定」這一論調在頻繁「公投」中不斷傳播，在「台獨」分子看來，能夠起到「謊言重複一千遍就會變成真理」的作用。對於「台獨」來說，具有相當的象徵意義和實踐意義，對民眾的「國家認同」影響極壞。

陳水扁利用執政舞臺和優勢，一方面不斷擴大「台獨」領域，制訂「台獨政策」，製造「台獨」的社會基礎和政治氣氛，人為推出一個臺灣是「主權獨立國家」的「稻草人」；一方面不斷強行推行「去中國化」和「文化台獨」，製造、加深臺灣人和中國人的對立。在意識形態領域的嚴重後果，就是混淆臺灣民眾的「國家認同」，動搖「一個中國認同」。反映在民意調查資料上，突出表現為「我是中國人」的認同下降、「我是臺灣人」的認同有所增加。其中「我是臺灣人」的比例

從2001年41.5%上升至2008年48.4%;「我是中國人」的比例從2001年10.6%下降到2008年的4%[38],兩對資料反映出當時「國家認同」問題的嚴重性。

第四節 臺灣「國家認同」的特殊性

　　從理論研究和政治現實中看臺灣「國家認同」,有對「族群關係、歷史文化傳統、政治社會經濟體制」的看法;有從「同一、確認和差異」三個方面對生存和發展需要的社會、生活和制度的判斷;有對民族、歷史、文化、語言、血脈、宗教、地緣和習俗等原生領域,對政治制度、意識形態、政黨、政權、宗教、經濟、教育、新聞等現實領域的認識。無論是形式還是實質,無論是具體還是綜合,綜合起來看,現在臺灣的「國家認同」是對當今社會現實的核心看法,是社會上大多數成員對公共事務或現象形成的大體相近的意見、情感和行為傾向的總和。

一、臺灣「國家認同」的基本特點

　　臺灣「國家認同」的表達途徑和方式多樣,概念複雜,內涵豐富,立場有異,是在特定背景下形成和演變的。臺灣社會一方面政治定位無法確定,另一方面強調「中華民國法統」;一方面兩岸政治對立難於解決,另一方面和平發展全面推進;一方面國際間「一個中國格局」穩定,另一方面臺灣又有相應的國際活動空間;一方面「台獨」具有相當的實力,另一方面反對「台獨」又已成為兩岸共同的主流民意。上述矛盾的存在,成為島內族群對立、政局動盪、人心不穩的根源,臺灣「國家認同」的複雜化也不奇怪。從臺灣實情角度觀察,臺灣「國家認同」的特點也很明顯。

（一）多元性

　　「國家認同」反映的是社會和集體認知,社會成員不同、社會成員的生活環境不同,因而觀察社會的立場不同,形成的認知當然也有差異性和多元性。從社會成員組成上看,臺灣是移民社會,社會構成和分類較為複雜,移民後裔分為外省人、

閩南人、客家人和少數民族等四部分。從社會成員的政治立場看，經過李登輝、陳水扁當局長達20年的煽動和誤導，社會分化為泛藍軍和泛綠軍兩大陣營並且高度對立。從經濟實力看，社會又存在貧富差距，形成不同的生活階層。從參與兩岸交流看，至今臺灣只有約三分之一的民眾來過大陸，與大陸民眾和社會有過直接接觸的民眾遠沒有普及，因而對於大陸政治、經濟、社會和對台政策的瞭解，不少人只是浮於表面。從兩岸關係看，兩岸政治、經濟和文化等領域存在很多制度性、觀念性、習慣性「差異」。從社會成員個人因素看，各自性別、年齡、居住地、家庭環境、文化水準、工作、閱歷和政治立場不同，因而政治觀念、思想、立場和態度也不同。關鍵是臺灣社會存在尖銳對立的「台獨」和反「台獨」的基本矛盾，在這基本矛盾前提下，島內族群組合、政治運作和意識形態出現極端對立；極端對立下，社會法治、道德標準受制於政治和族群對立，泛政治化、民粹主義和個人意志盛行。

上述背景下，特別是在「台獨勢力」等誤導下，再加上國際形勢和兩岸關係的變化，臺灣的「國家認同」不可避免地出現多元化，由「一個中國認同」向「中國、中華人民共和國、中華民國、臺灣共和國、中國人、臺灣人、既是臺灣人也是中國人、既是中國人也是臺灣人」方向分化。應該說，多元化的社會不會出現一元化的認同，認同「多元化」是臺灣「國家認同」開始異化，再回歸「一個中國認同」過程中的必然現象。

（二）可變性

「國家認同」作為民意、政治倫理、意識形態、社會觀感和集體認知，當然也就一直處於變化之中。從歷史上看，在臺灣的早期開發階段，大陸移民的生存奮鬥過程中，在定居、建設臺灣的認識基礎上形成了「臺灣認同」。在荷蘭、西班牙入侵階段，激發起臺灣民眾的「祖國意識」，也就是一種共同反抗異族統治的漢民族意識。在「明鄭時代」，堅持「反清復明」，形成漢民族意識。在清朝統治時期，熱愛臺灣的「地方意識」、「漢民族意識」與「中國意識」融為一體。在日本入侵階段，在中華文化和民族精神基礎上的「祖國認同」成為主流意識。在臺灣光復後，在反專制過程中包含著強烈的「省籍意識」。在「戒嚴」時期，國民黨當局堅

持「一個中國政策」、「中華民國法統」，增強臺灣民眾的「中國認同」。在「憲政改革」時期，李登輝利用公共權力進行誤導，臺灣的「國家認同」出現變化。在「台獨執政」時期，陳水扁利用執政舞臺和優勢，強行推行「去中國化」和「文化台獨」，製造臺灣人和中國人的對立，「國家認同」問題趨於嚴重。在國民黨重新執政後，影響臺灣「國家認同」變化的主要因素沒有出現根本性轉變，臺灣「國家認同」複雜化問題近期不會結束。

不同階段的政治、社會背景不同，所以臺灣的「國家認同」也不同。關鍵是如何引導？觀察臺灣「國家認同」的歷史演變過程，發現當有外國列強侵略時，「祖國認同」是主流。在兩岸歷史上三度統一後，地方意識、省籍意識和民主意識成為主流。在兩岸出現「差異」時，「祖國認同」出現改變，特別是執政當局利用兩岸政治、經濟和文化等領域的「差異」時，煽動「仇中反華」時，臺灣民眾對於「一個中國」的「歸屬、認同」則會出現變化，「一個中國認同」則會出現多元。因此，從臺灣「國家認同」的「可變性」中可以看到其「可引導」，只要一方面正確對待兩岸「差異」、一方面引導得當，就可以改變臺灣的「國家認同」構成，推動其回歸促進社會良性發展和兩岸關係良性互動的正常層面。

（三）功能性

臺灣「國家認同」作為民意的重要組成部分，對朝野政黨產生重大影響，發揮著不可低估的功能。臺灣民意分為兩類：一類對於物質生活、精神信仰和政治參與方面的訴求，包括參與政治、經濟利益、個人權利等方面意見和願望；一類是具有特殊意義的民意，即臺灣民意中的統獨等方面的意向表達，實質也是「國家認同」的表達。兩類民意的存在，使得臺灣民意出現複雜化的趨勢，兩類民意具有很大的關聯性，在「國家認同」問題上。在實際運作中，一些政黨和政治人物故意把民生民意、統獨民意和「國家認同」拉扯到一起，為自己的政治目的服務。如泛綠軍把兩岸關係和平發展帶來的各種利益和好處，扭曲為臺灣貧富差距擴大、社會問題增加的原因，為其阻撓兩岸交流、干擾和平發展服務。同樣也把「國家認同」中有所增加的「臺灣人認同」作為干擾和平發展的政治依據。如馬英九認為，「認同臺灣與認同『台獨』、臺灣意識和『台獨意識』，都是兩碼事，不可以混淆，即使多數

民眾認為自己是臺灣人,但是支持『台獨者』仍是少數,維持現狀才是主流民意。」[39] 在馬英九當局看來,臺灣「國家認同」現狀沒有改變臺灣的民意結構,「中國人認同」下降和「臺灣人認同」上升,並沒有改變民意的政治屬性,所以提出了「不統、不獨、不武政策」,維持兩岸關係現狀。

因此,在現實政治中,臺灣的「國家認同」,包括原生領域和現實領域的認同,直接影響到臺灣主要政黨支持度的起伏及實力的消長,直接影響到朝野政黨大陸政策的制訂和執行。與此同時,臺灣政黨及政治人物的「統獨」立場及大陸政策走向對臺灣「國家認同」走向起著重要的引導作用,二者之間是一個持續互動的過程。臺灣「國家認同」的功能,顯示出在島內政局和兩岸關係發展過程中的特殊作用。

(四)初始性

從兩岸關係角度觀察,在和平發展階段,臺灣「國家認同」有其特殊性。觀察60多年的兩岸關係,前30年是兩岸封鎖,互不往來,臺灣民眾基本沒有自由接觸和瞭解大陸的管道和機會,只能接收臺灣當局提供的、符合其政治需要、極為有限的資訊,在這一基礎上已經形成了對大陸不利的基本概念。《告臺灣同胞書》發表後的30多年間,兩岸關係進入對峙下的交流交往階段,一方面是大陸出臺了一系列推動兩岸交流、緩和兩岸關係、保障臺胞福祉的政策和措施,在廣大臺灣民眾的配合和支持下,兩岸交流取得重大進展;另一方面李登輝和陳水扁當局曾在20年間拒絕一個中國原則,把執政當成落實「兩國論」和「一邊一國論」的機會,強行推行「台獨制度化、政策化」。在上述兩種力量的作用下,臺灣社會分裂成支持「台獨」和反對「台獨」兩大陣營,「獨和反獨」成為臺灣社會的基本矛盾。與此同時,在蔣家父子時期沒有問題的「中國認同」開始演變成多種認同。

2008年5月以來,從執政當局看,李登輝和陳水扁時期利用公共權力公開推行「台獨」的情況有了重大改變,馬英九當局全面停止「台獨施政」,強調政治穩定和經濟發展,兩岸關係上承認「九二共識」、反對「台獨」與推動和平發展。這種政治上的轉變,一方面得到泛藍軍為核心的反獨陣營的支持,一方面遭到以泛綠軍

為核心的「台獨」陣營的反對，綠營干擾和平發展，支援「台獨黨綱」，反對兩岸和平統一。在現階段的臺灣，在和平統一條件還在繼續創造情況下，推動和平發展和維持台海現狀成為全社會的基本選擇。因此，島內主張兩岸和平統一的和反對和平統一的，主張兩岸交流的和反對交流的，主張維持兩岸現狀的和改變現狀的，多種且高度對立的主張和族群的存在，在國際格局、兩岸關係現狀、臺灣政治定位沒有出現重大變化之前，島內的政局演變促使臺灣民眾關注和思考臺灣前途，在「國家認同」問題上體現為多樣化和複雜化。

「國家認同」多樣化和複雜化，應該說是臺灣社會面對兩岸關係和政局重大轉變的直接、初始和必然反映。因此，主張增加「一個中國認同」的人，圖謀降低「一個中國認同」的人，想發揮「國家認同」現狀正面作用的人，想利用「國家認同」現狀負面影響的人，在臺灣同時存在和相互激烈較量，使得現有的臺灣「國家認同」和「統獨選擇」具有明顯的初始性，變化大而缺少穩定，情緒化而缺少理性，認識淺而缺少深度。

（五）逆反性

觀察和分析臺灣的「國家認同」問題，逆反性是值得高度關注的問題之一。逆反心態的表現是多方面的，有兩岸間的，凡是大陸提倡和推動的有利於兩岸關係和平發展鞏固和深化的政治主張，臺灣有些人不能客觀對待。有藍綠間的，凡是藍營的「國家認同」和政策主張，綠營常常是從反面解釋和理解。有南北間的，對於所處的現狀和前景，臺灣南部民意基本認為與北部差距很大，對此強烈不滿。有族群間的，臺灣的四個族群存在先天隔閡，在日常生活、特別是在政治生活中表現也很充分，因而在「國家認同」上很難協調和一致。上述逆反性中，起主要作用的是兩岸間的逆反性。

在「國家認同」問題上出現多元化，原因是多種多樣的，其中包括對大陸強調的「一個中國認同」的逆反心態。在兩岸關係和平發展政治架構沒有完成，圍繞和平發展與和平統一的共識、政策和行動沒有形成之前，在面對兩岸「差異」缺少客觀、務實態度情況下，臺灣在「國家認同」問題上的逆反心態就不會消失。

逆反性之所以存在,是因為兩岸政治對立存在而產生對抗性。內戰遺留問題沒有解決、兩岸政治體制不同、意識形態各異帶來的兩岸政治對立,直接影響到兩岸共同認識、共同感情和共同價值的形成,對於「一個中國認同」的影響很大。逆反性之所以存在,是因為面對兩岸「差異」,臺灣一些人把兩種制度下客觀、合理存在的「差異」錯誤理解為雙方發展的「差距」,因而產生優越感。兩岸關係60多年來,在政治對立下,由於各走各的道路,由於政治體制的不同,造成了兩岸發展方式、速度和結果的不同,更多的是導致兩岸「差異」的產生和加深。在各種政治勢力的作用下,也使得臺灣一些民眾和輿論對於臺灣政治、經濟和文化建設的認同程度要比大陸高,自然也認為大陸強調的「政治認同」和政治主張也屬「落後和僵化」。逆反性之所以存在,是因為兩岸實力的懸殊而產生「迫害感」。眾所周知,論綜合實力,臺灣與大陸的差距越來越大。就臺灣民意講,臺灣在兩岸關係中落實政治主張、推行政策藍圖、主導兩岸交流的實力嚴重不足,與大陸相差過大,總覺得受到大陸的「壓制和迫害」。這種「迫害感」,帶來的是臺灣一些人對大陸的不信任,對於大陸包括「國家認同」在內的各種政治主張的懷疑。逆反性之所以存在,是因為兩岸和平統一條件有待完備而產生「拒統心態」。在當前兩岸和平統一條件有待具備情況下,臺灣民意也沒有昇華到支持兩岸和平統一的高度。出於這一心態,在「國家認同」等政治議題上,很難形成與和平統一相一致的「國家認同」。逆反性的存在,加劇了臺灣「國家認同」的複雜性和多元化。

(六)過渡性

「國家認同」是歷史和現實結合的產物,不同的階段有不同的認同,歷史上的臺灣「國家認同」也是如此情況。或者說某一種「國家認同」,只是相關歷史階段的產物,具有明顯的過渡性。

觀察臺灣「國家認同」的演變過程,在發展的不同階段,相應的「國家認同」內涵和主題也不同。在臺灣發展過程中,在早期開發階段、反抗荷蘭和西班牙侵略、鄭成功收復臺灣、康熙統一臺灣、清政府統治臺灣、抬高日本侵略、國民黨當局統治臺灣時期和「憲政改革」以後的不同時期,因為所處階段的基本矛盾的不同,所以「國家認同」的內涵、性質和表現形式也不同。所處歷史背景和發展階段

的改變，必然會導致「國家認同」的改變。

　　一種「國家認同」只能存在於某一歷史階段，因而具有明顯和強烈的過渡性。現今臺灣「國家認同」的變化，是和平發展階段的必然反映。和平發展是在為和平統一創造條件，兩岸是在不斷總結交流經驗和教訓，是在摸索一條兩岸和平統一之路，因而也是圍繞「台獨」和反「台獨」問題的各種矛盾大暴發的過程。兩岸交流的展開，是在進行經貿、文化、人員和社會交流的同時，也是臺灣觀察大陸的過程，更是臺灣民眾對於兩岸關係與和平統一前景的思考。在臺灣社會群體裡，對於兩岸和平統一、兩岸交流、和平發展、一個中國原則、「一國兩制臺灣模式」和18個協定，存在不同看法。在民族相同、文化同脈、矛盾集中、分歧明顯、交流加快、共識增加和互信形成的複雜局面下，一方面和平發展階段的「國家認同」出現多元化，另一方面隨著和平發展的鞏固和深化，「國家認同」也會變化，回歸到「一個中國認同」為主流的認同正常狀況。

（七）原則性

　　「國家認同」作為全體社會、族群和個人的集體記憶，在不同的歷史階段受到不同因素的引導。從臺灣發展過程看，臺灣「國家認同」總是遵照臺灣與大陸同屬一個國家的方向演變。在已有定論的臺灣「國家認同」發展階段，曾經出現過「非一個中國認同」現象，最後都是回歸「祖國認同」。相反的是，凡是違反愛國愛台原則的「國家認同」，從來沒有成為相應歷史階段結束時的「政治選擇和認同」。而且只要有外族入侵和奴化統治時，只要侵略者極力塑造各種「台獨認同」時，臺灣民眾的祖國意識和認同則會越來越強烈。

　　日寇侵佔臺灣後，在欺壓和盤剝臺灣民眾的同時，為了把臺灣建成戰爭基地，極力推行「皇民化運動」，妄圖挖掉臺灣同胞的「中國根」，塑造「日本殖民地認同」。面對「皇民化」，臺灣民眾透過武裝起義、政治鬥爭和文化抵制等多種方式，反擊「皇民化」，堅持「中國認同」。眾所周知，在臺灣回歸祖國的同時，日本殖民當局極力推崇和強行推行的「皇民認同」土崩瓦解，「一個中國認同」成為主流意識。現階段的臺灣「國家認同」應該也是如此。臺灣「國家認同」多元化狀

況，形成於「台獨」利用公共權力進行誤導時。從20世紀90年代初起，李登輝開始利用掌握公共權力的機會，影響和引導「台獨國家認同」，存在40年的「一個中國政策」逐步被他拋棄，民眾心中的「一個中國認同」被他誤導。陳水扁當局的重點是，鞏固李登輝時期的「台獨成果」，引導和迫使改變「一個中國認同」，培植「台獨國家認同」。「台獨執政」失敗後，民進黨當局改變手法，重新包裝「台獨主張」，宣揚「臺灣主體性」、「臺灣意識」和「臺灣共識」，利用其部分掌握的朝野較量、族群對立、兩岸關係上的話語權，誤導「一個中國認同」。要看到「台獨勢力」提倡的「台獨國家認同」，一方面沒有成為「國家認同」中的主流部分，一方面「台獨勢力」還在繼續引導和強力推行之中，因此看「台獨」勢力推行的「台獨國家認同」似乎還有發展之勢，但從長遠看正是因為此類「政治認同」的分裂本質，決定了當「台獨」困境加劇時，臺灣的「國家認同」也會再次回歸一個中國立場。正是因為臺灣「國家認同」的「愛國主線」的事實存在和發揮作用，所以在「台獨」勢力強行推行「台獨國家認同」的同時，發展兩岸交流、推動和平發展、維持兩岸現狀，成為臺灣民意主流，「台獨」一再受到民意的反對和制止。

從兩岸關係角度，臺灣「國家認同」的多元性、可變性、初始性和過渡性表現為「國家認同」有可能變化，功能性、逆反性表現為形成兩岸的共同認知和共同價值有難度，過渡性表明現階段臺灣「國家認同」是正常反應，愛國性才是臺灣「國家認同」中的脊樑和核心，現在需要兩岸共同創造臺灣「國家認同」回歸「一個中國認同」的條件和時機。

二、臺灣「國家認同」的基本情況

對於臺灣「國家認同」問題，具體情況要具體分析。關於臺灣的「國家認同」，不同物件、不同場合、不同時間、不同議題有不同反應。

（一）現實社會中的「國家認同」

無論是在臺灣民眾之間，還是在兩岸民眾相見之間，都能涉及臺灣的「國家認同」問題，整體情況與民意調查資料有不同。首先，在實際接觸中，現在每年來大

陸的包括藍綠不同立場的臺灣遊客、各類交流人員和各界人士超過500萬人次，每年大陸赴台的遊客、各類交流人員和各界人士近250萬人次，數百萬人次在對方又能接觸到更多的人。他們在相互交流交往中，臺灣民眾在談及「身分認定和政治歸屬」時，出現嚴重偏差和混亂的不多，或者說占的比例不大。其次，在交流交往中，兩岸學術交流遍佈各領域、各地區、各階層和各單位，參加交流的學者專家更是集中了兩岸在各自領域中的最有代表性的群體，無論是專題研究還是會外交流時，臺灣學者在談及「身分認定和歸屬確定」時，出現嚴重偏差和混亂的不多，或者說在綠色學者中也非多數。第三，在公共輿論中，從臺灣媒體公開發表的文章、談話和辯論看，對於「身分認定和歸屬確定」議題，宣揚和強調「台獨國家認同」有不少，其中綠色媒體更是連篇累牘地宣揚「台獨國家認同」，但都沒有成為「主流民意」。第四，在官方表態中，執政黨國民黨公開宣示接受「九二共識」，積極推進國共兩黨「五項共同願景」，馬英九也多次表示遵守「憲法一中」，以「一個國家兩個地區」來定位臺灣和大陸，兩岸同屬一個民族，具有共同的文化，稱呼大陸不能叫「中國」而應為「中國大陸」，也就是說國民黨當局的「國家認同」是「（中華民國式的）一個中國」。在現實社會中的臺灣「國家認同」應該更加務實、客觀一些。

　　集中體現「國家認同」傳承、宣傳的教育領域中也是這樣。在臺灣教育中，「台獨執政」時曾全力推出「去中國化」的教科書與課程綱要，大量刪減中小學教材中關於中國歷史、地理和社會的內容。其中「高中歷史課程綱要草案」把「臺灣史」從中國史中分割出來，各自獨立成冊；「高中地理課程綱要草案」把中國地理由26節減少為12節，臺灣地理由8-10節增加到12節；「高中語文課程綱要」大量刪減文言文比重，把「中國文化基本教材」課程由必修改為選修。「台獨執政」這樣做，人民不買帳，「文化台獨」在很大程度上是一廂情願。從一直存在的教育系統中的去「去中國化」的呼聲，表明「台獨國家認同」在教育界也非主流。如在歷史觀上，「台獨執政」時的「所謂歷史教育的荒謬，不單是『臺灣史』比重增減多少的問題。最荒謬的是，在於其內容，除了處心積慮否定臺灣與中國的淵源，更違背史實，篡改歷史事件的解釋，如二二八事件、臺灣光復等。」[40] 可以說「台獨歷史觀」是要去除「一個中國認同」的歷史根基，提出之始就遭到教育界和社會各界的揭露、反對和抵制。顯然，在具體問題和具體場合上，涉及「國家認同」的議題

探討、對話和交流時，應該說要比系統民意調查資料樂觀一些，「一個中國認同」更加明確。

（二）民意調查資料中的「國家認同」

關於臺灣「國家認同」多元化的重要依據是專項民意調查結果。從政治大學選舉研究中心的定期、跟蹤式民意調查資料中，可以看出臺灣人的「身分確認和政治歸屬」方面的異化，可以看出臺灣「國家認同」的多元化。

一是認為「自己是中國人」的比例在下降。從總體趨勢上看，從啟動調查的20世紀90年代前期的26.2%，到1997年6月間開始跌破二成，到2000年前後跌到一成，到2008年間降為5%，到2009年6月間為調查以來的最低點4.4%。當然，不同的民意調查資料也不一樣，如在2011年2月9日公佈的TVBS民調中，確定自己為中國人的達到17%。還有的民意調查資料顯示，認同是中國人的為3%。[41]如2013年2月27日臺灣競爭力論壇和艾普魯民意調查公司公佈的「臺灣國族調查結果」，顯示有九成人認同中華民族，有六成一的人認同自己是中國人。在臺灣地區的中國人中自認為是中國人的比例有大的波動，表明其「國家認同」的基礎在弱化。

二是認為「自己是臺灣人」的比例在上升。從啟動調查的20世紀90年代前期的17.3%，到1994年12月間突破二成，1997年6月間突破三成，2001年6月間突破四成，2008年12月間突破五成，到2009年6月間出現調查以來的最高點52.1%。在2011年2月9日公佈的TVBS民調中，確定自己為臺灣人的達到72%。還有民意調查資料顯示，在自認為是中國人的資料下降、自認為是臺灣人的資料上升的情況下，大陸與臺灣是什麼關係，有44.15%認為是「生意夥伴」、18%認為是「朋友」、7.5%認為是「家人」、5.2%認為是「親戚」、5.1%認為是「敵人」、2.6%認為是「陌生人」[42]。顯然，在臺灣地區的中國人中自認為是中國人的偏低、自認為是臺灣人的比例偏高，表明「一個中國認同」的基礎在鬆動。

三是認為「自己既是中國人也是臺灣人」的比例較為平和。在啟動調查的20世紀90年代前期，認為兩者都是的為45.4，曾在1995年12月間降為42.8%，在1996年

6月間達到50.9%，在1998年6月間降到最低點39.1%，以後一直在四成至四成五之間，直到2009年6月間降為39.2%。在2011年2月9日公佈的TVBS專項民調中，認為兩者都是的為43%。面對中國人認同的下降和臺灣人認同的上升的調查結果，相對穩定的此項資料顯得十分重要。

　　四是「臺灣人認同」的比例上升速度顯得過快。民意調查資料確實表明臺灣「國家認同」問題的嚴重，不僅是出現了只有少數人認為自己是中國人、多數人認為自己是臺灣人的情況，而且認為自己是中國人的比例在以平均1.22%/年的速度下降，認為自己是臺灣人的比例在以平均1.93%/年的速度上升。此外，「我是臺灣人」的比率已經高於「我是中國人」和「既是臺灣人也是中國人」之和。兩種「認同剪刀差」的存在，成為人們關注的焦點。

　　五是「既是中國人又是臺灣人」的認同十分重要。從兩岸關係實際出發，只要在承認自己是中國人的前提下，說自己是臺灣人，就像說自己是廣東人、江蘇人和北京人一樣，不會引起其他聯想。問題是在臺灣關於中國人的認同只有五個百分點左右，而關於臺灣人的認同達到五成以上，懸殊之大極不正常。但也要看到另一面，還有四成以上的臺灣人認為自己「既是中國人也是臺灣人」，成為防止「台獨國家認同」快速蔓延的閘門。

　　六是「統獨選擇」變化不正常。從1994年到2010年，主張「儘快統一」的由4.4%降為1.2%，主張「偏向統一」的由15.6%降為9.1%，主張「維持現狀再決定」的由38.5%微降為36.2%，主張「永遠維持現狀」的由9.8%上升為25.2%，主張「偏向獨立」的由8%升為16.3%，主張「儘快獨立」的由3.1%升為6.1%。在有些民意調查資料中，「急獨」為14%，「緩獨」為15%，「永遠維持現狀」為51%，「緩統」為10%，「急統」為4%[43]。「統獨選擇」與「國家認同」有著密切的關係，在以上述連續民調中，約10.3%的主張兩岸統一的群體中，主要是認同「我是中國人」和「既是中國人也是臺灣人」的人。在約22.4%的主張「台獨」的群體中，基本沒有認同一個中國、中華人民共和國、「中華民國」的人；在約61.4%的選擇維持現狀的群體中，則包括擁有認同「一個中國」、「中華民國」、「既是中國人也是臺灣人、既是臺灣人也是中國人」的人。只要「一個中國認同」上升，贊成兩岸

和平統一的人就會增加；只要贊成兩岸和平統一的人增加，「一個中國認同」就會上升。

從關於臺灣「國家認同」日常表達和民意調查資料中，可以看出兩者存在相當大的差距。從兩者調查自身功能看，「日常」是公開表達，「民調」是匿名表達，日常表達的人多，民調涉及的人少，日常感性表達多，民意理性表達多，日常影響因素多，民意影響因素少。正是因為兩者在形式上、時間上、場合上和議題上存在很大程度的不同，所以結論當然也不同。總體上看，在「國家認同」問題上，日常運作表達時，不利於兩岸關係和平發展的認同要比民意調查資料少一些。

第五節 「台獨國家認同」的危害性

不可否認的是，在臺灣的「國家認同」中，「台獨國家認同」成為人們高度關注的議題。顯然，一是不認同「一個中國」，認同「臺灣共和國」和「台獨」的群體出現。二是「統獨選擇」出現不利於兩岸和平統一的變化，同意兩岸和平統一的比例過低，主張「台獨」的超過主張兩岸和平統一的比例。人們之所以高度關注「台獨認同」問題，是因為其帶來的危害。

一、「台獨」蔓延的社會文化土壤

臺灣「國家認同」出現多元化，「台獨勢力」長期煽動，特別是利用掌握的公共權力強行推行「台獨國家認同」是原因之一，「台獨勢力」製造和推行「台獨國家認同」，卻反過來又把其作為推動「台獨」的理論依據和實踐基礎。

「台獨勢力」極力宣揚「台獨國家認同」。建立和擴大「台獨國家認同」一直是「台獨勢力」的基本目標，希冀透過宣揚臺灣人是「新興民族」有別於中國人和中華民族，宣揚臺灣是「無主土地」有別於臺灣和大陸同屬一個國家，宣揚國民黨當局是「外來政權」有別於根據臺灣現行「憲法」確定的「兩岸一中」，宣揚臺灣文化是「海洋文化、東西方混合文化」有別於臺灣文化是中華文化的重要組成部

分，宣揚「主權在民」和「住民自決」有別於臺灣前途在於兩岸的和平統一，宣揚「臺灣主體性」、「臺灣意識」有別於兩岸共同利益、共同觀念、共同價值、共同認同和共同命運。「台獨」的這些說法，就是要確立「台獨國家認同」。經過「台獨勢力」的長期努力，再加上島內外的其他因素，在臺灣「國家認同」和「統獨選擇」的民意調查資料中，出現了支援「台獨」的保持在兩成左右、自認為是中國人的在下降、自認為是臺灣人的在上升的資料，「台獨國家認同」開始在社會上蔓延。

「台獨國家認同」成為推行「台獨」的重要依據。李登輝說得很明確，在下臺和被撤銷國民黨黨籍後聲稱，臺灣沒那麼多的時間，須趕快建立「國家認同」。[44] 在「台獨勢力」看來，只要多數人建立臺灣是「主權獨立國家」的認同，「台獨」就實現了。宣揚「台獨國家認同」和推行「台獨」是同步的。李登輝自1994年4、5月間開始揭示自己的「台獨心跡」，就是高估了社會上出現的「臺灣認同」、「臺灣意識」的分裂內涵和作用；陳水扁當局執政後全面推行「台獨制度化、政策化」，就是高估了「一邊一國論」和「台獨認同」的支持率；下野後的民進黨繼續堅持「台獨黨綱」，就是因為對「台獨國家認同」的誤判。只要目前臺灣「國家認同」的多元化現象繼續存在，民進黨就不會放棄「台獨立場」。特別是在民進黨不放棄「台獨黨綱」情況下，如果民進黨當局重新上臺執政，更會誤認為是「台獨國家認同」上升的結果，更會採取措施加快「台獨」蔓延，加快「國家認同」向「台獨國家認同」的轉變。「台獨國家認同」和「台獨」關係密切，相輔相成，水漲船高。一方面是「台獨勢力」極力鼓吹「台獨國家認同」，一方面是「台獨國家認同」會讓「台獨勢力」更加囂張。隨著兩岸關係和平發展鞏固和深化的推進，兩岸共同利益、共同觀念、共同價值、共同認同和共同命運的形成，「台獨國家認同」將不可避免地走下坡路。

二、臺灣政治動亂的理論依據

「台獨勢力」把「台獨國家認同」作為判斷臺灣社會「台獨支持率」的重要依據，「國家認同」出現多元化，「台獨陣營」則認為是社會對於「台獨」支持度的提升，更加不惜製造政治動亂推進「台獨」。宣揚「台獨國家認同」的過程本身就

第一章　臺灣「國家認同」特殊性分析

是製造政治動亂的過程。

「台獨」本身就是臺灣社會和政治最大的不穩定因素，可以設想一下，如果沒有「台獨」，「憲政改革」以來的20多年，應該成為臺灣經濟、政治、社會正常轉型和快速發展的階段，應該成為兩岸關係、交流正常進行和快速發展階段。問題是「台獨」是不以人們意志為轉移的產物，成為同期臺灣經濟、政治、社會和兩岸關係的亂源。因為「台獨勢力」宣揚和推動「台獨國家認同」，所以臺灣就會有人反對；因為有人反對，所以「台獨」就要不擇手段的打壓；因為打壓，所以就會造成臺灣動亂；因為臺灣動亂，所以就會被「台獨勢力」利用來加快推進「台獨國家認同」；因為推進「台獨國家認同」，所以「台獨勢力」就會樂此不疲；因為動亂造成經濟、社會和政治的衰退，所以「台獨國家認同」和「台獨」都會受到遏制。

「台獨」在臺灣的發展過程，就是這一迴圈的最好證明。遠的不說，人們記憶猶新的是，陳水扁執政時期為了建立和擴大「台獨國家認同」，定期推出的「漸進台獨」和「法理台獨」招數，無一不引起社會動盪，激化藍綠雙方的高度對立。特別是「台獨制憲」、中止「國家統一委員會」和「國家統一綱領」運作、「入聯公投」更是成為藍綠陣營鬥爭和較量的焦點。陳水扁執政8年，就是推動「台獨」的8年，也成為政治動亂的8年。民進黨下野後，又是從有關臺灣「國家認同」的民意調查資料中得到鼓舞，根據四成以上綠營支援率、兩成左右的「台獨支持率」、「我是中國人」認同較低的情況，認為臺灣社會「台獨國家認同」已經基本確立，所以成為民進黨東山再起、重新上臺執政的社會和民意基礎。

在綠營一些人看來，「兩岸一中」已經成為「一邊一國」，臺灣是「主權獨立國家」和臺灣人的「國家意識」已經形成。正是根據這一嚴重誤判，民進黨方面繼續堅持「台獨黨綱」，頑固堅持「台獨立場」。只是為了增加欺騙性，由陳水扁時期的「極端台獨」轉為「模糊台獨」，放棄了「台獨執政」時的赤裸裸的「台獨口號和主張」，街頭暴力和柔性抗爭並用，更多的是從增加「台獨國家認同」的角度考慮，採取務實手法，推動「台獨」進程。為此，聯結民進黨的大陸政策，基本是沿著「台獨黨綱」、否認「九二共識」、宣揚「中國威脅」和在確保「臺灣主體性」、「臺灣優先」基礎上，繼續享受ECFA的紅利，既在經濟上得利政治上又不讓

步，既能煽動對大陸的敵意又能欺騙臺灣民意，既能繼續擴大「台獨國家認同」又減少挑戰性。事實上，民進黨的算盤打得太精，只能激化社會基本矛盾，只能擴大族群對立，只能成為兩岸關係和平發展的阻力，既是在增加其執政的難度，更是在製造臺灣政治動亂，也就是說不可能得逞。

三、西方干涉中國內政的藉口

臺灣「國家認同」多元化、特別是「台獨國家認同」的出現，成為西方繼續干涉中國內政、插手臺灣問題的依據。

西方勢力對於「台獨國家認同」的出現，負有不可推卸的責任。對於西方一些政治勢力來說，尤為看重臺灣地區「國家認同」的多元化現象，視之可分裂中國、或中國已經分裂的重要指標。對於中國大陸和臺灣地區，西方一些政治勢力的「雙軌政策」都是「兩面下注」，是在肯定現階段兩岸關係和平發展的同時，扶持「分裂分治」，加深「臺灣問題國際化」，增加解決臺灣問題的複雜性和長期性，阻撓中國的和平統一。也就是說，「雙軌制政策」帶來臺灣政治定位和政治前途的不確定性，這會造成一部分臺灣民眾對於「身分認同和政治歸屬」的焦慮情緒。西方一些政治勢力扶持「中華民國」存在與臺灣現實「國家認同」中占主流的「中華民國認同」之間，西方一些政治勢力傾向「台獨」與成為臺灣現實和民調中的「台獨國家認同」之間，西方一些政治勢力支持「不統不獨」與成為臺灣「政治認同」中的占主要部分的「維持現狀」民意之間，有著密切的關係。顯然，西方一些政治勢力插手臺灣問題，是在從多方面誤導臺灣「國家認同」，導致「一個中國認同」出現多元化。

臺灣「國家認同」的多元化，成為西方一些政治勢力插手臺灣問題的依據，他們提出和宣揚的「臺灣地位未定論」、「兩個中國」或「一中一台」，有從歷史角度進行論證，有從法理角度進行論證，有從臺灣政治人物的立場和主張角度進行論證，有從兩岸各自管轄權的角度進行論證，當然也有從臺灣「國家認同」的角度進行論證。在西方一些政治勢力看來，臺灣「非一個中國認同」的出現，與國際法、現實上相配合，表明臺灣民眾已經放棄自己是中國人的立場，表明臺灣民眾已經成

為「台獨」的社會基礎。因此在編造所謂「臺灣民族」、反對一個中國原則、向臺灣出售武器、提升與臺灣的特殊關係，阻撓中國和平統一問題上，一些臺灣人不認為自己是中國人、認為自己是臺灣人，當然成為西方一些政治勢力認定的「兩個中國」或「一中一台」的「民意基礎」。臺灣「國家認同」的多元化、複雜化和「去中國化」，更是成為西方一些政治勢力宣揚人權民主普世價值的不可多得的政治典型。這也是為什麼兩岸關係和平發展已經取得重大成就，但是西方一些政治勢力插手中國臺灣問題的程度、力度和強度沒有減弱的原因所在，也是臺灣「國家認同」多元化現象繼續存在的國際背景。

四、兩岸關係緊張的政治根源

臺灣「國家認同」出現偏移、「統獨選擇」出現偏向、「身分認同」出現偏差、「集體記憶」出現偏離，「台獨國家認同」開始形成，對於兩岸關係的危害，集中體現在干擾和平發展的「台獨國家認同」上。

「台獨國家認同」是對反獨力量的威脅。如今在臺灣社會，在一些場合出現了「統派」被壓制、統一被冷落、和平發展舉措被干擾、和平統一目標被嘲弄等現象，這是「台獨勢力」囂張活動的結果。「台獨勢力」囂張活動的原因，就是臺灣「國家認同」的改變。臺灣「國家認同」中「一個中國認同」下降、「非一個中國認同」的增加，成為「台獨勢力」宣揚「台獨」的依據和動力。在「台獨勢力」看來，「一個中國認同」多元化的出現，就是對兩岸和平統一的否定，就是對和平發展的否定。因此，也成為否定「中華民國」的主要依據。

「台獨國家認同」是對「台獨」的支持。形成和增加「台獨國家認同」、減少「一個中國認同」，既是「台獨勢力」煽動的結果，又被「台獨勢力」視為「台獨民意」發展和壯大的依據。在「台獨勢力」看來，只要「臺灣國家認同」不斷提升，就是「台獨」實現的標誌。特別是在爭奪各級執政權的過程中，「非一個中國認同」存在，成為民進黨方面進行政治動員、增加內部凝聚力、判斷實力和發展趨勢的主要依據。下野後的民進黨面對陳水扁留下的爛攤子，能夠在短期內東山再起，在重大選舉時一再對國民黨形成重大威脅，主要因素之一是「台獨國家認同」

的存在。

　　臺灣「國家認同」的變化，尤其是「一個中國認同」的減少，藍綠陣營各取所需，根據不同立場和需要進行解釋。對於泛藍陣營中的有些人來說，把「國家認同」變化看成是現階段拒絕兩岸和平統一的民意反應，作為推行「不統、不獨、不武政策」，推遲進行兩岸政治協商的「民意依據」，因而在深化兩岸關係和平發展問題上，積極性和持久力有待加強。對於泛綠陣營來說，更是把「國家認同」變化作為大陸政策的基礎，干擾和平發展，阻撓兩岸交流，誣衊經濟合作。民進黨當局堅持「台獨黨綱」，否認「九二共識」，把「臺灣主體性」和「臺灣意識」極端化，聲稱和平發展是「親中賣台」，兩岸經濟制度化合作、大陸各項有利於臺灣的交流措施造成臺灣貧富差距擴大，圖利大財團，中南部、中下階層、中小企業沒有得到實惠等。民進黨的這些看法和決策，關鍵原因是錯誤認為各種「非一個中國認同」就是「認同一邊一國」。民進黨的大陸政策、政治路線和「台獨國家認同」一起，成為兩岸關係和平發展的直接威脅。

增加「台獨國家認同」成為「台獨勢力」的重點努力方向，「台獨國家認同」成為「台獨勢力」評估社會文化氛圍、政治資源和大陸政策的依據。因此，反對「台獨」就是要影響和引導各種「非一個中國認同」向「一個中國認同」的轉變。

注釋

[1].《馬英九說「我是炎黃子孫、臺灣人」，萬人按贊》，2011-07-13，http：//www.chinareviewne-ws.com/doc/1017/6/4/4/101764446.html？coluid=0&kindid=0&docid=101764446。

[2].梁麗萍：《中國人的宗教心理：宗教認同的理論分析與實證研究》，社會科學文獻出版社2004年版，第11-12頁。

[3].同上，第12頁。

[4].俞可平：《社群主義》，臺北：風雲論壇出版社1999年版，第45頁。

[5].江宜樺：《自由主義、民族主義與國家認同》，臺北：揚智文化事業股份有限公司2000年版，第12頁。

[6].國家社會科學基金專案（2008年度）《臺灣意識與臺灣戰略思維》，第299頁。

[7].楊金剛：《現代化進程中政治認同的危機與轉型》，《哈爾濱市委黨校學報》2005年第1期。

[8].江宜樺：《自由主義、民族主義與國家認同》，臺北：揚智文化事業股份有限公司2000年版，第16頁。

[9].趙森：《國家認同與兩岸統一模式研究》，北京大學2011年博士論文，第18頁。

[10].江宜樺：《自由主義、民族主義與國家認同》，臺北：揚智文化事業股份有限公司2000年版，第12頁。

[11].蔡英文：《認同與政治———一種理論性的反思》，《政治科學論叢》1997年第8期，第55頁。

[12].江宜樺：《自由主義、民族主義與國家認同》，臺北：揚智文化事業股份有限公司2000年版，第107-110頁。

[13].《臺灣問題和中國的統一》，國務院台辦、新聞辦白皮書，參見1993年8月1日《人民日報（海外版）》，第1版。

[14].國務院臺灣事務辦公室編：《中國臺灣問題外事人員讀本》，北京：九州出版社2006年版，第177頁。

[15].台「行政院新聞局」輯印：《蔣「總統」經國先生六十七年言論集》，第126頁。

[16].郭正亮：《變天與挑戰》，臺北：天下遠見出版社2000年版，第6頁。

[17].國務院臺灣事務辦公室編：《中國臺灣問題外事人員讀本》，北京：九州出版社2006年版，第64頁。

[18].《「國統會」關於對一個中國內涵的解釋》，參見1992年3月2日臺灣《中央日報》，A1。

[19].《李登輝與謝東閔等人的談話》，參見1991年9月30日臺灣《中央日報》，A1。

[20].《江丙坤參加亞太經互會期間在記者招待會上的講話》，見1993年11月22日臺灣《中國時報》，A1。

[21].李登輝對德國之聲記者的談話，參見1999年7月10日臺灣《中央日報》，A1。

[22].李登輝：《亞洲的智略》，參見2000年7月21至25日臺灣《自由時報》書摘。

[23].《李登輝重提「中華民國」不存在》，參見2003年9月7日臺灣《中央日報》，A1。

[24].李登輝：《與司馬遼太郎對談》，參見1994年4月30日至5月2日臺灣《自立晚報》摘錄。

[25].李登輝：《亞洲的智略》，參見2000年7月21至25日臺灣《自由時報》書摘。

[26].《李登輝提二〇〇八「建國」論》，參見2002年7月25日臺灣《聯合報》，A1。

[27].臺灣政治大學選舉研究中心民調：《臺灣民眾臺灣人中國人認同趨勢頒佈》，http：//esc.nccu.edu.tw/newchinese/data/TaiwanChineseID.htm。

[28].台「陸委會」匯總民調資料，
http：//www.mac.gov.tw/big5/mlpolicy/pos/890131/88tab14.htm。

[29].陳明通：《民主化臺灣新國家安全觀》，臺北：先覺出版股份有限公司2005年版，第301-302頁。

[30].《陳水扁在記者招待會上的講話》，參見2000年8月31日臺灣《自由時報》，A1。

[31].《出席世大會「交心」扁要拼臺灣「正名」》，參見2002年3月18日《中國時報》，A1。

[32].《陳「總統」：兩岸是「一邊一國」》，參見2002年8月4日臺灣《聯合報》，A1。

[33].《陳水扁在雙十節上談話》，參見2005年10月11日臺灣《自由時報》，A1。

[34].《扁：「中華民國」是什麼碗糕》，參見2007年9月1日臺灣《聯合報》，A1。

[35].「跨黨派小組」提出的「三個認知四個建議」，參見2000年11月27日臺灣《自由時報》，A1。

[36].《陳水扁：2006催生「臺灣新憲法」》，參見2003年9月29日臺灣《中國時報》，A1；《「總統」：2006年人權日「公投制憲」》，參見2003年11月12日臺灣《自由時報》，A1。

[37].《陳「總統」：「防衛性公投」為維護現狀》，參見2003年12月5日臺灣《中國時報》，A1；《陳「總統」今提「和平公投諮文」》，參見2004年2月3日臺灣《中國時報》，A1。

[38].臺灣政治大學選舉研究中心民調：《臺灣民眾臺灣人中國人認同趨勢頒佈》，

http：//esc.nccu.edu.tw/newchinese/data/TaiwanChineseID.htm

[39].《一個臺灣，各自表述》，參見2007年8月8日美國《世界日報》。

[40].李戡：《李戡戡亂記》，生活·讀書·新知三聯書店2010年版，第15頁。

[41].遠見民調：支持統一明顯增加　挺獨下降，2012-03-16，http：//www.chinareviewnews.com/doc/1020/4/2/9/102042956.html？coluid=0&kindid=0&docid=102042956。

[42].《對簽訂經濟合作協定看法、民眾終極統獨觀、馬「總統」滿意度民調》，參見台2010年4月號《遠見》雜誌。遠見民調中心網頁：
http：//www.gvm.com.tw/gvsrc/index.asp

[43].《聯合報》兩岸關係年度民調，參見2011年9月14日臺灣《聯合報》，A1。

[44].《李登輝提二〇〇八「建國」論》，參見2002年7月25日臺灣《聯合報》，A1。

第二章 臺灣「國家認同」的影響因素分析

　　兩岸關係進入和平發展鞏固和深化階段後，一方面臺灣「國家認同」如何，是事關完成國家和平統一的時機、方法、進程選擇的大是大非問題；一方面臺灣「國家認同」在變化，「一個中國認同」在下降。面對如此局面，如何影響和引導臺灣「國家認同」朝著有利於和平發展鞏固和深化、和平統一方向轉變的迫切性、重要性越來越明顯。影響和引導臺灣「國家認同」轉變的關鍵，是要確定和評估影響臺灣「國家認同」變化的各種因素，進而探討影響和引導臺灣「國家認同」的途徑和方法。

第一節 臺灣「國家認同」的原生基礎

　　考察影響臺灣「國家認同」變化的因素，歷史、民族、文化和實力要素構成臺灣「國家認同」的核心和主體。在歷史的進程中，在中華民族前進的過程中，一部臺灣地區的開發史，就是中華民族戰天鬥地的拼搏史，就是中國人民反對侵略、保衛家鄉的鬥爭史，就是兩岸同胞建設寶島、兩岸共同繁榮的發展史，這就是臺灣「國家認同」的源泉和根基。

一、民族因素

　　從「國家認同」的內涵出發，一個地區「國家認同」的形成，最基本的一條就是擁有民族、歷史和文化認同。臺灣是中國第一大島，臺灣人是中國人，這是任何政治力量無法改變的事實，也是臺灣「國家認同」的內核。

最早定居臺灣的是中華民族成員。臺灣在海峽還未形成之時，就是大陸人生活、勞動的地方；臺灣海峽形成後，在島上定居的依然是來自大陸的早期居民；4500年至2000多年前，臺灣海峽因為海退，水面變狹和變淺，又為大陸人進入臺灣定居提供了可能。無論是臺灣的史前文化定居者，還是早期居民，都是來自中國大陸。組成臺灣早期居民的有兩部分，一部分是高山族，主要是在文明社會形成之前來自大陸在高山地區定居者。一部分是平浦族，在閩粵移民到達臺灣時就相互進行交流，經過長期的歷史演變已經漢化。平埔族和高山族一樣，與閩粵移民一起，在臺灣的開發和建設過程中起過十分重要的作用。

開發、建設和保衛臺灣的主力是大陸移民。大陸移民主要來自閩粵地區，廈門附近成為閩粵移民前往臺灣的主要集散地，再經澎湖馬公島和東吉洋等海域前往臺灣，海上風浪無常，移民渡海歷盡艱辛，多少人被海浪吞沒。由於受歷史條件的限制，關於閩粵移民的記載，直到宋代，關於大陸漢人在台澎地區的活動情況，才正式出現在一些特定的史料上。到明代後期移民開始大量增加。臺灣光復時，中國政府派出大批接收官員和專業人士赴台，兩岸中國人重新在一起享受接受日本投降的歡樂，加入建設臺灣的行列。國民黨當局敗退臺灣時，超過200萬的外省人到達臺灣，兩岸中國人一起開始了「臺灣再發展的進程」。

臺灣的族群關係產生於移民之初。無論是較早到達臺灣的閩南人，還是緊隨其後的客家人，到臺灣時，大都是以血緣、宗族為紐帶，組織親屬、族人赴台進行墾荒，以便於生存、墾荒和打開局面。隨著移民活動的增加，血緣、宗族關係已經不能適應，他們透過同鄉的關係結伴來台，然後又透過同鄉的介紹和指引，來台後在同一地區共同開墾。定居後為了擴大經營範圍和保衛生產成果，他們又需要組織和聯合起來，祖籍地緣關係替代血緣關係。這種移民社會所特有的祖籍地緣關係，成為臺灣族群矛盾的由來，一直在社會演變過程中發生作用，或多或少地影響著社會的演變。

臺灣同胞無論是那一族群，都為中華民族的發展作出過自己的貢獻；臺灣的建設成就，同樣也是中國人的驕傲。臺灣發展史對臺灣「中國認同」的形成、內涵和演變，發揮了根基性、長期性的作用。無論是外國侵佔，還是兩岸分離，或是錯誤

引導,都不能改變臺灣同胞內在的中國屬性,當然也不能徹底顛覆臺灣的「國家認同」;臺灣「國家認同」只能構建在臺灣人是中華民族成員、臺灣發展是由兩岸中國人共同努力結果的基礎上。

二、歷史因素

「國家認同」作為「集體記憶」之一,包括民族、族群的自然屬性,更有中央王朝和臺灣的聯繫。雖然歷史沒有完整記下臺灣歷史演變前期的詳細情況,但是沒有停止記載臺灣的人、臺灣的事,沒有停止記載兩岸人民的來往,沒有停止記載中原對臺灣的關愛。在中國最早的史書之一《尚書·禹貢篇》中,把中國分為九州,其中揚州管轄範圍包括被稱為「島夷」的臺灣,「島夷」是臺灣的第一個名稱。以後在《史記·秦始皇本紀》、《漢書·地理志》、《後漢書·東夷列傳》、《三國志》、《臨海水土志》等史書都提及臺灣,隨著中國政治中心和經濟中心東移,臺灣在史書中的記載逐漸正常化。

中原封建社會興盛起來後,中央王朝與臺灣之間有著許多來往。西元230年,三國時期吳國君主孫權派遣將軍衛溫、諸葛直率水軍一萬到達被他們稱為「夷洲」的臺灣,這是歷史上有書為證的中國王朝第一次與臺灣的聯繫。西元607年,隋煬帝先後派出羽騎尉朱寬、海師何蠻、武賁郎將陳稜及朝請大夫張鎮州等人三次前往當時被稱為「流求」的臺灣。在臺灣中部地區的彰化市,有一條街名叫「陳稜街」,它就是為了紀念這位隋朝將領的。到宋代,開始在台澎地區設立管理機構,澎湖列入福建晉江縣版圖,這在臺灣開發史上是第一次。西元1291年,元朝派出海船副萬戶楊祥為宣撫使,與禮部員外郎吳志鬥和兵部員外郎阮鑒率兵6000餘人進軍臺灣。西元1335年,元朝正式在澎湖設立「巡檢司」,捕捉罪犯,兼辦鹽課,這是中央政府派駐台澎地區的第一個行政執法機構。中國政府開始正式管理臺灣。為保衛臺灣,在以後的歲月中,先後進行了鄭成功收復臺灣、康熙皇帝統一臺灣等重大軍事活動。1683年,清政府統一臺灣後,在臺灣設立臺灣府,下轄臺灣、鳳山、諸羅三縣,臺灣府隸屬於福建省管轄,已經建立起完整的統治機構、制度,進行有效

管理。到1885年10月12日，慈禧在下旨創建海軍的同時，同意左宗棠的奏請，福建政務由閩浙總督兼管，將福建巡撫改為臺灣巡撫，正式下詔在臺灣建省。到1888年正式實現「閩台分治」，臺灣單獨設省，從此臺灣社會進入了近代大規模開發時期。

正是歷史上兩岸的來往，聯結起兩岸人民的心靈，臺灣與大陸不可分離。臺灣的開發，包含了多少先行者的勇氣、開拓者的艱辛和奮鬥者的犧牲；包含著多少臺灣對祖國腹地的嚮往、多少大陸人民對臺灣同胞的關懷。在延綿數千年的大陸和臺灣的聯繫中，兩岸中國人的共同建設臺灣的過程、犧牲和成就，成為組成臺灣「國家認同」的重要元素。因此，即使臺灣「國家認同」出現階段性的變化，或者說是某些人故意篡改，但是這種歷史元素是無法改變的。

三、文化因素

在影響「國家認同」的因素中，文化顯得分外重要，因為人的民族屬性、歷史記憶的重要性自不待言，但是只有具備相同的文化要素，即生活在相同的社會文化氛圍中才能形成相同的認同。作為中國人的臺灣同胞，因為是中國人，在中央政府的安排下，與中原腹地有著密切的聯繫，更為重要的是，與大陸一樣，臺灣是中國人的地方，是中華文化的所在地，兩岸文化、習俗相同，兩岸同胞共同推動中華文化的發展。因此，臺灣「國家認同」具有深刻的中華文化基礎和氛圍。臺灣一些人為了否定臺灣文化的中華文化的屬性、否定臺灣「國家認同」的一個中國屬性，編造出臺灣文化是「海洋文化、荷蘭文化、日本文化、西方文化和中華文化結合的產物」的神話，就是為誤導臺灣「國家認同」編造文化依據。

臺灣文化是中華文化的一部分，漢文化進入臺灣有兩種途徑：一是移民的到來，帶來先進的生產方式、文化知識、生活習慣、宗教信仰和民間技藝。來台的男性漢人因為移民女性奇缺，逐漸衝開官方禁婚的限制，與當地平埔族或高山族女性通婚。平埔族和高山族也接受漢族先進文化，與移民和睦相處。從友好相處到共同

合作，加快了閩粵移民和少數民族的融合，在促進社會和經濟發展的同時，豐富了中華文化。一是官方所為，以維護統治秩序、宣揚儒學等統治倫理、主辦官學和科舉考試為主。漢文化有組織、系統地進入臺灣是在鄭成功收復臺灣後，在政權建設基本穩定的情況下，開始進行一些文化教育建設，建孔廟設學校等。完整的教育、科舉體系在臺灣第一次出現，很快成為當地的主流文化。明末清初一批明朝遺臣也流亡到臺灣，致力於「文化拓墾」，促使臺灣文風漸開，提高了臺灣社會崇尚文化的風氣和臺灣地區的文化水準，縮短了臺灣與大陸在文化上的差距。清朝為鞏固、完善統治基礎，對臺灣的文化教育也十分重視，為宣傳、傳播漢文化作過很大努力，也取得相當成功，為增強中華傳統文化在臺灣社會的主導地位，起過歷史性的作用。在中國近代經濟發展史上，臺灣成為全國經濟發展先進省區之一，在大陸一些較難實行的洋務首先在臺灣得以實現，其中一個原因是因為臺灣的教育和文化較為發達，民眾文化素質較高，思想、觀念也較為開明，因而成為經濟發展的動力。

兩岸文化上的一致表現得十分充分。臺灣通行的無論是國語，還是閩南話、客家話都是中國話；兩岸使用同種方塊字，通行繁簡兩體漢字和中文拼音；兩岸食譜、茶道、節氣、節日、紅白喜事和生活習俗相同；相同的文化產生相同的藝術，最為典型的歌仔戲和布袋戲，源自閩粵，演的是中國人，唱的是中國曲，大陸的京劇、滬劇、越劇和黃梅戲等眾多戲種在臺灣都有流行；影視歌曲美術建築等方面，兩岸也有共通性；共同的文化基礎，帶來兩岸宗教文化相同。兩岸在文字語言、衣食住行、時令節氣、婚喪嫁娶、科舉考試、思想觀念、倫理道德、理想人格、行為規範和宗教信仰等方面的一致，並非是簡單的文明傳播、文化流通所致，而是兩岸中國人共同的文化基礎、共同的倫理道德、共同的生活方式孕育出來的成果，具有頑強的生命力，當然也是形成「國家認同」的源泉。尤其是在「國家認同」出現偏差的時候，千萬不要低估中華文化對於「國家認同」正面且持久的影響力。

四、實踐因素

「國家認同」是要有實力基礎的，歷史上臺灣的「國家認同」、對祖國的感

情、對故鄉的盼望，是在同外國侵略者的鬥爭實踐中形成和增強的。

1624年9月，對中國臺灣垂涎已久的荷蘭武裝船隊，從兩年前侵佔的中國澎湖地區出發，侵佔臺灣。1662年2月1日，在民族英雄鄭成功的打擊下，荷蘭總督揆一宣佈投降，38年的殖民統治結束，中國人第一次把佔領自己領土的外國侵略者趕出去。控制台灣的鄭氏集團在鄭成功、鄭經先後病故後，在幼主鄭克塽等人帶領下圖謀割據，與中央政府對抗。1683年10月，康熙命令施琅將軍收復臺灣，完成兩岸統一。日本對中國臺灣的侵略野心由來已久，從16世紀末起多次發動侵略行動。1895年4月17日，侵佔中國臺灣。日寇在鎮壓臺灣人民的抗日運動的同時，開始在臺灣實行殘酷統治、瘋狂掠奪，同時推行「皇民化」，圖謀把臺灣從中國永久分裂出去。兩岸中國人與反法西斯盟國一起，打敗了日本帝國主義，臺灣回到祖國懷抱。

臺灣歷史上反侵略和反分裂戰爭的勝利，一次又一次地增強了「國家認同」。首先，顯示了中國人民反侵略的實力。面對步入近代工業化的外國列強的侵略時，兩岸人民英勇奮戰，在中國人民反侵略史上，留下了光輝的紀錄，當然也成為「國家認同」的實力基礎。其次，臺灣同胞自己定位為中國人。荷蘭、西班牙侵略臺灣時，日本早期侵略時都是以臺灣是「無主土地」為名出兵。日本威逼中國清朝政府割讓臺灣後，極力挑撥兩岸人民的感情，宣揚臺灣已被祖國拋棄，日本是其「新的祖國」。但是，臺灣同胞都把臺灣當成「天朝」中國的土地，自己是中國人，侵略者是異類旁族，決不與其為伍。特別是針對日寇的「皇民化運動」，臺灣民眾採取各種方式進行抵制。在面臨侵略和奴化壓力時，臺灣人民自我定位為「中國人」，這是「國家認同」的核心精神，早已在臺灣民眾心中紮根。第三，臺灣民眾踴躍投入反侵略鬥爭。早在荷蘭殖民統治時期，臺灣民眾一再舉行反荷起義。在日本侵佔時期，臺灣民眾高舉抗日義旗，展開多種形式的抗日鬥爭。抗戰爆發後，兩岸同胞共同進行反侵略鬥爭，既是具有共同「祖國認同」的結果，也推動了「祖國認同」的增強。

臺灣，是兩岸中國人共同開發和建設的，也是兩岸中國人共同保衛的。當出現外國侵略勢力、內部分裂勢力圖謀分裂中國時，趕走侵略者、維持主權和領土完整，是中國人民的首要任務，是中華民族每一位成員的神聖職責。這就是愛國主義

和民族凝聚力所在，這就是中華民族歷經數千年而不衰的原因所在，也成為臺灣「國家認同」的基本元素，要說「臺灣主體性」和「臺灣意識」的真諦和核心應該是在這裡。

第二節 臺灣「國家認同」的政治干擾

臺灣「國家認同」的干擾因素，最早來自國民黨當局。觀察60多年來的臺灣「國家認同」的演變過程，「一個中國認同」直到20世紀70年代中期才開始出現鬆動。問題的根子是國民黨的專制統治，蔣介石、蔣經國的專制施政導致「國家認同」的變化，不少民眾對一黨專制的仇恨，延伸為對蔣家父子、外省人、大陸和「一個中國」的敵視，「一個中國認同」開始出現變化。

一、專制統治與省籍矛盾激化

要說影響臺灣「國家認同」變化的各種因素的源頭，則為國民黨當局在臺灣實施近40的「戒嚴」，其中前20年間是專制統治，後20年在政治收縮和開放中的猶豫不決。「戒嚴」本身讓民眾極為不滿，民主和專制的較量讓民眾學會思考和鬥爭，從兩個方面否定國民黨的統治，當然也引起對「國家認同」的反思，為後來「台獨」誤導「國家認同」提供了條件。

（一）「一党專制、蔣家獨裁」的實施

國民黨當局到臺灣後，面對的是社會動亂、政局動盪、人心動搖和經濟衰退，還未從失敗噩夢中清醒過來的蔣介石當局，清楚地認識到要想實施國民黨的復興計畫，首要之舉是移植大陸時期的專制統治，以「反攻大陸、反共複國」為名，貫徹

「反共反人民」的政治路線，鎮壓任何不利於蔣家統治的言行。因此，在1949年5月實施的台澎金馬地區「戒嚴」、進入「戰時動員狀態」基礎上，蔣介石於1950年3月1日「複職總統」，開始重新建立起以蔣氏家族為核心的龐大專制機器。對於內部，蔣介石是檢討國民黨在大陸的失敗，整頓和改造國民黨，對黨政軍系統進行大清洗，強化了國民黨的統治機能，同時也為日後蔣經國接班創造了條件。對於社會，實行「軍事戒嚴」和高度集權相結合的專制獨裁統治，整頓由國民黨撤台引起的社會危機。基本手法是恐怖統治、全島特務橫行；苛政酷律、人民的生存權利缺乏應有的保障；實施「報禁和黨禁」、毫無政治民主可言。蔣介石當局在黨政軍內部實行政治大清洗，在社會上實行高壓統治，引起社會的強烈憤慨。

（二）省籍歧視、「省籍意識」的強化

國民黨當局推行專制統治，嚴重侵犯人民民主權利，不可能信任廣大臺灣人民，因此在任命官員和利益分配上，集中向外省人上層圈傾斜。在掌握絕大多數資源的軍公教隊伍中，負責崗位基本由外省籍人士擔任，在臺灣總人口中人占絕對多數的台籍民眾只占極少數，在統治圈內只有為數不多的台籍人士。國民黨當局政治上歧視大多數台籍民眾，使得省籍矛盾越來越大，成為人們批評國民黨當局的主要理由，也成為干擾國民黨統治的不穩定因素。到20世紀70年代初，從「保釣運動」開始，臺灣出現社會民主議政熱潮，極大地衝擊了國民黨專制統治，蔣家父子已經意識到無法阻擋政局的變遷，看到了省籍矛盾的嚴重性和帶來的危害，開始「革新保台」，重用台籍人士，推行國民黨政權「本土化」。蔣經國以1972年6月擔任「行政院長」為契機，任命了一批本省籍人士擔任要職。國民黨政權構成開始由大陸籍官僚資產階級為主轉為與臺灣資產階級的聯合專政。

專制統治、省籍歧視在政治上和感情上深深地傷害了臺灣民眾。在一些臺灣民眾看來，專制、腐敗和欺負臺灣人的是國民黨當局、國民黨當局是由外省人控制、外省人是中國人、當中國人沒有好處、「一個中國認同」是否值得？國民黨專制就這樣與質疑「一個中國認同」完成連接。

二、堅持反共意識形態

影響現階段臺灣「國家認同」的因素中，兩岸之間的不同是關鍵；兩岸最大的不同，是中國內戰遺留下來的意識形態和政治體制的不同。

蔣介石當局為了維護專制統治，同時出於被中國共產黨和人民革命力量打敗的仇恨，政治上推行反共路線。蔣介石到臺灣後，繼在大陸發表的《中國之命運》一書，先後推出一批反共專著，站在歷史唯心論的立場，為推行「反共複國路線」進行思想上和輿論上的準備。到臺灣後發表的《解決共產主義思想與方法的根本問題》一書為反共哲學著作，他的唯心哲學決定了他的思想和理論缺乏堅實的哲學基礎。《蘇俄在中國——中國與俄共三十年經歷紀要》與《反共抗俄基本論》一起，則成為集中論述作者反共思想和政治路線的代表作。四本書搭建起蔣介石以反共為終極目標的理論基本架構。

專制統治中，抓「共諜」成為最瘋狂的行動，也成為實施恐怖統治的主要理由。為發洩反共仇恨，國民黨當局在島內一再掀起反共高潮，把肅清「匪諜」作為當時的中心工作。從到台之初起，臺灣當局就嚴厲鎮壓民主進步運動，臺灣進入「50年代的白色恐怖時期」。先後製造了迫害臺灣大學學生的「4·6事件」、以洪國式為首的「中共總潛伏組織案」、以裕台貿易公司為首的「中共經濟潛伏組織案」、以李朋和汪聲和為首的「蘇聯間諜案」、「中共臺灣省工委案」、「中共臺灣工委高雄市工委會案」、「吳石案」、「麻豆事件」和「李友邦案」等一系列反共事件。

20世紀50年代初期，臺灣當局在「反共總路線」下，掀起一股股反共宣傳高潮，鼓起一股股瘋狂的反共情緒。主要內容包括吹捧蔣介石，為在大敗後重樹蔣介石的權威、洗刷失敗責任，宣揚蔣介石的「反共抗俄理論」、法西斯專制思想。此外，號召人們把臺灣建成「反共複國基地」、「複國典範」作出奉獻。在專制統治的反共暴政下，據不完全統計，從1949至1952年，被當局以「匪諜」罪名處決的達4000人左右，而被以同罪判處重刑的有8000-10000人，至於被秘密處死者則無從統計。[1]

與國民黨蔣介石當局不一樣，大陸開始了從新民主主義革命向社會主義革命的過渡，堅持中國特色社會主義道路，堅持馬克思主義和毛澤東思想，堅持人民民主專政，堅持社會主義計劃經濟。蔣介石當局的反共狂熱，對共產主義的仇視，對「共匪」、「通敵分子」的鎮壓，醜化大陸的形象，醜化中國共產黨的形象，醜化社會主義制度的形象，造成臺灣民眾不敢瞭解大陸、無法瞭解大陸、錯誤瞭解大陸的結果，加深了兩岸意識形態的對立。兩岸政治制度和政治信仰的不同，導致影響「國家認同」內涵和立場核心因素的「差異」增加，兩岸政治領域「差異」的增加，必然會影響到「一個中國認同」和「身分屬性」的選擇。

三、兩岸封鎖與兩岸隔絕

雖說蔣家父子時期能夠堅持「一個中國政策」，成為「一個中國認同」的主導力量，但在兩岸關係上封鎖兩岸、禁止往來，兩岸互不瞭解、互不信任，直接誤導臺灣民眾對大陸的看法，當然也直接誤導臺灣民眾的「國家認同」。這一切都因為蔣介石、蔣經國時期頑固推行的以「反攻大陸、禁止兩岸往來」為主體的大陸政策。

到臺灣後，蔣介石思考的主題之一就是如何完成「複國夢」，「反攻大陸」程式定為「1年整訓，2年反攻，掃蕩共匪，3年成功。」[2] 自此以後，臺灣當局不斷派遣武裝力量偷襲大陸東南沿海地區，較大規模的有41次，動用總兵力達13萬人次。直到20世紀60年代中期，蔣介石提出由軍事反攻為主轉為政治反攻為主，軍事偷襲和挑釁活動基本停止。「反共複國」表明兩岸同屬一個國家，國共兩黨是在「爭天下」，「爭天下」的炮聲把兩岸聯在一起，有助於臺灣民眾加深對「一中框架，兩岸一國」的認識，因而有助於「一個中國認同」的鞏固。面對20世紀50年代中期美國提出的、要求蔣介石當局「從金馬撤軍」的這一中國「分裂永久化」計畫，蔣介石當局十分清楚，如果撤出金門、馬祖等沿海島嶼，「劃峽而治」，無疑是割斷了臺灣與大陸的政治地緣聯繫，更不利於維護其在臺灣的統治，執行這一計畫無疑是自斷前程。為了拒絕美國的「劃峽而治計畫」，國共雙方都需要在金馬地

第二章　臺灣「國家認同」的影響因素分析

區打一場不是戰爭的戰爭，以顯示國共內戰沒有結束，金馬地區屬於中國的領土，誰來管轄應該由國共兩黨來決定。「8・23 炮戰」就是在這一背景下打響的，內戰炮聲宣佈了臺灣問題是中國的內政。圍繞海峽形勢的演變，大陸將「武力攻台」改變為「和平解放臺灣」，表示「中國人民願意在可能的條件下，爭取用和平的方式解放臺灣」[3]。1956年7月16日，周恩來總理在接見受臺灣當局派遣來大陸的曹聚仁時，表示國民黨和共產黨合作過兩次，為什麼不可以進行第三次合作呢？[4]1957年4月，周總理在會見臺灣方面派出的代表、「立法委員」宋宜山時，就舉行國共談判、實行第三次國共合作提出了具體建議。1963年間，大陸提出了「一綱四目」為核心的對台政策。[5]國民黨當局最後拒絕了中共的和談建議，放棄了最佳談判時機。

　　國民黨當局自在臺灣地區實施「戒嚴」起，封鎖海峽，嚴禁往來，這是在中國歷史上一般內戰狀態下都沒有出現過的隔絕狀態。蔣介石當局以「安全」為名，防衛所謂的「共謀滲透」，封鎖海峽，禁止兩岸間任何形式的交流，兩岸間的探親和經濟、文化、科技、人員交流等被迫停止，甚至透過香港、澳門和海外的兩岸間接交流也被嚴格限制。兩岸多少家庭被拆散，親人隔海相望，可想不可見。封鎖海峽政策給兩岸同胞帶來空前的災難，當然也成為後來衝擊國民黨專制統治的最直接、最主要的因素。封鎖海峽政策帶來嚴重後果，兩岸隔閡越來越深。首先，兩岸同胞間資訊全無。對於大陸社會發展、經濟建設、政治制度、意識形態和家庭親友的資訊，臺灣同胞沒有接觸、瞭解的管道和機會。如有瞭解或是談論大陸，則會被扣上「通匪」罪名。其次，臺灣民眾只能接收片面資訊。臺灣當局利用控制資訊和話語權的機會，講到大陸時無非是抹黑、污衊和攻擊，一般臺灣民眾聽到的、瞭解的、掌握的和形成的都是對大陸不利的概念。請問如此之下，積非成是，臺灣民眾對大陸的看法如何能好？對於大陸的經濟、文化和社會建設取得的成就，對於大陸的巨大變化，對於大陸提出的以「一國兩制」為核心的對台政策，在較長一段時間內，臺灣同胞無從瞭解，因而產生疑慮。如此背景下，臺灣的「國家認同」當然也會出現不利和平發展與和平統一的結果。

四、堅持「法統」與「兩個中國」政策

在臺灣「國家認同」的變化中，如果剔除「台獨國家認同」，則存在對於「中國、中國人、中華人民共和國、『中華民國』、我是臺灣人、既是臺灣人也是中國人、既是中國人也是臺灣人」的多種認同，從中可以看出臺灣「國家認同」的複雜化和多元化。「國家認同」多元化的起因之一，是國民黨當局到臺灣後，不承認在大陸慘敗、「中華民國政府」被推翻的基本現實，繼續堅持「法統」，結果是導致臺灣的「一個中國認同」出現混亂。

聲稱共產黨是「叛亂團體」。蔣介石當局為了鞏固專制統治的合法性和合理性，必須把大陸說成是「叛亂團體」，是「非法存在」；為了堅持「中華民國法統」，必須把中華人民共和國說成是「偽政權」；為了繼續利用三民主義為其統治服務，必須把共產主義說成是「異端邪說」；為了證明「戒嚴體制」的必要性，必須把「反共復國」說成是「頭等大事」；為了進行鞏固專制統治的思想教育，必須把大陸的軍事威脅說成是無處不在，製造緊張氣氛。蔣介石當局聲稱「……共匪偽政權是破壞憲法，禍國殃民的叛亂集團，絕不能代表中國，更不能代表中國國民」[6]，「毛共匪幫是中華民國的一個叛亂集團」，目前大陸「為毛共匪幫所盤踞」，要「毀滅我們中華民族的文化、……俄帝及其傀儡朱毛奸匪，乃是我們中華民族唯一的仇敵」[7]，「共匪敵人更是處心積慮要戕滅民族文化的生機，決斷國家生存的盛軌」[8]。「我們的反共是三民主義對共產主義的鬥爭，是自由民主對極權專制的鬥爭」[9]，「確認三民主義，統一中國，是全體中國人的公意，是掃蕩馬列邪說的利器」[10]，是要「消滅匪偽暴政」[11]。對於中共，蔣家父子是痛恨之極，已經到了失去理智的程度。

堅持「中華民國法統」。蔣介石當局誣衊中共是「叛亂團體」、中華人民共和國是「偽政權」，就是為了論證「中華民國法統」與臺灣當局的合法性。其反覆聲稱，「中華民國憲法是全國國民選舉的代表所制訂的，……中華民國政府是依這部憲法而產生的，只有中華民國政府才是代表全國國民的唯一合法政府」[12]。蔣介石直到晚年還在宣稱，「毛共匪幫是中華民國的一個叛亂集團……目前大陸雖為毛共

匪幫所盤踞,但以台澎金馬為基地的中華民國政府,乃是大陸七億中國人民真正代表」[13]。根據這些反共理念,蔣介石當局在美國的庇護和扶植下,繼續佔據中國在聯合國中的代表席位長達22年之久,以此作為擁有「中華民國法統」的依據。在對外關係上,與大陸圍繞「誰代表中國」問題展開激烈較量,極力與新中國爭奪對外代表權。在兩岸關係上,封鎖海峽,堅持「反共複國」。對內部事務上,修訂「戡亂時期臨時條款」,為「違憲」的專制統治尋找「法統依據」。在體制上,延續和照搬南京政府結構,在維持第一屆「行憲國民大會」形成的政權和人事安排基礎上,欺世盜名,假民主真專制,違反任期制規定,蔣介石成為「終身總統」,「立法院」、「監察院」、「國民大會」的「中央民意代表」成為「終身代表、萬年代表」,從體制和形式上延續「中華民國」。

　　蔣介石當局透過專制統治,堅持「中華民國法統」,透過政治強制、反共宣傳和思想控制,也包括發展經濟和開放縣級以下民主選舉等措施,對維繫和促進「一個中國認同」確實起到了一定程度的作用。問題是蔣介石當局在內戰狀態結束之前、在國家統一前的政治安排沒有達成之前,在對外代表權和對內治理權大部喪失的情況下,堅持「中華民國法統」就是搞「兩個中國」,干擾了臺灣的「一個中國認同」,是臺灣「國家認同」出現多元化的根子所在。

第三節 臺灣「國家認同」的變化因素

　　根據「國家認同」的組成要素看,包括「同一、確認和差異」三部分[14]。原先在「同一、同等」的民族、文化體系(國家)內部生活的社會群體,「確認」自己作為這一民族、文化體系(國家)成員的「身分」,也就是形成對這一民族、文化體系(國家)和身分的認同。這一認同能否長期存在和發生作用,則要看長期生活在一起的民族、文化和社會群體內部是否出現過分離,出現分離後形成的「差異」如何,這一「差異」是否發展到否定「同一環境、身分認同和政治歸屬」的程度。在臺灣問題上,具體地說,臺灣同胞在「共同的歷史、經驗和集體記憶」的基礎

上,透過主觀判斷,自己來「確認身分」決定「政治歸屬」。這一認同的形成時間、方式及變化,取決於事實上的「差異」程度和宣傳上的「差異」程度。臺灣「國家認同」出現變化,兩岸「差異」的存在是原因之一。兩岸「差異」的存在和擴大,是因為內戰遺留下來的兩岸分離狀況的出現。也就是說,兩岸現階段存在的「差異」,與臺灣「國家認同」變化有著因果關係。

一、兩岸分離的形成

兩岸分離的出現,是因為臺灣問題;臺灣問題的出現,是因為國民黨蔣介石當局在抗日戰爭勝利後挑起的全面內戰,源於美國為首的西方一些政治勢力在冷戰時期的反華政策;蔣介石當局的撤台,是因為臺灣便於偏安;正是因為國民黨當局在臺灣的發展和拒絕與大陸談判,導致兩岸分離至今已經60多年。因此客觀地說,兩岸暫時分離的源起和責任是在蔣介石當局挑起的全面內戰。

在與中共進行最後的決戰前夕,蔣介石當局預感到失敗為時不遠,決定撤往臺灣。之所以把臺灣作為「反共救國的復興基地」,是因為臺灣的優越之處:臺灣的熱帶和亞熱帶的氣候,適合動植物的生存,全島農作物和植物資源豐富,土地利用率高,其生產能力和糧食產量,基本可滿足去台人員的需要;台島有海峽之險,軍事上便於防守,並位於太平洋西緣,扼太平洋西航道之中,取美國遠東防線南北呼應之勢,只要固守臺灣,美國不會坐視不救;台島內部交通便利,工業有日本殖民者留下的基礎,經濟有發展的便利。事後也證明,決定撤到臺灣,不失為蔣介石當局的明智之舉。

從1948年底起,蔣介石當局開始經營臺灣的工作。組織上考慮到臺灣將成為國民黨的政治、軍事中心以及唯一可能生存的省區,安排整個國民黨政權撤往臺灣是一項巨大的工程,再加上撤退逃亡過程中需要的危機處理能力,蔣介石委任親信陳誠為「臺灣省主席兼警備司令」,委任長子蔣經國為國民黨臺灣省黨部主任委員。兩人上任後宣佈「戒嚴」,實施「鐵腕統治」,基本控制混亂不堪的撤台局面。經

濟上考慮到去台初期面臨的物資巨缺的處境，必須盡可能地搶運各類物資。其中，僅在蔣經國過問下，搶運走的中央銀行金庫的庫存就有黃金90噸左右、銀洋1500萬元、美鈔1.5億元。在搶運物資風潮中，僅在解放上海期間，在蔣經國、湯恩伯等人安排下，從淞滬地區就運走了1500多船各類物資。從大陸搶運走的物資，成為國民黨去台初期得以生存的主要物資來源。軍事上考慮充實臺灣防衛力量，臺灣原是新兵訓練和後備兵員的基地，隨著臺灣作為「復興基地」的新使命，由蔣介石、陳誠和蔣經國親自安排臺灣兵力的調整，先後把裝甲兵、空軍、海軍和各特種兵部，以及在大陸各戰場被打敗後的餘部運到臺灣，臺灣地區成為國民黨軍事史上部署兵力最密集的省區之一。管理上考慮到赴台人員的複雜性，於1949年3月1日起實施「臺灣省入境軍公教人員及旅客暫行辦法」，開始辦理「入境證」。5月20日宣佈「戒嚴」，規定除基隆、高雄、馬公三港在「警備司令部」的監護下，繼續對大陸來台人員開放外，其餘各港口一律封閉。嚴格控制入台人員，確保歷經大失敗後的國民黨當局的政治、軍事安全。

與抗戰初期的國民政府西遷大後方不一樣，此次蔣介石當局搬走了一個被打敗後的殘餘政府。「總統府」、「五院」和部委辦人事，與1949年1月蔣介石下野時、4月南京政府撤離南京前往廣州時變化很大。軍事上大陸時期的兵團、軍、綏靖公署、綏靖區等軍事單位，幾乎都在臺灣打出各自的番號，有官無兵，有名無實，充斥臺灣街頭。省政府只剩下臺灣省、福建省（金門、馬祖等島嶼）、浙江省（舟山群島、大陳島等）。人口由1946年610萬人，到1950年增到790萬，60萬軍隊及許多未報戶口的人尚未計算在內。臺灣島內上增加了一個被推翻的「中華民國政府」。

「搬家」告一段落，蔣介石當局透過大檢討大整肅大改造，開始與大陸對抗、偏安臺灣的各項建設工作。堅持「中華民國法統」，政治上實行專制統治，經濟上依靠美援逐漸恢復，軍事上調整對大陸作戰部署，社會上採取高壓政策和白色恐怖，對大陸策劃「反共複國」，對國際推行「法統外交」，很快度過大失敗的危機，進入恢復發展階段。由於能夠吸取在大陸大失敗的教訓，蔣介石當局得以成功撤往臺灣和重新開張，開始與大陸的抗衡。兩岸分離形成，給中國發展帶來巨大影響的臺灣問題日趨複雜化。其中問題之一是兩岸「差異」的出現和加深。

二、發展道路的不同

由於蔣介石當局撤退和固守臺灣，大陸和臺灣隔海對峙局面的形成，國共兩黨多年的恩怨情仇繼續延續到兩岸對立上，兩岸走上不同發展道路。大陸在創立、發展、完善中國特色的社會主義道路，臺灣在度過大失敗帶來的大危機之後，繼續延續大陸的資本主義道路。在冷戰格局中，兩岸的對立沒有調和的餘地，透過戰爭結束內戰、中國走同一條道路、整體發展已經成為不可能。

兩岸不可能走同一發展道路。鴉片戰爭以後，中國逐步成為半殖民地半封建社會，列強對中國的侵略步步進逼，封建統治日益腐敗，祖國山河破碎、戰亂不已，人民饑寒交迫、備受摧殘。救亡圖存的民族使命迫在眉睫。爭取民族獨立、人民解放，實現國家富強、人民富裕，成為中國志士仁人必須完成的歷史任務。要解決中國發展進步問題，必須找到能夠指導中國人民進行反帝反封建革命的先進理論，必須找到能夠領導中國社會變革的先進社會力量。中國共產黨應運而生，作為近現代中國歷史發展的必然產物，是中國人民在救亡圖存鬥爭中頑強求索的必然結果。國民黨蔣介石當局戰勝北洋軍閥和地方實力派，首先獲得進行中國社會改革嘗試的機遇。問題是當蔣介石當局基本統一中國後，他的政治立場、基本路線和施政方針都出現了與人民大眾的意願背道而馳的態勢，最後理所當然被中國共產黨領導的人民革命力量所推翻。中共在帶領中國人民取得革命勝利之後，必然拋棄蔣介石和南京政府所走的半殖民地半封建之路，尋找一條中國特色的發展道路。

大陸必須建立新的政治制度。臺灣問題作為「上個世紀40年代中後期中國內戰遺留並延續的政治對立」[15]，這種「政治對立」集中體現在政治制度的不同上。新中國成立後，逐步建立和完善了適應中國國情的政治制度，包括「中國特色的社會主義制度，是當代中國發展進步的根本制度保障，集中體現了中國特色社會主義的特點和優勢。我們推進社會主義制度自我完善和發展，在經濟、政治、文化、社會等各個領域形成一整套相互銜接、相互聯繫的制度體系。人民代表大會制度這一根本政治制度，中國共產黨領導的多黨合作和政治協商制度、民族區域自治制度以及

第二章　臺灣「國家認同」的影響因素分析

基層群眾自治制度等構成的基本政治制度，中國特色社會主義法律體系，公有制為主體、多種所有制經濟共同發展的基本經濟制度，以及建立在根本政治制度、基本政治制度、基本經濟制度基礎上的經濟體制、政治體制、文化體制、社會體制等各項具體制度。」[16]　中國特色社會主義制度是中國共產黨運用馬克思主義原理，結合中國國情和實踐，創造出來的一種全新的社會政治制度，這一制度還在繼續發展和完善中。最為關鍵的是，中國特色社會主義制度與臺灣的政治制度的性質、程式、方式和過程都有不同。

經濟發展方式不同。新中國成立後，十分重視經濟的發展，按照社會主義計劃經濟的要求，實行優先發展重工業、重點發展輕工業、全面發展農業的發展方針。當然，在經濟建設上走過一段彎路，經濟發展受到「階級鬥爭為綱」、「寧要社會主義的草，不要資本主義的苗」等「極左思潮」的影響。中共十一屆三中全會開始了改革開放的偉大進程，30多年來，堅持「發展是硬道理」的戰略思想，牢牢抓住經濟建設這個中心，推動社會生產力以前所未有的速度發展起來，中國的綜合國力、人民生活水準和國際地位大幅度提升。當然，發展仍然是解決中國所有問題的關鍵，需要牢牢抓住和用好戰略機遇期，繼續贏得主動、贏得優勢和贏得未來，聚精會神搞建設、一心一意謀發展，不斷夯實堅持和發展中國特色社會主義的物質基礎。從兩岸關係形成之時起，臺灣也開始了經濟發展的新歷程，實行壟斷經濟與市場經濟相結合的方針，根據恢復、發展和起飛過程的不同要求，依靠美國經濟援助，完成土地改革，發展中小企業，發展加工工業和貿易，經濟也取得令其自豪的成績。經過幾十年的努力，大陸堅持中國特色社會主義，臺灣堅持中國特色資本主義，都達到了發展經濟的目標。

總之，從1949年10月開始，大陸開始走上中國特色社會主義之路，臺灣開始走上中國特色資本主義之路。因為兩岸所走的兩條道路的方向不同，隨著時間的推移和兩岸各自的發展，在相當長的階段中，「差異」出現並不斷加深。結合兩岸關係發展階段看，和平發展階段前期還是兩岸「差異」的瞭解和理解期，只有進入和平發展階段後期，即政治談判期以後，兩岸「差異」才會進入尊重、包容和認同階段，不再成為臺灣「國家認同」的負面影響因素，那時兩岸關係也將進入和平統一準備階段。

三、雙方「差異」的出現

　　60多年來，兩岸的發展道路、政治體制、意識形態和經濟模式不同，必然帶來「差異」的存在。長期以來，尤其是在國民黨專制統治的40年間、「台獨執政」的20年間，臺灣當局的選擇性宣傳、臺灣一些媒體的選擇性報導、臺灣一些人的選擇性結論，導致兩岸「差異」的出現和加深，影響越來越大。兩岸的「差異」和發展的「差距」，在兩岸關係形成之初就存在。隨著兩岸各自的發展，「差距」在縮小，甚至在很多領域大陸已經處於領先地位。在「差異」方面，有些「差異」在加深，如臺灣一些人對於大陸政治制度、和平統一的認識；有的「差異」在淡化，如大陸在經濟發展速度和生活品質方面的提升，有效減少了兩岸在經濟模式和發展道路上的「差異」；有些「差異」在變化，如以互稱「毛匪」與「蔣匪」為象徵的政治敵對概念越來越少。但由於政治對立沒有解決，雙方各自的政治路線和意識形態依然存在。

（一）兩岸政治方面的「差異」

　　政治理念上的「差異」。兩岸最大「差異」是在政治方面，兩岸所走的中國特色的社會主義和資本主義道路，使得「差異」不僅對立而且呈現敵對態勢，在很長一段時間內，各自的體制都缺乏與對方系統進行對接和合作的理論容量、實踐容量。兩岸在堅持各自所走的道路問題上，大陸則是堅持社會主義道路和共產主義信仰，臺灣方面是把資本主義理念、信仰和要求，融合在日常社會生活之中。如在關於和平統一的問題上，大陸認為臺灣方面在國家和平統一問題上態度不夠積極，兩岸關係和平發展的誠意和動力不足，反對「台獨」的立場不夠堅定；臺灣方面認為大陸是「急統」，以經促政、以民促官意圖明顯。在政治權力分配上，大陸採取人民代表大會制度，臺灣採取選舉制度，此類「差異」位於政治理念「差異」之首。由於政治理念和制度上的「差異」，大陸被臺灣一些人稱為「不民主」。

　　運作程式上的「差異」。兩岸政治方面的「差異」取決於雙方發展之路和政治

制度的性質，政治運作方式、程式上的不同，影響同樣不能低估。在決策程式方面，大陸是由執政黨方面提出，經過民主黨派討論，由人民代表大會透過；臺灣是由執政集團提出，通報執政黨，由「立法院」透過；大陸議會的監督功能正常化，臺灣「議會」的監督功能極端化。在行政權力分配上，大陸主要行政權力分配由各級人民代表大會決定，在基層村級機構開始實行民主普選；臺灣已經形成定期化、制度化和規範化的選舉，已經形成完整有效的遊戲規則。在民意功能問題上，大陸對於關係國計民生的大事，在聽取民意時主要是透過有組織的收集為主、其他專業和民間調查機構收集為輔的方式進行，或者說是透過直接民意和間接民意方式相結合的方式進行；臺灣方面一般都直接訴諸於民意，民粹傾向較為嚴重。由於運作程式上的「差異」，大陸被臺灣一些人稱為「不正常」。

社會管理上的「差異」。從社會管理看，大陸的行政基層組織設置完整，城市基層管理系統高效，具有完備的戶口管理制度，人口遷徙有著嚴格的規定；臺灣主要設有較為現代化的社區機制，公民社會較為成熟，人口管理特別是居住地改變較為方便。大陸的社會管理規章、規定和法律較全，管理機構設置完整，基層動員能力很強，遇有重大事件時危機處理能力很強。臺灣法制較為完整，民眾法治觀念強烈，社會以法管理做得較好，尤其是對於普遍民眾都要求做到的環保、交通、治安和互助等法律規定，能夠得到較為理想的執行。對於臺灣來說，較為特殊的還有，如選舉活動，涉及整個社會和所有家庭、選民，藍綠對立狂熱氣氛貫穿始終，總體上講每次選舉基本能夠遵守遊戲規則。從中可以看出，兩岸的基層管理系統的效率都比較高，但各有特色。由於社會管理上的「差異」，大陸被臺灣一些人稱為「不透明」。

資訊公開上的「差異」。對於參加過兩岸交流的人來說，都會感覺到雙方資訊傳播和獲得程度有差別。大陸新聞系統為宣傳、貫徹馬克思主義、毛澤東思想、中國特色社會主義理論、三個代表重要思想、科學發展觀和中共的路線、方針和政策，為促進改革開放和現代化建設，為建立公開、公平和公正社會，作出了極其重要的貢獻。難能可貴的是，大陸新聞界形成了一套中國特色、準確和高效的傳播體系。與此不同，臺灣傳播界則另有特點。臺灣新聞業高度發達，電視、廣播、網路、微博、臉書、報刊、圖書人均擁有量、使用量名列世界前茅。在獲得資訊問題

上,媒體自己透過各種公開或秘密管道挖掘新聞,很多具有新聞價值的資訊,都是靠職業道德和敬業精神獲得。公佈新聞自由,媒體根據自己確定的報導方向和資訊管道得到資訊後,自行確定傳播範圍和方法。媒體監督權到了相當普及的程度,無論是力度、廣度和深度都到了不一般的程度。報導主題上,臺灣媒體對於大陸的負面報導比較關心,導致臺灣民眾透過媒體瞭解大陸時的不全面。由於資訊公開上的「差異」,大陸被臺灣一些人稱為「不公開」。

生活方式上的「差異」。最為重要的是,兩岸不同的政治、社會環境,養成了各自不同的生活方式。大陸的家庭教育、專業教育和社會教育方式較為傳統,改進起步較晚;在快速變化的社會衝擊下,不同年代出生的人、不同代人之間的代溝明顯;傳統道德觀念受到流行觀念衝擊,世界觀和價值觀開始個性化;民眾的家庭生活、生活方式、思維方式、價值觀念等方面的傳統的政治標準和政治要求開始弱化。臺灣方面的生活方式現代化已經基本完成,受教育程度較高,觀察問題常有獨到之處;遵守公共道德和規定較為自覺,保護環境、交通安全、公共衛生和公共道德等意識深入人心;個人維權意識強烈且趨於極端化,個人生活品質高度重視;思考方式相當開放活躍;在政治立場和認識問題角度上,絕大多數民眾受到藍綠政治對立的影響。由於生活方式上的「差異」,大陸被臺灣一些人稱為「不文明」。

(二)兩岸文化方面的「差異」

在兩岸關係和平發展鞏固和深化、和平統一進程中,增強兩岸「中華文化認同」、增加臺灣「一個中國認同」,是在鑄就發展兩岸關係、擴大兩岸交流所需要的信念、情感和思想基礎,也是在鍛造物質文化、行為文化和制度文化的靈魂——精神文化。正是因為兩岸文化的核心價值、思想精華、豐富內涵和優秀傳統上的相同性,所以才有增強「中華文化認同」、增加臺灣「一個中國認同」的前提;正是因為兩岸發展道路、政治體制的不同,同時在政治、經濟、文化、社會、軍事和對外關係等因素的影響下,所以兩岸之間出現「差異」;正是因為兩岸「差異」的出現和加深,所以才出現臺灣「國家認同」多元化,並成為兩岸關係發展的認識和思想障礙;正是因為兩岸文化交流合作是兩岸瞭解、尊重、包容和認同「差異」的有效途徑,所以在探討如何更好擴大和深入進行兩岸文化交流合作、如何發揮兩岸文

化往來功能時，需要對文化「差異」有所瞭解。[17]

1.多元文化「差異」

　　論臺灣文化與大陸文化的「差異」，最明顯的是臺灣文化的「多元」。多元一方面成為臺灣文化的特色，也增加了臺灣文化的內涵，一方面也成為「台獨勢力」宣揚「台獨文化」的主要依據。在臺灣進行「憲政改革」以來，「台獨勢力」借助政治多元化的過程，一再編造臺灣民族是「新興民族」並創造臺灣文化的神話，圖謀切斷兩岸的文化聯結。站在中華文化角度，就兩岸文化來說，觀察對方文化都有多元問題；在各自文化內部觀察，也有多元問題。應該說像多元推動其他文化發展一樣，多元也是中華文化的發展動力和結果。問題是從兩岸文化現狀論，無論是從性質上，還是從形式上，臺灣文化的多元是客觀事實，但絕沒有因此改變臺灣文化的政治屬性。

　　臺灣社會自清代以來歷經三次大的社會變遷，即從移民社會到定居社會，從傳統社會到殖民地社會，從農業社會到工商社會。在這幾次大變遷中，中華傳統文化雖仍發揮著固有的影響力，但也受到外來文化尤其是日本和美歐文化的巨大衝擊。日本文化的影響源自日據時期以及戰後台日之間經濟、政治上的聯繫，美歐文化的影響則主要由戰後國民黨在政治、經濟、軍事上全面依賴以美國為首的西方國家所造成。除此，外向型的經濟結構和教育的普及，對臺灣社會的生活方式和價值觀念的影響亦不容忽視。在這種背景下成長起來的臺灣文化，自然具有多元的取向，已形成中華文化為核心的海島文化、移民文化、外來文化和西方文化於一體的自身特色，勇於創新，崇尚自由開放，尊重多元，接受外來事物較快，公民文化、志工文化、社區文化及大眾消費文化較為發達。在政治文化上，西方的政黨政治理念和中國傳統的政治倫理道德觀念並存；在經濟文化上，「優勝劣汰」的市場競爭原則和「仁義禮智信」原則並用；在社會文化上，個人主義和重視「五倫」人際關係並重；在宗教文化上，東西方各種教派信仰並存；在文學藝術上，西洋藝術表現手法與傳統藝術表現手法並存；在衣食住行等生活方式上，更是東西文化的大拼盤。總之，臺灣民眾已擁有較大限度的文化認同自由。

大陸的文化之路也是這樣，從文化角度看，在建設社會主義先進文化過程中，在堅持優秀傳統文化基礎上，吸收了大量外來文化，經過「中國化」後的馬克思主義成為大陸文化的指導原則，蘇聯的無產階級革命理論與中國革命實踐相結合形成中國革命的基本指導思想，西方的優秀文化成果和一些民主、體制、經濟發展方式等先進內容也被引進中華文化體系。因此，文化多元是兩岸文化的共同現象，吸收西方和多元文化的長處是中華文化長盛不衰的原因之一。隨著臺灣問題出現、兩岸關係形成的兩岸文化多元「差異」是有一些區別的。

一是表現在開始的時間先後上，接觸以好萊塢、迪士尼、麥當勞、CNN為代表的美國大眾文化和以政黨政治、民主人權、新聞自由為代表的美國意識形態問題上，臺灣文化接觸要早於大陸文化。在兩岸關係形成的60多年來，臺灣全面接受西方文化要比大陸早近30年。國民黨蔣介石當局到臺灣後，特別是朝鮮戰爭爆發後，台美關係進入全方位多層次的合作時期，美國政治上、軍事上和經濟上的援助進入穩定操作階段，隨著美國援助進入臺灣的，不僅是美國軍人、武器、美元和各種生產生活資料，更多的是西方文化全面進入臺灣。與此不同，對於西方文化，大陸是前30年大部否定，後30年逐步、有選擇的放開，時間「差異」很大。

二是表現在介入程度上，西方文化在介入兩岸文化問題上，對臺灣文化的介入要比對大陸更多更全更深。西方文化進入臺灣地區，是在國民黨統治大陸期間已有的基礎上展開的，或者說國民黨統治階層和文化氛圍已經具備接受西方文化的條件，所以西方文化在臺灣的流行和滲透，已經具有相當的社會、文化和制度基礎。與此不同，大陸在接受西方文化過程中，由於相關的政治、制度、輿論、教育和家教的指導，西方文化對於大陸文化的介入程度要比臺灣小得多。

三是表現在所起的作用上，西方文化對臺灣文化的作用要比對大陸更大，臺灣政治文化已經開始成為美國政治文化的翻版，臺灣大眾文化已經成為美國大眾文化滲透的主要目標，美國意識形態成為臺灣的主要政治標準，美國內外政策已經成為臺灣朝野政黨的主要模仿對象。美國文化對於臺灣文化的作用是多方面的，是遍及政治、經濟、教育、藝術、法律和生活方式等社會的各個領域和不同層面。與此不同，大陸繼續堅持中華文化的基本立場、堅持馬克思主義的指導原則，當然也吸收

了西方文化、尤其是美國文化中的合理部分。

四是表現在影響上，西方文化對臺灣文化的影響要比對大陸更大。面對西方文化，臺灣能夠維護中華傳統文化，並且把優秀中華傳統文化、特別是倫理道德作為評判和接受西方文化的標準，只是台美雙方雙向交流很多，具有相同的政治體制和意識形態，所以對待西方文化臺灣基本是敞開大門，所以西方文化對於臺灣文化的影響也多也大。與此不同，大陸則是堅持社會主義先進文化的正確方向，堅持用科學態度對待民族傳統文化和外來文化，既繼承、弘揚中華民族的優秀傳統文化又充分體現時代精神，既立足本國又大膽吸收世界一切優秀文化成果，反對「民族虛無主義」和「全盤西化」。應該說，西方文化對於大陸的影響是有限的。總體上看，在兩岸文化中，臺灣文化的多元，在文化「差異」中最突出。

2.政治文化「差異」

美國政治學者阿爾蒙德認為：「研究任何一個政治體系，不但需要瞭解這個政治體系在某個特定時期裡的實際作為，而且需要瞭解它的基本傾向。我們把這些傾向（政治體系的心理方面）稱作政治文化」。[18] 可見，政治文化是一定時期流行的政治態度、政治信仰和政治感情，是一種政治心理傾向。透視兩岸的政治文化「差異」，其「差異」主要包括兩岸民眾的政治立場、政治情感、「一個中國認同」、國家統一模式的建構態度等。

就政治立場而言，兩岸問題源於國共兩黨內戰，兩岸政治對立成為兩岸關係的結構性矛盾。因為結構性矛盾的存在，使得臺灣一些人對大陸的猜忌、疑慮不斷。因為結構性矛盾的存在，使得臺灣一些人的「台獨危機意識」不強，對「台獨陣營」抱有幻想，認為即使民進黨執政、不承認「九二共識」也不會影響兩岸關係，甚至抱有借助「台獨」勢力來牽制大陸的錯誤想法。因為結構性矛盾的存在，使得臺灣一些人認為大陸軍事上和外交上打壓臺灣。因為結構性矛盾的存在，使得臺灣一些人在兩岸交流中缺乏正常心態，一方面認為大陸對於臺灣不友善，擔心兩岸經濟關係的接近會接近兩岸政治關係，另一方面對大陸的期待和要價不斷提高。因為結構性矛盾的存在，所以完成臺灣政治定位的難度很大，所以部分臺灣民眾對於兩

岸交流、和平發展出現認識偏差。兩岸政治立場的對立,不僅成為兩岸政治僵局難以緩解的原因,成為政治文化的政治原則,也成為兩岸政治文化「差異」的關鍵點。

就政治情感而言,1949年以後,由於兩岸在兩個社會和體制記憶體在和發展,兩岸的政治教育和宣傳內容也大不相同。大陸的政治教育內容是由社會主義制度、五星紅旗和中華人民共和國等構成,曾提出一定要「解放臺灣」;而臺灣的政治教育內容則是由三民主義、「青天白日滿地紅」、「中華民國」等構成,曾提出一定要「反攻大陸」。此外,如果說蔣介石、蔣經國當政期間「妖魔化大陸」的宣傳是散佈「反共論、大陸貧窮論和政治多變論」,在臺灣民眾和社會中造成對大陸的恐懼、敵視心理,那麼李登輝、陳水扁當政期間「妖魔化大陸」的宣傳則是散佈「中共打壓臺灣論、對台統戰陰謀論和吞併臺灣論」等,在臺灣民眾和社會中造成很壞的影響,對大陸缺少正確的認知情感。因此,「在政治文化方面,臺灣受西方資本主義文化的影響更深,而大陸則受馬克思列寧主義的影響,所以,兩岸政治文化的『差異』在文化各個領域中最為明顯。」[19]

就「一個中國認同」而言,在政治文化中佔有十分重要的地位,也是兩岸政治文化「差異」中變化最大的領域。在國民黨當局去臺灣後的前40年間,臺灣政治文化中沒有「一個中國認同」減少問題,廣大臺灣同胞都認為是中國人,都認為兩岸在追求統一。經過「憲政改革」,經過李登輝和陳水扁為代表的「台獨」勢力長達20年的煽動和誤導,在特殊的政治、經濟、對外關係和文化的環境中,臺灣「國家認同」出現偏移、「統獨選擇」出現偏向、「身分認同」出現偏差、「集體記憶」出現偏離。「一個中國認同」變成對於「中國、中華人民共和國、中華民國、臺灣共和國、中國人、臺灣人、既是臺灣人也是中國人、既是中國人也是臺灣人」多種「認同」。其中,首先,「身分確認和政治歸屬」方面多元化,在有關「國家認同」的民意調查資料中,認為自己是中國人的比例在下降,認為自己是臺灣人的比例在上升,而且「臺灣人認同」的比例上升過快。其次,「國家認同」的改變,不認同「一個中國」,認同「臺灣共和國」和「台獨」的群體出現。第三,「統獨選擇」出現不利於統一的變化,同意兩岸統一的比例過低,主張「台獨」的比例超過主張兩岸統一的比例,支持「台獨」的群體基本維持在四成到四成五左右的水準。

如何影響和引導臺灣「國家認同」朝著有利於兩岸關係和平發展鞏固和深化、和平統一方向轉變，不僅是兩岸文化交流的要務，也是兩岸關係和平發展鞏固和深化的重要任務。

就國家統一模式而言，兩岸也存在著不同看法。據大陸的臺灣問題專家李家泉統計，除了鄧小平提出的「一國兩制」外，還有非「一國兩制」的主張或模式共101種。[20] 目前臺灣方面對國家統一模式的研究存在著片面和極端化傾向，如蔣經國等人提出的「一國良制」，主張以臺灣的資本主義制度代替大陸的社會主義制度；李登輝等人提出的「第二共和國」，彭明敏提出的「一個中國、一個臺灣」，陳水扁提出「兩岸兩國，一邊一國」等，均強調臺灣的「主權獨立」。而大陸方面對「非一國兩制模式」則是客觀地從理論和實踐角度，分析它為什麼不適用於兩岸和平統一問題。當然，目前大陸對「一國兩制」更多地注重於宣傳，對「一國兩制臺灣模式」理論和實踐研究的有待加強。客觀地説，「一國兩制」更多的是指統一模式，即兩岸統一後的兩岸政治制度的運作方式。現在問題的難點是，兩岸交流如何完成從「先經後政」到「先經助政」、「先易後難」到「先易解難」、「先急後緩」到「先急拉緩」的交接，兩岸如何按照「一國兩制」方案走上政治談判桌談判和平統一問題，兩岸關係如何從當前的和平發展過渡到和平統一階段。對於國家統一模式問題，兩岸都需要做好思想、理論、政治和行動上的準備，首先是要解決兩岸政治談判的「政治名分」和「談判主體」問題。關於國家統一模式的探索和不同結論，成為臺灣政治文化的「差異」要點之一。

政治文化的功能是為政治決策提供合適的文化氛圍，在兩岸關係上表現得分外突出，兩岸政治文化的「差異」也是如此。兩岸政治文化「差異」的存在，成為臺灣「國家認同」多元化的重要原因之一，成為現階段兩岸在和平統一問題上的重要分歧點。

3.性格文化「差異」[21]

增強兩岸「中華文化認同」、增加臺灣「一個中國認同」，需要兩岸能夠正確認識和對待「差異」。對於臺灣民意來說，現階段對於大陸「差異」的瞭解還不全

面，認識還不到位，與臺灣文化中的「性格文化」關係很大。或者說臺灣的性格文化導致在瞭解、認識大陸時看到「差異」更多些，更為敏感些。臺灣人的性格文化是在中華文化薰陶下形成的，是在特定歷史和社會背景下，由特定的演變歷史、移民社會、族群組合、政治現實和多元文化決定的，在社會上廣泛存在。社會主要群體自覺或不自覺地接受制約，並且作用於上層建築、生產關係和政治行為。

一是「臺灣意識」。從歷史上看，臺灣主要居民的故鄉不一，來到臺灣的時間不一，到達臺灣後都把定居點當成第二故鄉，具有很強的「本土意識」。主要表現為：開發臺灣，閩粵移民「帶去先進的生產方式，由南到北，由西及東，篳路藍縷，披荊斬棘，大大加速了臺灣整體開發的進程」[22]，這成為臺灣意識產生的客觀基礎；愛惜臺灣，廣大臺灣同胞對於歷經400多年的臺灣開發過程和艱辛，有著清楚的認識和明確的記憶，愛護臺灣、建設臺灣、珍惜臺灣的心情由然而生；宣傳臺灣，正是因為開發臺灣的艱辛和愛惜臺灣的心情，形成了「臺灣意識」中的重要成分——宣傳臺灣，抓住機會，宣傳臺灣的經濟、文化和社會領域的成果；不忘故鄉，作為移民社會的社會意識，既有出於對定居地的愛形成的「本土意識」，更有對隔海相望的家鄉的愛形成的「故鄉意識」；不忘歷史，經過50年的被割讓和被殖民的經歷，經過反侵略戰爭的提煉，臺灣同胞更加強調臺灣意識，要求祖國重視和肯定臺灣地區的價值，要求尊重臺灣同胞的願望。「臺灣意識」的出現和流行，在臺灣是十分正常的事，問題是有人把「臺灣意識」極端化、絕對化，把「臺灣意識」作為「台獨」的思想基礎。對此，大陸態度十分明確，反復強調「臺灣同胞愛鄉愛土的臺灣意識不等於『台獨意識』」，有人借助「臺灣意識」宣揚「台獨意識」，更需要把「臺灣意識」和「台獨意識」區別開來。「臺灣意識」成為性格文化中的基本組成部分，也是文化「差異」中的基本內容。

二是民主意識。臺灣文化中的民主意識，也可以在中華文化的形成過程中找到萌芽。由於農業社會生產力水準低下，國力和財力都十分有限，導致國貧民窮，百姓的需要無法得到滿足，統治階層往往實行平均主義的分配方式，以緩解社會供求矛盾。平等思想是民主思想的雛形，在中華文化中，以民為本、傾聽民意、重視民生是重要組成部分，孔子提出「仁」和「以政為德」，孟子提出「民為貴」，儒家強調要「愛民」、「重民」、「恤民」。問題是在中華文化傳統思想中，宗族制、

等級制是維持社會秩序和公共權力分配的基本制度，在文化和輿論中更重視「國以民為本」、「民以君為主」。所以中國的民主思想，在封建社會階段基本沒有成長、成熟起來。臺灣文化中的民主意識比較流行，首先，移民社會的性質決定的。移民大都是同一宗族或同一村落的志同道合者結伴而來，因而在生活方式、生產關係和勞動成果分配上，大都採用集體方式進行，以平均主義為原則，因而在社會生活中養成了民主的習慣，民主意識比較好地延續下來。其次，對殖民統治的痛恨。日本侵佔臺灣50年間，在殖民當局的法西斯統治下，中國人失去了做人的基本權利。「日本人將本國人稱為內地人，是最高等級的；接下來是朝鮮人，稱為半島人；而臺灣人則稱為本島人。」[23] 在日本殖民統治下，臺灣同胞成為奴役對象，變成「三等公民、無權公民」，自然產生了反抗侵略、回歸祖國、當家做主等民主意識，核心是要國家主權，是追求愛國民主。第三，對專制統治的反思。國民黨蔣介石當局到臺灣後實施專制統治，處於政治高壓下的臺灣同胞，社會上內蘊的民主理念越積越多，核心是要政治權利，是追求政治民主。同時，國民黨當局從1950年開始的縣市以下行政長官和民意代表選舉，以及20世紀90年代初開始的「憲政改革」，促使民主呼聲、民主意識越來越強。就兩岸文化「差異」講，臺灣文化中的民主意識向政治多元化方向發展，大陸文化中的民主意識向民主集中制方向發展，成為兩岸文化「差異」最突出的地方。

三是族群意識。族群現象與臺灣開發同時出現。在閩粵地區移民前往臺灣初期，往往都是由親人、親戚和同鄉組成，到臺灣後定居和開發同一地區，組成最初的族群——宗族或氏族。在同一地區的移民增加後，往往來自同一地區的移民組成更大的族群——同鄉會。在向其他地區擴張時，開始形成以地方文化為特徵的族群——閩南人和客家人。族群意識的形成和強化，是開發過程中形成的，為了生存和保護定居點，不同族群之間就要進行爭奪。先到的移民，要同當地土著械鬥；向外擴張時，要與不同的宗族或同鄉會械鬥；整體上後到的客家人要同已經安家樂業的閩南人械鬥，只能離開自然條件對農副業生產較為有利的台南平原地區，向「桃竹苗北北基」等地發展[24]。可以說不同氏族、鄉黨的械鬥更是此起彼伏，在臺灣歷史發展過程中留下深刻的影響。族群意識的現實因素是，國民黨當局在臺灣實施專制統治，為了鞏固統治基礎，政治上依靠外省籍上層人士和本省籍實力派，傾向客家人，照顧少數民族，沒有充分地尊重閩南人，這種政治歧視加大了省籍矛盾和族群

衝突。歷史和現實因素,導致至今宗族、派系鬥爭仍充斥著臺灣政壇。族群意識會進一步凸顯成為政治上選擇自我認同的手段。特別是20世紀80年代中期以後,「省籍矛盾」卻愈演愈烈。其根本原因在於時空環境使得臺灣各族群政治格局狹小,以致政治鬥爭只能依賴族群情感作為行動力量的來源。族群矛盾對臺灣政治產生極其重大的影響,進而也對朝野政黨的大陸政策產生不小鉗制作用。族群文化成為臺灣文化的重要組成部分,也成為臺灣文化「差異」的特色。

四是悲情意識。兩岸人民都具有悲情,「但表現形式不同,內容也有差別。大陸民眾中的『悲情』所造成的受虐者心態還相當普遍。特別在國際上發生突發事件時,表現更為強烈。比如經常認為被『陰謀』所『包圍』,無法像其他國家民眾那樣理性地去面對事件,依法進行抗議。從文化上看,不少人對中華文化的精華瞭解甚少,缺乏信心」[25]。對於大陸來說,透過改革開放、和平發展,綜合實力和國際地位迅速提高,西方一些政治勢力極力宣揚「中國崩潰論」、「中國霸權論」,不斷在中國周邊挑起爭端,中國人民進行了有力回擊。同時,也引發一些中國人的鴉片戰爭以來、多次遭受侵略和欺負的悲情意識,產生「被迫害心態」,更加自覺地維護中國主權和領土完整。臺灣的悲情意識來源於臺灣歷史中多次挫折和苦難的記憶,這又和臺灣特殊的歷史分不開。這種情況同樣出現在後來的外省族群身上,由於國民黨當局把在大陸的失敗原因全都歸罪於共產黨,使自己成為當然的「受害者」,這種受害意識與逃離故鄉的痛楚迅速結合,使得20世紀40年代末和50年代初來台族群也充滿著深深的悲情。在蔣介石當局主導下,臺灣社會悲情主要是針對大陸的,成為臺灣民眾「要尊嚴、要和平、要發展」的思想感情根源,成為與大陸對峙的思想文化,也成為「台獨」勢力製造分裂的社會心理依據。對於「悲情意識」,大陸態度十分明確,反覆強調「充分理解和尊重臺灣同胞愛鄉愛土的情感、當家做主的願望,十分同情臺灣同胞在歷史上經歷的不幸、蒙受的冤屈。對臺灣同胞在特殊歷史條件下形成的心態和感情,對他們由於各種原因對大陸產生的誤解和隔閡,我們不僅會基於同胞之愛予以充分理解和體諒,而且會採取積極的措施努力去疏導和化解。」[26] 對於兩岸關係、兩岸交流、兩岸文化交流,如何最大限度地發揮兩地中華文化在和平發展鞏固和深化、和平統一過程中的作用,有針對性地做好臺灣的「悲情意識」工作很有必要。

五是恐懼意識。恐懼意識的形成主要是因為近現代臺灣居民經歷的兩次恐怖統治。日本強佔臺灣後，強行掠奪當地的各種資源，瘋狂搶奪民眾的勞動成果，殘酷剝奪人民的基本權利。為反抗日本殖民統治，臺灣同胞進行了英勇地鬥爭，有力地打擊了殖民當局。日本殖民當局為了鞏固統治基礎，嚴厲鎮壓臺灣人民的反抗，由臺灣總督兒玉源太郎、後藤新平制訂「匪徒刑罰令」。根據這一「法令」，在治理「匪患」的名義下，把任何不滿和反抗日本侵略的言行，都以「匪徒」罪名定罪，予以嚴懲或殺害。日本殖民當局的殘暴統治，是社會恐怖意識形成的直接原因。臺灣光復後，回到祖國懷抱的臺灣同胞竟然又處於國民黨當局的白色恐怖之中。國民黨當局為保證「反共基地」臺灣的安全，貫徹「反共路線」，鎮壓臺灣人民的反抗，強化對島內民眾的專制獨裁統治，於1949年5月20日起實施「戒嚴」，頒佈了一系列法律法令，實行「軍事戒嚴」和高度集權相結合的專制獨裁統治。「戒嚴體制」違反「憲法精神」，按照「戡亂時期臨時條款」和一系列法西斯律令，白色恐怖籠罩全島，人權、自由、民主和生命保障等基本權利被剝奪。專制統治導致臺灣社會嚴重缺乏安全感，在民眾中形成和流行恐怖意識。恐怖意識和悲情意識一起，使得臺灣社會極易形成「被迫害心態」。兩岸交流的30多年來，由於政治結構性矛盾的存在，由於兩岸政治敵對關係沒有解決，兩岸交流交往中常常受到「恐懼意識」的影響，因為兩岸「非文化差異」的存在，運作程式和資訊公開程度不一樣，部分臺灣同胞總以「權益、尊嚴」為由，擔心「上當、受騙、被迫害」，人為地增加兩岸交流的困難。恐懼意識成為臺灣文化中特有的內容，「差異」特徵十分明顯。

六是自大意識。自大意識是島民心態的特點之一。臺灣文化中的自大意識比較明顯，「臺灣文化過去『在異族壓迫統治下』難以形成可觀的『歷史發展』，廣大民間風俗習慣，各次文化層，幾乎全被漢文化的次文化特質所充塞，這是臺灣人醜陋面的主要『力量』。但是，臺灣人社會的民主法治觀念、科學思想、理想追求、人格尊嚴等現代人、現代社會的『普遍信念』，絕對比原鄉大陸進步、高明。而此一『比較之異』，正是『臺灣文化』所以是『獨立文化體系』之證，也是信心之所系」。[27] 這裡所說的臺灣人引以為傲的「普遍信念」，只是對西方文化價值觀的崇拜和對中華文化的輕視，充分體現出臺灣文化中的盲目自大意識。正如臺灣媒體所說，臺灣雖說有一定程度的軟實力優勢，但面對大陸強大的的硬壓力和正在迅速

增長的軟實力，臺灣的優勢正在逐漸減少；臺灣雖說在西方一些政治勢力的「雙軌政策」中有空子可鑽，但又找不到維護臺灣「絕對安全」的保護傘；臺灣可以大打「民主牌」和大談「普世價值」，但又存在許多難以啟齒的詬病。正如有人所說，臺灣一些人確實是口氣狂放又底氣不足，自大自豪又自信不足，自戀自誇又自卑有餘，充滿優越又膚淺、偏執，自視清高又見利忘義，喜好炫耀又患得患失，自詡領先又缺乏實力，自我誇張又自強不足，好為人師又孤陋寡聞。此類矛盾心態在兩岸關係上表現為：「一國兩制」是「矮化臺灣」，兩岸兩會的「18項協議」是「親中賣台」，兩岸經濟合作是「中共統戰」，台商投資大陸是「掏空臺灣」，大陸優惠臺灣是因為「台商先優惠大陸」，ECFA（《兩岸經濟合作框架協定》）「造成臺灣貧富差距」，兩岸貿易「圖利臺灣大財團」，台生在大陸學習和就業是「大陸搶臺灣人才」，陸客赴台旅遊是「暴發戶擺闊」，《兩岸投保協議》是「不平等、不安全、不民主的喪權辱國條約」，等等。確切地說，臺灣文化中的盲目自大意識，限制了臺灣文化的發展，削弱了臺灣文化的優勢，也成為兩岸文化「差異」的要點。

七是「台獨意識」。臺灣文化一直是「台獨勢力」極力滲透的領域。在李登輝和陳水扁主持的「台獨執政」期間，為製造「台獨」的社會和文化基礎不遺餘力，重點就是臺灣人已經形成「獨立於中華民族之外的臺灣民族」、「臺灣民族」創造了「獨立於中華文化之外的臺灣文化」、「台獨文化已經成為台獨建國的重要基礎」。「憲政改革」開始後，在李登輝的配合下，「台獨」借助多元政治、打著「民主」旗號完成「台獨合法化」，活躍在臺灣政壇。與之同時，李登輝當局利用公共權力，從理論到實踐開始全面灌輸「台獨意識」。陳水扁執政後，作為臺灣地區的第一個「台獨政權」，把「台獨」主張「制度化和政策化」，把臺灣社會作為「台獨的政治試驗田」，把「台獨意識」向社會和文化的各個角落滲透。經過李登輝、陳水扁和泛綠陣營的長期煽動和灌輸，圍繞「台獨意識」產生的「異化的意識」也最多，已經引起社會思想的混亂。在嫁接「台獨意識」後，「祖國意識」被異化為「主權分裂，治權分離」、「一邊一國」、「中華民國就是臺灣，臺灣就是中華民國」和「台獨國家認同」等「異化意識」；「臺灣意識」被異化為極端化的「新臺灣人」、「新興民族」、「本土化」、「本土意識」、「臺灣主體性」、「臺灣主流意識」和「臺灣共識」等「異化意識」；「和平意識」被異化為「中共打壓臺灣國際生存空間」和兩岸「恐怖平衡」等「異化意識」；「發展意識」被異

化為ECFA不是靈丹妙藥、「台商投資大陸是掏空臺灣」和兩岸經濟合作「圖利臺灣大財團」等「異化意識」;「民主意識」被異化為「省籍對立」、「主權在民」、「住民自決」和「民粹主義」等「異化意識」;「反共意識」被異化為「國共之爭已經結束,臺灣問題不是內戰遺留問題」、「民進黨不反共,與中共打交道沒有歷史包袱」和「民進黨願意與中共討論兩國關係」等「異化意識」。「台獨」勢力製造的「台獨和異化意識」,對臺灣文化產生很大的影響。「台獨文化」與臺灣文化、大陸文化是格格不入的。

自臺灣問題形成60多年來,臺灣文化、性格文化在不同時期不同政治力量的引導下出現了一些變化,在對島內朝野之爭和統獨力量演變發生作用的同時,也對「民族、文化、歷史、政治認同和統獨選擇等「國家認同」、和平統一產生一定的影響。充分認識臺灣文化的演變及其內涵,承認「臺灣意識」中的合理成分,認清不同時期的執政當局向社會灌輸的意識的意圖,有利於掌握臺灣文化的特徵,有利於瞭解臺灣同胞的「所思所想所求」,有利於縮短兩岸在相互認知上的距離,當然也有利於改變對於兩岸文化「差異」的認識,進而有利於增強中華「民族認同」、增加臺灣「一個中國認同」,為兩岸關係和平發展鞏固和深化、和平統一的完成打造信念、情感和思想基礎。

4.宗教文化「差異」

在研究兩岸文化「差異」時,在宗教文化上應該說是有很多一致性。在分析兩岸文化「差異」對於「中華文化認同」、臺灣「國家認同」的負面影響時,要看到兩岸宗教文化的正面影響要多一些。從臺灣宗教分為「制度化宗教」和「普化宗教」兩大類看,從臺灣社會信仰的「萬能神」、「分掌神」和「專門神」等神靈看,兩岸並無差別,「差異」只是在宗教普及和狂熱的程度上。兩岸宗教都受制於中華文化中的儒佛道為核心的宗教文化。儒學的創始人孔子,提出了以「仁者愛人」、「克己復禮」與「和貴中庸」為主要內容的思想體系,也是中國文化的主要基礎和重要構成。道家作為先秦諸子百家的一個學術流派,代表人物老子和莊子,建立了以「道」為核心的思想體系,認為「道」是宇宙萬物的本體、事物的規律性、人類行為的準則。佛教在魏晉南北朝傳入中國後並在中國發展起來,在隋唐時

期進入鼎盛時期,形成多種佛教宗派,基本教義有「四諦、緣起、五蘊、無常、無我」等。佛教的主要宗派禪宗,把中國傳統哲學中諸如孟子和莊子等人的思想融入佛教,把宗教進一步精煉化、哲學化、世俗化,認為人性即佛性,佛性不在身外,只有向自己的內心中去求,成佛只能靠自己的覺悟和修行。三類學說長期論戰,最後走向融合,宋明理學完成了道、佛入儒,完成儒道佛的合流。

儒道佛三教的衝突與融合的發展歷程,構成了中華文化的主要內容,也增加了中華宗教文化的文化、思想和哲學內涵。一方面中華民族尤其是大部分漢族確實沒有虔誠和狂熱的宗教信仰,造成了一定的文化缺憾;一方面也證明了文化多樣性的生命力,中華文化以倫理道德的發達來規範人的行為,並以最大的包容對待一切宗教,使佛教中國化,甚至於同化了最頑強的猶太教。因此,中國沒有形成政教合一、教為政先的主宰社會的宗教信仰,在宗教領域也沒有出現教規森嚴、互相敵視、不共戴天的宗教現象,只是在儒道佛的衝突和融合過程中,在多民族廣地域的中華大地,各種宗教和平相處,盛行「多神思想」和「多神崇拜」。兩岸宗教文化和活動都在這一範疇內展開,臺灣宗教文化始終沒有離開中原的軌跡。

臺灣宗教本身是隨大陸移民進島時傳入,與少數民族的一些原始宗教活動一起,在大陸流傳的宗教和各種神靈崇拜在島內逐漸興起。當漢文化在臺灣流行過程中,大陸宗教也得到傳播。從傳播之初,就體現出「多神崇拜」的特點,東南和華南沿海一帶的宗教和信仰門類都在臺灣形成和開展活動。隨著鄭成功在臺灣推廣漢文化,明末清初一批明朝遺臣在臺灣致力於「文化拓墾」,縮短了臺灣與大陸在文化上的差距,儒道佛為核心的宗教文化在臺灣也正式確立。總之,隨著社會的演進和文化的發展而進一步傳播,在移民社會組成的臺灣,宗教活動成為其他方面無法相比的社會活動。

外來宗教有過四波,一是17世紀荷蘭、西班牙相繼佔據臺灣後,開始了西方各教的傳道活動。二是鴉片戰爭後,天主教與基督教在臺灣再度傳播。三是日據時期,採取了「獨崇神道」、排斥「異端」政策,中國宗教和西方宗教都被禁止,日本「神道」大行其道。四是臺灣光復後,在中華宗教活動得到恢復與發展的同時,隨著美國對臺灣影響的加強,基督教、天主教獲得快速發展。1987年7月臺灣解除

「戒嚴」後，採取一系列「解禁」措施，其中被禁30多年的「一貫道」也解禁，使其再度受到人們關注而迅速擴展。可以說，臺灣宗教已經進入狂熱期。兩岸宗教文化，在主體文化、宗教信仰、神靈崇拜和算命、看相、陽宅、風水、卜卦、扶亂等宗教習俗上，同根同源同脈，宗教文化「差異」沒有像其他方面那麼強烈和明顯。

一是臺灣宗教更加普及。臺灣地區的宗教信仰幾乎沒有什麼限制，信教的善男信女眾多，宗教文化和活動很多已經成為人們生活的一部分。臺灣地區核准登記的宗教有12家，民間信仰和祭拜的神靈有300多家，無論是寺廟教堂等宗教場所，還是宗教教職及工作人員，或是正式登記的宗教信徒，從人均擁有量上遠遠超過大陸。此外，臺灣絕大多數成年人和一些非成年人，則屬於非正式信徒和宗教活動自由參加者。至於，社會活動和家庭活動中的宗教儀式和民間信仰則更多。

二是臺灣宗教更加富有地方特色。從媽祖信仰在臺灣的發展歷史來看，臺灣民眾中信仰媽祖的人越來越多，祭奉儀式也愈來愈複雜。媽祖廟規模不一，從民間信仰的小寺小廟到壯觀的宮院，均帶有濃厚的鄉土意識，從而使民間宗教具有濃厚的地方特色。在民間信仰的神明中，信仰媽祖的群眾占約70%。在近百年的時間裡，僅臺灣大甲一地的進香團便從數十人發展到五萬多人，構成了一個非常龐大的民間信仰群體。歷經了幾個世紀，臺灣民眾對媽祖的虔誠信仰從未改變。

三是臺灣宗教具有強烈的尋根意識。臺灣作為移民社會，移民的宗教信仰和活動，與對故鄉的懷念是聯繫在一起的。因此，在臺灣最先出現的神靈崇拜，很多都是移民家鄉的宗教文化。經過數百年的演變，臺灣民眾的尋根謁祖、祭祀神靈的活動，已表現出強烈的尋根意識，表明了對中華傳統文化的認同，也包含對大陸和故土的深深依戀之情。在臺灣的宗教和民間信仰活動中，在臺灣民眾到大陸從事宗教和民間信仰活動時，拜祭神靈和祖先時尋根是必不可少的程式和內容。

四是臺灣宗教活動與社會政治、經濟生活結合緊密。臺灣宗教信仰和活動已經融進社會生活，其他領域的活動極易找到宗教文化的痕跡。不同宗教有不同的支持者群體，因而與特定的政黨、政界勢力和政治人物結盟。需要指出的是，宗教的社會服務功能在臺灣得到較好發揮。臺灣宗教界的募捐、支助弱勢群體、扶貧濟危、

賑災救災成績突出,蜚聲國際。在臺灣的日常生活中,臺灣宗教和民間信仰活動也是無處不在,而且帶有迷信的特點。每逢選舉時,候選人都要尋找同一宗教信眾的支持,也會透過拜神、算卦和抽籤等方式預測選舉行情;每逢高校聯招時,考生和家長更是求神拜佛,以求考出理想成績;新企業、新公司開工要看風水,求得發財好兆頭;買彩票也要燒香,求菩薩保佑中獎發財;當官者要請大師算命,看仕途前程;生兒育女要拜菩薩,以求小孩有個好的未來;誰家出了好事壞事,總要請人看祖上風水如何。可以說,臺灣宗教興盛是因為擁有廣闊的應用領域。兩岸宗教文化的「差異」與其他意識形態領域的「差異」一樣,對增進兩岸相互瞭解、尊重和認同產生一定的影響。其中,宗教文化「差異」的積極意義要多一些。

不可否認的是,60多年的分離,特別是對於臺灣民眾來說,大陸是一種與其不同的社會制度,再加上接觸的時間、人數、機會和議題有限,所以兩岸人民是在不同的政治氛圍、社會環境、人際關係和經濟格局中生活,因此原本存在的和感覺到「差異」較為強烈。兩岸「差異」對於現階段臺灣「國家認同」的多元化是有責任的。

第四節 臺灣「國家認同」的反向引導

在各種誤導臺灣「國家認同」的因素中,「台獨」是罪魁禍首。「台獨」的重點之一是改變臺灣民眾中「一個中國」為核心和標準的「民族、文化、歷史、政治認同和統獨選擇」等「國家認同」,把「台獨國家認同」的增加和流行程度,當成「台獨建國」進行到什麼程度的衡量標準,異常重視「台獨國家認同」的煽動和培植工作,其中一條就是誤導「國家認同」。

一、「住民自決論」與誤導的提出

第二章　臺灣「國家認同」的影響因素分析

「台獨」是臺灣發展過程中極不正常的一幕。從歷史過程看,「台獨」出現在臺灣光復前。早期「台獨」的重點是宣揚「住民自決論」,成為「台獨」誤導臺灣「國家認同」、改變「一個中國認同」的基礎理論。

(一)早期「台獨」的組織準備

1945年8月日本宣佈無條件投降後,駐紮臺灣日軍中的部分少壯派軍官籌畫「臺灣獨立自治運動」,準備成立「第二個滿洲國」,此事很快失敗,這成為最早的「台獨事件」。在此之前,美國軍方主張對臺灣進行託管,託管期間讓臺灣民眾舉行公民投票即所謂「臺灣民族自決」,「台獨」分子廖文毅也成為美國軍方精心栽培的「福爾摩沙未來領導人」。臺灣光復後,廖文毅先後在臺灣、上海和香港等地成立了一批「台獨組織」。因為內部不和,他只得把「台獨中心」搬到日本,並於1955年9月和次年2月,先後成立偽政府。

從1957年起,因為「台獨」內部紛爭日盛和臺灣當局對「台獨」壓力加大,廖文毅只得於1965年5月14日,宣佈放棄「台獨」立場。自此以後,「台獨中心」由日本轉往美國。在已經成立「臺灣人的自由臺灣」(「三F」)、「臺灣獨立聯盟」(「UFI」)等「台獨組織」基礎上,先後成立「全美臺灣獨立聯盟」(「UFAI」)、「全球臺灣人爭取獨立聯盟」(「台獨聯盟」)、「世界臺灣人同鄉會」(「世台會」)等組織。「台獨聯盟」和「世台會」的相繼成立,標誌著「台獨勢力」發展到一定規模。同時,潛伏在臺灣地下的「台獨活動」沒有間斷過。1986年9月,民進黨成立後,島內「台獨勢力」逐步取得了以政黨名義進行活動的合法地位。李登輝上臺後,開始了海外「台獨勢力」遷台過程,島內外「台獨」合流,「台獨勢力」發展也進入一個新時期。

(二)早期「台獨」的引導方向

早期「台獨」以確立「台獨方向」的方式,引導臺灣「國家認同」走向。「台獨理論」的核心是「住民自決」,最早由「珍珠港事件」後美國軍方的「遠東戰略小組」提出,設想在攻佔臺灣後成立「軍事臨時政府」,在「託管期間」舉行「公

民投票」實現「臺灣民族自決」。「臺灣住民自決」、「臺灣民族」的提出，被以後「台獨分子」奉為「台獨寶典」。

臺灣光復後，廖文毅回到臺灣後的重點，就是秉承美國人的旨意，四處拋售「臺灣法律地位未定、臺灣應交由聯合國託管」等謬論。1948年底到1949年初，廖文毅等人自稱「代表650萬臺灣人」，向美國遠東軍司令麥克亞瑟、聯合國秘書長賴依、印度總理尼赫魯等人寫信和遞交請願書，要求臺灣必須「獨立」、將中國人遣送回中國、在國際監督下舉行公民投票等。1949年5月，廖文毅拋出長達183頁的「臺灣發言」，聲稱臺灣人是中國、西班牙、荷蘭、臺灣少數民族和日本人的「混血雜種」、是一個不同於中國民族的「臺灣民族」，歷史上的明鄭、清朝和國民黨蔣氏政權在臺灣的統治都是外來勢力「殖民臺灣」，日本殖民統治「有利」臺灣。1957年3月，廖文毅提出實現「台獨」的三種途徑：在聯合國主持下舉行公民投票；在國民黨政權迫近崩潰或中共進攻的情況下，由美國出兵佔領臺灣；由臺灣人漸漸吞併國民黨當局。顯然，早期「台獨」已經提出了完整的「台獨路線圖」。

早期「台獨」的重點是否定臺灣和臺灣人的中國屬性。因為要「自決」，所以要宣揚「公投」；因為要有身分適合公投的「住民」，所以要宣揚「臺灣民族」不是中華民族一部分；因為要「公投」是要改變臺灣政治定位，所以要宣揚「臺灣需要聯合國託管」、「臺灣地位未定」。早期「台獨主張」，就是要為確立新的「台獨國家認同」，製造民族、文化和族群依據，改變臺灣的「一個中國認同」，這是「台獨」誤導「國家認同」的提出。

隨著20世紀70年代開始的臺灣社會民主議政熱潮和「黨外勢力」的興起，在一些「黨外人士」政治主張中出現「住民自決」言論。1986年9月28日民進黨成立後，「住民自決」和「公民投票」成為黨的基本主張之一。在1992年10月的第五次代表大會上，「住民自決論」擴充為「台獨黨綱」。自此開始，宣揚「台獨國家認同」有了組織和政治路線的依據。

第二章　臺灣「國家認同」的影響因素分析

二、「特殊兩國論」與誤導的啟動

蔣家父子利用「戒嚴體制」控制政治、經濟、文化和社會資源的優勢，透過加強控制、政治動員、文化教育和新聞媒體等方式，有效建構和形成臺灣的「一個中國認同」。李登輝的重點是改變臺灣的「國家認同」，變「一個中國認同」為「台獨國家認同」。因此，在早期「台獨」已經指出的引導方向基礎上，李登輝利用掌握公共權力的機會，開始具體的「台獨引導」。

（一）從民族、文化和族群方面「引導」

一是鼓吹內部一致。在李登輝看來，要從中國分裂出去，就要與大陸對抗。他聲稱，台澎金馬人民歷經50年的共同生活已經榮辱與共、密不可分，全民必須取得共識，有助於推動國家建設總體發展，達成預期的效果，凝聚「生命共同體」共識。[28]「生命共同體」實際上是「臺灣國族主義比較隱晦的說法」，是要內部團結，一致對付大陸。

二是改變臺灣人的中華民族屬性。他在宣揚「經營大臺灣、建立新中原」時，聲稱「所謂的『新中原』，是指多元文化重新融合，綻放新文明之地」[29]；「任何一個國家建立的基礎，最重要的就是文化，有自己的文化，才能形成人民共同的價值，凝聚『國家』的力量，臺灣數百年來，已經累積了相當豐富、優美的文化，和許多傑出藝術家」[30]；「由於臺灣島記憶體在有本省人、外省人與原住民等不同族群，使得認同更顯困難。不過正因如此，使臺灣可以融合不同歷史背景的族群文化，形成一個與大陸完全不同的新族群，才是『大中華』與『新中原』的真義所在。」[31]

三是改變族群結構。李登輝為了潛移默化的影響和改造臺灣民眾的「國家認同」，在1992年6月實施的「戶籍法」，規定身分證上的祖籍地登記改為出生地，一方面因為最基本的身分證件上不再有是否外省籍或本省籍的文字紀錄，固然有利於減少省籍矛盾；一方面則是沒有身分證上最常見的祖籍地提醒，可以減少外省籍後代的「故鄉和中國意識」，從族群角度增加「臺灣民族」的認同。特別是在1998

年年底的臺北市長選舉時,李登輝與國民黨臺北市長候選人一起高喊「新臺灣人」的口號,目的是要編造「臺灣民族」,改變臺灣人原有的中華民族屬性。

四是脫離中華文化制約。1993年間,台「教育部」透過「國民中小學鄉土教育實施要點」,規定各級政府機構持續推動鄉土教育目標並加強編纂鄉土教育教材。同時,將大學必修的「中國通史」改為選修的「本國史」,目的是在淡化「中國概念」。1997年推出的《認識臺灣》的中學歷史教科書,宣揚日本殖民統治,把臺灣史與中國史相區別,否認中華歷史文化主體性,強化「臺灣主體意識」。

(二)從政治制度、兩岸關係上「引導」

李登輝在從民族、文化、歷史和族群等形成「國家認同」的基礎上下手的同時,還從政治、制度和兩岸關係方面進行引導,以改變「戒嚴」時期形成和延續下來的「一個中國認同」。

一是在政治領域,一方面先後提出「分裂分治」、「中華民國主權及於全中國,但治權及於台澎金馬」[32]、兩岸為「對等的政治實體」[33]、「階段性兩個中國」[34]、「特殊的國與國關係」等主張,否定「一中原則」;一方面削弱國民黨以切斷兩岸的「中國聯結」,為此宣揚國民黨是「外來政權」[35],製造黨內紛爭,國民黨終於在2000年3月敗選下野。宣揚「兩國論」和堅持「一個中國政策」的中國國民黨下臺,是從指導思想和載體上削弱「一個中國認同」的基礎。

二是構建「台獨國家認同」的體制保障。對於長期形成的與體現大中國的「五權分立體制」和臺灣省行政區劃設置,透過連續六次「修憲」,凍結「一中憲法」相關條文和臺灣省行政區劃的設置,全面衝擊「中華民國法統」,完成「實質獨立」、「台獨國家認同」相配套的政治架構。「修憲」的「台獨」因素,使得民進黨勢力有所增長,族群對立、統獨分歧日趨激烈,「國家認同」日趨混亂。

三是煽動敵視大陸,從現實因素上分解「一個中國認同」。他借助「千島湖事件」和發表「與司馬遼太郎對談」,惡毒攻擊大陸,挑撥兩岸同胞感情;他竄到美

國康乃爾大學演講，挑釁一個中國原則，阻止兩會商談，惡化兩岸關係；他實施「戒急用忍」，設置人為障礙，惡意阻攔快速發展的兩岸經貿交流。

顯然，李登輝主政重點是在「民族和文化認同」層面上把「本土認同」提升為「臺灣認同」，將臺灣「國家認同」中的以「一個中國認同」為主體的「民族、文化和歷史認同」轉變為「台獨民族、文化和歷史認同」，使臺灣民眾與中華民族、中華文化相疏離，使「臺灣意識」與「臺灣認同」成為主流論述。[36] 將臺灣的民族和文化與傳統的中國區分開，這種有意進行區分的行為無論動機有哪些，都有強化「台獨」的涵義在內，必然激化島內的統獨爭議。[37] 在李登輝的「引導」下，存在40多年的「一個中國政策」大部被拋棄，民眾心中的「一個中國認同」被誤導，對於大陸的負面印象在擴大。經過李登輝的努力，「臺灣人、臺灣民族、臺灣主體意識」等觀念開始流行，「一個中國認同」受到挑戰。

三、「一邊一國論」與誤導的加深

經過李登輝12年的「溫水煮青蛙式」的「台獨引導」，蔣家父子統治40年間形成的「中華民國法統」、「國家認同」的基礎開始動搖，「台獨執政」重點是，鞏固李登輝時期的「台獨成果」，改變「一個中國認同」，加速培植「台獨國家認同」。

（一）培植「一邊一國」的根

一是要斷兩岸和平統一的路。為了推進「法理台獨」，為構建「台獨國家認同」清除障礙，2006年1月29日，陳水扁宣稱，因為「國統會、國統綱領」追求共同的統一、接受一個中國的原則[38]，故在2月間被中止運作。「國統會、國家統一綱領」制訂14年來，雖然沒有實施，但也成為臺灣當局贊成和平統一的政治象徵，現被陳水扁拋棄。

二是與「廢統」相配合，需要取消統一國家的象徵。在公務機關、軍隊營地、代號及裝備、重要和象徵性標誌、學校和大中型企業名稱、重大紀念物和場所，只要帶有「中國、中華、統一、反獨」的內容，都要進行「去中國化」。把「臺灣民族」、「臺灣國」建構起來並以之作為「臺灣國家認同」的支撐主體。

三是「去中國化」後，就是確立「台獨國家形象」。千方百計以「臺灣」、「福爾摩沙」替代「中華民國」，改變「中華民國」的「領土」範圍。陳水扁聲稱「臺灣的國土面積」為3.6萬平方公里，「2300萬臺灣人民是禍福相依的命運共同體」，要「凝聚新的國家共同體意識」[39]。一邊是「去中國化」，一邊是拼『臺灣正名』」[40]。他最要「正」的是「國號」和「憲法」，「最貼近、真實、最好的簡稱就是『臺灣』」，要以「臺灣」為「國號」申請加入聯合國，要有一部合時合身合用的「臺灣憲法」[41]。此外，駐外機構絕大部分的名稱冠以「臺北」而非「臺灣」，「這是自我矮化的做法」，下令重新「正名」且「限期完成」[42]。

四是為製造「臺灣共和國」，就要「拋棄中華文化，破除中華民族的神話，剪斷中華民族的臍帶」[43]。陳水扁聲稱：臺灣文化不是中原文化的邊陲文化[44]，在語言、文學、藝術和文物等領域，製造「台獨文化」。為落實臺灣文化傳承工作，建起一批臺灣「文化資產中心、歷史博物館、美術館、民族音樂中心、傳統藝術中心、文學館」等機構。與文化相配合，宣揚「台獨史觀」，圖謀割斷兩岸歷史上的聯繫。

五是灌輸「台獨理念」。陳水扁當局十分重視編寫「台獨教材」，從不同層次培植大中小學生的「台獨意識」。先後公佈「九年一貫課程綱要」、「高級中學歷史、地理、語文課程綱要草案」，把中國歷史、文學和地理歸為外國相應學科，增加獨立的臺灣歷史、文學和地理內容；推動加入為地方話閩南語注音的「通用拼音法」，代替國際公認的中文拼音方案；利用「國家考試」推行「文化台獨」，改變公務員隊伍的「文化認同」。「台獨執政」培植「一邊一國」的毒花，來誤導「一個中國認同」，以便結出「台獨國家認同」的毒果。

(二) 大唱「一邊一國」的戲

第二章　臺灣「國家認同」的影響因素分析

「台獨執政」的圖謀，就是推進「台獨制度化、政策化」完成實質性的「台獨國家」的構建，摧毀「一個中國認同」的政治基礎，為「台獨國家認同」確立「國家架構」。

一是擴大「台獨隊伍」。利用執政機會，擴大「台獨勢力」，做好「台獨」的向上發展、向下紮根工作，增加控制社會、調動社會力量、操縱民眾情緒的實力，所以陳水扁與李登輝、「台聯黨」一起，加快發展「台獨組織」，最具代表性是南社、中社、北社、東社等一大批新型「台獨組織」應運而生，與傳統「台獨組織」爭搶「台獨旗幟」。

二是「台獨制度化、政策化」氣焰囂張。與李登輝宣揚「台獨」時「猶抱琵琶半遮面」、「台獨」活動大都以半官方、半公開方式進行不同，陳水扁時期的「台獨活動」公開、狂熱。如「臺灣共和國臨時政府」掛牌運營，開始給「急獨分子」頒發「臺灣共和國護照」；「世界臺灣人大會」、「臺灣正名大遊行」等「台獨分子」大聚會時常舉行；陳水扁也自稱是「臺灣總統」[45]，不斷拉高「台獨」聲調，推出「台獨主張」，借助「修憲」和政府改造推進「台獨政治建設」，公開進行「法理台獨」，多次發動「台獨公投」。

三是用「賣台」打壓「統一」和「反台獨」的聲音。「台獨」勢力把任何反對他們的人都扣上「統派」、「中共同路人」的帽子，把贊成「一個中國」與「九二共識」的人打成「賣台」，將祖國和平統一「汙名化」，學者專家不能發表反獨見解，「統派組織」則屢屢遭受暴力的襲擊。

四是與大陸的對抗性明顯增強。陳水扁當局把攻擊矛頭始終對準大陸，反復叫囂「臺灣站起來」與大陸對抗；極力渲染「中國對臺灣安全武力威脅」，蠱惑人心；以「大陸打壓臺灣」為題煽動臺灣民眾對大陸的敵意。陳水扁還利用到國際間活動的機會，對大陸進行惡毒攻擊，鼓動海外「台獨」勢力在美國、歐洲等地多次舉行遊行，抗議「中共打壓臺灣」，支持臺灣「加入聯合國」。

陳水扁當局利用公共權力和制訂公共政策的機會，全力推進「台獨」，加強

「台獨」制度建設，目的就是要製造「臺灣」已是「主權獨立國家」的假像，潛移默化地改變臺灣民眾的「國家認同」，為「台獨」進一步奠定社會基礎，這對臺灣的「國家認同」影響極壞。

四、不放棄「台獨」與誤導的繼續

「台獨執政」失敗後，民進黨在「台獨」問題上，沒有就此罷手，反而改變手法，重新包裝「台獨主張」，聲稱「台獨」也要與時俱進，既要與早期教條式「台獨路線」不同，也要與陳水扁挑釁式「瘋狂台獨」分開，要對「台獨黨綱」「做不同的解讀和詮釋」[46]，需要一條「理性務實、穩健細緻、審慎漸進」的「台獨路線」。在兩岸同胞與「台獨」鬥爭60多年、與「台獨執政」較量8年情況下，觀察下野後的民進黨的「理性台獨、柔性台獨」數年，早已認清明暗「台獨」的本質和各類手法，民進黨是既要搞「台獨」又要不想被「台獨」所累。時任民進黨主席的蔡英文提出的「和而不同，和而求同」[47]的「柔性訴求」，與李登輝、陳水扁拋棄一個中國原則的本質、手法和目的，一脈相承，手法有不同，核心是在「和、異、求、同」中不見「一中原則」的立場，沒有接受「九二共識」，是在用「柔性手法」推銷「台獨主張」，開闢作為在野黨後如何宣揚「台獨國家認同」、如何誤導「一個中國認同」的新路子。

（一）製造「賣台恐慌」，誤導「一個中國認同」

民進黨大陸政策的核心，一方面是否認「九二共識」，聲稱「它是一個不存在的東西」，「九二共識」既不存在就沒有所謂承認或不承認或接受不接受的問題。[48]「如以現在中國的這種層次和格局來處理對台關係，沒辦法在兩岸間建構更堅實的基礎、走更長的路。希望中國清楚認知，對中國、臺灣最大的利益就是跟『臺灣共識』打交道，而不是『九二共識』。」[49]「處理臺灣與中國的問題，不能陷入歷史的框架裡，更不能被政治前提壓縮了處理的空間，『九二共識』就是歷史框架，就是政治前提。這個共識是禁不起民意的檢驗，如何能夠作為建構兩岸可長

可久關係的依據呢？」[50]　否認「九二共識」成為民進黨的政治底線，這樣也就使得其政策主張都失去了可行性。

一方面是聲稱馬政府執政以來，「不管在政治、經濟、外交施政上都以中國認同、中國價值為核心，是『和而要統，和而必統』。民進黨主張臺灣發展與中國關係，應從臺灣認同出發，以臺灣價值為核心，兩岸必須維持『和而不同』、『和而求同』的關係。」[51]　馬英九的大陸政策是「喪失主權，親中賣台，矮化臺灣，圖利財團，鎖進中國」，是以主權退讓跟妥協，或以「國家安全」弱化來換取些許的讓利[52]。所以「面對暴沖的國民黨，民進黨只好犧牲自己把國民黨拉回軌道。」[53]　對於馬英九當局的任何一項有利於兩岸關係和平發展的措施出臺，民進黨方面無不稱作為「喪失主權、親中賣台」。在民進黨看來，包括「一個中國認同」在內的任何兩岸關係和平發展的舉措都是「親中」，「親中」就是「賣台」。民進黨的「賣台論」，是在威脅民眾的「國家認同」。

為了增加欺騙性，擴大對中間選民的吸引力，民進黨方面聲稱，「『中華民國』成立的時候，臺灣不在『中華民國』的版圖之內，可是二次大戰結束以後，來到臺灣的『中華民國』統治者是威權統治者」，「過去60年來『中華民國』失去了原來建立的國土，在過去的62年『中華民國』只存在在臺灣，臺灣這塊土地和人民是融合在一起的，今天絕大多數的臺灣人民都已經認同一件事，就是『臺灣就是中華民國』，『中華民國就是臺灣』」。[54]　重新拾起陳水扁的「臺灣前途決議文」，借殼上市，借「中華民國」掩護「台獨」行徑。民進黨主席蘇貞昌在2012年7月31日接受美國《華爾街日報》專訪時聲稱，「臺灣是獨立的主權國家」，「民進黨繼續堅持支持台獨的立場」。[55]　顯然，民進黨在兩岸關係定位上延續過去的立場，頑固堅持「台獨黨綱」的本質沒有改變。

（二）「臺灣主體性」極端化，宣揚「台獨國家認同」

在下野後的民進黨宣揚的「理性台獨」中，很重要的一條就是停止像陳水扁那樣又做又叫，改為只做不說，把「台獨黨綱」的精神貫穿在「臺灣主體性」中。

把「臺灣主體性」極端化、絕對化，是「台獨分子」的慣用手段，長期以來認為只有「拋棄中華文化，破除中華民族的神話，剪斷中華民族的臍帶，才能建構國家認同與臺灣主體性」[56]；宣揚「臺灣主體性」，核心在於宣揚「臺灣民族論」、「臺灣國家論」、「臺灣共識」[57]。民進黨方面聲稱，他們的任務就是「捍衛臺灣、守護主權與國家安全」，這是民進黨與國民黨最大的不同；要突出「臺灣性」，弱化「中國性」，建構「新的國家、新的臺灣認同，邁向臺灣主體性的重建時代」[58]，就是要「捍衛臺灣主權，塑造臺灣主體性」。

如何捍衛「臺灣主體性」，一方面多邊架構兩岸關係，要在國際及區域結構下來思考及形塑與中國的關係，而不是在兩岸的歷史框架中打轉，「不能局限在兩岸的框架裡」[59]；「必須在國際的多邊結構下思考兩岸關係，透過國際共通的規範與準則，平衡臺灣與中國實力的不對等」，「臺灣會善用軟實力尋求國際社會的支持，拓展兩岸間的和平與積極互動」[60]，透過多邊的力量，共同平衡與中國進行自由貿易可能帶來的衝擊，與世界一起走入中國[61]。一方面是制度保障，聲稱透過「修憲」完成臺灣的「主體重建」，給予「中華民國憲法」在臺灣的一定正當性，形塑人民的「國家意識」，聲稱終止「動員戡亂」以及歷次「修憲」，並沒有讓「憲法」成為臺灣人民集體共識，這是未來「憲政改革」最需要繼續努力之處，等到人民有足夠共識時，再進行下一階段進程[62]，也就是要繼續「修憲」，改變台海現狀。「我們是生命共同體，這個生命共同體的主權是我們自己的」[63]。從爭取國際支持和「修憲」等多方面，捍衛「臺灣主體性」，就是要培植和增加「台獨國家認同」。

（三）反對和平發展，干擾「國家認同」

下野後的民進黨，在兩岸關係實現歷史性轉折、和平發展取得歷史性成果時，基本是站在對立面上，「逢中必鬧，逢中必反」，充當干擾和破壞的角色。

一是表示「民進黨願意聽聽中國大陸的意見，歡迎到民進黨總部或智庫，大家一起坐下來談」[64]，「民進黨比國民黨，將更能穩健地處理對中國的關係。不會陷入兩岸的框架，不會讓臺灣迷失方向。讓兩岸關係，成為全球化趨勢下更為正常、

穩定的關係」;民進黨將更有自信、更務實、更大器地面對世界、面對中國;她是「一個有力的、穩定的掌舵者」[65]。此類話很好聽,問題是由於否認「九二共識」,所以沒有可行性。

二是向大陸要價。時任黨主席的蔡英文多次強調兩岸不同,「兩岸早已各有不同的發展,尤其是政治、社會發展更各走上截然不同的道路」[66],雖然「兩岸講一樣的語言,但許多文化、社會價值是不一樣的,包括在歷史記憶、信仰價值、政治制度、社會認同方面存在差異」[67];「民主、人權,民主是臺灣最大的資產,是臺灣內部形塑對中國關係的一個開始」[68],要「把民主與人權議題納入兩岸清單,將人權條款置入與中國大陸簽署的各項協議,以支持中國民主化進程」[69],突出臺灣的「民主體制」與「民主價值」的優越性。此類話很難聽,因為兩岸政治、制度、民主、文化上的「差異」不是「差距」,很難用是非、對錯和好壞之分,誰也不要把自己的制度強加給對方。

三是阻撓兩岸交流。在和平發展階段到來後,民進黨「逢中必反,逢中必鬧」,對於兩會商談和簽署的18個協議,包括對於兩岸「三通」、陸客進島、陸生赴台和ECFA早期清單,總是挑刺和挑撥一番,總是從反面和負面去理解。如對於ECFA,聲稱如果上臺執政,願意延續前朝政策,不會「橫柴入灶」,但又說要按照國際慣例、民主程序重審ECFA[70]。為了挑起社會不滿,主打「階級牌、貧富牌」,聲稱兩岸經貿圖利大財團,造成社會分配不公、貧富差距擴大。實質上絕大部分沒有直接參加經濟活動的社會成員,不可能直接獲取企業之間商品交易的利潤,民進黨的「階級牌、貧富牌」是無視經濟規律,針對兩岸經貿交流,撥弄是非,干擾和平發展。

可以說民進黨大陸政策,正面的是在說空話,負面的是在攪混水,說到底是因為下野後,在引導臺灣「國家認同」方面,已經沒有李登輝、陳水扁時期的便利之處,只得利用其部分掌握的在朝野較量、族群對立、兩岸關係上的話語權,誤導「國家認同」而已。

第五節 臺灣「國家認同」的現實因素

　　根據臺灣政大選研中心的長期、定期和跟蹤式民意調查資料顯示，自馬英九執政以來，「我是中國人」的比率基本保持在4個百分點左右，「我是臺灣人」的比率由四成八微升為五成二左右，「我是臺灣人也是中國人」的比率由四成三微降為四成左右[71]，其他民調也是類似情況。也就是說，國民黨重新執政、馬英九當局與大陸一起推動兩岸關係和平發展，和平發展給臺灣經濟和臺灣同胞帶來巨大的經濟利益，沒有改變臺灣「一個中國認同」多元化狀況。這一情況表明，改變思想意識是一個長期和複雜的工作，影響和引導臺灣「國家認同」朝著有利於兩岸關係和平發展的鞏固和深化、和平統一實現的方向轉變，要有耐心、有針對性、有重點的做好工作，需要長期努力。國民黨執政當局與大陸一起推動兩岸關係和平發展，為正確影響和引導臺灣「國家認同」提供了機會。

一、接受「九二共識」與正面引導

　　馬英九結束「台獨執政」，為正面影響和引導臺灣「國家認同」走向提供了必要的政治基礎、社會氛圍，開始了逐步扭轉李登輝、陳水扁誤導「國家認同」的過程。

（一）堅持「九二共識」，現階段「一個中國認同」的政治基礎

　　早在2005年7月馬英九競選國民黨主席和2007年2月宣佈競選「總統」後，多次提出在「九二共識」基礎上恢復兩會協商。就職臺灣地區領導人後，馬英九反覆強調大陸政策的主軸是「九二共識」，表示「海峽雙方的關係不是『兩個中國』，雙方是一種特別的關係，反對在國際上搞『雙重承認』」，「對於『一個中國』的原則都可以接受，但對於『一個中國』的含意，大家有不同的看法」[72]。「兩岸關係並非國與國的關係，而是一種特殊的關係。」[73] 強調兩岸是「一個中華民國，兩個地區」[74]「我採取『九二共識』作為雙邊協商的基礎。『九二共識』也就是

『一中各表』，已經被證明了是兩岸關係持續發展之關鍵。在這個『共識』下，六次『江陳會』得以進行，兩岸也因此達成了許多務實且難得之突破。」[75] 對馬英九當局的大陸政策，「過去幾年到現在基本上沒有太大改變；中華文化、中國人、『中華民國憲法』以及因此衍生的『兩岸定位』等方面，都是其思維主軸；馬英九的兩岸政策依此思維制定的。政策說法上可能有些小修正，基本上政策並無改變。」[76] 正是因為馬英九當局對於「九二共識」的立場和態度，確保兩岸關係有了向前發展的政治基礎。「九二共識」與和平發展的成果，成為從正面影響和引導臺灣「國家認同」走向的重要保證。

（二）推動和平發展，增加「一個中國認同」的必要途徑

馬英九強調，臺灣和大陸在過去長期相互對立，但現在應該到了可以用和平方式來解決的時候，所以現在毅然地採取「以和解消弭衝突、以協商取代對抗」的做法。事實上，兩岸這麼多年來的恩恩怨怨，能夠在最近幾年獲得比較重大的進展，與雙方領導人都有意願朝此方向努力，有很大的關係。[77] 因此，他支持所謂「三不政策」，也就是在「中華民國憲法」架構下，維持「不統、不獨、不武」。這個政策不但對於兩岸關係的基本結構產生了變化，同時也創造了兩岸之間的「良性迴圈」。[78]「今後四年，兩岸要開拓新的合作領域，繼續鞏固和平、擴大繁榮、深化互信，為兩岸和平發展創造更加有利的環境」[79] 正是因為馬英九能夠回應大陸的呼籲，一起推動和平發展，兩岸關係實現了歷史性轉折：兩岸政治互信初步建立，為兩岸良性互動提供了政治保證；建立兩會制度化商談機制，為發展兩岸交流提供了必要的制度保障；基本實現兩岸「三通」，極大地方便了兩岸的往來，「一日生活圈」和新的投資佈局開始萌現；ECFA簽署和落實，兩岸「經濟兩化」工作全面展開；兩岸在臺灣涉外事務上的配合，為兩岸關係和平發展提供了必要的國際氛圍和條件。兩岸關係和平發展取得的成就，使得影響臺灣「國家認同」改變的兩岸關係因素發生了重大變化，為引導臺灣「國家認同」提供了有效的著力點。

（三）認同中華民族，現階段「一個中國認同」的堅實根基

關於臺灣民眾的中華民族認同，一直是「台獨」和反獨雙方鬥爭的焦點。「台

獨陣營」特別重視在臺灣人民的中華民族屬性上做文章,「臺灣人出頭天的理念基礎就是臺灣民族主義,要打破中華沙文民族主義要依靠臺灣民族主義這個法寶」[80]。李登輝則以自己曾是日本人而自豪,養成很深的「皇民化」情結;陳水扁則從執政層面出發,傾心締造所謂的「臺灣國體、臺灣人民、臺灣民族」。同樣,在「國家認同」的撥亂反正問題上,馬英九也是圍繞「民族認同」問題做了一些工作。在就職典禮上表示,兩岸人民同屬中華民族,本應各盡所能,齊頭並進,共同貢獻國際社會,而非惡性競爭、虛耗資源。他說世界之大、中華民族智慧之高,臺灣與大陸一定能夠找到和平共榮之道。[81] 幾年來,只要是臺灣當局的「國慶」或「元旦」等重大慶典致詞,馬英九總要強調「兩岸人民同屬中華民族,都是炎黃子孫,雙方在深化交流之際,希望在國際社會也能擴大合作,避免對立,逐步展開互利雙贏的良性迴圈。」[82] 他還經常將「中華民族」與「華人」、「華人社會」一起使用,崇尚「善良、正直、勤奮、誠信、包容、進取這一些傳統的核心價值」等中華民族精神。強調原生領域中的「中華民族認同」,是在鞏固現實領域中「一個中國認同」,因而也是在引導臺灣「國家認同」的思考方向。

(四)認同中華文化,現階段「一個中國認同」的文化建構

馬英九高度認同中華文化,雖說全面清理「文化台獨」做得不夠,但是態度明確,強調回歸中華文化,重視臺灣文化特色,推動兩岸交流。馬英九認為:「基本上,未來的作為一定是中國文化本位、中華文化本位,這個沒有折扣可以打,但是中華文化本身是很包容的,譬如我們說國語,要說是華文,也不會反對,更不會強迫去改。」[83]「傳承中華文化,是必須達成的使命及責任。」[84]「中華文化是兩岸最大的公約數」,要實現中華文化的「文藝復興,臺灣有條件扮演最關鍵的『尖兵』及『催化劑』角色。」[85] 從政策上看,馬英九當局展開一系列「去扁化」、反「台獨」、結束「去中國化」的正名舉措,部分糾正「文化台獨」。如「國家文化總會」改名為「中華文化總會」,在島內外推廣中華文化;成立「中華文化基本教材專案小組」,專門研訂相關課程綱要;停用「台獨執政」時推行和實施的歷史學和語言學相關教學大綱,規定臺灣史和中國史比例由1:1增加為1:1.5,語文課本的文言文由45%增加到65%,「四書」列為高中生必修課目;放棄「通用拼音」,回歸正常的中文拼音;提出「識正書簡」概念[86],主張兩岸合編包含繁體、

第二章　臺灣「國家認同」的影響因素分析

簡體對照的「中華大辭典」等。「文化認同」在「民族和國家認同」中扮演重要角色，從文化領域入手增進「民族和國家認同」，社會上更容易接受。

二、「三不政策」與負面影響

兩岸關係進入和平發展軌道以來，臺灣的「一個中國認同」沒有增加，當然有意識形態落後於經濟基礎、現階段兩岸關係局限性、「台獨勢力」在繼續傳播「台獨國家認同」等原因，馬英九當局的路線和政策方面的不足也是原因之一。

（一）強調「中華民國」，會影響臺灣的「國家認同」

馬英九當局反覆解釋和強調，「兩岸關係發展的基礎是在『中華民國憲法』架構下，依據『一中各表』及『九二共識』的原則，加上『不統、不獨、不武』，維持台海現狀。」[87]「『中華民國』是一個主權獨立的國家，大陸並不能代表我們2300萬人民，我們的前途由我們自己決定」，「『一中』當然就是『中華民國』」[88]，「我們的一個中國當然就是『中華民國』，『中華民國』於民國35年制定憲法，當時中共還沒有建政，因此不發生第二個中國的問題。」[89] 馬英九當局不斷伸張「中華民國法統」，在兩岸政治對立沒有解決、兩岸和平協議沒有簽訂前，無法統一兩岸在一個中國問題上的認識。這種宣傳對「中華民國」的「認同」會增加，也會影響和引導臺灣「國家認同」，導致「一個中國認同」多元化。

（二）推遲政治協商，會影響臺灣民眾的「國家認同」

現階段影響和引導臺灣「國家認同」的因素之一，就是兩岸關係和平發展的成果和趨勢，特別是兩岸政治關係的緩和。對此，馬英九當局強調，目前經濟、文化各類問題上都已經忙不過來了，所以根本沒有時間去討論其他問題，包括政治的問題，兩岸政治對話沒有時間表。[90] 關於協商和簽署《兩岸和平協定》的前提是，「國家需要、民意支援、國會監督」，要透過「公民投票」透過來達成。[91] 馬英

九為兩岸政治協商、簽訂兩岸《和平協定》制訂異常的「政治門檻」。與之相配合的是，強調「中華民國法統」，加快國民黨「本土化」，宣傳「新臺灣論述」、「臺灣主體意識」、「臺灣文化主體性」、「臺灣優先」等主張，在和平發展的同時積極進行「活路外交」以拓展臺灣涉外活動空間，在兩岸經貿和文教交流中的一些障礙依然沒有取消等，均無助於政治難題的破解，客觀上加大兩岸的認知距離，成為兩岸關係和平發展中的不穩定因素，也是對臺灣認同和形成兩岸共同認同的干擾。

（三）清理「文化台獨」不理想，直接影響到「文化認同」

在文化領域，「台獨」勢力做了很多篡改、杜撰和捏造工作，應該說「文化台獨」在改變臺灣的「中華文化認同」方面成效幾無，但是造成臺灣文化領域的混亂。馬英九執政以來，面對長達20年的「台獨勢力」利用執政機會推進「文化台獨」和「去中國化」的行為，沒有採取強有力的措施予以清理，沒有全面堅持關於中華文化的話語權，在清理「文化台獨」方面不能讓泛藍軍滿意。或者說因為當局作為不夠，至今沒有形成依靠中華文化抵制「文化台獨」、「去中國化」的氛圍。此外，馬英九過度強調「中華文化」已經是「具有臺灣特色的中華文化」[92]，過度強調「臺灣文化主體性」、文化是臺灣的「關鍵實力」，也就是強調兩岸文化的「差異」。從認同角度看，他的觀點和主張，在切斷與「台獨文化」的關聯上成效不大，但客觀上是在加深與大陸「民族、文化、歷史、政治認同和統獨選擇」等「國家認同」的「差異」。

（四）對大陸說三道四，影響兩岸「共同認同」的形成

瞭解、尊重和認同「國家認同」相關領域中的「差異」，對於臺灣「一個中國認同」的穩定和提升極有益。馬英九當局出於西方自由民主價值觀及反共意識形態，聲稱臺灣「獲得了『臺灣是亞洲和世界民主的燈塔』的讚譽；『中華民國』已經成為一個受國際社會尊敬的民主『國家』」，臺灣完成了「大步邁向『優質的民主』」的「政治實驗」[93]；「假如有一天，中共解除黨禁、開放組黨，說不定臺灣的政黨都有興趣到大陸發展。」[94] 對於大陸，聲稱「對平反六四天安門事件、聲

援法輪功、批判反分裂法的立場不會改變」[95],「我們關心大陸的人權發展,就是因為這是我們珍視的核心價值,也是測量與接近兩岸距離的重要指標。」[96] 類似這些無視「一國兩制」和「兩種制度並存,臺灣高度自治」的精神,片面誤導臺灣民眾對大陸看法的做法,客觀上是在加深兩岸共同認同的「差異」。

隨著臺灣執政力量的替換,隨著各執政力量對於「國家認同」的不斷建構,對於「一個中國認同」的影響也在不斷改變,再加上影響臺灣「國家認同」變化的其他因素沒有出現根本性轉變,臺灣「國家認同」複雜化問題近期不會結束。同樣,鞏固和深化兩岸關係和平發展、接受「九二共識」、共同反對「台獨」已經成為兩岸的共同認識,無論是從現實角度,還是從長遠觀察,無疑都是增加臺灣「一個中國認同」的機遇和起點。

第六節 臺灣「國家認同」的國際干擾

西方一些政治勢力干涉中國內政,插手臺灣問題,圖謀把中國和平統一的完成無限期地拖下去,這是在誤導臺灣的「國家認同」。

一、西方扶持「台獨」是最早的誤導

從「台獨」的演變過程看,沒有西方政治勢力的支持與庇護,也就沒有「台獨」。在臺灣光復前後,西方一些政治勢力就開始扶持「台獨」勢力。

(一)日本是早期「台獨」的基地

日本與「台獨」有著千絲萬縷的聯繫,早期與「台獨」的關係更為密切。首

先，「台獨」是日本軍國主義殘餘勢力的產物。1945年8月日本宣佈投降後，駐紮在臺灣日軍中的一些少壯派軍官，在已經接到無條件投降的命令後，不甘心把臺灣交還中國政府，開始秘密串聯一些台籍人士，暗中籌畫「臺灣獨立自治」、建立「第二個滿洲國」運動。此事未成，骨幹人物牧澤義夫、許丙、辜振甫等人，在被日寇送上各地戰場、戰後被遣返回到家鄉的一些台籍士兵中，秘密建立「台獨組織」。作為歷史上最早的「台獨組織」，很快被國民黨當局破獲。其次，早期「台獨核心分子」廖文毅主要在日本從事「台獨活動」。美國扶持下起家的廖文毅，先後在臺灣、上海和香港進行過一些「台獨活動」。因為「台獨組織」內訌，再加上「2‧28事件」發生，在美國駐軍總部和日本右翼勢力蘆田均、尾崎行雄等政要的暗中支持下，跑到日本，進入「台獨活動」高峰期，1955年9月1日成立「臺灣共和國臨時國民議會」、1956年2月28日成立「臺灣共和國臨時政府」，廖文毅自任「大統領（總統）」，成為標準的「皇民化台獨」。第三，日本培植出一批「台獨分子」。在廖文毅到日本時，日本已有吳振南、郭太成等人掛著「臺灣民主獨立黨」招牌進行「台獨活動」。「台獨活躍分子」還有王育德、黃昭堂、許世楷、張春興、邱永漢等人，因爭權奪利與廖文毅分道揚鑣。廖文毅回臺灣後，日本還有郭泰成、林台元等人扛著「臺灣共和國臨時政府」招牌繼續活動，但已難有往日氣勢。

（二）美國是「台獨」發展的基地

就像臺灣問題美國負有不可推卸的責任一樣，「台獨問題」美國同樣負有不可推卸的責任。首先，廖文毅是由美國培植起來的。早在1943年間美國培訓所謂未來「託管臺灣」的軍政人員中，就有20世紀20年代到美國留學的廖文毅。臺灣光復後，他回到臺灣開始從事「台獨」活動，都是秉承某些美國政治勢力的旨意。他的「臺灣法律地位未定、聯合國託管臺灣、住民自決」等「台獨」主張，都是由美國軍方提出。他的所謂「台獨國際請願活動」、「台獨理論和實踐」論述、從臺灣逃日本以及在日本領導「台獨」工作，都得到美國軍方與一些政治勢力的支持。其次，美國一些政治勢力是早期「台獨理論和主張」的提出者。就在國際間都在考慮抗日戰爭結束後臺灣應該由日本歸還中國時，美國軍方出於自身的國際戰略和打擊日本的需要，最早提出了「臺灣地位未定論」和「住民自決論」。朝鮮戰爭爆發

後，美國總統杜魯門正式宣揚「臺灣地位未定論」，以後在相當長的時間內策劃「兩個中國」或「一中一台」，成為國際反華勢力插手臺灣問題、扶持「台獨」勢力的主要依據。第三，「台獨教父」彭明敏是美國支持的。1964年9月，臺灣大學政治系主任彭明敏與學生謝聰敏、魏廷朝起草「臺灣人民自救宣言」，主張建立「新國家」和從事「台獨」活動而被逮捕判刑。1970年1月3日，被軟禁在家的彭明敏，在美國特工協助下逃出臺灣到瑞典申請政治避難。9月，進入美國，加入了「台獨」聯盟。彭明敏把廖文毅的「臺灣人是混血雜種」解釋成「特殊的政治經濟環境和歷史遭遇所形成的新興民族」，提出「臺灣不是中國的一部分」、「臺灣人為一命運共同體」、「臺灣的未來應由臺灣人自由決定」等「台獨新理論」，被「台獨分子」尊為「台獨教父」。第四，「台獨」在美國得到大發展。如海外最有代表性「台獨組織」「全美臺灣獨立聯盟」（「UFAI」）、「全球臺灣人爭取獨立聯盟」（「台獨聯盟」）、「世界臺灣人同鄉會」（「世台會」）等都是以美國為基地活動的。如「台獨聯盟」實施「全民起義」的暴力革命路線，策劃的包括1970年4月鄭自才刺殺蔣經國事件、1980年1月臺灣「中華航空公司」洛杉磯和芝加哥營業處被炸案等恐怖活動，很多都是在美國進行的。如「台獨分子」的每年團拜式的激情政治表演大都在美國舉行。直到李登輝完成「台獨合法化」之前，美國一直是「台獨」表演的大舞臺。美國支持「台獨」，等於是在誤導「一個中國認同」。

二、美國插手臺灣問題是直接的誤導

美國在臺灣問題上的立場和做法，嚴重違反了國際準則，是赤裸裸地干涉中國內政。臺灣問題的存在，必然會引發臺灣民眾對於臺灣政治定位、前途的思考，進而對「國家認同」產生重大影響，「一個中國認同」多元化則是嚴重後果之一。

（一）幫助中國接收臺灣，「一個中國認同」的鞏固

確切地說，美國在二次世界大戰後臺灣回歸中國問題上是有貢獻的。首先，美國是《開羅宣言》、《聯合國憲章》和《波茨坦公告》的簽字國。這3個會議文

件,是世界現代史上最為重要的國際文件,是國際法在二戰善後工作中的具體體現,更是充分肯定了中國對臺灣地區的固有主權。美國對3個檔採取了正確的立場,在3個國際檔實施過程中,對於中國接收臺灣,政治上支持,行動上配合,向中國派遣聯絡小組,提供運輸工具,協助中國完成接收臺灣的行動。其次,承認中國人民的選擇,默認中國革命的勝利成果。在南京政府失敗前夕,美國拒絕了蔣介石代表提出的增加美國軍事援助的要求。在中國人民解放軍解放南京城時,美國駐華大使司徒雷登沒有撤退,還派出代表與南京軍事管制委員會外事處接觸。美國的一些中國問題專家也認為,解放軍下一步行動就是解放臺灣,勸導美國政府接受新中國成立的現實,承認新中國。美國政府也沒有命令駐華使節跟隨去臺灣。第三,排除美國干涉臺灣的可能。美國國務院在1949年12月23日表示,臺灣完全是中國政府的責任,美國沒有承擔過實際的或道義的責任或義務[97]。1950年1月5日,杜魯門總統專門就臺灣問題發表聲明,表示「現在美國無意在臺灣獲取特別權利或特權或建立軍事基地。美國亦不擬使用武裝部隊干預其現在的局勢。美國政府不擬遵循任何足以把美國捲入中國內爭中的途徑。」[98] 美國當時並沒有把中國的臺灣納入美國的遠東戰略中,承認如何處理臺灣問題是中國的內政,這一態度有利於臺灣民眾的「一個中國認同」。

(二)出臺「扶蔣反共」政策,干擾「一個中國認同」

確切地說,美國對中國臺灣也是有特殊用意的,在太平洋戰爭爆發後,美國軍方就提出了「託管臺灣、住民自決」的錯誤主張,以後也沒有停止扶持「台獨活動」。隨著朝鮮戰爭爆發,美國的態度開始變化。首先,美國遠東戰略的思考。美國為了確保在亞太地區的國家利益,圍堵蘇聯勢力在亞洲的東擴,防止中國革命勝利帶來的共產主義蔓延之勢,保持美國在二戰後所形成的優勢,位居海上要衝、反共前進基地臺灣被劃入確保美國安全的太平洋第一道防線之中,從歐美之交的阿拉斯加起,南下經南韓、日本、沖繩、臺灣直至菲律賓,臺灣終於進入美國世界戰略的棋盤。其次,美國調整對台政策。認為臺灣是「永不沉沒的母艦兼供應艦」,如果失去對臺灣的控制,等於把美國和友邦置於東方共產主義勢力直接侵略威脅之下[99]。按照杜魯門的命令[100],1950年6月29日,美國第七艦隊侵入中國臺灣海峽。同時,美國再次拋出「臺灣地位未定論」,聲稱「臺灣未來地位的決定必須等

待太平洋安全的恢復，對日和約的簽訂或經由聯合國的考慮」[101]，當由「對日和約」中來解決[102]。「臺灣地位未定論」嚴重侵犯了中國的主權」。第三，簽訂美台「共同防禦條約」。歷經3年多的談判，討價還價，1954年12月3日，台美正式簽訂「共同防禦條約」。次年1月28日，美國國會又透過「臺灣決議案」。兩個檔是美國公開阻撓中國解放臺灣、干涉中國內政的嚴重步驟。美國干涉中國內政的行為，使得臺灣政治定位和前途複雜化，給「台獨勢力」的存在和活動提供了可能，也成為影響臺灣「國家認同」變化的負面因素。

（三）臺灣問題複雜化，「一個中國認同」出現變化

美國「保台政策」的出籠和實施，造成臺灣問題複雜化。首先，美國援助的到來為國民黨蔣介石當局在臺灣的生存和發展提供了必要的條件。美國的軍事裝備使得受過重創的國民黨軍隊死灰復燃，美國的工農業原料為面臨困境的臺灣經濟提供了新的活力，美國的經援成為臺灣當局維持龐大的黨政軍系統的重要經費來源，美援成為確保臺灣生存和促進社會發展的基本因素。其次，干涉中國解決臺灣問題。美國對台政策的根本目的，是為了干涉中國內政。美國透過武裝入侵、佔領臺灣海峽和駐軍臺灣，用赤裸裸侵略的形式，干涉中國內政，阻止中國的統一。第三，造成臺灣問題複雜化。國民黨當局想方設法借助於外力，維持「中華民國法統」，對抗大陸。西方一些政治勢力從國際戰略和遏制中國的需要出發，利用臺灣問題時常打「臺灣牌」，這是造成臺灣問題久拖不決、日趨長期化和複雜化的主要原因。第四，造成兩岸關係高度緊張。台美「共同防禦條約」的簽訂和「臺灣決議案」的透過，在海峽兩岸間造成的直接後果是兩岸關係的空前緊張。蔣介石當局憑恃美國軍事、政治上的支持，在「反共複國」的口號下，時而對大陸進行挑釁，臺灣海峽上空戰雲翻滾，衝突不斷，雙方進入軍事高度對峙時期。

美國侵佔臺灣海峽，臺灣當局在美國支持下偏安，「一個中國」被暫時分離為兩部分，本身就是對「一個中國認同」的挑戰。再則，由於美國的干涉，臺灣問題久拖不決，臺灣「國家認同」中的問題也會長期存在。

三、推行「雙軌政策」是現實的誤導

兩岸關係60多年來,西方一些政治勢力一直沒有停止利用臺灣問題做文章,臺灣有些人也一直圖謀依靠國際勢力支持加深「臺灣問題國際化」,因此外國干預、挑釁一個中國原則,成為影響臺灣問題的重要因素之一,直接影響到臺灣「國家認同」的構成和走向。

(一)反華政策,增加臺灣「國家認同」的隱憂

美台關係的調整和美國直接插手中國內政,在國際間造成的直接惡果有二:一是剝奪中華人民共和國在聯合國的席位。為把大陸長期排擠在聯合國之外,臺灣當局指使駐聯合國代表蔣廷黻於1949年11月25日,向聯合國提交所謂的「控蘇案」,要求會員國拒絕承認中華人民共和國,這一提案得到在冷戰格局下運行的聯合國部分代表的呼應。朝鮮戰爭爆發後,美國公然武裝侵略中國臺灣海峽。在中國政府的強烈要求下,中國代表伍修權和顧問喬冠華赴聯合國作了兩次重要發言,明確指出臺灣是中國的一部分,任何「臺灣地位未定論」都是站不住腳的,美國必須立即停止對中國臺灣地區的侵略活動。臺灣當局對於新中國代表在聯合國的發言感到非常緊張,蔣廷黻在聯合國第六屆年會期間,再提「控蘇案」,此案在聯合國獲得透過。此事說明聯合國處於國際反華勢力的控制之下,中華人民共和國恢復在聯合國席位的時機還不成熟。

二是簽訂對日本「和約」。朝鮮戰爭爆發後,美國和日本見有機可乘,聯合起來進行「對日和約」修訂工作。「對日和約」用心不善,宣揚嚴重侵犯中國主權的「臺灣地位未定論」,是要急於提升戰敗國日本的地位,美國則是透過和約擴大在亞太地區的勢力範圍。由於中國政府堅決反對,英國、美國等西方一些國家密謀後,「對日和約會議」不邀請為打敗日本帝國主義作出了重大貢獻的中國派代表與會。1951年9月4日至8日,「對日和會」在美國三藩市召開,透過「對日和平條約」。會後美國與日本還簽訂了《美日安全條約》,正式把日本納入美國的遠東防衛體制。在美國等國支持下,日本開始與蔣介石方面單獨謀和,1952年2月20日至4月28日,「台日和平條約」議定,主要內容為日本放棄對臺灣、澎湖列島及西沙群

第二章 臺灣「國家認同」的影響因素分析

島的一切權利。「對日和會」開完後,美英等國、臺灣當局分別與日本簽訂「和約」。中國政府宣佈,「三藩市對日和約由於沒有中華人民共和國參加準備、擬訂和簽訂,中央人民政府認為是非法的,無效的,因而是絕對不能承認的。」[103] 從西方一些國家支持臺灣當局留在聯合國、支持臺灣與日本簽訂「和約」等事件中可以看出,反華反共勢力堅持敵視新中國的立場,組織反華反共包圍圈,從「邦交」、重大政治活動、貿易和交往等各個方面,對中國進行封鎖和圍堵。

西方一些國家對臺灣當局的支持和推行反共反華政策,一方面增加了蔣介石當局與大陸抗衡的資本,一方面也提升了「中華民國」在臺灣民眾心目中的形象。所以説,冷戰格局下的反華包圍圈和臺灣當局在「戒嚴體制」實施的政治高壓措施,使得臺灣「國家認同」中的「兩個中國」概念有所加深,「一個中國認同」更多的是「中華民國認同」。

(二)「雙軌政策」,造成臺灣「國家認同」的混亂

美國為首的西方政治勢力的對華封鎖政策終於走到盡頭,對華政策進入「雙軌制」階段。「雙軌制」的實質是把臺灣問題無限期地拖下去,當然也會增加臺灣「國家認同」的可變性,誤導「國家認同」。

1.中美關係格局出現重大調整

隨著冷戰格局下美國、蘇聯爭霸愈演愈烈帶來的國際格局的變化,中國的國際地位逐步提高,美國出於與蘇聯競爭的需要,結束長達22年封鎖中國的反華政策,解凍與中國的關係。隨著出現的中國進入聯合國、美國總統尼克森訪華、中國對外邦交關係發展進入高潮期、中日和中美建交等一系列重大事件表明,緩和兩岸關係、啟動兩岸交流的主要國際因素逐漸具備,兩岸交流在此背景下迅速發展起來。在中國改革開放取得重大成就、綜合實力和國際地位空前提高後,中美已經成為經濟戰略夥伴,中美兩國之間的共識越來越多,中國自身的利益與美國所主導的世界已有交融,離開了中美合作,美國領導世界就會變得越來越力不從心,甚至是國力透支而衰落,而中國放棄與美國的合作,更無法推進、分享和保障自己的全球利

益！[104]「中美關係中存在著一些使雙方都不能自行其是的重要因素，否則雙方都將蒙受難以承受的嚴重損失」[105]。

美國對華政策的突出特點，是既相互防範又相互依存。因為要「防範」，美國感到中國未來走向仍有「不確定性」，因而透過高調重返亞洲、美日同盟的加強、參加南海爭論大合唱、縱容日本挑起釣魚島事件、力阻歐盟對華銷售武器等動作，或明或暗地防範中國的發展，以防對美國造成潛在威脅。因為要「合作」，美國也願意與中國協商戰略合作夥伴關係，願意與中國就全球及地區事務進行「有限的合作」。對華防範和合作，反映了美國對華戰略的兩面性，也說明對華政策消極面的實質更多的是「防範」而非「遏制」。中美之間戰略格局的調整，為兩岸關係和平發展提供了重要國際保障，也提升了中國的形象，有利於臺灣民眾加深對大陸的認識，進而有利於處於轉變過程中的「一個中國認同」的增加。

2.美國推行「雙軌政策」

美國在臺灣問題上的政策立場反映出他的對華戰略和實質。一方面歡迎兩岸關係和平發展新局面的形成。美國反覆強調要堅持《中美上海公報》、《中美建交公報》、《八・一七公報》和「與臺灣關係法」，堅持「一個中國政策」，歡迎兩岸關係和平發展的成果。美國相關官員認為，兩岸關係進入和平發展軌道，「台海緊張局勢大大緩和，……這是世界上最大的好消息。」[106]對於兩岸關係和平發展，美國政府也是肯定和支援，表示「美國對台海兩岸間積極對話感到鼓舞，同時也鼓勵兩岸探索建立互信，以便使台海局勢更加穩定……希望兩岸盡可能降低緊張，開展對話，密切經濟合作，美國希望繼續保持這一趨勢。」[107]美國樂見兩岸對話及改善關係，是因為「這意味著雙方因誤判而擦槍走火的可能性降低了……這種兩岸關係取得的進展非常符合美國的利益」，「也有助於兩岸穩定和避免錯估形勢，兩岸三通符合在台美商會期盼」[108]。如果兩岸達成降低緊張的協議，「想不出美國政府有任何理由亮紅燈或黃燈」[109]。對於美台關係，美國方面認為，雙方已有固定的軍方和民間高層對話管道，美台之間很多事情不能說；美台之間有密切諮商，美國和北京的會談一結束，美國立即向臺北簡報。今天美台關係的架構比過去更健康，過去美國在和中國談論臺灣時視其為雙邊關係中的一個議題，今天已經逐漸將

第二章　臺灣「國家認同」的影響因素分析

美台關係視為單獨關係來對待,這是過去15至20年間發生的變化,但奧巴馬政府應該得到最大的肯定。[110] 美國輿論普遍表示樂見兩岸關係緩和,國會主流意見肯定增進兩岸對話與交流各方面的成就,學術界在肯定兩岸關係和平發展的同時,認為兩岸距離政治對話還很遠,即使兩岸進行政治對話,不可能將和平統一列入談判議題。總之,美國政府支持「一個中國政策」,非常高興看到緊張局勢的緩和與跨海峽兩岸關係的改善,非常希望繼續看到兩岸關係的改善[111]。

一方面支持臺灣當局維持「不統不獨狀態」。美國對台海的戰略考慮是,繼續加強對兩岸關係的影響能力,維持台海地區的現狀與動態平衡,維持東亞地區安全架構,不贊成不接受現在中國的和平統一;利用臺灣牽制和防範中國大陸,耗費中國的資源和力量,牽制中國大陸的發展和影響的擴大;建立美台之間的特殊關係,保持對臺灣政局足夠的影響力,根據美國戰略利益,有效引導臺灣當局的政策走向;美國從其在全球推行「民主價值」的重要戰略目標出發,始終沒有放棄「和平演變」中國大陸的企圖,「臺灣民主」成為其推行「民主價值」的典範;按照「與臺灣關係法」,堅持對「臺灣安全」的承諾,「承諾基於至深至堅的友誼,共用的安全利益,深遠的經濟關係,以及共同的民主理想和價值」[112]。因此,奧巴馬總統及政府非常肯定馬英九的兩岸政策,並認為馬政府執政以來,「是台美關係最好的時期」[113],台美商務關係「極度強健」、台美貿易關係「極度良好」[114]。美國對台海的基本政策是,恢復美台「國安高層對話」,推動雙方高層官員互訪,增加雙方互信,提升雙方「實質關係」;支持臺灣當局擴大國際生存空間,認為臺灣參與某些國際組織及其相關活動有助於臺灣增加自信及改善兩岸關係,希望「中國大陸領導人更有彈性地處理臺灣國際空間問題」[115];出於防範中國、保持對亞太地區的影響等國家安全戰略利益需要,滿足軍工利益集團要求,依據「與臺灣關係法」,以維持兩岸軍事平衡為藉口,繼續對台出售武器;勸阻民進黨當局干擾兩岸關係和平發展的激烈舉措,勸導民進黨從策略上和手段上調整大陸政策,改變在兩岸關係和平發展過程中因為否認「九二共識」、而被長期排擠在兩岸關係決策體系之外的不正常狀況;加強各個方面與臺灣的關係,經濟合作上雙方進行「自由貿易協定」談判,司法合作上完成「免簽待遇」後加緊談判「引渡協定」等。

美台關係受到中美關係的影響和制約,美國對台政策必然服從於對華政策,這

一基本趨勢無法改變。美國「雙軌政策」在一定程度上造成臺灣民眾的思想混亂，在臺灣前途和政治定位問題上產生盲目性，在「國家認同」問題上也會有所體現。

3.日本與臺灣間的「特別夥伴關係」[116]

日本是僅次於美國的對臺灣問題具有重要影響的國家。從歷史上看，日本曾經對臺灣進行過50年的殖民統治。從地理位置上看，臺灣海峽又是日本生存和發展的「海上生命線」[117]。從政治上看，日本曾經與臺灣方面有著密切的關係。中國臺灣地區在日本對外戰略中一直佔據重要地位。20世紀70年代起，隨著中美關係的改善，日本積極發展與中國的友好關係，臺灣問題在中日關係中的地位和重要性下降。隨著中國改革開放帶來的經濟快速發展（其中GDP已經在2010年度超過位居世界第二的日本）及國際影響力的大幅上升，在日本經濟經歷以持續蕭條為特徵的「失去的十年」及國內政治日趨「右傾化」背景下，日本越來越將中國視為地緣競爭的對手和「潛在威脅」，積極配合美國的「重返亞洲」和「防範中國」的國際戰略，防範與抑制中國的一手明顯加重，在台海地區的戰略取向有了一些改變。

一方面能夠恪守對中國的承諾，奉行「一個中國政策」，與中國在台海問題上的公開摩擦較少，認為「推進日中互惠互利關係有助於亞洲乃至世界的和平與繁榮」[118]。2009年4月底日本首相麻生訪問中國與胡錦濤主席會晤時，希望兩國簽署經濟合作協定（EPA）。兩國首腦多次會晤，有利於戰略互惠關係的建立。自民黨在外交上強調「親美入亞」，根據美日同盟框架，追求與美國平等的地位，更加重視與亞洲鄰國的關係，特別是與中國的關係，「強化日中關係，與美國形成日、美、中三角的對等關係，便成為民主黨上臺之後外交政策的當務之急」[119]。只是日本政壇動盪已久，自民黨執政也是短期行為。在世界大勢下，日本任何政黨執政都不會輕易改變中日關係的大局。

一方面全面推進日台關係。不贊成兩岸和平統一，保持台海地區目前「不統不獨」現狀，避免海上經濟通道受制於人；保持兩岸分離狀態，從政治、軍事和經濟等方面增加中國的內爭與內耗，削弱中國的綜合國力，利用臺灣問題干擾與牽制中國發展；臺灣問題是日美合作的重要紐帶，有助於日本從政治、軍事和外交等方面

第二章　臺灣「國家認同」的影響因素分析

拉住美國，強化日美軍事同盟關係，順勢突破日本憲法對「行使集體自衛權」的約束並借此抬高日本的國際地位；利用臺灣原本就存在的濃厚「歷史情結」，確立日台「共同價值觀」和共同戰略利益，加深臺灣對日本的政治、經濟、文化乃至軍事依賴，強化日本對臺灣政治走向與對外政策的影響力；學術界和媒體中出現了一股要求重新修訂「72年體制」[120]的聲音，反華親台勢力鼓吹制定日本版的「與臺灣關係法」，甚至要求修改禁止出口武器的「三原則」，向臺灣出售武器；日本的右翼勢力還公開要求日本政府明確表態支持「台獨」，甚至提出「收復臺灣」的口號，組織「光復會」，暴露出日本軍國主義者要侵吞臺灣的野心。從基本政策上，逐步放寬對台關係的原有限制，提高日台官方接觸的層級，並使之公開化、密切化，提升日台「實質關係」，日本「交流協會臺北事務所」所長內田勝久公開稱：「日台官方關係，已經從過去僅是單純的技術上不得不接觸，進入到負責的官員之間進行政策性對話的時代了」[121]，雙方「交流不應僅停留在事務局級的協商」，因而不排除仿效美國政府到臺灣交流層級的提高一事，未來體制內交流交往層級的提升[122]；日本方面公開支援臺灣參與國際組織，並準備將過去在民間層次研討的日台自由貿易協定（FTA）問題提升到政府層級；積極開展與臺灣的軍事交流與合作，建立「安保對話機制」，派遣自衛隊退役將領訪問或常駐臺灣，甚至秘密讓現役少將赴台「列席」觀看台軍的演習，雙方的軍事交流趨向機制化；與「台獨陣營」關係密切，與老牌「台獨分子」和核心「台獨分子」有著特殊的關係；進一步思考如何深化日台的經濟合作，發展雙方的各項民間交流。

近年來日本提升日台關係的相關政策，得到馬英九當局的「活路外交」的配合，台日關係被馬英九定位為「特別的夥伴關係」。在日本侵犯釣魚島主權和宣揚「臺灣地位未定論」等問題上，受到馬英九當局的抵制和反對。從總體上看，台日關係受到中日兩岸國關係的影響和制約，日本對台政策必然服從於對華政策，在中國綜合實力快速提升、日本位居後退的情況下，這一趨勢不可能改變。

對於中國大陸和臺灣地區，西方一些政治勢力的「雙軌政策」都是「兩面下注」，是在肯定現階段兩岸關係和平發展的同時，維持兩岸的「分裂分治」，加深「臺灣問題國際化」，增加解決臺灣問題的複雜性和長期性，阻撓中國的和平統一。也就是說，「雙軌政策」帶來臺灣政治定位和政治前途的不確定性，這會造成

一部分臺灣民眾對於「政治歸屬和身分認同」的焦慮，從而誤導臺灣的「國家認同」。

第七節 臺灣「國家認同」的片面引導

在影響臺灣「國家認同」變化的各種因素中，不能不提臺灣媒體。臺灣媒體高度開放、自由和市場化，在新聞行業應有的傳播資訊、監督權力行使、敬業負責等方面較為成熟。在對待臺灣資訊需求最多最急的大陸新聞方面，臺灣一些媒體以臺灣的價值觀作為標準，選擇性報導太多。至於綠色媒體，主要是以負面報導來貶低和攻擊大陸。對於許多臺灣民眾來說，主要透過媒體獲得大陸的資訊，如果媒體報導大陸時不客觀不準確，實質是在誤導臺灣民眾對大陸的觀感，有可能加深臺灣民眾對於大陸的負面印象，也會對於「國家認同」產生一定的負面影響。

一、臺灣媒體的發展

作為傳媒社會，傳媒在日常政治和社會運營中發揮的作用越來越大，臺灣社會已經具備傳媒社會、傳媒政治的主要特徵。

（一）臺灣媒體的發展過程

20世紀50年代到80年代中期，是臺灣媒體相對穩定期。從數量上看，當時實施「報禁」，以國民黨當局在全面恢復專制統治時臺灣地區發行的39家報紙為基礎，不准創刊新的報紙。沒有數量限制的是圖書和雜誌，創辦和發行雜誌不在禁止之列，到70年代初期雜誌和圖書行業開始發展起來。當時媒體主要是國民黨當局的統治工具，大部分是在為蔣家父子唱讚歌。對於媒體，政治上都有嚴格要求，只要有

超出國民黨當局規定的「出格言論」就會遭到懲處。直到「解除戒嚴」，走過40年的臺灣媒體，歷經經濟的恢復、起飛和穩定發展的過程，以及政治專制由嚴到鬆的過程，已經為臺灣培育出一個成熟的新聞和媒體市場。

　　1987年7月15日「解除戒嚴」、臺灣社會開始進入「多元政治階段」，一方面是經濟發展作為亞洲四小龍之首，為媒體業發展提供了相應的經濟環境，一方面「出版法」和專門對媒體進行政治審查的機構撤銷，為媒體業發展提供了必要的政治條件。從內容上看，政論內容在媒體上受到重視。在「憲政改革」的啟動過程和早期，媒體擔負著特殊的任務，成為衝擊國民黨專制最後防線的前沿陣地，大量發表了全面、系統、深刻批判國民黨專制和要求「憲政改革」的文章。正是因為「憲政改革」帶來的讀者對政治議題的關注，所以，不僅是專門的政論媒體一如既往地討論政局問題，各種社會科學、綜合資訊、社會生活類雜誌，包括一些自然科學類雜誌，也發表了許多政論文章。同時，媒體也在注意共同發行、合作辦刊，走向國際化、集團化和多元化。

　　2000年以後，臺灣傳媒繼續「多元政治階段」的發展態勢。媒體門類全、議題全、層次全和刊期全，從結構上有大的突破，從總量上有大的增加。從政治上講，在民進黨當局執政下，「台獨當局」推行「綠色恐怖」，只要有媒體和有人探討「一國兩制」與和平統一，官方馬上組織力量進行圍剿。針對批評「綠色執政」、揭露「台獨」危害、公佈執政當局腐敗證據、披露高官要員緋聞的媒體負責人，實施「政治偵防」手段，指使情治部門對其進行監聽跟蹤，同時採取經濟措施進行管卡壓。現實是「綠色恐怖」壓不住主流民意，最後媒體也為揭露陳水扁醜聞立下不小的功勞。「台獨執政」結束後，臺灣媒體進入自由發揮階段，尤其是綠色媒體在言論和新聞自由的口號下，自由貶低、攻擊大陸和泛藍陣營。

　　在臺灣媒體中，新興傳媒已成為文化產業中重要的組成部分。互聯網在臺灣已成為許多民眾獲取新聞及資訊的重要平臺。互聯網的出現大大降低了新聞傳播的成本，改變了原有的大眾傳媒的生態環境和傳播格局，促進資訊更快、更廣、更全面的傳播。同時，面臨互聯網的興起，傳統媒介也開始與互聯網相互滲透。臺灣的主要報紙、刊物和電視等媒體均已建立起自己的網站，專業網路媒體也越來越借重於

傳統媒體的資訊資源。互聯網超越國家和地區界限及其迅捷的特性,也在打破傳統媒體面臨的阻隔。新型傳媒技術的推廣和普及,為兩岸新聞交流和資訊傳播帶來無限的生命力,無論是資訊傳播的數量,還是資訊傳播的時效,或是突破對方限制的能力,都是傳統媒體所不能相比的。尤其在兩岸政治對立沒有解決、「文教ECFA」沒有簽署情況下,兩岸只有一些特定媒體進入對方區域下,互聯網成為兩岸新聞交流和資訊傳播的主要途徑和平臺。

(二)臺灣傳媒與政治經濟的關係

總體上講,臺灣媒體是在特殊的社會經濟、政治背景下發展起來的,受到經濟、政治和傳媒本身所需要的條件的影響。首先,是經濟發展與媒體業的相互關係。經濟對媒體的作用是正面的。從經濟上看,因為臺灣經濟在前50年間,除在70年代上半期出現短期衰退外,基本上是保持上升趨勢。經濟的發展,為媒體市場提供了資金保證,經濟發展也促進了教育水準的提高和生活的安定,經濟發展、教育普及和生活安定,為媒體業的成長培育了資金市場、讀者市場、發展媒體所需要的編輯和發行人才隊伍、支撐媒體的通訊和作者隊伍、最為重要的廣告來源。如到20世紀60年代初期,臺灣人均國民生總值超過300美元,經濟進入正常、穩步發展階段,帶來的是專制統治不斷強化的同時,社會和政治運行逐步穩定,教育事業也走入正規階段,社會文化程度繼續提高,從多方面促進了媒體的發展。如從1988年起,經濟發展進入中速增長期,經濟實力不斷增強,1985年人均產值為3297美元,1993年達到10566美元,首次突破人均1萬美元。在此期間,臺灣當局先後取消「戒嚴」和「出版法」,對媒體的政治高壓政策全面鬆動,媒體業空前發展。從臺灣媒體業的發展過程中,可以看出經濟狀況是媒體業發展的重要基礎。

在媒體發展過程中,政治因素主要表現為,臺灣當局對媒體和輿論的高壓措施,反而刺激了媒體的發展,尤其是受眾的增加和影響的擴大。國民黨當局到臺灣後,為了鞏固專制統治基礎,對輿論採取一系列管制措施,只要媒體出現被當局認定的不當言論,就要受到懲處。臺灣當局對媒體的管制和鎮壓,主要體現在雜誌方面,如「《自由中國》事件」,因為雜誌反對蔣介石「違憲」連任「總統」、強化專制統治而被鎮壓;如「《文星》事件」,因為雜誌批評專制,宣揚「自由、民主

和西化」而被查閉；如「《美麗島》事件」，因雜誌成為黨外運動中心，挑戰國民黨的專制統治而釀成重大事件。從政治層面看，執政當局一方面是扶助「御用媒體」，作為對付不同聲音的陣地；另一方面是直接限制媒體離經叛道的行為，施加各類壓力。問題是兩種手段，從發展過程看，都從反面刺激媒體業的發展。

二、傳媒功能與影響

臺灣傳媒業快速發展，衛星傳播和數碼壓縮技術等媒體新技術的廣泛使用，臺灣已經具備媒體發展需要的社會和政治條件，媒體也能在現實中發揮獨到的作用，對政治、經濟和社會的發展產生特殊的影響。

（一）臺灣傳媒現狀

傳播媒介相當發達，已經成為社會環境的重要組成部分，成為各種政治、經濟和社會力量爭奪利用的資源[123]。到2009年底，臺灣有報社2063家，其中綜合性報紙約占七成，專業性報紙為三成，對社會影響較大的報社占極少數；通訊從業者1471家，其中中央通訊社領頭，有規模的通訊社不多；雜誌社6457家，有規模、正常運行的比例不大；音像出版社8190家，九成以上設在臺北地區；圖書出版社10953家，其中正常經營者有1738家；數位電視轉播站及改善站19個，覆蓋率達83%；廣播節目製作3919家，電視節目製作4234家，廣播電視節目發行1723家，廣播電視廣告4140家，錄影節目製作3018家；無線電視臺5家，有線電視60家，頻道100多個；衛星電視99家，直播衛星電視8家，衛星廣播電視節目231個頻道；無線廣播電臺172家，地下電臺一百多家；寬頻帳號數約786.12萬戶，有線寬頻約494.37萬戶，無線寬頻291.76萬戶[124]。近幾年來，上述情況變化有限。

在面積3.6萬平方公里、人口2300萬、家庭700餘萬戶的地方和空間，運營著如此多的傳媒業，可見普及率已經達到相當高的程度。既然能夠如此密集地運營如此多的傳媒業，可見受眾接受的信息量也達到相當高的程度。因此，爭搶新聞、製造

新聞、傳播新聞和資訊，成為各家媒體的主要工作。大陸新聞和資訊成為所有傳媒報導和評論的重點，甚至成為一些媒體生存和發展的支柱。確切地說，臺灣傳媒業的發展已經超出了社會正常需求量，臺灣區域、空間和人口有限，無線電信資源有限，市場需求有限，廣告消費有限，收視率、收聽率、成品銷售率、廣告刊登等受到很多制約，導致傳媒業的生存環境相當緊張，圍繞爭搶新聞、爭奪讀者聽眾觀眾、爭拉廣告、爭辦發行的競爭十分激烈。同時，也要看到臺灣社會在如此密集的資訊傳播中，也已成為傳媒社會，身處其中的民眾很難做到不聽不看不想，社會成員無法逃脫傳媒的影響。媒體的灌輸對民眾的立場、觀念和價值觀產生巨大影響，對於「國家認同」也是如此，在正面影響和引導臺灣「國家認同」問題上，臺灣媒體可以發揮較大的作用。

（二）主流媒體相對集中

臺灣媒體高度發達，在政治、經濟、兩岸關係、對外關係以及社會科學、自然科學等各個領域，都有一些有水準、有特點和有深度的媒體機構在作為。無論是從數量上還是從品質上看，無論是從流行的程度還是廣告量看，面對有限的市場，臺灣媒體都已幾近「飽和」的程度。首先，在如此密集的媒體中，對民眾影響較大的則集中在少數媒體。從平面媒體看，主要有《中國時報》系統（《中國時報》、《工商時報》）、《聯合報》系統（《聯合報》、《經濟日報》、《世界日報》）、《蘋果日報》及《自由時報》等；在有線電視臺中，收視率領先的是東森、三立、TVBS、衛視、緯來、中天和年代等；娛樂綜合頻道中　HBO、民視、三立、DISCOVERY、東森、TVBS、民視、三立和中天等。其次，從節目關心程度看，主流電視臺的新聞頻道受到觀眾歡迎，從中可以看出對新聞節目的關注程度，反應出臺灣媒體社會的特徵。在臺灣電視節目中，政論節目十分流行，主流電視臺都開辦大量此類節目，評論議題貼近兩岸關係、政治、經濟、文教、社會、軍事和對外關係等熱點，錄播時由立場和觀點不同的嘉賓出場，現場進行辯論和接受觀眾提問，觀眾參與感很強，此類節目成為臺灣電視播出的特點之一。第三，在臺灣媒體中，值得關注的是地下電臺。臺灣媒體種類齊全，分佈密集，發行、播報及時，網路更是普及，但是地下電臺竟然還有很大的生存空間，特別是中南部地區，地下電臺多達百座以上。這些電臺功率有限，範圍不大，但是影響較大。特別是因為地下

電臺大都是泛綠陣營人士所辦，因此成為宣傳「台獨」主要陣地，當然也成為干擾和誤導臺灣「國家認同」的主要因素。

（三）媒體功能

臺灣傳媒社會的形成，對政局和政黨政治產生了重要影響。

一是臺灣傳媒的高度發達，以及政局的紛亂、複雜與兩極化，兩者的結合使臺灣呈現越來越明顯的媒體政治特徵。臺灣傳媒已高度商業化，如在電視領域，除公共電視外，幾乎全屬於商業媒體。無論是傳統媒體還是新型聲像媒體，生存和發展都是以市場為導向，在成本增加、發行價格因為競爭需要而隨之上漲的情況下，廣告和爭取企業贊助成為事關媒體發展的根本大事。眾多的媒體競爭狹小的島內媒體市場，使得媒體間的商業競爭越來越激烈。為了爭奪讀者、聽眾或觀眾，以增加廣告來源，媒體除了增加大量的庸俗性節目以吸引受眾外，更是以主辦和增加政治議題作為增加競爭力的重要手段，各主流電視臺均建起自己的新聞頻道和相關的政論性欄目，以爭取相同政治色彩企業的廣告和贊助。

二是在族群對立日益嚴重、各政治勢力角逐日益激烈的情況下，主流媒體也有意無意地以政治取向來綁定自己的受眾市場，從而形成各主流媒體不同的政治傾向。同時，各政治勢力也加緊向媒體滲透，進一步強化了媒體政治的特徵。目前，傳媒在政治領域的角色與影響不斷強化，雖然傳媒還沒成為一股單獨的政治力量，還不能扮演影響政治走向的決定性因素，但近年來已在局部政治領域產生了十分重要的影響。如每逢選舉，不同傾向的媒體各盡所能，宣傳相關的候選人和政黨的政見。特別是南部被「台獨組織」控制的地下電臺，更是主要播報攻擊、抹黑泛藍候選人和大陸的節目[125]，對社會和選舉結果的影響不容低估。

三是媒體監督功能充分發揮。在開放、寬鬆的政治和社會環境中，臺灣媒體具有充分的自我發揮空間，監督朝野政黨、政局運行、官員勤政廉政的功能得到充分體現。只要是社會和政治熱點，媒體都會圍繞中心議題和人物，及時評論，提出建議，造成行政主管部門、朝野政黨和相關人士只能沿著媒體提出的方向推動，否則

就會被社會認為是軟弱、無能和失誤。在陳水扁執政中後期,關於陳水扁和民進黨執政集團的一系列弊案,經過媒介的大量傳播,一方面使得陳水扁和民進黨的支持度下跌,一方面也逼著司法部門必須出面和處理貪污案。關於林益世貪腐案也是這樣,媒體定期、逐步公佈林益世的貪污真相,為查辦此案提供了很多方便。媒體雖然不能成為單獨的政治力量,但是透過監督和評論,透過對社會的傳播,成為朝野之爭、政黨的組織發展和大陸政策制訂時不可缺少的參考因素。同樣,在傳媒社會和傳媒政治下,臺灣媒體已經深植臺灣民眾的生活之中,民眾在自覺和不自覺地接受媒體的薰陶,因而媒體對臺灣民眾的政治生活、觀點立場和思考方式的形成作用特殊,也對「國家認同」隨時隨地、潛移默化的產生影響。

三、傳媒與「國家認同」

在影響臺灣「國家認同」變化的各種因素中,對於大陸的瞭解和理解到什麼程度最為直接、最為重要。沒有對大陸的瞭解和理解,或者對大陸的誤解和偏見,肯定會增加兩岸的「差異」,也會被「台獨」陣營所利用,從而影響和誤導臺灣的「國家認同」。顯然,媒體可以發揮特殊的作用。

(一)兩岸媒體交流的重要性

60多年來,媒體在傳遞兩岸資訊、建構兩岸形象過程中扮演了十分重要的角色,兩岸民眾在很大程度上都依賴媒體來認知對方,進而形成相關的立場、看法和結論,「國家認同」的形成也是如此。在臺灣當局封鎖海峽的近40年間,臺灣同胞非常渴望瞭解大陸的情況,只能依靠來自當局的宣傳和媒體的新聞報導。臺灣媒體的大陸新聞分別來自當局發佈的消息和海外媒體的報導,無論來自何方,都要經過當局的政治過濾,基本立場是堅持「反共復國」,專門報導大陸的「貧窮、落後和專制狀況」。

兩岸交流開始後,來大陸探親、旅遊、經商、學習和交流的臺灣民眾增加迅

速，2012年已超過500萬人次，總數約有1600萬人次，但就到過大陸的臺灣同胞而言，畢竟只占臺灣民眾的三分之一強。即便親身來過大陸的臺灣民眾，所接觸的大陸印象也只是局限於某一區域或領域、某一方面或議題，具體瞭解、系統瞭解、分析研究大陸情況在相當大的程度上還要依靠臺灣媒體。特別是對大陸的綜合實力、發展趨勢、大政方針、對台政策、對台工作的瞭解和掌握，在很大程度上透過臺灣媒體獲得。特別是隨著臺灣傳媒社會和傳媒政治的逐步形成，媒體報導大陸的新聞、情況越來越多，受眾無法拒絕媒體傳播的消息，因而媒體的影響越來越大。顯然，傳媒對島內民眾而言仍然是最重要的瞭解大陸的主管道。

島內民眾透過傳媒傳播對大陸情況的報導、分析和評價，形成各自對於大陸的看法和立場。這種看法和立場，對於臺灣「國家認同」的構成，產生直接、重大的影響。由於臺灣媒體擔負著加強兩岸互相瞭解的特殊重任，擔負著為兩岸交流通風報信、架橋鋪路的特殊功能，所以新聞交流是兩岸交流的重要組成部分，對於溝通兩岸同胞的感情，瞭解、尊重、包容和認同兩岸「差異」，推動兩岸關係和平發展鞏固和深化、祖國和平統一進程具有十分重要的作用。

（二）兩岸媒體交流的快速發展

在1949年後的近40年裡，兩岸新聞界幾乎沒有往來。1987年9月，臺灣《自立晚報》記者李永得、徐璐衝破臺灣當局的禁令，繞道日本回祖國大陸採訪，成為兩岸隔絕以來首次到大陸採訪的臺灣記者。從1987年10月中華全國新聞工作者協會公佈第一個有關兩岸新聞交流的管理辦法起，臺灣記者開始可以申請到大陸採訪。1991年8月，新華社記者范麗青、中新社記者郭偉鋒應臺灣《中國時報》邀請，赴台採訪因「閩獅漁事件」被臺灣方面無理扣押的福建漁民，成為40多年來第一次赴台採訪的大陸記者。1992年9月，應臺灣海基會邀請，18名大陸記者組團赴台採訪，正式開啟兩岸新聞雙向交流的大門。20多年來，大陸方面透過不斷完善臺灣記者來大陸採訪辦法和有關規定，為臺灣媒體和記者來大陸採訪提供細緻周到和專業化的服務；積極為臺灣記者採訪創造條件，受到臺灣記者的普遍歡迎；開放臺灣媒體在北京、上海、福州、成都、廣州、昆明等地駐點採訪等。正是在大陸的努力下，臺灣記者已有2萬多人次到大陸採訪。兩岸新聞交流的形式也日益多樣化，每

年舉行兩岸新聞單位負責人、中層主管、編輯記者等多個層次的團組互訪，經常進行兩岸新聞機構之間的資訊互換、代為採訪、合作採訪、稿件節目交換，定期舉行兩岸記者聯合採訪等，兩岸新聞交流從單向到雙向，從非正式到正式，從單一的內容和形式到多種內容和形式，人數不斷增加，規模不斷擴大，層次不斷提高，內容和形式不斷豐富，領域不斷拓展，呈現加速發展的局面。與此同時，臺灣方面對兩岸新聞交流有所限制，允許到臺灣採訪的大陸記者只有2000餘人次，在台實際採訪中也有些不便。兩岸新聞交流的發展，為增加兩岸互相瞭解、尊重、包容和認同「差異」提供了有效管道和平臺。

（三）傳播大陸新聞時的片面性

兩岸「差異」的存在，決定了兩岸在報導對方新聞時的「差異」，臺灣一些媒體對大陸的報導存在一些片面性，對「國家認同」也產生一些片面效應。

一是新聞報導中的立場問題。根據「李普曼擬態環境」的理論，兩岸媒體對對岸情況的報導，是在為本地受眾構建關於對岸的擬態環境。由於兩岸媒體的不同發展過程和生態環境，政治立場、工作職能、思維方式和運作程式存在很大的不同，進而在報導對岸新聞時，在新聞價值的判斷、新聞事件的選擇、報導角度的確定、編輯版面的編排和新聞語言的措辭等方面，不可避免地受到自身政治傾向和意識形態的限制，帶有明顯的預設立場，隱含政治傾向的痕跡。

二是新聞報導中的差異性和多樣化問題。差異性和多樣性是現代社會的鮮明特徵。兩岸的政治體制、意識形態不同，政治生態和生活習慣各異，雙方之間的不同立場、不同做法、不同看法、誤會誤解不可能在短期內消失。新聞媒體也是如此，不可能超越自身所處的社會環境、政治立場和價值標準，不可能保持與對方在政治經濟文化方面的一致。兩岸媒體對於對岸新聞帶有自身政治立場的解讀，必然會對兩岸同胞和兩岸關係造成一定的影響。在平時，臺灣媒體需要報導的大陸新聞很多，在兩岸關係和平發展的制度化保障不充分、兩岸政治對立沒有結束、《和平協定》沒有簽署情況下，突發事件隨時都有發生，更是新聞媒體關注的焦點。因此，在平時新聞多、突發事件新聞急的情況下，兩岸媒體的不同更易顯露出來。

三是新聞報導中的政治限制問題。在「戒嚴」時期，在封鎖大陸消息的同時，由臺灣當局直接控制對大陸消息的發佈，宣揚「反共複國」理念，發洩對共產黨的仇恨，抹黑大陸的建設成就，挑撥臺灣民眾對大陸的感情，可以說臺灣民眾從媒體中瞭解的大陸情況都是經過政治加工，與真實情況相差很遠。隨著「憲政改革」的推進，新聞、言論環境越來越寬鬆，媒體的自主性越來越強，政治干擾在減少，但是也出現過宣傳兩岸交流、主張發展兩岸關係的媒體受到李登輝當局打壓的案例。在「綠色恐怖」時期，打壓反對「台獨」、主張兩岸交流的媒體，強制媒體服從陳水扁當局的意旨，按照為「台獨」服務的基調傳播大陸消息，則成為當時新聞界的重要新聞。「綠色恐怖」加「綠色媒體」傳播的大陸情況，主要是製造大陸對臺灣進行「政治上矮化、軍事上打壓、外交上圍堵」的輿論氛圍。特別是在「台獨勢力」把「臺灣主體性」極端化作為新的政治主張時，綠色媒體成為「臺灣主體性」最好的宣傳者。

四是新聞報導中的片面性問題。應該說，臺灣媒體在30多年的兩岸交流中做了大量工作，作出了極為重要的貢獻，只是由於政治對立的存在，兩岸政治互信和誠信不可能在短期內牢固確立。特別是臺灣媒體的主要受眾和經營地區是在島內，因此必須站在臺灣受眾的立場報導大陸新聞、評論大陸時事、介紹大陸實情，這樣的結果是一些報導和評價中的片面性問題不可避免。兩岸政治對立沒有結束，一些台媒在報導大陸情況時無法超脫這一局限性；兩岸政治制度不同，一些台媒在報導大陸情況時必然受到政治上的限制；兩岸價值觀不同，一些台媒在報導大陸情況時必然會有不同的標準；兩岸思維方式不同，一些台媒在報導大陸情況時必然難於理解大陸的一些程式和做法；兩岸生活方式不同，一些台媒在報導大陸情況時必然帶有不同的感受；兩岸發展道路不同，一些台媒在報導大陸情況時必然帶有明顯的傾向性；兩岸綜合實力相差過大，一些台媒在報導大陸情況時必然帶有為臺灣擔憂的心態；兩岸軟實力表現方式不同，一些台媒在報導大陸情況時必然過分宣揚臺灣的優越性；兩岸關於現階段兩岸關係和平發展階段的走向和目標不同，一些台媒在報導大陸對台工作時必然難於一致。因為兩岸「差異」的存在，所以一些台媒在報導大陸新聞時存在一定程度的片面性。

（四）新聞報導中的片面性對「國家認同」的影響

片面性的存在，對於「國家認同」的影響力不能輕視。決定「國家認同」的三要素是「身分確認、政治歸屬和對待差異」，在臺灣回歸祖國後的相當長的年代裡，臺灣同胞的「一個中國認同」是基本社會意識。對其中國人的「身分」、對於臺灣和大陸同屬一個國家「歸屬」的改變成為一種社會現象，出現在李登輝和陳水扁執政時期。「一個中國認同」多元化開始加快，如果從「國家認同」形成的因素中找，也就是「差異」的存在和有些政治勢力在利用「差異」。對於民族、歷史和文化領域的「差異」要素，「台獨」勢力極盡所能擴大兩岸間的「差異」，但是收效甚微。對於兩岸政治、經濟、文化和社會領域的現實「差異」，成為「台獨」勢力利用的重點，他們極力擴大兩岸現實領域的「差異」，誤導「一個中國認同」。在這一過程中，應該說一些臺灣媒體的片面性報導也起了一定作用，或者說在糾正「台獨」勢力的錯誤、反面宣傳時，利用新聞自由和媒體自主性，客觀、理性、真實和準確宣傳大陸不夠到位。

　　在報導大陸時，臺灣媒體的作用就是在為臺灣受眾構建關於大陸的「擬態環境」，而一些報導中的片面性則為臺灣受眾製造了一個與大陸實情有不同的「擬態環境」，「台獨」勢力與西方一些政治勢力的煽動更是擴大了「媒體的片面性和擬態環境」的負面作用，使得臺灣受眾接受的是與實際情況有較大誤差的大陸資訊和形象，在部分臺灣受眾中形成「兩岸的『差異』過大，走在一起臺灣會吃虧、會被連累，基本權利會受到傷害」的錯誤看法。在「台獨」勢力與西方一些政治勢力的極力煽動下，在臺灣方面一些不當政策引導下，臺灣一些人片面認為既然與大陸來往有損失，堅持「臺灣主體性」、「臺灣意識」成為必要的選擇，因而對自己「身分確認和政治歸屬」開始因為「差異」的存在而改變，「一個中國認同」多元化加快，「國家認同」出現變化。

　　在臺灣「國家認同」的演變過程中，一些臺灣媒體、傳媒社會和傳媒政治發揮著特殊作用，只有推動兩岸新聞交流，大陸儘量為臺灣媒體提供一個客觀、真實的新聞環境，臺灣媒體也會認真總結經驗，調整思路和做法，在影響和引導臺灣「國家認同」問題上作出獨到的、也是正面的貢獻。

注釋

第二章　臺灣「國家認同」的影響因素分析

[1].參考臺灣《回顧50年代白色恐怖》，1995年2月27日臺灣《中國時報》。

[2].《蔣「總統」在3月13日總理紀念周上的講話》，參見《先「總統」蔣公全集》第3冊，第3326頁。

[3].《周恩來總理在全國人大常委會第十五次擴大會議上的報告》，參見國台辦研究局編：《臺灣問題文獻資料彙編》，人民出版社1994年版，第81頁。

[4].參見1984年5月27日的《華聲報》。

[5].「一綱」是指臺灣必須回到祖國的懷抱。「四目」則是具體的操作方案：一、臺灣回歸祖國後，除外交必須統一於中央外，當地軍政大權、人事安排等悉委於蔣介石，由蔣介石安排；二、臺灣所有軍政費用和經濟建設一切費用的不足部分，全部由中央政府撥付；三、臺灣的社會改革可以從緩，等到時機成熟後，尊重蔣介石的意見協商後再進行；四、雙方互約不派特務，不做破壞對方團結的事情。周恩來並指出，今日臺灣問題之首要關鍵，在於促成國共第三次合作，使海峽兩岸實現統一。只要海峽兩岸實現統一，其他一切問題悉尊重臺灣領導人意見妥善處理。

[6].台「行政院新聞局」輯印：《蔣「總統」經國先生六十七年言論集》，第49頁。

[7].「國史館」網站：《宣誓就任第二任總統誓詞》，
http：//www.chungcheng.org.tw/thought/class06/0031/0005.htm.

[8].台「行政院新聞局」輯印：《蔣「總統」經國先生六十七年言論集》，第19頁。

[9].台「行政院新聞局」輯印：《蔣「總統」經國先生六十八年言論集》，第92頁。

[10].台「行政院新聞局」輯印：《蔣「總統」經國先生七十三年言論集》，第15

頁。

[11].台「行政院新聞局」輯印：《蔣「總統」經國先生七十一年言論集》，第100頁。

[12].台「行政院新聞局」輯印：《蔣「總統」經國先生六十七年言論集》，第49頁。

[13].「國史館」網站：《「中華民國」退出聯合國告全國同胞書》，
http：//www.chungcheng.org.tw/thought/class07/0045/0005.htm。

[14].江宜樺：《自由主義、民族主義與國家認同》，臺北：揚智文化事業股份有限公司2000年版，第12頁。

[15].胡錦濤：攜手推動兩岸關係和平發展　同心實現中華民族偉大復興——在紀念《告臺灣同胞書》發表30周年座談會上的講話，
http：//news.xinhuanet.com/newscenter/2008-12/31/content_10586495_2.htm。

[16].《胡錦濤在慶祝中國共產黨成立90周年大會上的講話》，中央政府門戶網站，
http：//www.gov.cn/ldhd/2011-07/01/content_1897720.htm

[17].關於兩岸文化「差異」，主要參考劉紅、李道湘、彭付芝：《海峽兩岸文化交流與中國統一大業》，第112-126頁。

[18].〔美〕羅奈爾得·H.奇爾科特：《比較政治學理論——新範式的探索》，高銛、潘世強譯，北京：社會科學文獻出版社1998年版，第15頁。

[19].陳孔立：《兩岸交流中的政治文化問題》，《臺灣研究集刊》，1993年第2期，第1頁。

[20].王英津：《國家統一模式研究》，北京：九州出版社2008年版，第4頁。

[21].金奕：《臺灣族群的性格臉譜——簡介徐宗懋的〈臺灣人論〉》，《臺灣研究》，1997年第4期。

[22].國務院臺灣事務辦公室、國務院新聞辦公室白皮書《臺灣問題與中國統一》，參見1993年8月1日《人民日報（海外版）》，第1頁。

[23].郭召烈：《臺灣人的心是中國心》，2005-10-20，
http：//news.xinhuanet.com/tai_gang_ao/2005-10/20/content_3652120.htm。

[24].指臺灣北部的桃園縣、新竹縣市、苗栗縣、臺北市、新北市、基隆市等地區。

[25].俞新天：《兩岸應共擔復興中華文化使命》，2012-01-04，
http：//www.chinareviewnews.com/crn-webapp/doc/docDetailCNML.jsp？coluid=7＆kindid=0＆docid=101927603。

[26].胡錦濤：攜手推動兩岸關係和平發展　同心實現中華民族偉大復興——在紀念《告臺灣同胞書》發表30周年座談會上的講話，
http：//news.xinhuanet.com/newscenter/2008-12/31/content_10586495_2.htm。

[27].俞新天：《兩岸應共擔復興中華文化使命》，2012-01-04，
http：//www.chinareviewnews.com/crn-webapp/doc/docDetailCNML.jsp？coluid=7＆kindid=0＆docid=101927603。

[28].「行政院新聞局」編：《李「總統」登輝先生八十五年言論選集》，第243頁。

[29].李登輝：《臺灣的主張》，臺北：遠流出版事業股份有限公司1999年版，第78頁。

[30].李安妮形容李登輝手術後的照顧「驚濤駭浪」，2011-11-26，
http：//www.chinareview-news.com/crn-webapp/doc/docDetailCreate.jsp？coluid=0＆

kindid=0＆docid=101918721。

[31].李登輝：《臺灣的主張》，臺北：遠流出版事業股份有限公司1999年版，第78頁。

[32].《「國統會」關於對一個中國內涵的解釋》，參見1992年3月2日臺灣《中央日報》，A1。

[33].《李登輝與謝東閔等人的談話》，參見1991年9月30日臺灣《中央日報》，A1。

[34].《江丙坤參加亞太經互會期間在記者招待會上的講話》，參見1993年11月22日臺灣《中國時報》，A1。

[35].李登輝：《與司馬遼太郎對談》，參見1994年4月30日至5月2日臺灣《自立晚報》，A1。

[36].盧建榮：《分裂的國家認同（1975—1997）》，臺灣麥田出版社1999年版，第173頁。

[37].劉國基：《「兩國論」全面觀察——李登輝遜位前世紀末的豪賭》，臺北海峽學術出版社1999年版，第17-19頁。

[38].參見2006年1月30日臺灣《中國時報》，A1。

[39].台「國家安全報告」參見2006年5月21日至23日臺灣《中國時報》、《聯合報》，A1。

[40].《出席世大會「交心」扁要拼臺灣「正名」》，參見2002年3月18日臺灣《中國時報》，A1。《扁宴請世台會　高喊五拼》，2002年3月18日臺灣《聯合報》，A1。

[41].《陳水扁製造危機亦為危機吞沒》，2007-01-27，http：//www.chinareviewnews.com/doc/1002/9/7/0/100297001.html？coluid=0＆kindid=0＆docid=100297001。

[42].《姚嘉文：護照英譯國名將改為臺灣》，參見2001年5月15日臺灣《中時晚報》。

[43].曾任「臺灣共和國申請加入聯合國運動聯盟副總指揮」的朱孟庠：《一帖再吃會死的中華遺毒》，參見1997年7月11日臺灣《自由時報》，A1。

[44].參見2000年8月6日臺灣《聯合報》，A1。

[45].參見2001年3月18日臺灣《自由時報》，A1。

[46].《蔡英文：兩岸經貿若有共識，可談政策差異》，2011-04-06，http：//www.chinareviewnews.com/crn-webapp/doc/docDetailCreate.jsp？coluid=0＆kindid=0＆docid=101651106。

[47].《蔡英文新論述：兩岸須「和而不同、和而求同」》，2011-02-23，http：//www.chinareview-news.com/crn-webapp/doc/docDetailCreate.jsp？coluid=0＆kindid=0＆docid=101607794。

[48].《九二論戰 蔡：不存在就無不承認不接受問題》，2011-08-23，http：//www.chinareview-news.com/crn-webapp/doc/docDetailCreate.jsp？coluid=0＆kindid=0＆docid=101809880。

[49].蔡英文回應國台辦發言人關於「十年政綱」談話，參見2011年8月26日臺灣《聯合報》，A1。

[50].《蔡英文政見以「兩國論」為主軸否定「九二共識」》，2011-04-21，http：//www.chinarevi-ewnews.com/crn-webapp/doc/docDetailCreate.jsp？coluid=0＆

kindid=0＆docid=101667398。

[51].《蔡英文新論述：兩岸須「和而不同、和而求同」》，2011-02-23，
http：//www.chinareview-news.com/crn-webapp/doc/docDetailCreate.jsp？coluid=0＆
kindid=0＆docid=101607794。

[52].《蔡英文：創造臺灣發展的藍海》，2011-04-10，
http：//www.chinareviewnews.com/crn-webapp/doc/docDetailCreate.jsp？coluid=0＆
kindid=0＆docid=101655121。

[53].楊偉中：《找回十一年前的民進黨魂》，參見2009年6月11日至17日臺灣《新新聞》總第1162期。

[54].《蔡英文宣稱臺灣就是「中華民國」》，2011-10-09，
http：//www.chinareviewnews.com/crn-we-bapp/doc/docDetailCreate.jsp？coluid=0＆
kindid=0＆docid=101861744。

[55].《國民黨批：蘇貞昌表示支持「台獨」》，2012-08-04，
http：//www.zhgpl.com/doc/1021/8/8/7/102188701.html？coluid=46＆kindid=0＆
docid=102188701＆mdate=0804010224。

[56].《一帖再吃會死的中華遺毒》，參見1997年7月17日臺灣《自由時報》，A1。

[57].《蔡英文：用「臺灣共識」與中國協商》，2011-08-23，
http：//www.chinareviewnews.com/crn-webapp/doc/docDetailCreate.jsp？coluid=0＆
kindid=0＆docid=101810050。

[58].蔡英文：《從反抗、重建到臺灣主體的真正確立》，參見臺灣教授協會編：《「中華民國」流亡臺灣60年暨戰後臺灣國際處境》，臺北：前衛出版社2010年版。

[59].《蔡英文政見以「兩國論」為主軸 否定「九二共識」》，2011-04-21，http：//www.chinarevi-ewnews.com/crn-webapp/doc/docDetailCreate.jsp？coluid=0＆kindid=0＆docid=101667398。

[60].《蔡英文稱和平穩定是兩岸共同利益》，2011-06-09，http：//www.chinareviewnews.com/crn-we-bapp/doc/docDetailCreate.jsp？coluid=0＆kindid=0＆docid=101726632。

[61].蔡英文：《兩岸經貿若有共識 可談政治差異》，2011-04-06，http：//www.chinareviewnews.com/crn-webapp/doc/docDetailCreate.jsp？coluid=0＆kindid=0＆docid=101651106。

[62].《蔡英文：未來「憲政改革」要追求一部理想的「憲法」》，2011-04-30，http：//www.chin-areviewnews.com/crn-webapp/doc/docDetailCreate.jsp？coluid=0＆kindid=0＆docid=101678399。

[63].參見2009年3月22日臺灣《聯合報》，A1。

[64].《蔡英文稱願與大陸談長久互動》，2011-06-20，http：//www.chinareviewnews.com/crn-webapp/doc/docDetailCreate.jsp？coluid=0＆kindid=0＆docid=101739199。

[65].《兩岸政策：許具體、蔡老調、蘇空洞》，2011-04-10，http：//www.chinareviewnews.com/crn-webapp/doc/docDetailCreate.jsp？coluid=0＆kindid=0＆docid=101654978。

[66].蔡英文：《民進黨大門對中國朋友是開放的》，2011-06-20，http：//www.chinareview-news.com/crn-webapp/doc/docDetailCreate.jsp？coluid=0＆kindid=0＆docid=101738223。

[67].蔡英文：《兩岸經貿若有共識，可談政治差異》，2011-04-06，

http：//www.chinareview-news.com/crn-webapp/doc/docDetailCreate.jsp？coluid=0＆kindid=0＆docid=101651106。

[68].參見馬英九、蔡英文辯論會節錄，
http：//www.chinataiwan.org/tsfwzx/sytj_1/201004/t20100427_1337224.html。

[69].蔡英文：《人權條款置入兩岸協議》，2011-06-1，
http：//www.chinareviewnews.com/crn-we-bapp/doc/docDetailCreate.jsp？coluid=0＆kindid=0＆docid=101717256。

[70].《蔡「十年政綱」：兩岸經貿對等非主從關係》，2011-08-23，
http：//www.chinareviewnews.com/crn-webapp/doc/docDetailCreate.jsp？coluid=0＆kindid=0＆docid=101810034。

[71].臺灣政治大學選舉研究中心民調：《臺灣民眾臺灣人中國人認同趨勢頒佈》，
http：//esc.nccu.edu.tw/newchinese/data/TaiwanChineseID.htm。

[72].《馬英九：接受墨西哥〈太陽報〉專訪》，台「中央社」2008年9月3日臺北電。

[73].《紀欣：馬英九與蔡英文區隔 明智之舉》，2011-06-17，
http：//www.chinareviewnews.com/crn-webapp/doc/docDetailCreate.jsp？coluid=0＆kindid=0＆docid=101731896。

[74].《馬英九「就職演說」全文：兩岸和解實現台海和平》，2012-05-20，
http：//www.chinare-viewnews.com/doc/1021/1/4/4/102114462.html？coluid=0＆kindid=0＆docid=102114462。

[75].《馬英九與美國智庫視訊會議講稿全文》，2011-05-13，
http：//www.chinareviewnews.com/crn-webapp/doc/docDetailCreate.jsp？coluid=0＆kindid=0＆docid=101692168。

[76].《中評社臺北論壇：馬兩岸論述變沒變》，2011-06-17，http：//www.chinareviewnews.com/crn-webapp/doc/docDetailCreate.jsp？coluid=0&kindid=0&docid=101726300。

[77].《馬英九：以和解消弭衝突 以協商取代對抗》，2011-07-23，http：//www.chinareviewnews.com/crn-webapp/doc/docDetailCreate.jsp？coluid=0&kindid=0&docid=101775461。

[78].《馬英九與美國智庫視訊會議講稿全文》，2011-05-13，http：//www.chinareviewnews.com/crn-webapp/doc/docDetailCreate.jsp？coluid=0&kindid=0&docid=101692168。

[79].馬英九「就職演說」全文：《兩岸和解實現台海和平》，中國評論網，2012-05-20，http：//www.chinareviewnews.com/doc/1021/1/4/4/102114462.html？coluid=0&kindid=0&docid=102114462。

[80].參見張鳳山：《史明——「獨立臺灣會」頭目》，中國網，2002-09-20，http：//www.china.com.cn/zhuanti2005/txt/2002-09/20/content_5207610.htm。

[81].《馬英九：「九二共識」下 儘早恢復協商》，參見2008年5月21日臺灣《聯合報》，A1。

[82].《馬英九「國慶」致詞》，參見2010年10月11日臺灣《聯合報》，A1。

[83].《馬英九：未來定是中華文化本位，沒有折扣可以打》，http：//news.sina.com/tw/chinanews/101-101-101-104/2008-03-04/01242711837.html。

[84].中新社臺北2010年10月14日電。

[85].《劉兆玄：大陸應採取王道精神》，參見2010年12月24日臺灣《聯合晚報》，

A1。

[86].《馬英九：書寫可用簡體字》，2009-06-09，
http：//www.chinareviewnews.com/crn-webapp/doc/docDetailCreate.jsp？coluid=0&kindid=0&docid=100991014。

[87].《馬英九：以和解消弭衝突 以協商取代對抗》，2011-07-23，
http：//www.chinareviewnews.com/crn-webapp/doc/docDetailCreate.jsp？coluid=0&kindid=0&docid=101775461。

[88].《賴幸媛：稱對岸「大陸」合憲》，2011-02-09，
http：//www.chinareviewnews.com/crn-webapp/doc/docDetailCreate.jsp？coluid=0&kindid=0&docid=101593577。

[89].《馬英九：陳水扁也有條件接受「九二共識」》，2011-08-27，
http：//www.chinareview-news.com/crn-webapp/doc/docDetailCreate.jsp？coluid=0&kindid=0&docid=101814916。

[90].《馬英九：兩岸政治對話沒有時間表》，2011-03-08，
http：//www.chinareviewnews.com/crn-we-bapp/doc/docDetailCreate.jsp？coluid=0&kindid=0&docid=101621384。

[91].《馬宣稱：公投沒過，就不會簽和平協議》，2011-10-20，
http：//www.chinareviewnews.com/crn-webapp/doc/docDetailCreate.jsp？coluid=0&kindid=0&docid=101875201。

[92].馬英九文告：《走出中華民族康莊大道》，2011-01-01，
http：//www.chinareviewnews.com/crn-webapp/doc/docDetailCreate.jsp？coluid=0&kindid=0&docid=101556513。

[93].馬英九520「就職演說」：《人民奮起，臺灣新生》，參見2008年5月20日台中

央社。

[94].《馬：中共若解禁國民黨必登陸》，臺灣《中時電子報》，http：//news.yam.com/chinatimes/poli-tics/200603/20060328405217.html。

[95].吳月：《馬英九大陸政策的思想根源》，2010-03-01，http：//www.chinareviewnews.com/crn-we-bapp/doc/docDetailCreate.jsp？coluid＝0＆kindid＝0＆docid＝101244701。

[96].馬英九文告：《走出中華民族康莊大道》，2011-01-01，http：//www.chinareviewnews.com/crn-webapp/doc/docDetailCreate.jsp？coluid＝0＆kindid＝0＆docid＝101556513。

[97].美國國務院：《關於臺灣的政策宣傳指示》，參見國務院臺灣事務辦公室研究局：《臺灣問題文獻資料選編》，人民出版社1994年版，第855-858頁。

[98].國務院臺灣事務辦公室研究局：《臺灣問題文獻資料選編》，人民出版社1994年版，第858-859頁。

[99].國務院臺灣事務辦公室研究局：《臺灣問題文獻資料選編》，人民出版社1994年版，第868-871頁。

[100].美國總統杜魯門在朝鮮戰爭爆發兩天后，公開發表聲明，聲稱「共產黨部隊的佔領臺灣，將直接威脅太平洋地區的安全，及在該地區執行合法而必要任務的美國部隊。因此，我已要求第7艦隊阻止對臺灣的任何進攻。」載1950年7月3日美國《國務院公報》，參見國務院臺灣事務辦公室研究局：《臺灣問題文獻資料選編》，人民出版社1994年版，第864-865頁。

[101].國務院臺灣事務辦公室研究局：《臺灣問題文獻資料選編》，人民出版社1994年版，第864-865頁。

[102].同上，第871頁。

[103].1951年9月18日，《周恩來關於美國及其僕從國家簽訂三藩市對日和約的聲明》，參見國務院臺灣事務辦公室研究局：《臺灣問題文獻資料選編》，人民出版社出版1994年版，第44-45頁。

[104].《為何中美的共識越來越多？》，2011-05-12，http：//www.chinareviewnews.com/crn-webapp/doc/docDetailCreate.jsp？coluid=0＆kindid=0＆docid=101690215。

[105].牛軍：《美國的亞太安全戰略及其影響》，張蘊嶺主編《未來10-15年中國在亞太地區面臨的國際環境》，中國社會科學出版社2003年版，第92頁。

[106].JamesSteinberg,「LeadingtheChargeorChargetheLeadling？」（transcript），Novemher，2009，Center.

[107].後來出任美國副國務卿的斯坦伯格談話，參見：For American Porgress，availableat：http：//www.American Progress.org/events/2009/11/inf/steinberg2。

[108].《奧巴馬維持中美關係架構》，參見2009年11月8日臺灣《中國時報》，A1。

[109].美國白宮亞太事務資深主任貝德談話，參見《海峽加強互動，美樂觀其成》文，載2009年5月3日臺灣《中國時報》，A1。

[110].《薄瑞光：美台之間很多事不能說》，2012-07-14，http：//www.zhgpl.com/doc/1021/6/7/4/102167438.html？coluid=46＆kindid=0＆docid=102167438＆mdate=0714105854。

[111].《奧巴馬：希望繼續看到兩岸關係改善》，2009-11-11，http：//www.chinareviewnews.com/crn-webapp/doc/docDetailCreate.jsp？coluid=0＆

kindid=0＆docid=101137983

[112].美國國防部長助理部長葛瑞格森談臺灣問題，參見《美台關係基礎遠超一法三公報》，2009年9月30日臺灣《聯合報》，A1。

[113].《曾永權：奧巴馬肯定馬政府兩岸政策》，2011-09-13，http：//www.chinareviewnews.com/crn-webapp/doc/docDetailCreate.jsp？coluid=0＆kindid=0＆docid=101834037。

[114].《美國官員：台美商務關係「極強健」》，2011-09-15，http：//www.chinareviewnews.com/crn-webapp/doc/docDetailCreate.jsp？coluid=0＆kindid=0＆docid=101836820。

[115].《葛睿哲看兩岸：靠經濟交流不夠，真正問題還沒來》，參見2008年12月8日臺灣《中國時報》，A1。

[116].《馬英九：開放鬆綁　提升競爭力》，2010-10-10，http：//www.chinareviewnews.com/crnweba-pp/doc/docDetailCreate.jsp？coluid=0＆kindid=0＆docid=101470484。

[117].日本作為一個經濟實力僅次於美國的海洋國家，經濟高度外向，對南向等航線依賴極大，進出口貨物的四分之三（每年超過6億噸），其中所需石油的90%、核燃料的100%都靠這條航線運輸，而臺灣則扼這條航線的要衝。

[118].參見2008年10月2日日本共同社東京電。

[119].蔡增家：《日中台的明潮與暗流》，參見2009年9月18日臺灣《自由時報》，A1。

[120].「72年體制」是指1972年9月中日兩國恢復邦交的《聯合聲明》對於日本與中國大陸及臺灣關係的定位。

[121].參見2003年1月14日臺灣《中國時報》。

[122].嚴安林：《臺灣對外關係大變局：2008—2010》，上海社會科學出版社2011年版，第214-220頁。

[123].李宏、李民等著，《傳媒政治》，中國傳媒大學出版社2006年版，第259-260頁。

[124].台「行政院新聞局」：《「中華民國」年鑒（2009年）》，第964-977頁。

[125].周賜海：《地下電臺整天妖魔化ECFA》，2011-09-17，http：//www.chinareviewnews.com/crn-webapp/doc/docDetailCreate.jsp？coluid=0＆kindid=0＆docid=101838036。

第三章 臺灣「國家認同」的現實難點

從臺灣「國家認同」的演變過程看，在不同的歷史階段和背景中，因為面臨矛盾的不同，「國家認同」的構成、內涵和性質也不同，表明臺灣「國家認同」的可變性和可塑性。只要根據影響臺灣「國家認同」變化的各種因素，充分認識影響和引導臺灣「國家認同」的難點和要點，有針對性、有部署、有重點地開展工作，就可以為增加臺灣「一個中國認同」創造相應的條件和氛圍。

第一節 臺灣「國家認同」的轉變難點

臺灣「國家認同」以及「統獨選擇」，與兩岸人民的共同利益和良好願望，與兩岸關係和平發展的鞏固和深化，出現不協調不同步的情況，表明現階段推動和實現臺灣「國家認同」向「一個中國認同」轉變的難度。「國家認同」作為意識形態的重要組成部分，作為社會全體成員的集體記憶和選擇，完成轉變的難點不少。

一、兩岸政治對立與「國家認同」

從兩岸關係講，無論是實現和平統一障礙的消除，還是兩岸交流阻力的減少，涉及因素很多，關鍵問題之一，是由於兩岸的政治對立。同樣，也對臺灣「國家認同」起著重大影響。

（一）「台獨」還在繼續利用政治對立誤導臺灣「國家認同」

兩岸政治對立的存在，確實為「台獨」勢力繼續活躍提供了可利用的空間。「台獨」在臺灣已經先暗後明存在60多年，已經完整經歷了由非法到合法、由理論到實踐、由口號到政策、由低潮到高潮、由在野到執政、由執政到下臺的從政活動全過程，李登輝、陳水扁成為「台獨」危害經濟、干擾執政、全面腐敗的「實踐

者」。2008年3月,「台獨」勢力敗選下臺,臺灣暫時結束了「台獨執政」8年帶來的浩劫。

　　問題是「台獨」的社會基礎、國際反華親台勢力支持、李登輝和陳水扁執政20年的煽動和培植,以及「台獨」戴著「民主、本土、主體性、政治認同」的桂冠,所以「台獨」活動沒有消沉。特別是民進黨下野後迅速恢復元氣,重新進入政壇中心,先後形成蔡英文、蘇貞昌為核心的新的領導集團,著手調整黨內權力結構;全面監督和牽制國民黨施政,積極主打「立委」補選、縣市長選舉、五都選舉和「2012選舉」;深度宣傳民進黨的「台獨理念和路線」,增進支持者的危機意識和凝聚力,鞏固基本盤;用否認「九二共識」,宣揚「臺灣主體性」和「臺灣意識」,把「經濟和民生牌」成功地與由「台獨觀念」演變而來的「拒統觀念」、「親中賣台」連接,牽制國民黨大陸政策,抹黑大陸對台政策特別是ECFA的功效;泛綠陣營的基本盤較為穩固,具備與反對「台獨」一方爭奪執政權的實力;「台獨」的影響還在繼續蔓延,以「臺灣主體性」極端化為核心的「台獨」新主張新口號新理論,對民意具有較強的穿透力和影響力;民進黨支持者的危機意識和凝聚力較強,極易進行深度政治動員;民進黨以「本土化、草根性政黨」定位,具有部分反對兩岸交流、干擾和平發展、掌握兩岸關係島內話語權的「先天優勢」。因此,在政黨輪替已成常態情況下,民進黨上臺執政是有可能的。「台獨」的存在和發展,決定了反對「台獨」的艱巨性和長期性。因而圍繞如何影響和引導「國家認同」向什麼方向變的鬥爭也不會停止。

　　「台獨」的存在和活躍的原因很多,其中之一是兩岸政治對立的存在。因為兩岸政治對立,所以兩岸政治結構性矛盾沒有解決,兩岸交流只能依民間方式進行,缺乏正常化、制度化和規範化機制,沒有法律和體制的約束,這就為「台獨勢力」推行既不承認「九二共識」,又要享受和平發展紅利、又能干擾兩岸交流交往的大陸政策留下了空間。

　　因為兩岸政治對立,對於大陸推進和平發展的鞏固和深化、為破解兩岸政治難題啟動政治協商創造條件的建議和行動,臺灣當局以「不統、不獨、不武政策」回應,對於「九二共識」更多的是從「各自表述」來增加爭議,對於《和平協議》制

第三章　臺灣「國家認同」的現實難點

定很高的門檻予以推託，給臺灣社會和民眾留下兩岸關係前景和臺灣前途不明朗的印象，為「台獨」勢力繼續推行其政治路線和宣揚其政治主張留下了空間。

因為兩岸政治對立，「法統之爭」和「誰代表中國之爭」難於解決，一個中國的政治內涵分歧較大，特別是臺灣當局的「一中各表」更有擴大爭議的內涵，這就為「台獨」勢力在對付大陸時則用「中華民國」，在島內則用「中華民國」已被推翻作為其宣揚臺灣已是「主權獨立國家」的理由，為「台獨」製造「理論依據」留下了空間。

因為兩岸政治對立，中國共產黨和中國國民黨作為政治對立的雙方，儘管已經握手言和、共同推進兩岸關係和平發展，但是敵對狀態沒有結束、《和平協議》沒有簽署，所以「台獨」勢力則以國共（兩黨）之間有歷史恩怨為題，搬弄是非，為「台獨」宣揚「民共交流、民共論壇」留下了空間。

因為兩岸政治對立，在對待兩岸「差異」問題上缺乏共同的政治基礎，瞭解、尊重、包容和認同兩岸「差異」缺少政治動力，或者説臺灣一些政治力量經常圍繞兩岸「差異」造輿論，故意加深「差異」，這就為「台獨勢力」利用兩岸「差異」、宣揚「台獨」、誤導臺灣「國家認同」提供了空間。

因為兩岸政治對立，在兩岸關係中，臺灣當局的「一中就是中華民國」，與「一個中國的共同認知」、「一個中國框架下的兩岸一國」有衝突，是在擴大和挑起關於一個中國原則政治內涵的爭論，所以雙方增強政治互信和誠信的需要努力，更需要時間和兩岸交流實踐的積累，政治互信的基礎不夠牢固，這就為「台獨」利用突發事件製造事端留下了空間。

因為兩岸政治對立，兩岸敵對狀態沒有結束、雙方沒有就國家統一前的政治關係作出總體安排情況下，臺灣涉外事務和「國際空間」是一個「複雜、綜合、多層的問題」[1]。臺灣「活路外交」有成果，就說是馬英九傷害「臺灣主權」、向大陸讓步的結果；「活路外交」無成果，就說是大陸打壓臺灣、馬英九執政無政績，這就為「台獨勢力」利用臺灣涉外事務推行「台獨外交」留下了空間。

只有兩岸政治對立的解決和《和平協定》的簽署，鞏固和深化兩岸關係和平發展成為共識，兩岸就可以集中精力為共同發展、共同繁榮，為臺灣民眾在內的兩岸同胞的福祉，為和平統一的實現和中華民族的偉大復興共同奮鬥，就能有效壓縮「台獨」存在和發展的空間。

臺灣「國家認同」問題的存在，是因為臺灣問題的存在；臺灣問題沒有解決，是因為兩岸無法達成一致的解決之道；無法形成解決之道，是因為兩岸的政治對立。政治對立是臺灣問題的政治底線，雙方的政治結構性矛盾帶來的兩岸關係和交流不正常、不平衡、不深入局面，使得「台獨」長袖善舞，民進黨不僅有執政的可能，還可以利用兩岸政治對立帶來的種種後果和影響，繼續增加「台獨國家認同」，誤導臺灣的「國家認同」。

（二）臺灣政治定位的難度與「國家認同」

在內戰遺留下來的兩岸政治對立之下，兩岸政治矛盾沒有解決，有些問題無法達成共識，臺灣政治定位問題就是其中之一。關於臺灣政治定位，兩岸用過的說法很多。如「說臺灣是中國一部分，更要說明臺灣是什麼樣的一部分？說兩岸屬於中國，更要說明中國是一個什麼樣的中國？」應該說這是一個無須說明的問題，世界上只有一個中國，臺灣是中國的一部分，是國際上任何一個國家和法律都沒有否定的事實。但在兩岸政治對立之下，在兩岸之間則變得複雜起來，兩岸都有一個實行有效管轄的政治權力行使系統，在中國政府有效管理對內對外政務的同時，臺灣地區也有一個職能政府管理著。對外關係在大陸占絕對外交優勢的情況下，臺灣也有一定的「外交空間」，都有如何代表主權的問題，對內雙方都有如何面對對方治權的問題。確切地說，這是臺灣「國家認同」多元化的起點，與一個中國原則的政治內涵有爭議一樣，從臺灣問題出現起，就存在認同「一個中國、中華人民共和國和『中華民國』」的問題，在認同一個中國問題上就有內涵的不同。至於後來的臺灣「國家認同」中增加了「台獨國家認同」，這是兩岸主流民意都堅決反對的。

兩岸交流交往30多年來，兩岸認定事務性往來中只要承認一個中國，可以擱置爭議，不涉及一個中國的政治內涵，臺灣政治定位問題可以先不爭論。政治協商涉

第三章 臺灣「國家認同」的現實難點

及臺灣政治定位問題，但政治協商對話可以到雙方認為時機、條件成熟時再進行，臺灣政治定位同樣也可以順延。問題是「國家認同」問題屬於意識形態，無法回避臺灣政治定位問題，「國家認同」的主體和物件都涉及臺灣的政治定位和「中華民國」的定性問題，也就是無法回避一個中國內涵，對於臺灣社會來說，現階段「一個中國認同」的基本方向和要求是，確立「一中框架，兩岸一國」的原則並作為處理兩岸關係和交流的準則，反對「台獨」，反對「台獨國家認同」，贊成兩岸和平發展與和平統一。

在兩岸關係現實運行中，涉及臺灣政治定位問題的概念、界別標準較為複雜。如「一中原則」，對「一中」有共識，但對於「原則」雙方有不同；如「一中各表」，對「一中」有共識，但對於「各表」雙方有不同；如「一國兩區」，對「兩區」有共識，但對於「一國」雙方有不同；如「兩岸同屬一中」，對「兩岸、同屬」有共識，對「一中」雙方有不同；如「一中框架」，對「框架」有共識，對「一中」雙方有區別；如「中華臺北」，在國際場合有共識，在兩岸關係上有區別；如「一國兩府」，對於「一國」和「兩府」雙方都無共識；如「國號」，有中國、中華人民共和國和「中華民國」三種；如代表中央政府權力的，有「主權」和「治權」兩種；如涉及「治權」的，有大陸和臺灣、中央和地方、中央和待統一地區、老大和老二等四種；如同一「名分」使用場合，有兩岸、島內和國際三種；如同一「政治名分」針對對象的，有泛藍軍、泛綠軍、臺灣的、大陸的、國際的、兩岸的；如「一個中國」內涵的，有地理的、民族的、血緣的、歷史的、文化的和政治的多種。如此複雜的情況，為古今所少有。只是因為在兩岸政治對立下交流交往時不能回避公權力行使問題，本來十分明確的「一個中國認同」、臺灣政治定位問題就變得複雜起來。釐清上述問題有助於影響和引導臺灣的「國家認同」。也可以說，解決臺灣政治定位問題的難度，也是影響和引導臺灣「國家認同」、增加「一個中國認同」的難度所在。

（三）「九二共識」成為兩岸政治交集點

「九二共識」作為兩岸第一個關於一個中國原則的「政治共識」，為正面影響和引導臺灣「國家認同」找到了切入點。在兩岸大交流大合作大發展局面形成，和

平發展進入鞏固和深化階段情況下,臺灣「國家認同」多元化沒有出現有利於「一個中國認同」的轉變,兩岸政治關係沒有解決是原因之一。兩岸的政治底線十分清楚,大陸強調堅持一個中國原則是兩岸關係和平發展的政治基礎,兩岸交流、和平發展是為了實現和平統一。對於兩岸關係和兩岸交流的定性是,「1949年以來,大陸和臺灣儘管尚未統一,但不是中國領土和主權的分裂,而是上個世紀40年代中後期中國內戰遺留並延續的政治對立,這沒有改變大陸和臺灣同屬一個中國的事實。兩岸複歸統一,不是主權和領土再造,而是結束政治對立。」[2] 臺灣當局則堅持「中華民國法統」,堅持「中華民國」擁有統治中國的「合法性」,繼續維持「中華民國」及相關「憲政制度」,兩岸關係也應「在中華民國憲法架構下」展開互動。

在大陸積極推動下,在兩岸同胞支持下,在兩岸政治對立情況下,兩岸交流交往發展很快。兩岸交流交往取得的進展和成果,要求確定兩岸矛盾的性質和兩岸關係的現狀論述,有必要把兩岸關係和兩岸交流定位於兩岸事務;確定指導和保障兩岸交流的政治原則,有必要承認一個中國,政治內涵在事務性往來中不進行討論;確定兩岸關係和交流發展的正確方向,從原則上、機制上和行政上確保和平統一目標的實現;確實兩岸交流交往政策和政治原則之間的聯結,有必要把兩岸交流所需要的經濟、文化、社會各領域中相關政策完成對接。這就是「九二共識」。因為大陸一直強調一個中國原則,臺灣方面基本堅持「憲法一中」,內涵不同,在堅持一個中國的前提下,允許存在爭議。如何面對爭議?在政治對立下,因為「法統之爭」,大陸不贊成臺灣的「中華民國」,臺灣方面也不願意接受大陸的中華人民共和國,目前穩妥的辦法是只要堅持一個中國原則,在兩岸事務性往來中,對於一個中國的政治涵義不進行討論,擱置爭議。在「存在爭議和擱置爭議」情況下,「如何表述」非常關鍵,兩岸兩會同意「用口頭方式,各自表述一個中國」。這樣,在兩岸政治對立下,「九二共識」的內容和表述方法,都得到各自的憲法框架和政治制度的承認,在各自的政治生態和氛圍中都有運作的空間。兩岸間第一個政治共識終於形成,成為兩岸交流、對話協商與和平發展的政治基礎。中共十八大首次將堅持「九二共識」以及維護「一個中國框架」寫入政治報告中,表明「九二共識」在未來推進兩岸關係互動中將會繼續發揮不可替代的積極作用。「九二共識」作為兩岸政治立場、方針和政策的第一次對接,是對兩岸政治關係、臺灣政治定位的明確

表述，實際上也成為現階段影響和引導臺灣「國家認同」、增加「一個中國認同」的政治基礎。

「九二共識」在2012年的「1‧14選舉」中，第一次成為泛藍陣營的競選主張，在選舉中發揮積極效果。就如馬英九所說，「九二共識」20年後，會在他「總統」選舉連任的時候，成為藍綠選舉攻防、選舉勝敗的關鍵，當時絕對想不到。[3]這種轉變剛剛開始，表明政治原則對於影響和引導臺灣政局和民意的重要性，同樣也會在「國家認同」問題上體現出來。

（四）兩岸政治對立沒有結束直接影響到臺灣的「國家認同」

兩岸關係歷經了解放臺灣和反攻大陸、和平解放和海峽封鎖、交流交往和政治對峙、和平發展與協商對話階段，如今兩岸關係和平發展已經進入鞏固和深化階段，政治互信已經初步建立，以兩會協商為主體的兩岸協商機制已經建立並已達成18項協定，兩岸旅遊辦事處、經濟合作委員會等機構已經成立，海協會和海基會互設辦事處正在啟動，兩岸經濟合作已經進入制度化狀態，兩岸關係由緊張到緩和、由交戰到交流、由對峙到對話、由對抗到和平，和平發展開始兩岸關係前所未有的新階段。問題是內戰延續下來的兩岸政治對立還沒有結束，雙方的敵對關係沒有終止。

一是大陸和臺灣各自視對方為不合法政府，各自進行有效管理。臺灣面對統治區域由全國壓縮到約一個行省地區、「政府」只能在「中華民國憲法」實施範圍極不相稱的台澎金馬地區存在，顯然「代表中國」的合法性合理性不夠，同樣臺灣方面因為實力過小，所以心態上總覺得受到大陸的打壓，缺少「尊嚴」；雙方都強調對中國的主權，現階段都主張自己為統一的主體而統一國家；雙方在政治、意識形態、軍事、外交領域立場對立，現階段缺少共識；嚴格管理與對方的各種往來，官方沒有直接接觸，所以現階段民間往來有政治限制、經濟合作有政治干擾、共同發展有政治障礙。大陸和臺灣推動兩岸關係和平發展的努力，都受到「台獨」的干擾，雙方需要共同反對「台獨」。

二是「海峽兩岸中國人有責任共同終結兩岸敵對的歷史，竭力避免再出現骨肉同胞兵戎相見，為有利於兩岸協商談判、對彼此往來作出安排，兩岸可以就在國家尚未統一的特殊情況下的政治關係展開務實探討。」[4] 結束兩岸敵對狀態的唯一途徑，就是舉行兩岸政治協商，簽訂兩岸《和平協定》。務實探討包括，在「九二共識」基礎上，繼續累積政治互信、為啟動政治協商和簽訂《和平協定》積極創造條件；可以進入邊經濟邊政治階段，進行一些事務性往來中涉及的政治性議題進行協商；針對臺灣社會和民眾關心的議題進行對話；先就《和平協議》的框架、定位和主要內容，進行民間智庫協商等等。

三是政治談判需要相應的條件，進入和平發展鞏固和深化階段的兩岸關係，突破政治難題，進行政治對話的時機有待成熟。但也不能以「先經後政，先易後難，先急後緩」推遲政治議題的政治協商，「先經後政」不是沒有政治，「擱置爭議」不是沒有爭議。兩岸關係本身就是最大的政治，兩岸關係和平發展的深化離不開政治指導，「先經後政」應為「先經助政」、「先易後難」應為「先易解難」、「先急後緩」應為「先急拉緩」，做好「經、易和急」的事，為政治協商創造條件，積累資源[5]。此外，《和平協定》只是階段性協定，不是統一方案，更多的是對過去60多年兩岸關係的總結，是對和平發展鞏固和深化新階段的期盼，與完成全面整合的「統一方案」是不一樣的。

兩岸政治對立不解決，和平發展的框架難於確立，臺灣政治定位難以完成，臺灣「國家認同」的「認同主體和對象」的問題沒有完全理清楚，臺灣「身分確定、政治歸屬和國家認同」就存在爭議，增加「一個中國認同」就缺少相應的基礎。

二、兩岸關係階段性與「國家認同」

和平發展已經成為和平統一前的一個不可逾越的過渡階段[6]，是兩岸關係最高發展階段前的準備階段，因此很多只有到最高階段才能解決的問題，當然不可能在準備階段得以全部解決，這就決定了和平發展階段自身的局限性。「國家認同」問題的最後解決，是在和平統一階段才能實現，和平發展階段只是把被誤導的「國家認同」逐步向正確方向引導。在和平發展階段，在影響和引導「一個中國認同」問

題上，在力度上、進度上和效果上有其局限性。

（一）和平發展階段性的影響

和平發展「有利於兩岸同胞加強交流合作、融洽感情，有利於兩岸積累互信、解決爭議，有利於兩岸經濟共同發展、共同繁榮，有利於維護國家主權和領土完整、實現中華民族偉大復興」[7]。「四個有利於」合到一起，就是有利於祖國和平統一，逐步落實「四個有利於」，就是在逐步創造兩岸和平統一的條件，更是影響和引導臺灣「國家認同」、增加「一個中國認同」的需要。也就是說，落實「四個有利於」是一個過程，需要時間才能實現。

一是只有透過和平發展階段，才能發現問題。在「加強交流、增強感情、積累互信、解決爭議、維護主權、共同發展」等方面，經過30多年的實踐，已經取得了很大成效，得到了兩岸同胞和國際間的肯定。現在的問題是如何才能做得更好，特別是需要能夠找到臺灣民眾對於和平發展不滿意的癥結所在，找到兩岸擴大和深入大交流大合作大發展的有效途徑，找到啟動兩岸政治對話、深化和平發展的突破口，找到兩岸共商臺灣政治定位的具體方案。特別是要根據影響臺灣「國家認同」變化的因素，探討影響和引導「一個中國認同」增加的途徑。發現兩岸交流中的問題，就是和平發展階段需要完成的任務。

二是只有透過和平發展階段，才能解決問題。兩岸交流30多年，一方面發展很快，一方面也存在和衍生出一些問題。從兩岸交流現狀看，可以說兩岸交流中有大陸方面的問題，有臺灣方面的問題，有國際方面的問題，有認識問題，有立場問題，有政治問題，有經濟問題，有政策性問題，有執行中的問題，有結構性的問題，有敵對性問題，有事務性問題，更多的是「如何做得更好」的問題。和平發展是一個過程，也為發現問題後解決問題提供了相應的時間保證。

三是只有透過和平發展階段，才能積累經驗。30多年的兩岸交流，就是根據交流形勢、特點和需要，根據臺灣民眾的需求和心態，在總結經驗中不斷前進。發現問題、解決問題，是總結經驗的最佳途徑。落實「四個有利於」標準很高、要求很

嚴、任務很重、領域很廣、層次很多，更需要發現問題、解決問題、積累經驗，和平發展階段為其提供了便利。顯然，只有透過和平發展階段，兩岸關係才能繼續前進，同時也能正確引導臺灣的「國家認同」的轉化。

（二）政治互信的影響

政治互信是現階段引導臺灣「國家認同」向有利於「一個中國認同」方面轉化的重要基礎。

一是對於政治互信的重要性，兩岸都已有充分的認識，在實踐過程中也有較高的自覺性。所謂政治互信，就是政治上都會信任對方接受「九二共識」和反對「台獨」，方向上都要推動兩岸關係和平發展，程式上都是服從共同預設的遊戲規則，心態上都有辦好事辦實事的良好願望，行動上都能互相提供方便和配合，目標上都是為了增進臺灣同胞福祉、增進兩岸共同繁榮和實現兩岸和平統一。這種互信的建立和存在，反映出兩岸的默契、配合、協作和認同，更是影響和引導臺灣「國家認同」的重要工程。

二是兩岸關係和平發展的過程已經證明了這一點，和平發展本身就是政治互信的成果。兩岸能夠在2008年5月開始的臺灣政局變化後不幾天，立即啟動兩會協商，在最短的時間內由緊張狀態轉入和平發展。在兩岸兩會建立機制化協商制度、實現「三通」和簽訂包括ECFA在內的18個協議過程中，一再遇到「台獨勢力」干擾時，兩岸有關部門能夠互相協作，排除干擾，按預定方針繼續前進。在遇到突發事件時，特別是在兩岸經常一起出席的國際體育、藝術、教育和社會活動等場合，極易就象徵國家主權的稱呼、標誌、程式、位置和發言等問題發生矛盾、形成衝突，但是兩岸相關部門能夠妥善處理，把不良影響控制在最低程度內。雙方處理「藏獨」、「疆獨」與「台獨」聯手等事件，從確保兩岸關係正確方向、遏制分裂活動的目標出發，出手精准，配合默契。事實上只要兩岸在交流中的互信和共同點越來越多，就是在正面影響和引導臺灣的「國家認同」。政治互信的政治基礎是「九二共識」，只有在維護「兩岸同屬一個中國」的情況下，才能夯實政治互信的政治基礎，才能有助於兩岸「共同認同」的形成，進而對臺灣的「國家認同」產生正確的

影響和引導作用。

（三）台當局大陸政策的影響

　　大陸提出的兩岸關係和平發展鞏固和深化的理論、路線、方針和政策，如果沒有臺灣方面的配合，則很難取得實效，也就是說需要兩岸共同作為才能變成兩岸關係的實踐。馬英九說他執政「前四年是撥亂反正，後四年國家要脫胎換骨」[8]，其執政重點、特點和亮點，與大陸一起推動兩岸關係和平發展是集中體現。

　　但是，從臺灣情況看，和平發展的社會效益和正面影響並不是十分理想，「國家認同」也沒有出現符合和平發展要求的改變，與馬英九當局強調的「不統、不獨、不武政策」的「功利性」有關。馬英九反覆表示，「政府花很多時間在處理兩岸的問題才能讓兩岸關係看到曙光；兩岸關係是在『中華民國憲法』的架構下，提出『不統、不獨、不武』的態度維持台海的現狀。」[9]「不統、不獨、不武政策」有不同的用處，對於大陸對臺灣方面缺少深化和平發展、啟動政治協商的動力和不搞統一的擔心時，馬英九就以「不獨」和對「文化台獨」有限度的撥亂反正來應對；對付美國方面擔心海峽兩岸可能走向統一而失去對國民黨當局的信任時，馬英九就以「不統」和進一步說明「任期內不談統一」來應對[10]；對於臺灣人民認為現階段不能搞「台獨」、統一條件還要繼續創造的想法，馬英九則以「不統、不獨、不武」、特別是「不武」與和平發展來應對；對於「台獨陣營」的「馬英九的大陸政策是親中賣台」的攻擊，而影響馬英九的「全民總統」形象和對淺綠選民的吸票功能時，馬英九就以「任期內不談統一」和「臺灣未來的前途應該由2300萬人民做出民主、自由的選擇」來應對[11]。

　　從時機來看也有側重點，選舉敏感期間在泛藍軍基本盤不會大幅鬆動的前提下，主要用「不統」來吸引淺綠選民和中間選民；平時對付民進黨的監督和責難，主要用「不武」和「臺灣未來的前途應該由2300萬人民做出民主、自由的選擇」來對付；每到兩岸兩會協商、國共論壇等交流重大決策時，泛藍軍對於「三不政策」和「藍皮綠骨」的擔心時，主要用「不獨」來對付。從配套措施上，政治上推遲就統一前的政治關係、簽署《和平協議》和建立軍事安全互信機制進行協商，對外關

係上推行「活路外交」繼續擴大國際活動空間，經貿上簽訂ECFA有選擇的開放獲取最大的利益，文化上宣揚「中華文化」已經是「具有臺灣特色的中華文化」、要做「中華文化的領航者」[12]。

顯然，「中華民國」架構下的「不統、不獨、不武政策」，成為馬英九執政中應付各界的靈丹妙藥，不過其「功利性」也讓和平發展的社會效果和正面影響大打折扣，極易與極端化的「臺灣主體性」和「臺灣意識」相結合，從島內因素角度加大和平發展階段的局限性，限制了和平發展應有的政治宣導和社會教化功能的發揮，在一定程度上削弱了和平發展的實踐和成果對於「國家認同」的教育、引導功能。

（四）兩岸「差異」的影響

對於「國家認同」影響最大的，是認同主體與認同物件之間的「差異」，特別是在曾經有過的「一個中國認同」，因為種種原因造成「差異」增加，「一個中國認同」出現多元化，要再回到「一個中國認同」，則要花費更多的投入、更多的努力、更多的時間才能有效。關鍵是如何對待兩岸的「差異」，兩岸關係和平發展鞏固和深化的重要任務之一，是透過和平發展，兩岸逐步做到瞭解、尊重和認同「差異」。在如今起步階段，對於「差異」的認識是有限的，「認同」的轉變開始也不會很明顯。

一是兩岸「差異」維持現狀。兩岸人民是在完全不同的政治體制、政治氛圍、社會環境和人際關係中生活，加上臺灣一些媒體選擇性的報導，臺灣有關部門的選擇性宣傳，因此讓一些臺灣民眾感覺到「差異」非常強烈。兩岸因為政治上走不同道路、實施不同制度而形成的對立心態，公共權力運作方式和程式上的不同而帶來民主方式的不同，民意表達、收集、功能和影響不同而造成的人權的認識距離，資訊發佈和接收、新聞媒體監督功能方面的習慣和做法不同而帶來的資訊不對稱，各自的意識形態、社會環境養成了各自不同的生活方式，兩岸公共道德、經濟形式、思維觀念的「差異」而造成的價值觀的不同，臺灣文化在多元文化、政治文化、性格文化和宗教文化等方面的特點而造成文化觀念上的不同。對於上述「差異」，因為

「兩種制度並存，臺灣高度自治」，從體制上、法律上和行為上對兩岸進行分別管理。因此，大陸的制度和習慣，不會和臺灣民眾的生活、社會交叉運行。問題是從心態上看，臺灣民眾把「差異」如何看成是現階段認識和平統一條件是否成熟的標誌之一，對「差異」的認識程度，直接決定自身的「身分認同和政治歸屬」。大陸透過深入推進改革開放，經濟和政治改革不斷取得更多的成就，則會有利於臺灣民眾瞭解、尊重和認同「差異」，增加臺灣「一個中國認同」，進而接受兩岸和平統一。

二是臺灣一些人存在對大陸的疑慮。交流交往30多年，臺灣一些人認為大陸對臺灣是政治上恫嚇，把「一中原則」強加於台；軍事上威脅，一千多枚導彈對準臺灣；外交上打壓，壓縮臺灣「國際」活動空間；交往上不誠，對同胞沒有善意；工作上統戰，分化族群製造矛盾；經濟上拉攏，恩賜臺灣心態嚴重；前途上無信，「一國兩制」矮化臺灣。對大陸的疑慮已經成為臺灣的社會現象，之所以產生是因為兩岸政治對立和「差異」的存在。政治對立、兩岸「差異」的存在和對大陸對台政策的不瞭解，就成為「臺灣主體性」和「臺灣意識」的主體構成原因，對臺灣的「國家認同」產生很大影響。只要積極推進和平發展，大陸的發展將會有利於兩岸的瞭解、尊重和認同的加深，這對兩岸關係、「國家認同」影響將是不可估量的。

三、兩岸交流的認識與「國家認同」

兩岸交流30多年已經取得很大成績，兩岸關係已經實現歷史性轉折，和平發展已經成為符合兩岸關係規律和實踐的基本實踐，肯定馬英九大陸政策的民意調查資料也可說明問題，只是臺灣「國家認同」沒有與之同步。對此結果，作為臺灣「國家認同」主體的臺灣內部也有值得討論的地方。

（一）臺灣一些民眾的「台獨害台意識」不強

有「台獨」島內的亂源就不會消除，兩岸關係的危機就不會解除。民進黨下野後數年，迅速恢復元氣，東山再起，已經具備與國民黨一爭高低的能力。民進黨的再起，當然與李登輝、陳水扁長達20年「台獨灌輸」有關，更與民眾對「台獨」的

危害認識不足有關。曾經深受陳水扁的「台獨執政」8年之苦的一些臺灣民眾，對「台獨陣營」抱有政治幻想，對民進黨的「台獨執政」有所期待，這是臺灣最大的危機。

　　一是認為民進黨與大陸打交道時不會「出賣」臺灣。這裡需要說明的是，在60多年的兩岸關係中，在大陸的對台政策中，在大陸的實際對台工作中，從來沒有「誰出賣臺灣」的問題，和平統一絕不是「出賣臺灣」，而是讓臺灣人民也成為中國的主人。再說，民進黨固然不會按他們的「思路」出賣臺灣，但是推行「台獨路線」就會禍害臺灣，黨內一大批陳水扁式的人物則會掏空臺灣。

　　二是認為沒有「九二共識」，和平發展照樣發展。一方面臺灣部分民眾承認「九二共識」帶來兩岸關係和平發展的新局面，一方面他們又認為，正是因為和平發展新局面來之不易，所以大陸不會輕易放棄，即使民進黨方面否認「九二共識」，大陸也會默認現有兩岸關係和交流現狀，繼續推動和平發展。抱有這一幻想的臺灣民眾有所不知，沒有「九二共識」，兩岸間的交流交往就失去基礎和方向。大陸不會容忍「台獨」挑釁，一定會嚴厲反擊任何否認「九二共識」、破壞兩岸關係和平發展政治基礎的言行。

　　三是認為即使民進黨執政也不會影響兩岸關係。在他們看來，民進黨執政需要穩定的兩岸關係，需要享用兩岸經貿的紅利，需要陸客、陸生帶來的經濟利益，需要在對外關係上有大陸的配合，需要建立軍事安全體制，總之需要兩岸關係和平發展來增加執政業績，因此不會終止ECFA，不會停止和平發展，不會阻撓兩岸交流。持有這些想法的臺灣民眾有所不知，要做到這樣的前提是民進黨接受「九二共識」！民進黨如果繼續堅持「台獨黨綱」，堅持「臺灣前途決議文」中的「台獨」立場，堅持用「臺灣主體性」和「臺灣意識」包裝「台獨」主張，大陸不會隨民進黨起舞。

　　四是認為臺灣宣佈「獨立」也不會破壞現狀。部分臺灣民眾結合陳水扁利用執政機會瘋狂推行「台獨」的經歷，認為陳水扁推行的「文化台獨」、「漸進台獨」、「法理台獨」、「去中國化」、「中止國統綱領和國統會運作」、「台獨外

交」、「入聯公投」等行為，無一不觸及大陸一個中國原則的政治底線，一次次帶來兩岸關係的危機，臺灣社會和民眾付出了巨大代價，但是沒有出現改變兩岸關係現狀的結果。這一想法更為幼稚，只要「台獨」勢力上臺執政，只要果真越過兩岸政治紅線，公開宣佈「台獨」，中國人民只有一條路可走，那就是義無反顧地捍衛祖國領土和主權的完整。

臺灣一部分民眾的「台獨害台意識」不強，這是「台獨」活躍的原因之一，當然也成為造成「一個中國認同」下降的社會因素之一。讓臺灣民眾真正認識和確立「台獨危機意識」和「反對台獨意識」，是和平發展鞏固和深化階段的重要任務之一，也是引導臺灣「國家認同」的重要途徑。

（二）臺灣一些民眾在對外關係和軍事上的盲目心態

現階段兩岸政治對立沒有結束，臺灣政治定位沒有解決，兩岸可能引發矛盾的焦點包括臺灣「外交」和軍事方面，而且臺灣民眾潛意識地總把這兩個領域內出現的問題，都習慣性地記在大陸賬上，這種情緒具有左右社會「國家認同」的功能。

一是軍事安全互信機制沒有建立情況下的軍事對立是客觀存在。對於臺灣感受最大的，當然是大陸的軍事打擊能力。對於大陸來說，無論是保衛國家領土領空領海安全，還是摧毀「台獨」，都需要建立必要、強大的軍事體系，包括航空母艦、核動力潛艇、大型戰艦、先進戰機、遠端精確打擊能力、電子作戰設備和快速作戰部隊，臺灣由於地域狹小而軍事部署空間嚴重不足，儘管花費數百億美元購買各類武器，但與大陸實際戰鬥力相比差距過大。為了減少臺灣的壓力，大陸提出在「九二共識」基礎上進行建立軍事安全互信機制協商後，臺灣當局以「大陸先撤除導彈，再談軍事安全互信機制」的說法來回應，事實上等於拒絕大陸的建議。

二是臺灣對外關係性質決定了兩岸對立的存在。外交是主權的外延、行使、代表和象徵，臺灣不是主權國家，因而不可能擁有與主權國家一樣的正常的外交關係；臺灣也沒有與大陸結束政治對立，簽訂《和平協定》，實現政治關係正常化，也就無法就涉外事務達成正式協定。臺灣又不能沒有對外空間，因此一直沒有中斷

過擴大國際空間的活動；臺灣涉外事務一直又是西方一些政治勢力利用的工具，臺灣擴大國際活動空間的活動，得到國際上不同程度的呼應。因此，臺灣涉外事務的上述特性，決定了一方面臺灣不會放棄任何擴大國際空間的機會和活動，另一方面這一行動必然會在「一個中國格局」和兩岸關係層面引起強烈反應。

三是對於因為政治對立造成的雙方在軍事和對外關係上的對立，臺灣一些人不是從根源上、性質上找原因，不是從反對「台獨」的需要出發，而是簡單地從表面現象論事。臺灣軍事上，在臺灣一些人看來，大陸不放棄對台使用武力，保持一千多枚導彈對準臺灣，擴大對台空中、海上、登陸作戰的優勢，以及大陸為了保衛主權和領土完整而進行的軍事演習和訓練，都是對臺灣的「軍事威脅」。對外關係上，在臺灣一些人眼中，看不到「臺灣外交」對於「一個中國格局」、兩岸關係和平發展鞏固和深化的負面影響，看不到「活路外交」確實存在一些不符合國際法和國際組織法規定、要價過高過急的情況。此類事經過一些媒體的渲染，加上「台獨勢力」的煽風點火，都被認為是大陸在打壓臺灣。

因此，外交和軍事屬於兩岸政治結構性問題，解決難度較大，極易成為鼓動「臺灣主體性」、「臺灣意識」極端化和宣揚「台獨國家認同」的議題，必然會影響到臺灣民眾對大陸的觀感與態度，影響到臺灣「國家認同」的演變趨勢。

(三) 臺灣一些民眾對兩岸交流意義認識不足

從臺灣社會心態和民調資料看，兩岸協商制度化、經濟合作制度化、交流交往制度化已經開始啟動和運作，ECFA加緊落實、民間交流不斷擴大、大陸讓步讓利繼續增加，但是兩岸政治難題沒有突破，「臺灣主體性」、「臺灣意識」極端化有所蔓延，集中反映在「國家認同」問題上，就是「一個中國認同」沒有增加。導致這一結果的眾多原因中，臺灣民眾對兩岸交流的認識起著十分關鍵的作用。和平發展就是要大陸透過自身的發展和調整，逐步確立在臺灣同胞心中的形象，增加臺灣民眾對大陸的正面觀感和形象。從現階段看，實現這一目標還要繼續努力。

一是對於大陸的好感度的增加不理想。總體上講，部分臺灣民眾對大陸的負面

印象與看法消除有限,而且有較深的誤解。有些人對於大陸的印象不好,認為大陸對臺灣不友善的民調資料高達56%,有好印象的只有25%[13]。把大陸在接待臺灣同胞過程中,因為不瞭解個別人的習慣而沒有讓對方滿意、或者是因為對方無理要求沒有滿足等情況,臺灣有些人就上綱上線,抹黑和否定大陸的對台工作。大陸滿腔熱情的服務臺灣同胞、積極支援兩岸交流,沒有改進和提升臺灣部分人對大陸的觀感,這是需要研究和解決的問題。

二是「政經分離」心態普遍。無論是在兩岸經貿活動中,還是各項交流活動中,「臺灣利益優先」已經成為臺灣一些人的基本心態和要求。面對兩岸關係和平發展的鞏固和深化,臺灣部分人看到的只是能夠帶來多少「和平紅利」、自己能夠享受多少紅利。因此,他們認為大陸「先經後政」就是要透過讓利收買人心、政治上控制台灣,所以「政治歸政治,經濟歸經濟」,他們「只是和大陸做生意,拿好處」,言外之意是「統獨」與他無關,政治上不可能向大陸靠近。同樣,「臺灣優先」也成為「個人優先」,「經濟歸經濟」成為「個人收益掛帥」,看不到ECFA給整個臺灣經濟帶來的巨大利益。甚至荒唐地把臺灣不從事經濟活動的社會成員,在兩岸經貿活動和落實ECFA過程中得利多少,作為判斷和平發展成效的標準,因而他們認為兩岸經貿和ECFA是圖利臺灣大財團,中小企業、中下階層、中南部民眾沒有受益,他們沒有感受到兩岸交流的成果,由此貶低和平發展的成果。

三是對大陸的期待和要價在提高。政治上,只要提到兩岸關係和平發展的鞏固和深化,他們就說「先經後政」,談政治也不要談「一中原則」。經濟上,大陸應該讓臺灣賺更多的錢,但臺灣還要保持「自尊」,大陸說「讓利」有「恩賜和施捨」的意思,應該說是「互利」;大陸不能只讓從事兩岸經貿和投資的企業賺錢,還要讓所有民眾都要獲利;大陸經濟轉型和發展應該儘量與世界接軌,企業實體應該按照經濟規律辦事和競爭,但是對台商的優惠不能減少或取消。外交上,臺灣現有「國際空間」一樣不能少,增加國際活動空間是應該的,購買美國武器是必須的,大陸不同意就是打壓臺灣。在軍事上,大陸必須撤除瞄準臺灣的導彈,否則什麼問題都不能談,而拒談的責任還在大陸方面。

四是「拒統心態」有所流行。臺灣一些人擔心大陸迅速壯大,臺灣的落差和壓

力越來越大，越來越被動，在與大陸的抗衡中越來越不利；擔心大陸推動兩岸政治談判，要求臺灣接受一個中國原則，傷害「臺灣主體性」、「臺灣意識」；擔心兩岸經濟整合、經濟一體化加快兩岸的統一進程，兩岸經濟關係的接近會拉近兩岸政治關係；擔心大陸關於「一國兩制」與和平統一的相關理論、法律、政策、心態建設還未完善和成熟的情況下推進和平統一，造成臺灣民眾權益的損害；擔心兩岸關係和平發展走得太快，沒有時間消化和平發展的成果，在思想還沒有認識、感情還沒有接受的情況下，兩岸主要領域存在的「差異」沒有調整的情況下，轉入和平統一階段，留下嚴重的統一後遺症。諸如此類「拒統心態」是助長「臺灣主體性」和「臺灣意識」極端化的關鍵因素之一，也成為臺灣民眾片面認知兩岸交流的集中體現。

部分臺灣民眾對兩岸交流的片面認識，儘管造成的原因是多方面，但具有很強的針對性，成為影響「國家認同」的現實因素。或者說，和平發展的任務，其中之一就是借助兩岸交流給臺灣民眾帶來的利益，減少臺灣民眾對大陸的負面觀感，培養臺灣民眾對大陸的友好感情，進而增加「一個中國認同」。在轉變臺灣「國家認同」的難點中，因為政治對立存在解決的難度，所以完成臺灣政治定位的難度很大；因為臺灣政治定位難於解決，所以和平發展階段的局限性難於消除；因為和平發展階段局限性的存在，所以部分臺灣民眾對於兩岸交流、和平發展出現認識偏差；因為認識偏差直接對「國家認同」產生負面影響，所以「一個中國認同」在近期內大幅增加有難度。

第二節 「國家認同」問題的階段性認定

對於臺灣「國家認同」出現多元、與兩岸關係和平發展的鞏固和深化不協調不同步問題，從辯證理論和科學發展層面看，應更多地從兩岸關係不同發展階段的不同性質、任務和要求去認識，才能實事求是地分析、評估臺灣「國家認同」現狀，才能正確判斷臺灣「國家認同」變化對和平發展、和平統一的影響。

一、和平統一是兩岸關係的最高階段

第三章　臺灣「國家認同」的現實難點

　　臺灣問題的核心是祖國和平統一，一日不解決，中國就談不上真正意義上的和平發展，中華民族就談不上真正意義上的騰飛和復興，實現國家的完全統一是中國發展的應有之義和重要標誌，是中華民族的歷史責任，是中國人民的神聖職責。中國人民和中國政府為解決臺灣問題、完成祖國和平統一進行了長期不懈的努力。祖國和平統一是系統工程，與國家的發展戰略、經濟發展速度、政治改革成果和民心民意向背緊密相連。特別是在當前兩岸關係實現歷史性轉折、和平發展取得突破性進展的情況下，兩岸政治對立沒有結束、「台獨」勢力活躍、反獨力量執政不穩、兩岸認知「差異」的差距過大情況下，根據對台工作總方針，解決臺灣問題、實現祖國和平統一，只能「分步走」，第一步是和平發展，為祖國和平統一的實現準備條件。第二步是和平統一，和平統一的實現，標誌著階段性兩岸關係的結束，臺灣和大陸作為統一後的中國的組成部分，進入共同發展和共同繁榮階段。此時臺灣的「國家認同」，也像歷史上三次統一和回歸一樣，在歷經動搖、變化之後，「祖國認同」成為「國家認同」的主流。

　　和平統一是兩岸關係和平發展的最高階段。從兩岸關係的發展過程看，自國民黨當局發動、敗於內戰到臺灣後，兩岸關係先後經歷了軍事封鎖、民間往來、和平發展階段。隨著兩岸關係和平發展鞏固和深化階段的推進，透過雙方大交流大合作大發展，透過政治互信基礎上的對話協商，兩岸共同利益、共同觀念、共同價值、共同命運和共同認同逐漸形成，兩岸同胞的和平統一意識、願望不斷提升到達理想境界；美國、日本和歐盟等世界上絕大多數國家在承認和接受中國發展的同時，承認和接受中國的和平統一，支持中國統一的國際條件逐漸具備、國際氛圍越來越好；兩岸在憲法架構、政治制度、意識形態、民意認同、生活方式、思維習慣和價值觀念等方面，按照「一國兩制」設想，在瞭解、尊重、包容基礎上認同對方，對於隔閡造成的政治、經濟、文化和社會等各領域「差異」的正確認識和相互認同已經完成，共同繁榮成為雙方的共同選擇，兩岸關係發展的也進入最高階段，實現和平統一。也可以說，和平統一階段的「一個中國認同」也是臺灣「國家認同」的最高階段，經過多元化的波折，臺灣「國家認同」進入正常階段。

　　和平統一階段是大陸對台優勢形成的最高階段。實現祖國和平統一的條件很多，最為重要的是大陸的發展，綜合實力的提高是解決臺灣問題的基礎。回憶兩岸

167

歷史上鄭成功和施琅完成統一、臺灣光復過程，回憶國民黨當局撤到臺灣之所以能夠堅持下去並且發展起來，一個簡單且直接的原因就是兩岸當時的社會、政治、文化和軍事「差異」有限，或者說大陸要強於臺灣，所以臺灣方面接受統一和回歸時的反應和波折不大。和平統一也是如此，大陸對臺灣的各項優勢形成之日，就是統一完成之時。經過60多年的革命和建設，經過30多年的改革開放，大陸綜合實力、經濟、科技、軍事等方面的優勢已經形成，在文化、教育、法制和政治等方面的優勢正在形成。大陸抓住戰略機遇期穩定發展，建構對台絕對優勢是實現和平統一的根本保障。與此同理，面對臺灣「國家認同」多元化，大陸透過改革、發展形成對台優勢的過程，就是對臺灣「國家認同」產生影響和吸引力的過程，大陸的優勢一定會成為臺灣「一個中國認同」增加的動力。

和平統一階段是大陸對台政策發展的最高階段。正是在大陸對台政策的推動下，兩岸關係能夠突破阻力，不斷向前，同時兩岸關係的實踐又促進了對台政策的完善和發展。60多年來，大陸從民族根本利益和國家發展戰略全域出發，根據兩岸關係的不同階段，提出相適應的對台政策，形成了以「解放臺灣、一綱四目、一國兩制、八項主張、四點意見、反分裂國家法」為核心的對台政策，指引著兩岸關係和平發展階段的到來。如何推進兩岸關係和平發展的鞏固和深化，實現和平統一，大陸提出了「六點意見」。關於兩岸關係和平發展理論和戰略，中共十八大政治報告作了系統、深入的論述。在中共十八大對台工作方針指引下，完成和平統一階段對台政策的大政方針是，按照兩岸關係和平發展理論和實踐的要求，要在完成和平統一過程中和完成後充分發揮憲法功能，完善和發展「兩種制度並存，臺灣高度自治」和「兩岸共同發展，共同繁榮」的理論基礎、指導思想和政策方針，完成充分保障臺灣同胞各項權益的法制建設，這是和平統一的政治理論、法律和政策的基本要求。大陸對台政策的發展和完善，對臺灣社會和臺灣民眾產生直接的影響，當然也成為對臺灣「國家認同」產生影響和引導作用的大陸因素之一。

和平統一階段是兩岸交流發展的最高階段。首先，只有透過兩岸交流，才能累積以「九二共識」為基礎的政治互信，降低雙方的猜忌程度和不安全感，有利於兩岸主要矛盾由對抗性向和平發展的轉變，有利於建立和平統一所必需的政治基礎。其次，只有透過交流，才能建立和完善和平統一必需的對話機制。現今已經初步實

現以海協會和海基會商談為主體的兩岸協商機制化、協商管道多樣化、談判成員專業化，推進和平統一，必須經過兩岸談判，只有在已有對話機制上展開。第三，只有透過交流，才能加強經濟合作。兩岸「三通」已經實現，ECFA正在落實，經濟合作全面展開，大交流大合作大發展勢頭看好，只要兩岸來往變得平常，交流變得普通，合作達到自覺，理解達到自然，統一就會水到渠成。兩岸交流是臺灣民眾瞭解大陸的主要途徑，當兩岸交流變得平常、普通的時候，兩岸瞭解、尊重、包容和認同則已到了很深的程度，「國家認同」的構成也會隨之變化，認同大陸，認同「一個中國」也成為主體了。

和平統一階段是爭取臺灣民心有成效的最高階段。兩岸和平統一的實現，有經濟統一、武力統一、政治統一與和平統一等多種方式，最為成功的應該是人心的統一。大陸非常尊重和依靠臺灣同胞，極為重視做臺灣人民工作，政策上和工作中都反復強調寄希望於臺灣人民。從現階段看，臺灣民意與和平統一的要求還有相當距離。兩岸和平統一，需要兩岸人民的同意。獲得臺灣民眾的贊同、「一個中國認同」成為社會的主流認同，是和平統一的民意條件之一。透過做臺灣人民工作，爭取臺灣民心，促使臺灣同胞加深對「一國兩制」的認識，瞭解大陸社會主義制度，尊重大陸的民主方式、意識形態和生活方式，包容和認同兩種制度下的不同特點，這樣就會使得和平統一的民意基礎越來越鞏固。在這基礎上按照「兩種制度並存，臺灣高度自治」原則，同心同德求發展，聚精會神謀繁榮，共同為實現中華民族偉大復興而奮鬥。此時，從兩岸關係階段性考慮，「一個中國認同」重新成為臺灣「國家認同」的主流認同。也就是和平統一階段所需要的「國家認同」，只有到和平統一完成階段才能實現。只有經過和平發展階段的努力進入和平統一階段時，「一個中國認同」和「主張統一」才能成為全社會的自覺選擇。需要說明的是，和平統一的民意條件與其他條件是相輔相成的，是水漲船高的關係。

和平統一「分步走理論」的提出，以及和平發展實踐的深入，標誌著中國共產黨和平統一祖國理論、戰略的發展和成熟，反映了大陸對台工作的成功和深化。和平統一的實現，需要兩岸同胞在和平發展階段，共同努力。和平統一的民意基礎，和平統一所需要的「國家認同」，需要兩岸同胞在和平發展階段共同創造。

二、和平發展是兩岸關係的重要階段

　　兩岸關係和平發展理論的提出和實踐表明，和平發展不僅是推進兩岸和平統一的唯一途徑，也成為影響和引導臺灣「國家認同」和增加臺灣「一個中國認同」的最為積極的因素。從長遠看，透過兩岸關係和平發展的實踐和成果，也是影響和引導臺灣「國家認同」正面轉變的重要途徑。2006年4月16日，中共中央總書記胡錦濤在會見中國國民黨榮譽主席連戰時指出，求和平、促發展、謀合作是時代的潮流，也應成為兩岸關係發展的主題。[14]　兩岸關係和平發展理論的提出，不僅揭示出兩岸關係的發展方向與目標，更標誌著對台工作戰略重心轉變的開始，祖國和平統一「分步走理論」的確立。2008年5月，臺灣政局出現積極變化，上臺執政的馬英九當局能夠與大陸一起，落實國共兩黨於2005年4月達成的「五項共同願景」[15]，兩岸關係開始步入和平發展軌道。大陸強調，「堅持大陸和臺灣同屬一個中國作為推動兩岸關係和平發展的政治基礎，把深化交流合作、推進協商談判作為推動兩岸關係和平發展的重要途徑，把促進兩岸同胞團結奮鬥作為推動兩岸關係和平發展的強大動力，攜手共進，戮力同心，努力開創兩岸關係和平發展新局面。」[16]

　　和平發展是大陸創造統一條件的準備過程。從完成祖國和平統一的基本要求出發，對於中國推進和平統一主體的大陸來說，完成和平統一所需要的硬實力和軟實力建設要求很高，必須形成對臺灣方面的絕對優勢。首先，創造優勢。無論是在和平統一過程中，還是在和平統一完成後，大陸都需要足夠的實力和優勢才能推動和承受。大陸優勢包括政治民主、經濟發展、綜合實力、科技水準、生活品質等全方位的提升，只有等到大陸對臺灣的絕對優勢的形成之時，兩岸和平統一的實力基礎才能完成。這是歷史上三次回歸之所以能夠實現的基本經驗。其次，改進不足。主要表現在軟實力建設方面，包括政治建設、民主建設、法制建設、新聞建設和文教建設等領域，能否透過改革開放完成現代化。這一現代化的完成，必將成為得到兩岸人民支援、實現和平統一的強大動力。也就是說，大陸要有足夠的自信心和創造力，要認識到完成政治、經濟改革為核心的全面改革，既是中國實現現代化的需要，也是完成祖國和平統一的需要。大陸創造實現和平統一的條件，與臺灣「一個

第三章　臺灣「國家認同」的現實難點

中國認同」有著必然的因果關係。大陸創造和平統一條件的過程，就是獲得臺灣「國家認同」認同的過程，也是包括「國家認同」在內的臺灣民意信任和認同大陸、支持和平統一觀念增長的過程。

和平發展是臺灣人民接受和平統一的過渡階段。完成兩岸和平統一，是要讓分離60多年，政治體制、意識形態和生活方式不同，因而價值觀和思考方式也是不同的兩岸，形成關於和平統一的共識，完成和平統一的安排。這一歷史性進程也對臺灣人民提出了很高的要求。對於臺灣人民來說，首先，是增加對兩岸交流意義進而也對和平統一意義的認識。和平發展帶來了臺灣民眾利益的增加和保障、經濟的發展和提升、社會的穩定和繁榮，帶來了兩岸「共同利益、共同觀念、共同價值、共同命運和共同認同」的形成和增加，這是兩岸交流的本意，也是和平統一的基本要求。其次，增加和完善對大陸的瞭解。部分臺灣民眾觀察大陸時，帶有有色眼鏡，膚淺、片面和簡單不可避免。透過和平發展，臺灣民眾有時間有機會有可能更多的瞭解大陸，有利其心態的調整，進而有助於兩岸和平統一共識的形成。第三，調整政治心態。透過和平發展，幫助臺灣找到和確立臺灣發展第一、兩岸共同發展第一的定位，有利於瓦解「台獨」的政治、心理和社會基礎，創造兩岸和平統一的政治條件。兩岸和平統一是兩岸人心的統一，臺灣民眾認同大陸、認同和平統一的時候，「國家認同」在其中也起到很大作用的同時，自身也完成轉變，即在歷經「台獨」干擾、「國家認同」構成發生重大變化後，再次在更高層面上形成「一個中國認同」。

和平發展是兩岸完成和平統一的必經之路。大陸要透過發展創造兩岸和平統一所必需的優勢，臺灣要透過調整心態創建完成兩岸和平統一的條件。更為關鍵的是，一邊的優勢一邊的調整必須逐漸完成有效對接，透過對接變成推進兩岸和平統一的動力，這一對接就是交流。兩岸要透過交流逐步消除分離多年造成的隔閡，透過交流增加對對方的信任感、親近感，進而透過交流增加對完成和平統一的認識。只有在和平發展過程中，提高兩岸認識，確立共同目標，共同維護兩岸主權和領土完整；累積政治互信，鞏固共同基礎，解決兩岸之間的爭端和政治對立；擴展文化交流，培養共同認識，發揮中華文化在和平發展過程中的特殊作用；全面落實ECFA，增加共同利益，促進兩岸的共同發展和繁榮；加強對台宣傳，形成共同議題，

更好更多掌握和平發展的話語權；改進交流措施，促進共同行動，增加兩岸交流的實效；加強學術研究，構築共同框架，找到更多更好的和平發展的途徑和方法。總之，和平發展是在為和平統一創造條件。兩岸關係和平發展作為和平統一的必由之路，一方面包括「台獨」在內的各種不同思想、政治流派需要有一個表演和實踐的機會，並且接受歷史和事實檢驗；一方面透過發展來壯大和平統一的力量，透過政治、經濟、文化和社會各個方面的調整，完成兩岸交流和認同各個環節上的對接，為和平統一的完成創造條件。臺灣「國家認同」也是這樣，各種「非一個中國認同」需要經受和平發展階段的兩岸關係的核對總和淘汰，「一個中國認同」則會成為和平統一的堅實信念、認識和思想基礎。

兩岸關係的實踐證明了和平發展理論和戰略的重要性、必要性和前瞻性。自2008年5月兩岸關係進入和平發展階段以來，首先，大陸的快速穩定發展。和平發展為中國帶來了發展必要的國際和國內環境，中國之所以能夠在處理國際金融危機、美國高調重返亞洲、周邊國家在釣魚島和南海不斷製造事端以及其他國際熱點問題時，能夠從容相對，遊刃有餘，與台海和平發展有很大關係，中國可以集中精力處理外事，抓緊「十一五」關鍵期、「十二五」起步期，加快發展，無論是GDP，還是綜合實力和重要產業，都取得了世人矚目的成就，為兩岸關係提供了至關重要的經濟基礎。可以說在綜合實力、經濟、科技、軍事等方面的優勢已經形成，在文化、教育、法制和政治等方面的優勢正在形成，大陸對臺灣優勢將成為解決臺灣問題的實力基礎。其次，兩岸基本政治互信建立。兩岸關係歷史性轉折的實現，和平發展一系列重大成果的取得，關鍵是兩岸政治互信的建立。政治互信「就是海峽兩岸雙方彼此以口頭、書面或行為默契的方式，展現出共同維護兩岸同屬一個中國的法理和政治現實之意志，建立起相互包容和信任的政治關係。」[17] 以「九二共識」為基礎的政治互信不斷累積，大陸提出「建立互信，擱置爭議，求同存異，共創雙贏」[18]、「先易後難，求同化異，循序漸進，積極穩妥」[19] 的原則、途徑和程式，得到馬英九當局在政策宣示和具體行動上的配合，共同推進大交流大合作大發展。在這過程中，一方面兩岸要繼續推進和平發展的鞏固和深化，一方面兩岸同胞要共同抵禦和反擊「台獨」的挑釁，因此必須繼續增強政治互信，增強和平發展鞏固和深化的政治基礎。第三，建立兩岸對話機制。在「九二共識」基礎上的兩岸對話，是改善兩岸關係的必要途徑，也是推進和平發展鞏固和深化的重

要方式。「汪辜會談」開始了海協會和海基會對話的成功先例,之後兩會之間的協商,為從20世紀90年代初期開始的兩岸交流高潮的到來提供了必要保證。2008年5月以來,兩岸關係發展的過程和成果表明,兩岸對話機制化已經成為繼續推進和平發展鞏固和深化、維護正常交流秩序的重要保障。第四,實現兩岸「三通」和簽署ECFA。進入和平發展階段以來,大陸海協會和臺灣海基會簽訂18個協定,一類是直接解決「三通」問題,重在「正常化」。一類是為「三通」實施後的運作制定相關規定,重在「規範化」。一類是簽署和落實ECFA,重在經濟合作「制度化」。兩岸交流「正常化、制度化和規範化」促進了兩岸經貿文化和人員交流高潮的到來,對和平發展的鞏固和深化產生不可估量的影響。不僅為臺灣帶來巨大的經濟效益,也加深了兩岸同胞間的瞭解和感情,有利於兩岸同胞聯手抵制「台獨」破壞和干擾兩岸和平發展的惡性事件,和平發展的兩岸氛圍越來越好。兩岸關係歷史性轉折的實現和一系列重大成果的獲得,充分證明和平發展鞏固和深化是和平統一的準備過程、過渡階段和必由之路。隨著兩岸關係和平發展鞏固和深化的推進,臺灣的「國家認同」也在接受薰陶和洗禮。作為社會意識形態的一部分,「國家認同」隨著社會實踐的進行而進行相應的調整。臺灣「國家認同」多元化狀況,會隨著兩岸關係發展和兩岸共同利益、共同觀念、共同價值的增加而改變,「一個中國認同」的增加會成為趨勢。

三、和平發展與和平統一階段的特點

「國家認同」作為意識形態,與兩岸關係的階段性有著必然的聯繫,受到和平發展階段與和平統一階段不同點的制約。根據兩岸關係和平發展戰略,祖國和平統一分為「和平發展」和「和平統一」兩個階段,和平發展已經成為和平統一前的一個不可逾越的過渡階段[20]。首先,兩者不能超越,不同過程中有各自的使命與要求。如果把和平統一階段的標準與要求,提前到和平發展階段貫徹與實施,就會干擾和平發展階段的工作;如果放棄和平統一的目標,和平發展階段就會迷失正確的方向。其次,從現階段看,和平發展的過程和目標同樣重要,和平發展階段的存在,「有利於兩岸同胞加強交流合作、融洽感情,有利於兩岸積累互信、解決爭議,有利於兩岸經濟共同發展、共同繁榮,有利於維護國家主權和領土完整、實現

中華民族偉大復興」[21]，進而有利於「和平統一階段」的到來。第三，要克服認識的誤區：一種是認為強調「過程」會忽視「目的」，和平發展是「忘記統一」；一種是認為「過程」就是「目的」，大陸是在「急統」。因此，必須強調和平統一的階段性，現階段主要是和平發展的鞏固和深化。從實現國家統一的高度看，和平統一與和平發展緊密相連，但也各有特點。和平統一作為兩岸關係的最高階段，標誌著大陸對台絕對優勢的形成、關於兩岸和平統一政策受到兩岸歡迎、兩岸交流達到認同境界、臺灣民意支持統一、「一個中國認同」成為全社會的自覺選擇。與和平統一不一樣，和平發展有其特點。

（一）「性質」有區別

和平統一階段的性質是完成兩岸和平統一。進入和平統一階段後，標誌著「上個世紀40年代中後期中國內戰遺留並延續的政治對立」，「兩岸複歸統一，不是主權和領土再造，而是結束政治對立」這一問題已經解決[22]，臺灣定位已經合理合法完成，臺灣民意透過兩岸關係和平發展階段的實踐對於兩岸和平統一的重要性有了充分的認識，一個中國原則成為兩岸的共同政治基礎，「一個中國政策」成為兩岸的自覺行動方針，和平統一成為兩岸的共識，推進和平統一、完成和平統一成為兩岸的共同行動，兩岸同胞心往統一想、勁往統一使、門往統一開、路往統一走。和平發展階段的性質是「促進交流」，對於兩岸交流，大陸是政策上鼓勵、行動上支持、經濟上扶持、經營上幫助、效益上讓利；不參與「台獨」決策的，不算是「台獨」骨幹的，不瞭解大陸情況的，不理解大陸原則立場的，不清楚「一國兩制」設想的，不歡迎政治談判的，不承認兩岸經貿活動給臺灣帶來好處的，不放棄與大陸敵對立場的，不贊成兩岸和平統一的，都可以參加兩岸交流。只要主流成分是發展兩岸交流就歡迎，只要有利於兩岸交流的就支持，「凡是涉及臺灣同胞利益的事情都要認真對待，凡是向臺灣同胞作出的承諾都要認真履行」[23]。顯然，和平發展與和平統一階段的性質是不同的，統一進程分兩步走，具有深刻的內涵和深遠的意義。如果說和平發展與和平統一階段的「性質」不一樣，在臺灣「國家認同」問題上也會反映出來。和平發展階段的「國家認同」允許多元，和平統一階段的「國家認同」則不會有多元。問題是和平發展階段允許多元，但不能縱容多元，要儘量減少多元。只有這樣才會在和平統一階段基本結束「國家認同」多元問題，「一個中

國認同」才會成為臺灣社會的主流認同。

（二）「任務」有區別

　　實現和平統一偉業的兩個階段的任務不一樣，那麼在意識形態領域改變臺灣「國家認同」多元化的任務和要求也不一樣。和平統一階段的任務是完成兩岸和平統一。具體任務是以完成兩岸和平統一為宗旨，根據和平發展階段兩岸交流取得的成效，根據兩岸政治形勢和民意狀況的演變，分析兩岸在和平統一方面的各自條件的成熟程度，從兩岸和平統一所需要的政治基礎、制度建設、意識形態、經濟關係、人心向背和具體措施等方面，特別是兩岸是否已經就推進和完成和平統一取得共識方面，正確評估和確定統一形勢的是否成熟。在兩岸和平統一形勢成熟基礎上，根據兩岸各自制訂的推進國家和平統一的綱領和政策，完成兩岸和平統一所需要的談判程式、內容等方案的確定。在此基礎上，啟動以兩岸和平統一為目的的政治談判、確定統一方案具體落實措施。和平發展階段的任務不一樣，主要是在堅持「九二共識」、反對「台獨」的政治前提下，透過交流不斷減少分離多年造成的隔閡，不斷減少干擾兩岸交流合作的政治和人為障礙，增加雙方的信任感、親近感，增加兩岸的共同利益和促進兩岸的共同繁榮，培養完成和平統一的心態和基礎。也就是說，透過兩岸關係和平發展的鞏固和深化，深入和推進兩岸交流，為完成兩岸和平統一積累經驗和創造條件。和平發展與和平統一階段任務的不同，決定了工作內容、重點和方式的不同，對「一個中國的政治內涵」有疑義，但能夠接受「各自表述，一個中國」，不贊成現階段立即統一但同意兩岸交流合作，不理解大陸的社會主義制度但積極與大陸交流往來，都符合和平發展階段的任務需求。從和平發展階段的基本任務中可以看出，改變臺灣「國家認同」多元化、增加臺灣的「一個中國認同」，也應該是貫穿於整個和平發展階段始終的基本任務。透過和平發展階段的努力，影響和引導臺灣「國家認同」的正面轉變，才能在和平統一階段達到「一個中國認同」成為主流認同的境界。

（三）「要求」有區別

　　和平統一階段的特點是，兩岸已經能夠瞭解、尊重、包容和認同在政治體制、

意識形態、經濟模式、法制建設、文化教育、科學發展和生活習俗等方面的「差異」，兩岸能夠瞭解、尊重和認同，兩岸當局和主流民意關於和平統一的時機、程式、內涵、過程和影響等方面已經形成共識，大陸為兩岸和平統一創造的條件已經得到臺灣民意的贊同，臺灣民意也在和平發展階段完成了歷史性轉折和昇華。因此，和平統一階段的要求，是兩岸各界都要為完成和平統一盡心、盡職和盡力。因此，進入和平統一階段後，是否反對「台獨」、贊成統一成為判斷敵友的標準，一切贊成統一反對分裂的都是朋友。和平發展階段的性質和任務是「促進交流」，所以階段性要求也與之相適應，不以政治劃線，不以藍綠劃線，不以對待和平統一的態度劃線，不以有無「一個中國認同」劃線，不以對待大陸的態度劃線，只要一個標準，那就是只要反對「台獨」都是團結和爭取的對象。因此，關於和平統一與和平發展階段不同的性質、任務和要求，決定了兩個階段的大陸對台政策制定要點、對台工作重點、判斷工作成效的政治標準的不同。特別是觀察和分析臺灣社會形態、解讀和評估臺灣民意、認識和判斷臺灣「國家認同」問題，更要有兩岸關係發展階段的概念。也就是説，不能超越歷史階段的要求，提出不符合階段性性質、任務、要求的路線、口號、主張和政策，把和平統一階段的任務和要求提前到和平發展階段實施，不僅會遭受挫折，還會嚇退相當一部分的臺灣同胞，干擾和平發展階段的工作。對於兩個階段工作的衡量標準和要求是有區別的，對於「國家認同」來説，兩個階段不能只有一個標準，不同階段應有不同的要求。從「分步走理論」和實踐出發，在「國家認同」問題上，和平發展階段出現多元化問題是可以理解的。和平發展階段是圍繞「台獨」和反「台獨」問題各種政治力量較量的過程，「國家認同」的變化實質上是這種較量的反映。和平統一階段是圍繞統一和分裂較量並決出勝負的過程，「一個中國認同」成為主流認同是必然結果。對於臺灣「國家認同」的階段性的要求和意義就在這裡。

和平發展階段的重要任務之一，就是弄清楚和平發展與和平統一階段的各自特點，按照和平發展階段的要求，克服盲目超越階段性要求、把和平統一階段任務提前到和平發展階段完成的「急性病」；也要防止保守僵化跟著階段性要求後面無所作為的「落伍病」，抓住機遇推進兩岸關係發展與和平統一進程，盡可能地把階段性優勢發揮到極致。在臺灣「國家認同」問題上也是這樣，「國家認同」多元化是和平發展階段的正常反應，但要促其朝著有利於增加「一個中國認同」方向的轉

變,為和平統一階段的「一個中國認同」的形成打下扎實基礎。

四、現階段臺灣「國家認同」的評估

觀察臺灣「國家認同」的歷史演變過程,在臺灣發展的各個不同階段,相應的「國家認同」內涵和主題也不同。更為關鍵的是,對於「國家認同」或社會成員的「身分確認和政治歸屬」程度,不同階段的評判標準也不同。

從歷史上看,在臺灣的早期開發時期閩粵移民形成的「臺灣認同」中,由於移民赴台、在臺灣成家立業之初,時間不長,因此當時的「臺灣認同」與「故鄉認同」都很重要,對於故鄉的認同遠超過對臺灣的認同。在反抗荷蘭、西班牙侵略時期,在臺灣人的「祖國意識」中,最為強烈的是「漢民族意識」中的「反對外國異族侵略和壓迫意識」。在「明鄭時期」的認同是「漢民族意識」上,堅持「反清複明」。也就是說「漢民族意識」集中體現在承認大陸明清兩朝「誰為天朝」的問題上,鄭氏家族則是接受在大陸即將垮臺的明王朝。在康熙統一臺灣以後,對於中央政府接收臺灣安排和行為,臺灣社會和民意積極配合和支持,反映出社會的「國家認同」在面臨分裂危機時「祖國認同」的作用。在清朝統治時期,臺灣民眾的認同是熱愛臺灣的「地方意識」,與「漢民族意識」與「中國意識」融為一體。在反抗日本侵佔時期,在中華文化和民族精神基礎上的臺灣「祖國認同」成為主流意識,面對日本殖民當局的奴化統治,臺灣民眾堅持民族氣節,開展多種形式的抗日鬥爭,捍衛、傳播和發展中華文化,維護和捍衛國家領土和主權完整。所以這一時期的「祖國認同」,是以趕走日本侵略者、光復臺灣為主題。臺灣光復後,回歸祖國,中華民國政府開始統治臺灣,由於國民黨當局的專制統治和內戰政策,「省籍意識」和反對專制統治成為臺灣民意的集中體現。所以這一時期的「國家認同」,是以反專制、爭民主、要人權為主題。兩岸關係60多年來,臺灣「中國認同」出現一些變化。在「戒嚴」時期,雖然「一個中國認同」相當穩定,但是兩岸處於軍事衝突和封鎖狀態,相互間沒有往來。在「憲政改革」和「台獨執政」時期,雖然「一個中國認同」出現多元化,但是兩岸交流開始,兩岸民間往來日益密切,至今兩岸關係實現歷史性轉折,和平發展取得一系列重大突破,兩岸交流成果十分顯著。

綜上所述，臺灣「國家認同」的歷史演變過程表明：首先，外國入侵時，「國家認同」高度一致，如荷蘭、日本侵佔期間的奴化措施，反而增強臺灣民眾的「祖國認同」。最為典型的是臺灣光復後，日本殖民當局強制推行50年的奴化、「皇民化」，一夜之間即被中國人民拋棄。其次，「國家認同」穩定鞏固時，「一個中國認同」保持較高水準，兩岸關係不一定就好。如蔣介石、蔣經國統治時期，在「一個中國認同」較為穩定的同時，是兩岸軍事封鎖和相互隔絕，兩岸和平統一無從談起，連起碼的兩岸交流都沒有。第三，「國家認同」出問題時，兩岸關係不一定不好。如兩岸交流30多年來，「國家認同」開始出現複雜化、多元化，但同時的兩岸交流不斷前進，直至進入和平發展鞏固和深化階段。第四，兩岸綜合差距小，臺灣的「一個中國認同」容易形成。歷史上趕走荷蘭侵略者、平定鄭氏政權分裂企圖、中國政府收復臺灣、國民黨當局撤往臺灣，都在臺灣出現「祖國認同」熱潮，一個很重要的原因，是因為當時兩岸各方面的「不同點」有限，作為構成「國家認同」三要素中的第三要素「差異」不多。兩岸在政治體制、經濟發展水準、文化狀況、民眾生活方式等方面，從性質、內容到形式相差有限，內部沒有分裂勢力活動（平定鄭氏分裂集團除外），外部沒有誤導因素，「國家認同」不僅沒有出問題，而且成為和平統一、回歸的重要的信念、認識和思想基礎。第五，兩岸交流熱絡時，臺灣「一個中國認同」並不一定上升。30多年來，兩岸交流從無到有，從少到多，已經發展到很高的水準。以2012年為例，兩岸人員交流達到760萬人，歷年兩岸人員往來總數達到2450萬人次；兩岸經貿為1689美元，歷年總額為14379億美元，臺灣順差8841億美元。到2011年底，台商投資大陸567.6億美元87760個項目；兩會達成18項協議，兩岸開始具體落實ECFA，開始了「經濟兩化」的進程；兩岸旅遊辦事處、經濟合作委員會已經掛牌運作，海協會和海基會互設辦事處正在啟動；在兩岸大交流大合作大發展形成、交流成果令世人矚目情況下，臺灣的「國家認同」卻在走向複雜化，顯然，「國家認同」作為意識形態，與交流交往的社會實踐不同步，克服兩者之間的時間差，需要時間和實踐。第六，臺灣「國家認同」是可以影響和引導的，從不同階段臺灣「國家認同」的不同主題和內涵中，可以看出臺灣「國家認同」是可以改變的，它的歷史演變過程就是例證。

從臺灣「國家認同」演變過程中可以發現，分析和評估臺灣的「國家認同」離不開相應的歷史階段。觀察現階段的臺灣「國家認同」問題，必須以和平發展階段

第三章 臺灣「國家認同」的現實難點

的基本特點和要求為標準。

一是在兩岸關係處於變動狀態時期，「國家認同」的變化是可能的；兩岸關係處於重大變化過程中，「國家認同」變化也會加大。如果兩岸關係和平穩定發展框架構建完成，兩岸關係進入穩定發展狀態後，「國家認同」的正面影響力增加，「國家認同」的波動會減小，與兩岸關係和平發展的鞏固和深化不協調的內容和形式會減少。它的正面變化，又將成為和平發展鞏固和深化的正面動力。此外，在臺灣社會多元化情況下，「國家認同」多元化不可避免。可以說，在一個政治多元化的社會裡，意識形態多元化不可避免；政治上出現「台獨」和反「台獨」的藍綠兩陣營的高度對立，「國家認同」也會出現相應的對立。

二是在兩岸關係和平發展階段，儘管給臺灣同胞帶來許多實惠，給臺灣經濟帶來許多機會，問題是影響臺灣「國家認同」形成的主要因素沒有改變，而且兩岸對於臺灣「國家認同」影響很大的雙方之間「差異」的認識不夠，還沒有到瞭解、尊重、包容和認同的程度。因此，現階段臺灣「國家認同」難免出現多元化。與此同時，是臺灣現階段「身分認定」的特殊性。對於「國家認同」，和平統一階段的標準是全社會基本形成「一個中國認同」，和平發展階段的標準是允許不同認同情況的存在，但是要透過做臺灣人民工作，逐步改變這種情況。

三是區別看待臺灣民眾的「國家認同」。在以「國家認同」為題的民意調查進行時，調查對象在問及是否「認同中國人」時，一般是從政治上和統獨前途的角度進行思考，比如是對兩岸交流、大陸對台政策和對台工作、兩岸「差異」、臺灣問題解決等問題綜合考慮的結果。由於現階段實現兩岸和平統一的條件還在積累之中，因而一些臺灣民眾不贊成馬上實現兩岸和平統一，因而相配合的是「我是中國人」認同就會低一些。民意調查對象當問及是否「認同臺灣人」時，一般是從地域上和實際居住地的方向去思考，特別是對已經歷經祖上數代長達數百年的居住地的肯定，導致「我是臺灣人」的認同則會偏高。因此，問及是否中國人或臺灣人時，回答的基點和內涵是不一致的，當然評判的標準也不同。其中的關鍵是，反對「台獨」的人可以回答是認同中國人、臺灣人、既是中國人也是臺灣人，「台獨分子」絕對只有「我是臺灣人」的一種認同。

四是反對「台獨」是最為重要的觀察指標。既然島內「台獨」和反「台獨」是社會基本矛盾，反對「台獨」是臺灣的主流民意，但「台獨政黨」在選舉中已經獲得四成至四成五的支持率，這一政治生態在「身分認同和政治歸屬」上必然有所體現，出現「臺灣人認同」的增加是可能的。問題是根據反對「台獨」這一和平發展階段的工作重點出發，接受「九二共識」，包括接受「憲法一中」或認同「中華民國」的，在臺灣民眾中占絕對多數，因此可以說臺灣的「國家認同」中的「一個中國認同」多元化狀態是階段性的反應，隨著反獨鬥爭和成果的增加，隨著「台獨」發展空間被壓縮，臺灣「國家認同」中的不正常情況會減少。

　　五是「統獨選擇」的民意調查資料結果，不能據此來判斷和確定臺灣社會的「統或獨」的性質。因為意念和設想中的「統與獨」與真正實施的「統與獨」的衝擊力是不一樣的，前者不用考慮具體後果可以隨意發揮，後者則會面臨實實在在的利益、前途和後果的選擇，反對「台獨」的主流民意在此則會充分體現出來。現在關於「統獨選擇」的民意調查資料，在和平發展階段的意義，有助於確立做臺灣工作的重點、方向和議題，不能據此來確定臺灣社會的「統」或「獨」的性質。馬英九認為，「即使多數民眾認為自己是臺灣人，但是支持『台獨者』仍是少數，維持現狀才是主流民意。」[24] 他的看法和結論，在現階段有一定的參考價值。民意調查資料中支援兩岸和平統一的占絕大多數，應該是到和平統一階段才能出現的情況，和平發展階段需要繼續爭取臺灣民心，做好臺灣人民工作，爭取支持兩岸和平統一的趨勢越來越強勁。

　　六是臺灣「國家認同」正處於變化過程中，正是表明其固有的可變性和重塑性，是可以引導的。在臺灣光復後，又經過幾十年的分離，以民進黨為主體的泛綠陣營綁架整個社會和兩岸關係進行「台獨」的嘗試，在經歷了「台獨」帶來的政局動盪、經濟停滯、社會分裂、族群對立和兩岸緊張等後果之後，社會開始思考如何制止「台獨」干擾，回到正確道路上來。隨著「台獨執政」的失敗，以及相關因素的調整，臺灣「國家認同」也和臺灣社會思考如何回到正確發展道路上來一樣，也會出現有利於和平發展與和平統一的轉變。隨著兩岸關係和平發展鞏固和深化階段的到來，影響和引導臺灣「國家認同」的正面因素越來越多。因此，臺灣現在的「國家認同」態勢，是和平發展階段前期的正常反應，有必要加緊影響和引導。

第三章　臺灣「國家認同」的現實難點

正是因為兩岸關係和平發展階段與和平統一階段的性質、任務和要求不一樣，兩個不同階段的「國家認同」的評判標準也不一樣，和平發展作為和平統一的準備過程、過渡階段和必由之路，是從兩岸為和平統一完成所需要的經濟建設、軍事建設等硬體，政治、民主、法制、新聞、文教、科技建設及生活水準等軟體層面，為兩岸和平統一的實現創造條件，「國家認同」領域也是如此。和平發展階段的「國家認同」只是在為達到和平統一階段的「一個中國認同」創造條件。現有的問題和評估，正好指導人們如何正確影響和引導現階段臺灣「國家認同」，減少消極成分，增加積極成分，為順利轉入和平統一階段打下基礎。

第三節 影響臺灣「國家認同」變化的基本要素

在研究影響和引導臺灣「國家認同」的難點和要點基礎上，在分析和平發展與和平統一階段對於「國家認同」不同要求後，從影響臺灣「國家認同」變化的諸因素中，有利於臺灣「國家認同」正面轉變的影響力在增加。

一、普遍的民意因素

包括原生領域和現實領域的「政治認同」在內的「國家認同」，屬於民意的重要組成部分。同時，民意又對臺灣「國家認同」的改變起著十分關鍵的作用。在討論影響和引導臺灣「國家認同」問題時，必須要看到和重視臺灣民意的作用。

（一）客觀對待民意調查

在臺灣收集、統計和分析民意時，民意調查機構的作用很大。臺灣的民調系統極為發達，主要有政治大學選研中心、世新大學民調中心、遠見、展欣、未來事件交易所、民意學會等專門民調機構，有《蘋果日報》、TVBS電視臺、《聯合報》、《中國時報》、「中廣」、《旺報》、《自由時報》、《天下》雜誌和《今日新聞》等媒體的民調機構，有一些大型基金會的負責民調的部門，有民進黨、國民黨等政黨的負責民調的部門，有「陸委會」和其他官方機構的負責民調的部門。正是

181

因為民調機構眾多，所以民調的議題多、數量多和重複多。操作上是分領域、分地區、分層次、分群體，就同一議題定期進行同比式、對比式調查。就內部事務來說，有執政滿意度、政黨信任度、候選人支持度、民意傾向類、經濟狀況類和生活指數類等調查議題。就兩岸事務來說，有反映島內民眾的統「獨」立場、自我認同觀點、對兩岸關係中重大問題的看法、對大陸對台政策和臺灣朝野政黨大陸政策的反應等調查議題。就各項選舉來說，有關於候選人、政黨支持度、選民動員度、競選主張和支持度等調查議題。在臺灣已經形成較為成熟的民意調查市場情況下，現有的民調對於觀察、分析和判斷民意狀況具有較高的參考價值。

對於民意調查，民調機構都強調自身「公正、客觀」的立場，但影響民意調查結果的因素很多。

一是民意調查結果直接受制於藍綠政治立場。任何一項民意調查的舉辦，與舉辦方或委託方的藍綠政治屬性關係極大，民意調查資料明顯不同。一般民意調查資料都會以該調查議題的舉辦方或委託方的要求相符，或是公佈的調查結果與想要的結果相同。此外，民意調查資料與主辦該項民調的目的和任務關係極大，一般是民意調查的任務決定了民調的結果。如在野黨為了證明執政黨沒有政績而舉行民意調查，民意調查資料則會對執政狀況普遍不滿意。

二是同一議題民調，因為提問的問題設置具有明顯傾向性，調查資料也會不一樣。如關於「一國兩制」的民調很多，在設置被調查者是否接受「一國兩制」的問題時，有的是問，在保持兩岸共同發展和繁榮、充分保障臺灣民眾權利、實現高度自治情況下，是否接受「一國兩制」？有的是問，在「政治上矮化臺灣、吞併臺灣」情況下，是否接受「一國兩制」？兩種提問方式，顯然民意調查資料大不相同，前者接受「一國兩制」的程度要比後者高出數倍。如「統獨選擇」的民調，整體提問都是從拒絕兩岸和平統一的角度進行設計，那麼贊成兩岸和平統一的民意調查資料不會高。如關於選情調查的民調，提問都是從壓制一方選情角度出發，民意調查資料肯定與此相同。提問方式的設計，特別是傾向性的提問方式，則是操縱民調、取得相應民意調查資料的重要手段。

三是對於接受調查的對象的條件設置也對調查結果產生重大影響。如在進行電話民意調查時,對接受調查者不加區別,只要接電話者都可以算數的方式,與對接電話者的身分和條件進行限制大為不同。如接受調查的必須是家庭的某一性別的排行第幾的人,這樣必然會有不少人拒絕接聽和回答,因而影響民調回收率和正確率。

四是民意調查資料的解釋具有很強的傾向性。對於同一次民意調查資料,不同立場和需求的人有不同的解釋和看法。最為典型的是,在2012年1月14日的選舉競選期間,多次民意調查中出現支持候選人宋楚瑜的資料偏高現象,有人認為是綠營支持者為了分化藍營故意「挺宋」所致,有人認為是藍營對馬英九不滿意的人「挺宋」所致。最後投票中宋楚瑜的得票率過低,證明偏高的民意調查資料不符合實際選情,應該與第一種看法相接近。如何看「國家認同」狀況的民意調查中出現的「臺灣人認同」居高不下的資料也是如此,有人認為是支持「台獨」的表現,有人認為只是對於居住地即地域的反映。

五是民意調查過多過濫,缺乏嚴肅性。臺灣地區民意調查異常發達,是因為需求過旺。因為政局、朝野大陸政策、兩岸關係方面重大且突發事件多,遇事必有民調;如不同政黨有不同需求,同一政策同一事件出現,各個政黨和政治勢力都有自己的圖謀,因此都是自己或委託專門民調機構做民調;如媒體的需求,重大且突發事件一出現,媒體都會借機宣傳和擴大自己,舉辦民調並得出自己的民調結果是捷徑;如民意調查機構的需求,民調機構要生存就要擴大自己的知名度,才能接受更多的委託,擴大自身的生存空間,重大且突發事件發生時,各類民調機構則一擁而上和互相攀比。當然,民意調查過於頻繁,在部分民眾中已經形成「民調疲勞」,對民調提問故意不回答或故意反向回答的數量在增加,這也影響民意調查資料。

六是民意調查在政治生活的作用特殊。臺灣朝野決策者正是透過對民意的掌握,來決定施政措施,推出具體政策,當然也包括如何按照自己的需要繼續引導民意。從目前島內藍綠陣營看,都表示要把臺灣民意作為自己決策的基礎,但經常是各取所需,根據自己的政治需要來選擇相應的民意調查資料,為自己的政治任務服務。關於臺灣「國家認同」的各項民意調查,也都受到上述因素的限制。對於大陸

來說，需要對於臺灣民意調查資料進行綜合、系統、對比分析，從中瞭解、掌握和引導臺灣民意及其趨勢，鞏固和擴大兩岸關係和平發展的民意基礎。

臺灣地區的民意調查異常發達，具有反應及時、資料量多和齊全、各類政治立場都有等特點，因此只要結合島內政治現實和兩岸關係實際，結合民調機構的政治傾向，結合以往的相關民調資料，結合朝野政治勢力的一貫主張和表現，就能看到民意調查資料正確的一面。總體上看，綜合各種民調結果和現實反映，應該說希望島內政局穩定發展、維持兩岸關係現狀是主流民意。一般來講，政治傾向泛綠陣營的民調機構、民進黨等綠營政治力量量身定做的民意調查得到的資料，基本反映的是「台獨勢力」及其支持者的政治態度；政治傾向泛藍陣營的民調機構、國民黨等藍營政治力量所做的民意調查得到的資料，基本反映的是反對「台獨」、支持兩岸交流與和平發展的立場。關於臺灣「國家認同」現狀，主要是依據相關民意調查的資料。圍繞「國家認同」議題，不同政治傾向的民意調查機構或委託方，得出的民意調查的資料差別較大，尤其是在「身分認同和政治歸屬」方面。

（二）正確把握臺灣民意

在臺灣現實社會中，所有政黨和政治人物都認為自己是代表主流民意，所有民調機構都強調自己「公正、客觀」，因而他的民意調查資料就是民意的反應。無論是學理上還是實踐中，臺灣民意是社會各界、政黨、媒體和民調機構的民調結果的綜合反應，特別是社會各界對兩岸關係和島內政治、經濟、社會等各種具體事情的看法、情緒、價值判斷、願望等。臺灣民意應是理性與感性、穩定性與變化性、獨立性與從眾性、潛藏性和迸發性的結合。民意在表達傾向上分為理性民意和非理性民意，在表達程度上分為激烈民意和溫和民意，在時間上分為新生民意和蓄積民意，在區域上分為局部民意和整體民意，在表達群體上分為主流民意和非主流民意[25]。在民意具體表達上，由於臺灣選舉政治和傳媒政治極度活躍，在存在順應發展趨勢、強調穩定發展、多數民眾認同的主流民意的同時，還有一些對抗主流民意的觀念、思潮影響著媒體、民眾和社會，以達到混淆和模糊主流民意的圖謀。因此，認識和判斷臺灣民意是一項重要但有很大難度的工作。對於臺灣「國家認同」的構成、內涵、作用和影響分析也是這樣。

第三章　臺灣「國家認同」的現實難點

　　從島內社會看，主要是強調「穩定發展」。無論是社會各界的直接反映，還是民意調查資料，都可以看出社會關心的首要議題是經濟和民生。儘管在臺灣社會「泛政治化」現象十分嚴重，社會基本矛盾相當尖銳、族群和南北矛盾十分緊張、選舉狂熱定期發作，但是對於民眾來講，經濟發展和民眾生活狀況還是實實在在的問題。在國際金融危機和歐債危機衝擊下，臺灣經濟能否擺脫危機的影響，經濟發展能否帶來實際利益和改善民生，成為民眾關心的焦點。同時，民進黨干擾兩岸經貿交流合作，是在扭轉臺灣經濟的正確發展道路，直接影響臺灣經濟的發展，這就使得社會各界更加關心經濟的發展狀況。此外，在現有社會基本矛盾基礎上，藍綠陣營極端對立，「台獨勢力」為趁亂奪權而加劇社會和政局動盪，民眾希望社會穩定、政局穩定，從而為經濟發展創造良好的社會氛圍和政治條件。因而，強調穩定發展成為臺灣主流民意的主要構成。

　　從兩岸關係看，臺灣主流民意是「維持現狀」。兩岸關係進入和平發展軌道以來，實現了歷史性轉折，兩岸政治互信初步建立，「三通」基本實現，兩會制度化協商機制正常運行，「經濟兩化」全面推進，雙方社會瞭解和認同在加快，大交流大合作大發展局面已經形成。面對兩岸關係的進展和成果，臺灣民眾是主要支持力量。由於兩岸政治對立繼續存在，敵對狀態沒有解決，政治體制和發展道路上的「差異」不能正確對待，雙方在臺灣的政治定位、安全、軍事和涉外事務等問題上的分歧減少有限，又面對和平發展給臺灣經濟和社會帶來的巨大的經濟利益，因而在解決兩岸政治對立途徑和條件不成熟的情況下，維持兩岸關係現狀最為重要，有效避免「台獨」破壞現狀帶來兩岸關係的危機。無論是「穩定發展」，還是「維持現狀」，有利於和平發展階段工作總目標的實現，有利於推進兩岸和平統一的進程。

　　當然，也要看到現階段有關兩岸關係的臺灣民意中的消極因素。如島內「統獨選擇」的現狀，2008年5月以來，在相關民意調查的資料中，「主張兩岸統一」的一直處於較低水準，「偏向兩岸統一」的有一成左右，「主張儘快台獨」基本保持「台獨執政」時的水準，「偏向台獨」的達到16%左右，這些民意調查資料反映出「統獨選擇」中的消極因素。如對於大陸對台政策和對台工作，一些人宣揚「陰謀論」，聲稱ECFA和大陸惠台政策是「統戰陰謀」；一些人宣揚「失衡論」，聲稱大

陸只給國民黨當局好處，造成藍綠、貧富和南北失衡；一些人宣揚「無感論」，聲稱兩岸交流和合作，對於臺灣民眾來說，未受其利反蒙其害，沒有感受到和平發展的紅利；一些人宣揚「無用論」，聲稱惠台政策是大陸的「統戰陰謀」，臺灣民眾就是要經濟上的利，政治上「不要上當」。「四論」已經成為干擾兩岸關係和平發展鞏固和深化、貶低ECFA的兩岸經濟合作功效的主要觀點。如關於臺灣「國家認同」的民意調查資料中出現的認為「自己是中國人」的偏低、認為「自己是臺灣人」偏高問題，與「統獨選擇」、社會民意中的一些消極因素相結合，作為臺灣民意中的消極因素，成為臺灣一些人各取所需、用來對付大陸的武器，因而越來越成為人們關注的焦點。

對於兩岸關係和臺灣政局演變來說，臺灣民意起著非常重要的作用。同時也要看到，臺灣民意的形成和變化受制於多種因素的影響和引導，民意也對臺灣政黨和政治人物產生不可低估的影響。從現階段臺灣民意的內涵和特點，可以看出引導臺灣民意的可能性；從現階段臺灣民意的構成和立場中，可以看出引導臺灣民意的困難度。影響涉及兩岸關係的臺灣民意形成和走向的因素多種多樣，兩岸同胞共同創造的中華文化是兩岸關係和平發展、乃至實現和平統一的基礎，兩岸同胞共同的生活習俗是提醒兩岸同胞念念不忘是中國人的聯結點，兩岸「三通」和經濟合作帶來的巨大的經濟利益是和平發展的強勁動力，大陸越來越成熟的對台政策和作為是推進和平發展、和平統一的政治保證。臺灣民意在上述歷練中，將不斷朝著有利於兩岸關係和平發展鞏固和深化的方向轉化。為了強化這一進程，大陸要加快發展，擴大對臺灣的優勢，增加對臺灣的吸引力；在推進和平發展過程中，兩岸同胞要認清共同命運，增加共同利益，形成共同價值和共同認識，影響和引導「國家認同」，增加臺灣的「一個中國認同」。

在兩岸關係和平發展鞏固和深化成為現階段主要任務的情況下，臺灣民意中的積極因素已經成為兩岸關係和平發展的民意基礎，消極因素已經成為兩岸關係和平發展繼續前進的障礙。泛藍把民意中的消極因素作為推遲啟動兩岸政治協商的理由，泛綠利用民意中的消極因素干擾和破壞和平發展。因此，圍繞臺灣民意，發揮其中的積極因素，轉變其中的消極因素，是對台工作的基本任務。要從推動兩岸關係和平發展鞏固和深化、進而推進國家統一的戰略高度，分析和釐清臺灣民意的構

成、內涵和立場，建立關於臺灣民意的評判標準，確立研究臺灣民意的理論研究體系，完成關於臺灣民意研究的政治學、社會學、統計學和法理學的基礎性論述和建構，因而具有較大的理論意義和學術意義。透過理論和學術疏理，可以發現和發揮臺灣民意中有利於兩岸關係和平發展的積極因素，壓縮臺灣民意中不利於兩岸關係和平發展的消極因素，鞏固和擴大兩岸關係和平發展的民意基礎，因而具有重大的政治意義。同時，全面、系統、深入研究臺灣民意，是貫徹落實對台工作戰略的重大舉措。瞭解和掌握臺灣民意，有助於全面、細緻、系統地瞭解臺灣政經形勢與社會狀況，更加準確地把握臺灣社會的脈動和民意走向，有效破解島內一些人把民意作為掩護、推銷自己政治主張、拖延兩岸和平統一的圖謀，更有針對性地做好臺灣人民工作，把民意這一對付大陸的軟實力變為促進兩岸和平發展、共同繁榮的「真動力」，變為擴大和深入進行兩岸文化交流、增強「中華文化認同」的軟實力。

（三）塑造有利於「一個中國認同」的民意氛圍

影響和引導臺灣「國家認同」、增加「一個中國認同」，不能低估民意的作用。同樣，「一個中國認同」的增加，又將增加主流民意中的積極因素。

一是追求島內政局穩定的民意有利於臺灣的政治穩定，進而有利於形成影響和引導「國家認同」的社會環境。政治穩定是一個地區發展的基本條件，對於在李登輝、陳水扁執政的20年間基本處於政治地震不斷、基本矛盾激化狀況下的臺灣來說，政治穩定更有必要。臺灣政治動亂的根源是「台獨」的存在，「台獨勢力」為了擴大生存空間，為了爭奪執政權，需要製造社會對立，挑起族群衝突，鞏固自身的政治和社會基礎，因此宣揚各種不符一個中國原則的「非一個中國認同」的理念和主張，嚴重衝擊人們的思維和思想，造成意識形態的混亂。飽受「台獨」帶來的政治動亂之苦的臺灣民意，要求政治穩定。臺灣政治穩定的前提是在現有的「憲法一中」範圍內進行政治活動，反對「台獨」消除政治動亂的根源，這也成為加快臺灣經濟發展的政治條件，當然也成為影響和引導「國家認同」的重要政治基礎。

二是維持兩岸關係現狀有利於和平發展，成為影響和引導「國家認同」的推動動力。30多年的兩岸交流，一直受到各類「台獨勢力」的干擾和破壞。為了阻撓兩

岸交流和削弱兩岸交流的政治基礎，各類「台獨勢力」在不同階段按照不同需求編造了許多口號和主張，貶低和攻擊大陸的對台政策，抹黑和攻擊島內的反獨力量。「台獨」的重要圖謀之一，就是推動「臺灣獨立」、破壞兩岸關係現狀。當然也是在直接誤導臺灣的「國家認同」。因此，兩岸交流的重要成果和體會之一，就是維持兩岸關係現狀；只有在堅持「九二共識」、堅持「兩岸同屬一個國家」的現狀下，才能抓住機遇，推進和平發展的鞏固和深化。因此，維持兩岸關係現狀，現階段的意義集中體現在「有利於兩岸同胞加強交流合作、融洽感情，有利於兩岸積累互信、解決爭議，有利於兩岸經濟共同發展、共同繁榮，有利於維護國家主權和領土完整、實現中華民族偉大復興」。[26]　顯然，發展兩岸關係、制止「台獨活動」，是和平發展的前提，當然也成為影響和引導臺灣「國家認同」重要因素之一。

三是追求島內政局穩定和維持兩岸關係現狀，關鍵是要遏制「台獨」，進而有利於鞏固「國家認同」的政治基礎。從島內政治現實出發，現階段要想實現島內政局穩定發展和保持兩岸關係現狀的目標，關鍵是遏制「台獨」的氣焰和蔓延。與主流民意相對抗、搞亂臺灣、惡化兩岸關係的是「台獨」，「台獨」一直是主流民意的主要敵人。堅持「台獨黨綱」的民進黨雖然已經下野，但是民進黨的滋長土壤沒有改變。民進黨利用社會基本矛盾、族群分化、南北差距、朝野對立、兩岸政治對立等「現狀」，擴大綜合實力，爭取執政機會；民進黨沒有放棄「台獨立場」，但有階段性調整，一直在思考隨著兩岸關係和島內政局的演變，對「台獨理念、路線和行動」進行策略和手段上的調整，以在鞏固基本盤的前提下增加對中間選民的吸引力；民進黨內有作為的政治家不多，但政客型的活動分子不少，成為維繫黨內關係的核心；黨員隊伍不多，但戰鬥力、影響力不小，危機感、凝聚力較強；民進黨的理論、路線和政策的實踐意義不大，但草根性極強，能夠瞭解臺灣民意脈動，掌握基層的思維方式，在相當程度上控制了島內關於政局和兩岸關係的話語權；黨內「派系共治」已經禁止，但實際運作沒有停止，陳水扁的「正義連線」（兒子陳致中的「一邊一國連線」）、謝長廷的「福利國連線」、蘇貞昌的「新潮流系」和蔡英文的「實力派」等派系還在繼續活動，蘇貞昌正在抓住機會擴大實力，謝長廷和蔡英文系不甘寂寞；在兩岸關係和平發展問題上，民進黨不放棄「台獨立場」，但也想享受和平發展的紅利，存在既否認「九二共識」、又想參與兩岸交流和擁有主

第三章　臺灣「國家認同」的現實難點

導權的幻想；從綜合實力上看，民進黨已經全面復蘇，但是沒有達到2004至2005年間出現的全盛時期。總體上講，民進黨已經具備再度挑戰執政權的實力，「台獨勢力」利用執政機會和舞臺增加「台獨國家認同」也有可能。因此有效遏制「台獨」，有針對性地進行壓「獨」、化「獨」工作，既是鞏固主流民意的需要，也是影響和引導「國家認同」、增加「一個中國認同」的需要。

　　四是批判和遏制「台獨」需要與時俱進，找到遏制「台獨」和引導「國家認同」的著力點。一方面要看到「台獨」在與時俱進。民進黨成立以來，繼續堅持「台獨黨綱」，繼續堅持「台獨理念、路線、政策、口號和手段」，繼續堅持以干擾兩岸關係和平發展為目的大陸政策，但是也要看到民進黨在隨著島內政治生態的改變和兩岸交流的進展，對「台獨」進行相應調整，減少社會上對「台獨」危害的擔心，以擴大對選民的吸引力。如在1994年12月第一次省市長選舉前夕，黨主席施明德提出即使執政也不搞「台獨」，成為陳水扁勝選臺北市長的原因之一；1999年5月，為贏得2000年3月選舉，透過「臺灣前途決議文」，接受「中華民國國號」，成為陳水扁勝選臺灣地區領導人的原因之一；在陳水扁利用執政機會推行「漸進台獨」和「法理台獨」失敗後，下野後的民進黨提出了「理性台獨、柔性台獨」，運用「臺灣主體性」、「臺灣意識」、「中華民國是臺灣，臺灣是中華民國」、「民進黨執政，大陸不會中止兩岸關係和平發展，大陸會更加重視台商」等主張，對「台獨」進行偽裝，具有很大的欺騙性。這就提示大陸，批判「理性台獨、柔性台獨」需要新的角度、方式，才能更有效果。一方面要看到削弱民進黨的實力是困難的。民進黨成立短短14年取得執政權，在極不成功的8年執政下野後不到幾年，已經具備再度奪取執政權的實力。此事表明，該黨草根性極強，具有較強的生命力和發展空間。這就告訴人們，觀察「台獨」和反獨力量的增長，把目標定在壓縮民進黨發展空間、寄希望於民進黨分裂和減少實力問題上則不現實，應該把重點放在減少民進黨的「獨性」、淡化「台獨」直至放棄「台獨黨綱」問題上。臺灣存在實力相當的朝野政黨有利於臺灣政治的演變。只有這樣才能避免做民進黨工作的盲目性，增加做民進黨工作的主動性和實效性。

　　總之，客觀對待民意調查，正確把握臺灣民意，深入和有效批判「台獨」和「台獨國家認同」，對擴大主流民意的影響極為有利，對推進兩岸關係和平發展鞏

固和深化,對增加臺灣的「一個中國認同」極為有利。

二、穩定的傳統因素

考察臺灣「國家認同」的影響因素,關於民族、歷史、文化、語言、血脈、宗教、地緣和習俗等原生領域的認同,對於臺灣民眾的「身分認同」和「政治歸屬」,具有保持、維護和增加「中國認同」的作用。在現階段,具體反映「原生領域認同」的,是臺灣社會中的「民族、歷史、文化和愛國」等基本認同,雖然遭受多種政治力量的干擾和誤導,但是核心和主體沒有改變。充分認識和增強臺灣民眾的「民族認同、歷史認同和文化認同」,是影響和引導臺灣「國家認同」的基本途徑。

(一)「民族認同」,無法改變

在「國家認同」中,「民族認同」是任何族群和個人「確認身分和政治歸屬」的基礎。從普遍意義上的「國家認同」看,民族、文化和歷史的記憶構成核心和主體。臺灣是中國第一大島,臺灣人是中國人,這是任何政治力量無法改變的事實,也是臺灣「國家認同」的內核。臺灣居民是中華民族成員,這一屬性對於「國家認同」的形成、內涵和演變,發揮了根基性、長期性的作用。臺灣的「國家認同」,只能構建在臺灣人是中華民族成員、臺灣發展要由兩岸中國人共同努力的基礎上。「民族認同」是「國家認同」的基礎,中華民族成員的身分決定了不可能從根本上否定「一個中國認同」。即使是「台獨分子」也無法否認其祖先是中國人、是閩粵移民的事實。也正是因為「民族認同」的存在,所以儘管遇到多種因素的誤導,儘管「台獨勢力」編造了「臺灣民族」、「台獨文化」和「新臺灣人」等神話,儘管「一個中國認同」也出現反覆,但是臺灣同胞是中華民族成員、炎黃子孫,是中國大家庭的組成部分的客觀事實無法改變。歷史上曾經出現過的有違「一個中國認同」的各種認同,最終都不可能成為主流意識。

(二)「歷史記憶」,無法忘記

第三章　臺灣「國家認同」的現實難點

在「國家認同」中，歷史是形成「國家認同」的重要因素，同為一個民族成員，在相同的時空環境中，又有緊密的歷史聯繫、共同的歷史遭遇和可觀的歷史業績，必然產生共同的「國家認同」。「國家認同」作為「集體記憶」之一，它是臺灣發展史的記錄和再現，包括臺灣民眾的中華民族和中華文化的自然屬性，包括臺灣移民移往臺灣後對家鄉、故土的無限思念，包括臺灣和中央王朝的歷史聯繫，包括大陸和中央王朝對臺灣的關心和幫助。在移民社會中，歷史、文化、宗教、先輩和故鄉的意義重大，對於在臺灣新居住地的生存、奮鬥和發展的記憶更深，對於臺灣地區的發展成果更為珍惜，對於同為一國的兩岸在歷史上的相互聯繫和關懷更加難於忘懷。因此，在綿延數千年的大陸和臺灣的聯繫中，兩岸中國人的共同建設臺灣的過程、犧牲和成就，成為組成「臺灣主體性」和「國家認同」的重要元素，同中華民族、中華文化一起，成為臺灣民眾的集體記憶，成為臺灣民眾值得自豪的精神財富。「台獨」極力編造臺灣不屬於中國的假歷史，只能一時對一些人起作用，不可能改變臺灣社會和民眾的集體記憶。

（三）「文化認同」，無法取消

在「國家認同」中，「文化認同」是「民族認同」和「歷史認同」的必然結果，是形成「國家認同」的重要基礎。在同一民族、同一歷史中，保持同一文化、同一語言、同一文字、同一習俗、同一宗教，只能產生同一「國家認同」。在臺灣地區的認同中，中華文化認同具有普遍性。歷來絕大部分臺灣民眾都把自己定位為中國人，自己幾輩人生活的臺灣島是中國人的地方，是中華文化的所在地，兩岸文化、習俗相同，一直在共同進行中華文化的傳承、弘揚和創新事業。因此，臺灣「國家認同」具有深刻的中華文化背景和牢固的「中華文化認同」基礎。同樣，中華文化在臺灣生根發芽、枝繁葉茂，臺灣文化受到「海洋文化、荷蘭文化、日本文化和西方文化」的影響，但無法改變作為中華文化中重要組成部分的屬性，兩岸的中華文化情義，成為兩岸聯繫的精神紐帶。在影響「國家認同」的諸因素中，「文化認同」的作用突出。正因為如此，「台獨執政」時極力推行「漸進台獨」、「文化台獨」和「去中國化」，圖謀清除中華文化，削弱臺灣「一個中國認同」的文化基礎。「台獨」毀壞中華文化的犯罪行為，隨著陳水扁的下臺而告終。如今，一方面有歷史悠久、輝煌燦爛的中華文化存在，一方面有兩岸同胞反對「文化台獨」的

勝利和傳承、弘揚和創新中華文化的實踐，臺灣「國家認同」文化內涵的真正含義就在這裡。

（四）「愛國認同」，無法否定

在「國家認同」中，同一民族、同一文化在歷史上的生存和發展過程中，在遇到外來侵略和內部分裂勢力時持什麼立場和態度，則成為衡量和鑒別「國家認同」的重要標準。「民族認同、歷史認同和文化認同」與愛國壯舉有著密切關係，中華民族的意志、兩岸中國人共同的歷史遭遇、中華文化的大一統思想中的基本內容，就是愛國愛民愛家。特別是臺灣民眾的「國家認同」、對祖國的感情、對故鄉的盼望，是在同外國侵略者的鬥爭中形成和強化的。面對外國列強的侵略和內部的分裂企圖時，兩岸協同作戰，共同維護中國主權和領土的完整，取得了反侵略反分裂鬥爭的勝利。臺灣同胞歷史上的反侵略愛國壯舉，今天的反對「台獨」分裂國家的鬥爭，推進兩岸關係和平發展鞏固和深化、有待完成的和平統一，正是臺灣「國家認同」的內核。「台獨」勢力為了讓臺灣同胞的愛國思想和立場為分裂國家服務，一邊鼓吹「日本侵略有利論」、宣揚「皇民化」；一邊鼓吹臺灣是「主權獨立國家」，分裂國家。這是篡改「國家認同」的內核，這是對「國家認同」的背叛。愛國主義一直是臺灣「國家認同」的主線，愛國思想體現在「臺灣意識」和「臺灣主體性」之中，這是幾千年的中華民族和中華文化的歷史鑄就而成，也是在幾百年來臺灣移民建設臺灣、反抗外國侵略、維持國家主權和領土完整的歷史中形成。歷史事實告訴人們，「國家認同」的改變是有可能的但也是暫時的，從長遠看其核心價值和歷史主線是不會變的。

在影響和引導臺灣「國家認同」的各種因素中，「民族、文化、歷史和愛國」等原生和歷史領域的認同，成為「一個中國認同」的堅實基礎。儘管西方一些政治勢力和「台獨」勢力曾經從多個方面策劃和推進改變上述「四種認同」的活動，已經形成以民進黨為主體、擁有四成支持率的「台獨傾向認同」，「一個中國認同」也開始多元化，但這嚴峻形勢中也要看到，一方面絕大多數臺灣民眾的「民族、文化、歷史和愛國認同」，經受住政治和時代的考驗，主流是好的。另一方面在和平發展穩定架構沒有建構前，「一個中國認同」也不具備成為臺灣社會統一意志的條

件。只要有前者,不管遇到什麼干擾和破壞,後者都會沿著兩岸關係發展大方向繼續前進。

三、待變的政治因素

在影響臺灣「國家認同」變化的各種因素中,以「反共、反華、分裂」為特徵的因素長期存在,十分活躍,對臺灣的「國家認同」產生了很大的負面作用。隨著兩岸關係和平發展鞏固和深化,隨著共同繁榮的實現,「三大負面因素」也在開始調整,或者說對於臺灣「國家認同」的影響力在縮小。

(一)國民黨當局的政治立場在調整

2005年4月以來,國民黨方面能與大陸一起推動和平發展,因而對於「一個中國認同」具有正面意義。

一是從影響臺灣「國家認同」變化的負面因素的源頭尋找,則為國民黨當局在臺灣實施近40年的「戒嚴」引起的民主和專制之間的較量,讓民眾展開對「一個中國認同」的反思。在部分臺灣民眾看來,專制、腐敗和欺負臺灣人的是國民黨當局,國民黨當局是外省人,外省人是中國人,當中國人沒有好處,「一個中國認同」是否值得?國民黨專制與「一個中國認同」之間形成了不良迴圈。此外,為了維護專制統治,同時出於被中國共產黨打敗的仇恨,國民黨當局封鎖海峽,極力推行反共路線,在全社會建立「共諜恐怖」,醜化大陸、中國共產黨、社會主義制度的形象,造成臺灣民眾不敢瞭解大陸、無法瞭解大陸、錯誤瞭解大陸的不正常狀況,導致兩岸「差異」增加、進而導致臺灣民眾對大陸的疏遠感增加。再加上國民黨當局堅持的「中華民國法統」造成上的「兩個中國」,必然會影響到「一個中國認同」和「身分屬性和政治歸屬」的確定,造成臺灣「國家認同」複雜化,導致「一個中國認同」出現多元化。

二是隨著國民黨在臺灣重新執政、兩岸關係進入和平發展階段以來,臺灣「一個中國認同」多元化較為突出。關鍵是面對島內「國家認同」問題上的混亂,馬英

九當局在「一個中國政策」上的消極作為,聲稱「兩岸關係發展的基礎是在『中華民國憲法』架構下,依據『一中各表』及『九二共識』的原則,加上『不統、不獨、不武』,維持台海現狀」[27],「『一中』當然就是『中華民國』」[28];表示目前「沒有時間去討論其他問題,包括政治的問題,兩岸政治對話沒有時間表」[29];在清理「文化台獨」方面作為不夠,不能讓泛藍軍滿意;還時常指斥大陸,聲稱「對平反六四天安門事件、聲援法輪功、批判反分裂法的立場不會改變」[30]。馬英九當局的立場和做法,實質是在擴大關於一個中國原則的爭議,擴大兩岸的「差異」,間接誤導臺灣的「國家認同」,故而引起人們的高度關注。

三是馬英九當局能夠承認「九二共識」,確保兩岸關係有了向前發展的政治基礎;能夠回應大陸的呼籲,一起推動和平發展,兩岸關係實現了歷史性轉折;能夠認同中華民族和中華文化,使得影響臺灣「國家認同」變化的兩岸關係因素發生了重大變化,為引導臺灣「國家認同」提供了有效的著力點,從根本上起到鞏固現實領域中「一個中國認同」的作用,開始逐步扭轉李登輝、陳水扁當局把「一個中國認同」變為「台獨國家認同」的過程。儘管臺灣「國家認同」多元化、複雜化問題近期不會結束,但是隨著兩岸關係和平發展鞏固和深化階段的推進,應該有助於臺灣「國家認同」的正面改變,應該是迎來了有利於增加「一個中國認同」的機遇。

(二)「台獨」勢力誤導功能在減弱

但是兩岸關係和島內政治實踐證明,「台獨」不得人心,其誤導「國家認同」的功能在消退。在各種誤導臺灣「國家認同」的因素中,「台獨」是罪魁禍首。

一是「台獨理論和口號」全面登臺亮相,「台獨底牌」已經出盡。自李登輝、陳水扁到民進黨,各種各樣的「台獨主張」層出不窮,在政治定位上宣揚「分裂分治」、「特殊的國與國關係」、「一邊一國論」和臺灣是「主權獨立國家」。政治重點是編造「台獨國家認同」所需要的民族、文化和族群基礎,要「拋棄中華文化,破除中華民族的神話,剪斷中華民族的臍帶」[31],臺灣人是「特殊的政治經濟環境和歷史遭遇所形成的新興民族」,「2300萬臺灣人民是禍福相依的命運共同體」,要「凝聚新的國家共同體意識」。[32]

二是「台獨」勢力曾經利用掌握的公共權力,全面推行「台獨制度化、政策化」。為了做好「台獨」的向上發展、向下紮根工作,加快發展「台獨組織」,擴大「台獨陣營」。反復「修憲」,完成「實質獨立」、「台獨國家認同」相配套的政治架構。以違反一個中國原則方式阻止兩會商談,惡化兩岸關係,惡意干擾快速發展的兩岸民間各項交流。公開進行「法理台獨」,多次發動「台獨公投」。「台獨勢力」全力推進「台獨」,加強「台獨制度」建設,目的就是要製造出「臺灣」這個「主權獨立國家」。「台獨」此方面的努力,隨著陳水扁的下臺而告終。

三是調整「台獨思路」,堅持「台獨黨綱」,變換「台獨手法」。民進黨下野後,繼續製造「賣台恐慌」,誤導「一個中國認同」,聲稱「九二共識」「是一個不存在的東西」,「也就沒有所謂承認或不承認或接受不接受的問題」[33]。對於馬英九當局提出的有利於兩岸關係和平發展的措施,民進黨無不定為「喪失主權、親中賣台」。把「台獨黨綱」的精神貫穿在「臺灣主體性」中,把「臺灣主體性」、「臺灣意識」和「臺灣優先」極端化、絕對化。

綜上所述,反對「台獨」的任務非常艱巨。應該說在「台獨勢力」煽動下,臺灣社會已經出現部分「台獨」生長的土壤和氣候,「台獨勢力」的支持率長年保持在四成以上,「台獨意識和理念」和「台獨國家認同」已經成為主要社會意識形態的一部分,「台獨國家認同」已經成為一些群體的政治潛意識和潛規則,這就要求兩岸同胞正視「台獨」的危害,全面反擊「台獨」活動,壓縮「台獨」的發展空間。從「台獨」發展過程看,「台獨底牌」已經全部亮出,沒有什麼新東西;「台獨執政」實踐歷經8年失敗告終,證明不符合臺灣社會的需要;「台獨」核心人物不少,缺乏領導「台獨」成功的人。最為重要的是,兩岸同胞已經勝利地完成了反對李登輝、陳水扁「台獨」的鬥爭,和平發展又為對「台獨國家認同」進行撥亂反正創造了很好的條件,清理「國家認同」問題上的「台獨」流毒,增加「一個中國認同」是有可能的。

(三)有利於和平發展的國際氛圍在形成

西方一些政治勢力防範中國立場沒有變,但是歡迎兩岸緩和,對於「一個中國

認同」的負面作用在減少。

一是對於臺灣的「一個中國認同」來說，干擾最多的是臺灣問題久拖不決。兩岸關係60多年來，西方一些政治勢力一直沒有停止利用臺灣問題做文章、干涉中國內政的活動，臺灣也有些人一直圖謀依靠國際勢力支持加深「臺灣問題國際化」。因此外國干預，成為影響臺灣問題的重要因素之一，直接影響到臺灣「國家認同」的構成和走向。

二是隨著中國綜合實力的不斷增強和國際地位不斷提高，中國和美國已經成為經濟戰略夥伴，中美之間的共識越來越多，「中美關係中存在著一些使雙方都不能自行其是的重要因素，否則雙方都將蒙受難以承受的嚴重損失」[34]。美國對華政策的突出特點，是既相互防範又相互依存，反映了美國對華戰略的兩面性，也說明其對華政策消極面的實質更多的是「防範」而非「遏制」。

三是美國對台海的戰略考慮是，繼續加強對兩岸關係的影響能力，維持台海地區的現狀與動態平衡，維持東亞地區安全架構，不贊成不接受現在中國的統一；利用「臺灣」牽制和防範中國大陸，耗費中國的資源和力量，牽制中國大陸的發展和影響的擴大；建立美台之間的特殊關係，保持對臺灣政局足夠的影響力，根據美國戰略利益，有效引導臺灣當局的政策走向；美國從其在全球推行「民主價值」的重要戰略目標出發，始終沒有放棄「和平演變」中國大陸的企圖，「臺灣民主」成為其推行「民主價值」的典範；按照「與臺灣關係法」，堅持對「臺灣安全」的承諾[35]。

四是美台關係受到中美關係的影響和制約，美國對台政策必然服從於對華政策，這一基本趨勢無法改變。美國歡迎兩岸關係和平發展新局面的形成，「美國對台海兩岸間積極對話感到鼓舞，同時也鼓勵兩岸探索建立互信，以便使台海局勢更加穩定……希望兩岸盡可能降低緊張，開展對話，密切經濟合作，美國希望繼續保持這一趨勢」[36]。中美之間戰略格局的調整，為兩岸關係和平發展提供了重要國際保障，也提升了中國的形象。美國與中國的以戰略合作為核心的基本政策，有利於國際間「一個中國格局」的鞏固，有利於兩岸關係和平發展國際氛圍的增加，有利

於兩岸關係和平發展的鞏固和深化。美國對於臺灣地區來說，既是經濟上的夥伴，更是政治上的靠山，美國與中國經濟戰略夥伴關係的形成和兩國共識的增加，有利於臺灣民眾對於大陸強盛的瞭解，有利於加深對大陸的正面認識，進而有利於處於變化過程中的「一個中國認同」的增加。

在臺灣「國家認同」的演變過程中，分析影響臺灣「國家認同」變化的各種因素，「反共、反華、台獨」因素雖然繼續存在，但都在發生變化，國民黨當局「反共」立場沒有放棄，但是國共兩黨牽手，共同推進「五項共同願景」[37]；國際政治勢力中的「反華」聲音還在，「反華」活動時而有之，但是發展與中國的關係是大勢所趨；「台獨」依然張狂，只是兩岸同胞已經掌握反對「台獨」的豐富鬥爭經驗，只要「台獨」挑釁，堅決予以反擊。在和平發展的大局中，「反共、反華、分裂」的能量已經大為萎縮，對於臺灣「國家認同」的影響力大為縮小，表明對於臺灣「一個中國認同」的各種干擾和誤導因素在減少，對於臺灣「國家認同」的正面引力在增加。只要繼續推進兩岸關係和平發展鞏固和深化，臺灣「國家認同」將會逐漸回歸正常狀況，「一個中國認同」將會成為主流意識。從這一意義上講，現階段的「臺灣主體性」和「臺灣意識」，其核心和精神就是排除各種負面干擾，確立和增加「一個中國認同」。

四、可變的結構因素

兩岸關係和平發展的成果，減弱了「反共、反華、分裂」等不利於臺灣「一個中國認同」的負面作用，同時也提出了兩岸需要探討和平統一前的兩岸政治關係的要求。

（一）臺灣傳媒在改變

一是臺灣傳媒社會的形成，對島內政局和政黨政治產生了重要的影響。臺灣媒體已經深植臺灣民眾的生活之中，民眾在自覺和不自覺地接受媒體的薰陶，因而媒體對臺灣民眾的政治生活、政治立場和思考方式的形成作用特殊，也對「國家認同」隨時隨地、潛移默化的產生影響。在影響臺灣「國家認同」變化的各種因素

中，對於大陸的瞭解和理解最為直接、最為重要。沒有對大陸的瞭解和理解，或者是對大陸存在誤解和偏見，更會擴大兩岸的「差異」，也會被「台獨陣營」所利用，干擾影響和引導臺灣「國家認同」的工作，有礙「一個中國認同」的增加。

二是傳媒對島內民眾而言仍然是最重要的瞭解大陸的主管道。島內民眾透過傳媒傳播對大陸情況的報導、分析和評價，形成各自對於大陸的看法和評價，因而對於臺灣民眾的「國家認同」的構成，產生直接、重大的影響。所以新聞交流是兩岸交流的重要組成部分，對於溝通兩岸同胞的感情，增進相互瞭解，消除歧見，推動兩岸關係發展和祖國和平統一進程具有十分重要的作用。自20世紀80年代後期以來，大陸方面透過不斷完善臺灣記者來大陸採訪辦法和有關規定，積極為臺灣記者採訪大陸創造條件，為臺灣媒體和記者來大陸採訪提供細緻周到和專業化的服務，兩岸新聞交流人數不斷增加，規模不斷擴大，層次不斷提高，內容和形式不斷豐富，領域不斷拓展，呈現加速發展的局面。

三是大陸歡迎和支援臺灣記者到大陸採訪，為臺灣傳媒報導大陸新聞提供了必要條件，使得臺灣傳媒和記者瞭解大陸、報導大陸、正確評價大陸成為可能。臺灣媒體為兩岸交流中做了大量工作，作出了極為重要的貢獻，但也由於兩岸政治對立這一結構性矛盾的存在，臺灣媒體需要站在臺灣受眾的立場報導大陸新聞、評論大陸時事、介紹大陸的情況，這樣的結果是報導和分析大陸新聞時的片面性不可避免。隨著和平發展的推進，協商機制的建立、兩岸「三通」的實現、ECFA的簽署和落實、大交流大合作大發展新局面形成等和平發展重大成果的取得，向臺灣傳媒提出了客觀、真實、理性報導大陸情況的基本要求；大陸的改革開放的成績越來越多，成效和影響力越來越大，包括臺灣傳媒在內的各種媒體不能視而不見或隨意篡改；大陸在經濟開放的同時，也要逐步進行政治改革，兩岸的「政治認同」將逐漸增加，也將越來越符合臺灣媒體的新聞價值。

因此，一方面臺灣媒體需要快速發展、潛力巨大的大陸媒體市場，改善受到島內競爭激烈、處境艱難的媒體的發展環境；一方面臺灣媒體的責任感、使命感也在加重，要做和平發展的促進派，還是做和平發展的旁觀派，關係到媒體的生存和發展。此外，對於臺灣「國家認同」，臺灣傳媒發揮著特殊作用，應該能夠在如何影

響和引導臺灣「國家認同」問題上作出獨到的貢獻。

(二) 正確對待兩岸「差異」

正確對待和認同兩岸「差異」，是轉變臺灣「國家認同」的關鍵。

一是要正確認識兩岸「差異」。在兩岸關係形成後，在臺灣社會一個中國的「民族、文化、歷史和政治認同、統獨選擇」一直是主流意識，「一個中國認同」一直是主要認同，直到20世紀70年代起，「國家認同」出現新的情況，「一個中國認同」出現多元化跡象。也就是說，臺灣同胞在「共同的歷史、經驗和集體記憶」的基礎上，透過主觀判斷，到20世紀70年代後，在已經形成「確認身分和政治歸屬」的認同後，一些人開始改變自己的「身分和歸屬」，原因是國民黨當局的一黨專制「併發症」和長期的「反共復國」宣傳，以及透過海內外各種管道，臺灣民眾開始具體接觸到兩岸間的「差異」並產生副作用，兩岸「差異」對臺灣「國家認同」的負面影響開始加大。

二是要正確認識兩岸「差異」加深的原因。隨著大陸和臺灣隔海對立局面的形成，國共兩黨多年的恩怨情仇繼續延續，兩岸走上不同發展道路。大陸創立、發展和完善了中國特色的社會主義道路，臺灣繼續延續大陸時期推行的資本主義道路，導致兩岸「差異」的存在和擴大。長期以來，由於臺灣當局的選擇性宣傳、一些媒體的選擇性報導、一些人的選擇性結論和「台獨勢力」的選擇性編造，導致兩岸間的「差異」越來越多，影響越來越大。兩岸的「差異」在1949年10月兩岸關係形成之初就存在，隨著兩岸沿著各自的軌跡發展，「差異」也在強化和變化。

三是要正確對待兩岸「差異」。不可否認的是，60多年的分離，對於臺灣民眾來說，大陸實施的是一種與其不同的社會制度，再加上雙方接觸的時間、人數、機會和議題有限，所以兩岸人民是在不同的政治氛圍、經濟模式、社會環境和人際關係中生活，因此原本存在的以及感覺到「差異」就非常強烈。對此，「差異」不是「差距」，不是一方正確一方錯誤，不是一方適用一方誤用，不是用一方的政治制度取代另一方的政治制度，不是用一方的生活方式取代另一方的生活方式。應該說

兩岸各自選擇發展道路都取得了相當成功,因而是「一國兩制」,在一個中國前提下,兩岸高度自治,「差異」不會進入對方的社會和生活之中。

在臺灣方面看來,社會主義制度是無法接受的制度,但在大陸取得空前的成功;在臺灣方面看來,在公共權力分配問題上只有全民普選方式是最好的,但在大陸實行的人民代表大會制度在高效運轉;在臺灣方面看來,直接訴諸民意是民主最好的表達方式,但在大陸直接民意和間接民意相結合方式更能反映民心民意。當然,在大陸看來,臺灣選舉像「文化大革命」、「立法院」裡的朝野競爭像「打群架」、「泛政治化」像「階級鬥爭為綱」,但是臺灣選舉、朝野之爭和藍綠惡鬥都在一定的遊戲規則中進行。諸如此類很多的「差異」說明,一方認為是負面反面的理念、制度、方式和做法,在另一方卻是合法合理地客觀存在,而且一直在高效運作和發揮積極的作用。

對此,不必擔心一方的「差異」干擾另一方的生活,除了自覺自願採用和吸收另一方的「差異」之外,不會強行推廣和實施另一方的「差異」,這就是「一國兩制」,就是和平統一後「兩種制度並存,臺灣高度自治」。按照這一設想,大陸的政治信仰、政治體制、生活方式不會搬到臺灣,臺灣的資本主義制度也不會搬到大陸。因此,面對兩岸「差異」,正確的態度和做法是「瞭解」。對於「差異」的形成過程、內涵、特點和影響,如何運作和發揮作用的,又是如何不斷改進和完善的,要有充分的瞭解和掌握。

在瞭解「差異」的基礎上,正確的態度是「尊重」。既然在對方是合法、合理存在,又能發揮積極作用,那麼就應該予以尊重。如社會主義制度,在瞭解大陸只有走社會主義道路、社會主義制度保證了經濟建設和改革開放的勝利前進、中國特色社會主義道路越走越寬廣、帶來中國的大發展之後,應該是對大陸政治體制的尊重,尊重大陸有選擇發展道路和政治制度的權利,尊重中國特色的社會主義。

在尊重「差異」的基礎上,需要學會「包容」。包容是一門學問,是崇高的美德和境界,是博大、博愛和坦蕩的氣概。因此,對於既是合法、合理的客觀存在,又有本質、內涵和形式不一樣的「差異」,在已有瞭解、尊重的基礎上,學會和做

第三章　臺灣「國家認同」的現實難點

到包容也在情理之中。瞭解、尊重和包容對方的「差異」，在具體行動上就是「認同」。對於兩岸在發展過程中的共同創造出的、為兩岸的發展有過貢獻的「差異」，形成「共同認同」。也就是說，不要把「差異」當成是和平發展與和平統一的障礙。正是因為有「差異」，所以才需要統一；正是因為和平統一，才能在「差異」中體現出更多的共性和個性。

在「兩種制度並存，臺灣高度自治」基礎上，認同「差異」，完成和平統一，原來兩岸之間的「差異」將會產生「一加一大於二」的效果，促進兩岸的發展，有助於實現中華民族的偉大復興。兩岸「差異」的解決之道，將為臺灣「國家認同」問題的解決，清除思想和認識上障礙。瞭解、尊重、包容和認同兩岸「差異」是最好的辦法和途徑，可以拉近兩岸同胞感情、認識、思想和政治上的距離，這樣才可以近為和平發展遠為和平統一創造必要條件，同樣也成為影響和引導臺灣「國家認同」、增加「一個中國認同」的重中之重。

（三）突破和平發展中的難點

突破兩岸關係和平發展的難點，是正面影響和引導臺灣「國家認同」的基本要求。「國家認同」作為意識形態的重要內容，作為社會成員的集體選擇，實現現階段轉變的難點不少。

一是從兩岸關係講，核心問題是兩岸的政治對立，政治對立的解決是完成臺灣政治定位、理順臺灣「國家認同」問題的前提。兩岸關係進入和平發展階段以來，大陸反復強調1949年10月人民革命勝利的合法性、合理性、重要性和權威性，臺灣當局則堅持「中華民國」的「法統」，堅持「中華民國」擁有統治中國的「合法性」。對於這一矛盾的處理，兩岸沒有形成共識，反映出對「中華民國」的認知不同。如今的「中華民國政府」，顯然「代表中國」的合法性合理性不夠，同樣臺灣一些人因為實力過小，所以心態上總覺得受到大陸的打壓，缺少尊嚴。兩岸政治對立不解決，臺灣政治定位難以完成，認同「什麼」的問題沒有解決，臺灣「國家認同」就存在爭議，增強「一個中國認同」就缺少相應的基礎。

二是政治對立在現階段兩岸關係的體現，就是和平發展的局限性。「國家認同」問題的最後解決，是在和平統一階段才能實現，兩岸關係和平發展階段早期只是把被誤導的「國家認同」，逐步引導到正確方向上來。也就是說，和平發展階段就是根據交流任務、形勢、特點和需要，根據臺灣民眾的需求和心態，發現問題，解決問題，積累經驗，找到影響臺灣「國家認同」變化的各種因素、探討增加「一個中國認同」的途徑。和平發展是一個過程，也為發現問題後解決問題提供了相應的時間保證。

三是因為政治對立的存在，使得對大陸的疑慮成為臺灣的社會現象。因為政治對立的存在，使得臺灣一些人的「台獨危機意識」不強，對「台獨陣營」抱有幻想，認為即使民進黨執政也不會影響兩岸關係，甚至抱有借助「台獨勢力」來牽制大陸的錯誤想法。因為政治對立的存在，使得臺灣一些人認為大陸軍事上和外交上打壓臺灣。因為政治對立的存在，使得臺灣一些人在兩岸交流中缺乏正常心態，認為大陸對於臺灣人民不友善，擔心兩岸經濟關係的接近會拉近兩岸政治關係，所以一再提高對大陸的要價。因為兩岸政治對立的敏感性，所以完成臺灣政治定位的難度很大，所以一些臺灣民眾對於兩岸交流、和平發展出現認識偏差，所以「一個中國認同」在近期內難有大幅增加。兩岸政治對立的解決是和平發展鞏固和深化階段的重點和難題，是兩岸都要努力的方向。只要政治對立的解決，臺灣「國家認同」將會出現實質性的轉變，「一個中國認同」將會逐漸成為臺灣社會的主要認同。

綜上所述，在提出影響和引導臺灣「國家認同」問題之機，透過對臺灣「國家認同」的影響因素的分析和歸納，在兩岸關係涉及的內外環境中，有利於臺灣「一個中國認同」增加的氛圍在變好，影響和引導臺灣「國家認同」朝著有利於兩岸關係發展方向轉變的條件正在形成。「民族、歷史、文化和愛國認同」等穩定的傳統因素是實現這一轉變的基礎，「台獨」的失敗和調整是實現這一轉變的反面教材，國民黨當局推動和平發展的態度和立場是實現這一轉變的關鍵，有利於兩岸關係和平發展的國際氛圍是實現這一轉變的外部因素，大陸推動和平發展與和平統一的信心、決心和能力，以及大陸與臺灣同胞共呼吸共命運的誠意善意好意，將成為實現這一轉變的決定性力量。

第三章　臺灣「國家認同」的現實難點

注釋

[1].俞新天：《對擴大臺灣國際空間的思考》，2009年3月《中國評論》。

[2].《胡錦濤在紀念〈告臺灣同胞書〉發表30周年座談會上的講話》，參見2009年1月1日《人民日報（海外版）》，第1版。

[3].《馬英九：胡錦濤在十八大也提到「九二共識」》，2012-11-09，http：//www.chinareviewnews.com/crn-webapp/doc/docDetailCreate.jsp？coluid=0＆kindid=0＆docid=102298068。

[4].《胡錦濤在紀念〈告臺灣同胞書〉發表30周年座談會上的講話》，參見2009年1月1日《人民日報（海外版）》，第1版。

[5].《王毅：堅持正確方向　穩步推進兩岸關係》，2010-03-16，http：//www.chinareviewnews.com/crn-webapp/doc/docDetailCreate.jsp？coluid=0＆kindid=0＆docid=101260426。

[6].《章念馳：走出兩岸關係盲區》，2010-04-05，http：//www.chinareviewnews.com/crn-webapp/mag/docDetail.jsp？coluid=0＆docid=101279941。

[7].《胡錦濤在紀念〈告臺灣同胞書〉發表30周年座談會上的講話》，參見2009年1月1日《人民日報（海外版）》，第1版。

[8].《馬英九：前4年撥亂反正　後4年脫胎換骨》，2011-08-27，http：//www.chinareviewnews.com/crn-webapp/doc/docDetailCreate.jsp？coluid=0＆kindid=0＆docid=101814474。

[9].《馬英九：前4年撥亂反正　後4年脫胎換骨》，2011-08-27，http：//www.chinareviewnews.com/crn-webapp/doc/docDetailCreate.jsp？coluid=0＆

kindid=0＆docid=101814474。

[10].《不統新説法 民進黨：代表馬立場已改變》，2009-06-17，
http：//www.chinareview-news.com/crn-webapp/doc/docDetailCreate.jsp？coluid=0＆
kindid=0＆docid=100997822。

[11].《賴幸媛談臺灣「七大核心利益」》，參見2010年12月7日臺灣《聯合報》，第1版。

[12].馬英九文告：《走出中華民族康莊大道》，2011-01-01，
http：//www.chinareviewnews.com/crn-webapp/doc/docDetailCreate.jsp？coluid=0＆
kindid=0＆docid=101556513。

[13].《聯合報》兩岸關係年度民調，參見2011年9月14日臺灣《聯合報》，第1版。

[14].《中共中央總書記胡錦濤會見中國國民黨榮譽主席連戰》，參見2006年4月17日《人民日報（海外版）》，第1版。

[15].《中共中央總書記胡錦濤會見中國國民黨主席連戰新聞公報》，參見2005年4月30日《人民日報（海外版）》，第1版。

[16].《胡錦濤在紀念〈告臺灣同胞書〉發表30周年座談會上的講話》，參見2009年1月1日《人民日報（海外版）》，第1版。

[17].劉國深：《兩岸政治互信可分五個步驟達成》，2009-11-15，
http：//www.chinareviewnews.com/crn-webapp/doc/docDetailCreate.jsp？coluid=0＆
kindid=0＆docid=101134895。

[18].《胡錦濤總書記會見中國國民黨主席吳伯雄時的講話》，參見2009年4月30日《人民日報（海外版）》，第1版。

[19].《兩岸經濟合作框架協議首次專家工作商談取得多項共識》，2010-01-28，新華網，http：//www.chinataiwan.org/flfg/dt/201002/t20100201_1242791.htm。

[20].《章念馳：走出兩岸關係盲區》，2010-04-05，
http：//www.chinareviewnews.com/crn-webapp/mag/docDetail.jsp？coluid=0&docid=101279941。

[21].《胡錦濤在紀念〈告臺灣同胞書〉發表30周年座談會上的講話》，參見2009年1月1日《人民日報（海外版）》，第1版。

[22].同上，第1版。

[23].《胡錦濤會見參加兩岸經貿論壇代表時的講話》，參見中國社會科學院臺灣研究所：《新時期對台方針政策重要文獻彙編》，第47頁。

[24].《一個臺灣，各自表述》，參見2007年8月8日美國《世界日報》，第1版。

[25].李鵬：《當前臺灣主流民意的發展動向及對2012年選舉的影響》，參見2011年10月全國台聯臺灣民情學術研討會論文集。

[26].《胡錦濤在紀念〈告臺灣同胞書〉發表30周年座談會上的講話》，參見2009年1月1日《人民日報（海外版）》。

[27].《馬英九：以和解消弭衝突 以協商取代對抗》，2011-07-23，
http：//www.chinareview-news.com/crn-webapp/doc/docDetailCreate.jsp？coluid=0&kindid=0&docid=101775461。

[28].《賴幸媛：稱對岸「大陸」合憲》，2011-02-09，
http：//www.chinareviewnews.com/crn-webapp/doc/docDetailCreate.jsp？coluid=0&kindid=0&docid=101593577。

[29].《馬英九：兩岸政治對話沒有時間表》，2011-03-08，
http：//www.chinareviewnews.com/crn-we-bapp/doc/docDetailCreate.jsp？coluid=0＆kindid=0＆docid=101621384。

[30].《吳月：馬英九大陸政策的思想根源》，2010-03-01，
http：//www.chinareviewnews.com/crn-we-bapp/doc/docDetailCreate.jsp？coluid=0＆kindid=0＆docid=101244701。

[31].曾任「臺灣共和國申請加入聯合國運動聯盟副總指揮」的朱孟庠：《一帖再吃會死的中華遺毒》，參見1997年7月11日臺灣《自由時報》。

[32].《台「國家安全報告」》，參見2006年5月21日至23日臺灣《中國時報》，第1版。

[33].《九二論戰 蔡：不存在就無不承認不接受問題》，2011-08-23，
http：//www.chinareview-news.com/crn-webapp/doc/docDetailCreate.jsp？coluid=0＆kindid=0＆docid=101809880。

[34].牛軍：《美國的亞太安全戰略及其影響》，張蘊嶺主編《未來10-15年中國在亞太地區面臨的國際環境》，中國社會科學出版社2003年版，第92頁。

[35].美國國防部長助理部長葛瑞格森談臺灣問題，參見《美台關係基礎遠超一法三公報》，2009年9月30日臺灣《聯合報》，第1版。

[36].後來出任美國副國務卿的斯坦伯格談話，參見：ForAmerican Porgress，availableat：http：//www.American Progress.org/events/2009/11/inf/steinberg2.

[37].《國共兩黨和平發展五項遠景》，參見2005年4月30日《人民日報（海外版）》，第1版。

第四章 中華文化與臺灣「國家認同」

　　「為什麼大家常說文化對『國家認同』是非常重要的核心元素，因為文化透過文字、藝術，把共同情感給串起來了，所以社會裡，每個個人本來都是散落一地的珠子，隨地亂滾很孤單的，文化就是那根柔弱又強韌的細絲，將珠子串起來成為社會。」[1] 文化對於國家所起的作用甚至是決定性的。事實上，文化一旦被認同，就會深入人心，形成一個群體的共有觀念，並與人的尊嚴、信仰和信念緊密相連，共同構築起「想像的共同體」。文化認同是親情、血緣、歷史和現實的認同，進而也是決定「國家認同」的決定性因素之一。因此，得到認同的文化，是一個國家建立、維繫和發展最穩定的紐帶。[2] 這就是中華文化、「中華文化認同」、臺灣「國家認同」、「一個中國認同」與和平統一之間的必然聯繫。

第一節 兩岸文化都是中華文化

　　兩岸關係和平發展鞏固和深化的推進、和平統一的實現，需要臺灣「一個中國認同」的信念、情感和思想基礎；臺灣「一個中國認同」需要「中華文化認同」這一物質、制度和精神文化的基礎；「中華文化認同」則來自於兩岸文化的同一屬性。兩岸文化都是中華文化，在共同的語言、文字、藝術、宗教、習俗、價值觀和思維方式等方面有充分的體現。兩岸文化的「同」，還因為是有「文化內核」的「同」，是因為文化內涵和精神文化上的高度同質性。精神文化貫穿和滲透在物質文化和行為文化之中，作為文化層次的核心，包括世界觀、價值觀、倫理觀和審美觀等。兩岸文化的同質性在核心價值、思想精華、豐富內涵、優秀傳統和表現形式等方面得到集中體現，成為兩岸增強「一個中國認同」的重要基礎。

一、內涵和思想上的同質性

綜合兩岸關於中華文化的論述，在中華文化的內核和要點上，充分表現出兩岸文化源自一家的特徵。如對兩岸文化的定性，都認為兩岸的中華文化是以人心和人生為觀照，以趨善求治為特徵的倫理政治型文化。它以道德情感代替宗教信仰，避免了全民族的宗教迷狂的可能性。從總體上看，中華文化的基本精神是以人文主義為核心的[3]。對於兩岸中華文化的代表性主張、內容[4]，兩岸理論界、文化界、社會學界、教育界和輿論界都有很多論述，可以看到對於兩岸文化中的中華文化的內涵和思想充分的肯定。這不僅是對「中華文化認同」理論上的認同，更是對這一認同在兩岸人民生活中、兩岸交流交往中的實踐功能的肯定，從中可以看到這些內涵和思想對於臺灣「國家認同」的根基性作用。

　　有「中國意識」。在中華文化中，最基本的主題是「中華民族意識、中國意識」。「中國意識」是對中華大地的認同，從遠古文明、「三皇五帝」開始，有關「炎黃、華夏、中國、中原、長江、黃河、長城、五嶽」的概念就開始深入不同時期不同地區不同民族的居民的心中。「中國意識」是對中國人的認同。作為炎黃子孫，有著共同的血脈，同種同祖同宗，肩負共同振興民族的重任，所以歷史上就對民族敗類深惡痛絕。幾千年來，中華文化始終貫穿著中華民族、中國人、家鄉、故土和祖國的主題，貫穿著保家衛國、復興民族的意志和決心。中國意識和中華文化緊密結合在一起，在長期的歷史進程中，中國意識已經成為政治理念，作為文化內涵深深刻在中國人的心中。中華文化發展史表明，中國意識是不同階段「民族認同、歷史認同、文化認同和政治認同」等「國家認同」的旗幟。

　　有「天人合一。儒家的天人合一、天人相通思想，是在「究天人之際」問題時，認為天人之間存在密不可分的聯繫，強調天地自然有至善至美的道德價值，而人的善性是由天地自然的至善至美的道德價值所給予和規定的，因此人與自然應和諧相處，才能「上下與天地同流」、「參天地之化育」。「天人合一」成為中華傳統文化中哲學思想的主要觀點，關於「天人合一」，兩岸的論述非常多、非常全。總體上看，大陸哲學界更多的從唯物主義立場解釋這一觀點，臺灣方面談到天人合一思想時，受唯心主義和形而上學的影響多一點。不過，「天人合一」思想對於人們協調人類與自然的關係，對於社會的整體協調發展，還是有積極作用的。從兩岸文化角度看，「天人合一」成為兩岸文化共同的哲學基礎之一，成為中華文化屬性

的重要體現。

有「中華一統」。秦始皇統一中國以後，完成國家政權機構和制度上的統一，「政治一統」就成為人們追求統一、消除分裂割據的思想理論依據。與此同時，還有「思想一統」、「民族一統」。「思想一統」是「政治一統」的必然要求，定中華傳統文化等意識形態為「一尊」的思想，成為社會共識，並進而轉化為社會各階層人民的心理定勢。「民族一統」是多民族國家，在歷史的進程中，逐漸形成了中國疆域內的各民族都是中國人，各民族是一個統一的整體民族的概念和事實；維護「思想一統、民族一統」就成為愛國主義的基本任務。「中華一統」在臺灣具有很大的影響力，成為臺灣方面宣傳「中華民國法統」、「憲法一中」和反對「台獨」的重要文化武器，臺灣的「國家認同」也必須接受「中華一統」的制約。

有「民惟邦本」。對於至高無上的君主，在對君主無法制約的情況下，儒家不斷地勸誡君主要牢記「民惟邦本」，「愛民實為人君之先務」，反映出中國傳統政治文化的重要組成部分——民本主義思想，也是最有價值的部分。歷代一些開明的統治者和封建思想家，一再強調「民惟邦本」，重視民心、民意。民本主義思想在維護封建統治、提高為政水準以及保證人民的權利方面起過一定作用。兩岸都把「民惟邦本」的思想，作為重視民生、重視民意、發展民主政治的重要理論、歷史和文化基礎。臺灣方面透過「憲政改革」完成政治多元化，大陸透過「對內改革，對外開放」加快經濟、文化和政治等方面建設。兩岸共有的「民惟邦本」思想和做法，有利於建立觀察和評估兩岸「差異」的標準，有利於瞭解、尊重、包容和認同兩岸的「差異」，進而有利於臺灣「國家認同」的轉變和「一個中國認同」的增加。

有「富國富民」。最先提出富國之道的是法家的管仲，他在提倡富國的同時，也強調富民。孔子從治國安邦的角度提出了富民的主張，主張對百姓必先「富之」，然後再「教之」。由於儒家重義輕利，對富家之道往往諱莫如深，唯恐談論富家之道會有損君子的身分和士大夫操守。但儒家的富國富民的價值觀對中國社會的發展產生了重大的影響，歷代有為的統治者，都把富國強兵、富民安邦作為鞏固其統治的有效政策。「富國富民思想」成為兩岸沿著各自不同道路加快發展的歷

史、文化和理論依據，大陸的發展更為引人矚目；臺灣方面抓住20世紀70、80年代的有利時機，實現經濟起飛，後在「台獨」干擾下速度、效益都受到影響。「富國富民思想」在兩岸都得到了很好的貫徹，也成為發展兩岸交流、推進和平發展和實現和平統一的指導思想之一。「富國富民思想」已經成為兩岸的共同選擇和行動，這對雙方增進瞭解、尊重、包容和認同是有幫助的。

在兩岸文化中還有很多共同強調的要義，還有很多對兩岸中國人的「民族、文化、歷史、政治認同和統獨選擇」起著支配作用的思想、意識經典。如「重義輕利」，作為中華傳統文化的主流價值準則，作為積極的社會本位的「義利觀」，造就了中華民族積極向上、追求完善的民族心理和民族素質。兩岸對於「重義輕利」都十分看重，都作為社會道德的基本準則。如「平均平等」，作為中華傳統文化的基本精神，「平均平等」的價值觀，對減輕剝削、防止兼併、消除貧富懸殊的差異、促進社會穩定都起了重要作用。經過現代化的進行，兩岸都在減少「平均主義」的負面作用，但是都看到社會的貧富差距確實在擴大。如「和合文化」，在源遠流長的中華文化中，和合文化不僅把和諧作為一種藝術的、外部形式的審美追求，而且把它提升到政治理想、倫理、生理、心理乃至宇宙觀的層面，「普遍和諧」成為傳統文化所追求的和諧社會的崇高理想。兩岸關係和平發展、兩岸文化交流的深入和全面推進本身，就是「和合文化」的體現。如「捨生取義」，反映了傳統文化重視人生理想的道德價值甚於人的生命價值。這一價值取向，在中國歷史上產生了久遠的影響，它對於中華民族重氣節、尚情操風尚的形成起著重要作用。兩岸為此塑造出眾多的此類典型，特別是雙方都承認抗日戰爭中的湧現的無數「捨生取義」的英雄。當然，在論述「重義輕利」時兩岸的政治立場有不同。如「正道直行」，集中體現在「富貴不能淫，貧賤不能移，威武不能屈」、「天下興亡，匹夫有責」等氣概上。「正道直行」則是以民族尊嚴為依託的牢固的民族凝聚力，以個體獨立人格支撐的自強剛健精神，鍛造為整個民族精神支撐的愛國意識、憂患意識和群起奮進的集體主義精神。兩岸都有「正道直行」的眾多論述，或者說成為各自進行政治教育和動員的重要依據。如「自強不息」，正是這種自強不息的精神，凝聚、增強了民族的向心力，哺育了中華民族的自立精神、奮鬥精神，哺育了「中華一體」、「國家一統」的精神。兩岸都把「自強不息」作為主要政治路線和口號，大陸是宣傳「自力更生」，臺灣則是講「莊敬自強」。

「中國意識、天人合一、中華一統、民惟邦本、富國富民、重義輕利、平均平等、和合文化、捨生取義、正道直行、自強不息」等思想、主張和價值觀,成為中華文化內核和精神的集中體現,作為數千年文化沉澱的成果,作為歷史的傳承,已經成為民族意識、民族精神的重要支柱,已經成為科學、民主和發展思想的重要文化基礎。兩岸文化內涵和要義上有如此多、且如此重要的共同構成時,當然成為兩岸「國家認同」的共同基礎,任何圖謀擺脫這些內涵和要義的「國家認同」都不會有生命力。

二、特點和影響上的共同點

中華文化在五千年的發展歷程中,由於受中國社會文明發展道路以及社會政治結構、經濟模式、地理環境的影響,形成了自己鮮明的特點和久遠的影響[5]。在兩岸理論界、文化界、社會科學界、教育界和輿論界對於中華文化特點的論述和看法中,有相當多的共同點,同樣也成為臺灣「國家認同」的基本要求和特點。

(一)重倫理

中華文化是一種倫理型文化,以道德實踐為第一要義,強調提高人的道德修養。中華文化的重倫理、倡道德的特點,很大程度上決定了中國的社會政治結構及其意識形態,產生出有關君臣、夫妻、長幼、朋友等關係的整套處理原則。從重倫理、倡道德的原則出發,中華傳統文化特別重視個人的道德修養、完善人格,以「聖人」為最高的理想境界。而且「治國」與「修身」二者是緊密地結合在一起的,為了「治國」就必須「修身」。只有努力進行道德修養,使自己成為一個道德高尚的人,才能把國家治好,也就是《大學》提出的「修身、齊家、治國、平天下」。重倫理有好的一面,促使人們遵守各項道德規範,循規蹈矩,有利於家庭的穩定、社會的和諧,有利於建立和諧融洽的人際關係。但是,這種道德原則強調家庭中的家長權威,強調社會上的君主專制,嚴重束縛了民主思想的發展,忽視了個人的權利,影響到整個民族的創新活力,也在一定程度上阻礙了社會發展的進程。對此,兩岸學者都強調,隨著社會的發展和進步,要跟上知識、科學和生產力發展的要求,要發揚重倫理的積極作用,減少重倫理時的消極因素。

（二）重理性

中華文化的理性特點，第一階段是「以神為本」，開始和流行於殷商時代，到周代從政治統治的高度，發展完善形成「周禮制度」，以重神、祭祖、尊君、禮師的具體形式、步驟為主要內容。在此基礎上，周代統治者在繼承和發展了殷人的天命神權思想的同時，引進了「德」的範疇，看到「民心」比「天命」重要，提出了「敬德保民」思想，開始進入「以人為本」的第二階段，自春秋戰國時期始，理性主義確定了在文化中的統治地位。孔子提出了「敬鬼神而遠之」的思想，竭力宣導「仁」的價值觀，「仁者愛人」，力圖創造一個人人相愛、世界大同的理想社會。以人為中心的人本主義傳統，後來得到儒家廣泛的認同和發展，許多思想家進而採取了無神論的立場，在不同程度上主張「無神論」，排斥宗教，積極宣導和弘揚人的主體精神。在具體運作上，「天人合一」思想，強調了天人之間的統一性，特別是把人的行為歸依於天的意志的實現，把主體的倫常和情感灌注於「天道」，「天」成了理性和道德的化身。實際上，「天」卻成了人們實現道德理想的手段，而不是目的。所謂「存天理，滅人欲」也不過是借「天」來推行一套倫理道德而已。天人之間人為主導、人是目的，充分體現了以人為本的文化精神。兩岸學者都認為，重理性是中華文化的成功之處，可以避免宗教文化的狂熱，為有序管理社會營造了必要的文化氛圍。

（三）重實際

中華傳統文化是一種大陸型的農業文化。「日出而作，日入而息，鑿井而飲」，簡單重複的生產方式決定了中華文化具有注重實際、追求穩定的特點。農業生產是一種在四季的循環往復中進行的簡單重複的再生產，一方面「一分耕耘，一分收穫」使中華民族變成了一個純樸務實的民族，「實用、經驗和理性」成為中華文化的基本特點。一方面農業生產的再生產過程與四季的有序輪回使中華民族對於「恒常」和「變易」的體會頗具辯證性質。中華文化的「重穩定」深入到了民族心理的深層。最能反映農業文明條件下中華傳統文化重實際、輕理論特點的是中國傳統思想史中的「知行」之辯。知行關係是中國古代思想家特別關注的問題之一，它所涵蓋的是理論理性和實踐理性的統一，中國古代思想家自孔子開始，一直存在一

種輕言重行的傾向，偏重於踐行盡性，履行實踐。在中華文化中，「知」與「行」的關係一直受到關注，人們所追求的是「言行一致、知行統一」。重實際的特點，一方面產生於農業文明的中國傳統文化注重實際，執著於人間世道的實用探求，為中華傳統文化的繁榮與發展奠定了一個堅實基礎，帶來五千年從未中斷傳統的榮耀。一方面束縛了文化的手腳，重實際再加上重倫理、重理性，增加了中華文化的穩定性，穩定性本是任何文化體系都具有的特徵，但中華傳統文化超常的穩定性又帶來了文化的滯守性。兩岸學術界對於「重實際」的特點都有很多相同的論述。

（四）重和諧

中華文化重和諧的特點，突出體現為人與自然的和諧，把自然界和人類社會看作是一個統一的整體，肯定人類是自然界的產物，是自然界的一部分。既然人與自然是一個統一的整體，那麼人的一切活動就要自覺地與自然相協調。如何實現「人和」境界，儒家認為要「貴和持中」，實現人與自然、人與人、人與社會、人與天道之間的和諧與平衡，這就是「極高明而道中庸」。何謂「中庸」？「中者，無過無不及之名也；庸，平常也」[6]；「不偏之謂中，不易之謂庸。中者，天下之正道；庸者，天下之定理。」[7]中庸的核心思想就是強調人們在為人處世上，堅持的思想、行為的適度和守常，這樣就能夠儘量瞭解自己的本性，瞭解天地萬物的本性，進而可以化育萬物，可以與天地並立為三，以達到天人和諧一致。「和諧文化是以和諧為思想內涵、以文化為表現方式的一種文化，它融思想觀念、理想信仰、社會風尚、行為規範、價值取向為一體，包含著對和諧社會的總體認識和評價，是社會發展和文化建設的有機結合。從思想觀念上來說，和諧文化體現了人們對和諧社會的認知、感受，對社會和諧目標的追求；從制度規範上來說，和諧文化體現了人們在和諧思想的引導下建立的一系列調整利益關係、化解社會矛盾制度和機制。對個體而言，和諧文化起著潛移默化教育作用，影響著人們的思想和行為準則。對全社會而言，和諧文化具有明確的價值導向作用，內含著人們高度認同的共同價值觀念。」[8]從文化角度和層面看，中華傳統文化的特點和影響，依然成為兩岸文化交流和

創新的交會點。正是因為兩岸文化的核心內容和基本主張的接近，正是因為兩

岸文化的特點和影響力的接近,儘管兩岸政治上對立,儘管兩岸對於中華文化都有帶有各自政治色彩的解釋和論述,但是兩岸文化上的聯結是多麼的自然、超然和必然。正是這種兩岸文化的自然連接,不僅說明兩岸文化是一家,更成為兩岸文化交流合作的基礎,成為「國家認同」的遺傳密碼。

第二節 兩岸文化「差異」的影響

在論述中華文化和文化交流對於兩岸關係和平發展鞏固和深化、推進和平統一進程的促進作用時,在充分肯定兩岸文化從形式到內容上的很多同質性的同時,不能忽視在長期發展過程中因為政治體制、意識形態的不同,兩岸的中華文化出現「差異」。瞭解、尊重、包容和認同兩岸文化中的不同點,是更好發揮兩岸文化相同點的作用和更好發揮兩岸文化交流作用的前提。兩岸文化「差異」的存在,一方面是要正確對待兩岸文化中的不同點,一方面要在兩岸文化共同點的基礎上,推動兩岸文化往來,在改變兩岸對文化「差異」認識的同時,分別做好傳承、弘揚和創新工作,為兩岸關係和平發展的鞏固和深化、和平統一的實現作出獨到貢獻。做好這些工作,則是在正確影響和引導臺灣的「國家認同」。

一、有利於兩岸的文化交流與合作

按照西方當代「文化多元」的觀點,現實世界是多元的,文化也不可避免是多元的,文化「差異」就是多元的具體體現。文化「差異」在一定程度上促進了多民族國家中不同族群之間的文化交流,推動了社會和諧與安定。但「差異」本身也有對社會和諧與安定不利的一面,不同族群之間的文化「差異」有可能使族群之間的交流產生一定障礙,甚至產生誤讀及由此而導致的族群之間的矛盾和衝突。在兩岸關係上,既要承認兩岸文化的同源性,也要看到由於歷史、地域和政治等原因而形成的兩岸文化的差異性;既要正確對待和認同兩岸文化「差異」,也要認清兩岸之間的文化「差異」對於兩岸的文化交流與融合、兩岸關係的和平發展直至未來統一的重要性;在「共同」與「差異」之中尋找推進兩岸關係和平發展鞏固和深化、推進和平統一之道。由此可見,「兩岸文化交流並不是兩種不同質的文化的交流,更

不是兩種不同民族文化的交流，而是中華文化在兩岸的傳承和發展。」[9]

兩岸在中華文化基礎上存在的「差異」，有利於兩岸透過交流，相互學習，取長補短。一方面兩岸要相互瞭解、尊重和認同對方的文化。大陸方面對於臺灣文化，要充分認識臺灣和臺灣同胞的中華文化根基，要表現出虛謹慎的學習精神、超越政治的包容精神。兩岸文化「差異」的存在，確實有文化因素，但更多的是「非文化因素」造成的。無論是在兩岸隔絕來往時期，還是兩岸交流階段，兩岸對文化的看法都受到政治的制約：如何認定、解釋和應用優秀傳統文化？如何處理現代教育與傳統文化的關係？如何處理傳統文化和外來文化的關係？如何看待和評價西方文化？如何處理文化和政治、文化和發展模式之間的關係？如何處理文化和政治文化、政治文化和意識形態、意識形態和上層建築、意識形態和經濟基礎、上層建築和經濟基礎的相互關係？如何推進現階段的兩岸文化交流、如何協商和簽署「文教ECFA」）？解決這些「文化問題」，恐怕需要在各自意識形態允許的範圍內進行最大限度的文化交流、合作和創新，需要兩岸在和平發展的鞏固和深化的前提下，最大限度的發揚政治包容精神。只有這樣才能面對文化「差異」，有效改變兩岸對於文化「差異」看法，把「差異」變成兩岸文化交流的突破點和動力。

一方面兩岸要借鑒、學習對方文化中的優秀部分。臺灣小巧精緻、變化靈活，在傳統文化的保存、多元文化的展現、創新能力、文化創意產業的發展等方面有其優勢。而大陸幅員廣闊，文化資源豐沛，文化政策及藝文整合能力顯然優於臺灣。同時，兩岸應努力塑造共同價值。兩岸目前已走到了激發兩岸文化交流熱情和創造力，著手探討構建兩岸新文化、新價值的歷史性階段。要實現兩岸關係和平發展鞏固和深化，進而推進和平統一的進程，需要透過兩岸共同發展，培植兩岸共同利益，形塑兩岸共同價值，加快兩岸同胞情感趨融、價值趨近、認同趨合的進程。

因為有共同的內核和基礎，所以兩岸文化「差異」導致文化交流需求的增加；文化交流需求的增加，促進兩岸文化交流的發展；兩岸文化交流的發展，有利於兩岸改變對文化「差異」的認識；對於文化「差異」認識的改進，可以加深兩岸的「文化認同」；「文化認同」的增強，成為「民族認同、政治認同」以及「國家認同」的基礎，進而推進兩岸關係和平發展的鞏固和深化、和平統一的進程。

二、島內政治力量利用文化「差異」

兩岸文化「差異」，使得兩岸在交往過程中潛伏著文化衝突的因素。由於文化屬於意識形態範疇，更易受到政治上的限制。兩岸文化「差異」，開始於臺灣問題出現、兩岸關係形成之時。在過去60多年間，「文化反共」和「文化台獨」都利用文化「差異」，前者是因為「差異」而隔絕兩岸文化往來，後者是因為「差異」而否認臺灣文化的中華文化屬性，人為擴大兩岸文化「差異」，製造兩岸文化交流障礙。

因為兩岸政治體制、意識形態的不同，包括文化「差異」在內的各個領域的「差異」同時出現，國民黨當局為防止政治對立引起的文化「差異」和其他「差異」的影響，在到臺灣後的幾十年間極力推行「文化反共路線」，兩岸文化聯繫被人為隔斷，使得臺灣年輕一代對大陸缺乏感性認知，民族觀念有所淡漠，「島民意識」滋長；強行限制「本土文化」發展的結果，引發了部分民眾對大陸和大陸文化情緒性的排斥，為「台獨分子」宣傳「文化分離主義」提供了條件；政治經濟上全面依賴美日等國家的結果，是西方的價值觀念和生活方式的大舉滲透，消費性的大眾文化氾濫，以儒家文化為主幹的人文文化陷入巨大的危機之中。這些情況造成了臺灣文化本身發展的不平衡。「以至於那段歲月中，在臺灣長大的年輕人，除了徐志摩、朱自清、梁實秋少數幾位元現代中國文學家的作品外，魯迅、沈從文、老舍、巴金、茅盾的作品，都是島上的禁忌。對於當時島上的大部分年輕人而言，這些人是他們聞所未聞的。」[10] 國民黨當局的以隔絕兩岸文化來往為特徵的「文化反共路線」，不但是在製造兩岸的「文化鴻溝」，也為「台獨文化」的滋生、蔓延提供了條件。「文化反共」給臺灣「國家認同」帶來的負面影響，主要體現在對中華文化的整體和系統認識的缺乏，對於大陸在傳承、弘揚和創新中華文化上所作的貢獻和取得的成果的不瞭解，這對「國家認同」的文化基礎的鞏固是不利的。

「台獨執政」後，面對兩岸文化「差異」，基本對策是利用這種「差異」，消除中華文化中的「大一統觀念」，消除文化交流為兩岸交流服務的功能，極力推行「台獨文化」。李登輝是借助反對專制統治，否定「一個中國政策」，凍結「一中憲法」部分條款，導致國民黨的「一個中國政策」和黨的形象遭到社會各界的一再

質疑,「一個中國認同」開始多元,在過去40年間不存在疑問的「我是中國人」的認同開始下跌,隨著李登輝的分裂分治陰謀的實施更加嚴重。此外,李登輝在「民主化、本土化、多元化」的名義下推行分裂計畫,因而具有很大的欺騙性、煽動性,似乎「一個中國政策」、「一個中國認同」已經過時。在李登輝的煽動下,兩岸之間的「差異」開始加深。陳水扁上臺後,「文化台獨」由「理論宣揚」進入「貫徹落實」階段,成為「台獨當局」強化「實質台獨」的重要一環。在台當局的扶植、推動下,「台獨」分子鼓吹「文化台獨」的方式遠遠超出了書齋研究和課堂教學的範圍,遍佈「台獨分子」控制的報章雜誌、廣播電視及其他文化教育場所;其研究領域遠遠超出了傳統的文學、藝術、教育諸方面,滲透到民眾的行為方式、審美情趣等領域,尤其是滲透到大眾文化領域,諸如飲食文化、服飾文化等。與實施「政治台獨」必然會帶來的嚴重後果相比,「文化台獨」更具欺騙性。「文化台獨」的危害相當嚴重,潛移默化地對臺灣民眾,特別是臺灣青少年的「文化認同」造成負面影響,「台獨國家認同」開始出現,「一個中國認同」開始多元化。「台獨文化」是在擴大兩岸文化「差異」,是在利用兩岸文化「差異」煽動臺灣社會的分離意識,成為干擾兩岸關係和平發展和島內政治安定、社會和諧的重要因素。「文化台獨」是要編造「台獨文化」,「台獨文化」是在為「台獨國家認同」打造基礎,「文化台獨」和「台獨文化」是透過排斥中華文化的方式,圖謀破壞「一個中國認同」的文化基礎,製造出「台獨國家認同」,為「台獨建國」編造相應的文化、意識和思想基礎。在兩岸關係和平發展鞏固和深化階段,「台獨勢力」還會繼續圍繞兩岸文化「差異」做「台獨」文章,擴大和編造臺灣文化與中華文化的不同點。兩岸共同推進和平發展的鞏固和深化,共同推進兩岸文化往來,才是遏制「台獨」的有效之途。

在兩岸關係和平發展的潮流中,在大陸積極推進兩岸文化交流的同時,馬英九當局能夠有所糾正「文化反共」和清理「文化台獨」,只是由於以「不統、不獨、不武政策」為核心的大陸政策的消極作用,客觀上是在片面誤導臺灣民眾對於祖國統一前景和對於大陸的看法,是在加深兩岸文化等「差異」,隨著擴大和深入進行兩岸文化交流合作、鞏固和深化兩岸關係和平發展,臺灣一些人利用和加深兩岸「差異」的問題應該能夠逐步解決,有利於改變兩岸對於文化「差異」的認識,特別是可以清理對於臺灣「國家認同」危害最大的「台獨國家認同」,為增強「中華

文化認同」、增加「一個中國認同」清除思想和意識障礙。

三、「差異」與「國家認同」

影響臺灣「國家認同」變化的因素很多，兩岸在政治文化、性格文化、宗教文化和多元文化等方面的「差異」存在，特別是經過「台獨勢力」的誤導和擴大化，導致臺灣社會在觀察、瞭解和理解大陸時出現認識障礙，間接和直接影響到臺灣民眾「國家認同」的改變。

（一）「差異」對「國家認同」的負面影響

臺灣文化對中華文化的認同，受到「西方文化認同」和臺灣「本土文化認同」的嚴重挑戰。經過李登輝借助「憲政改革」推行「分裂分治」、扶持「台獨勢力」、鼓吹臺灣文化與中原文化的對立等一系列活動，臺灣「文化認同」體系開始分化。在陳水扁主持的「台獨執政」8年間，臺灣的「中華文化認同」與「本土文化認同」的對立進一步加深，特別是「本土文化」被執政當局引向「台獨化」。「台獨勢力」誣衊中國歷史文化是「劣質文化」、「落後的東西」，中華文化最多只是臺灣文化的一部分，要「徹底拋棄中華文化」；聲稱臺灣文化「不是中原文化的邊陲文化」[11]，由「臺灣原住民文化受外來文化影響而形成」，是「在臺灣產生、由臺灣人共用的文化」，是「多元文化」，「要讓立足臺灣的本土文化與華人文化、世界文化自然接軌」。[12]「台獨文化」的「文化認同」，在相當程度上誤導了臺灣民眾的「文化認同」和「國家認同」。「台獨勢力」煽動的中華文化與「臺灣本土文化」的對立，使得臺灣民眾的「身分認同」出現「多元化」。在臺灣社會和民眾中佔有主導地位長達40年的「一個中國認同」，開始變為多種認同。臺灣社會的「國家認同」狀況，說明了臺灣民眾對自我「身分認同」由「簡單、質樸」到「複雜、混亂」，形成了「身分認同」的多元化現象。持「雙重認同」身分的人居多，認同「中國人」的比例有所下降，認同「臺灣人」的比例有所上升，反映出臺灣一些民眾在「國家認同」問題上的迷失。

面對兩岸文化「差異」的存在，「台獨」勢力利用這一「差異」進行誤導和煽

動,直接影響到意識形態的重新架構,如今「臺灣主體性」出現「絕對化、極端化」趨勢,「中國認同」有所淡化,加劇臺灣社會的分裂。「臺灣主體性」、「臺灣意識」包含有濃厚的「鄉土意識」,但與「中國意識」緊密相連;「極端化」下的「臺灣主體性」,則是以挑戰大陸和煽動「台獨」為指向。「臺灣主體性」極端化持續上升,表明對「身分確認和政治歸屬」取向出現嚴重偏差。「台獨」勢力從兩岸文化「差異」中,誤導臺灣的「本土文化認同」,誤導臺灣社會的「國家認同」,體現在政治上就是族群對立。導致臺灣的族群長期處於對立狀態,形成了「本省人」就是認同臺灣,「外省人」和支持「外省人」就是出賣臺灣的「簡單判斷模式」。在這種政治氛圍下,整個臺灣社會被人為地撕裂,進而加劇了臺灣的內耗,導致臺灣政局、經濟和社會處在動盪之中,破壞了臺灣民主的政治文化土壤。

臺灣「國家認同」出現不利於「一個中國認同」的改變,進入多元化階段,導致臺灣民意的兩岸關係定位出現「中間取向」,「維持台海現狀」成為臺灣民眾在「統獨選擇」問題上的主流價值觀。當前臺灣民眾的「統獨心態」呈兩頭小中間大的橄欖形分佈狀態,「統一」與「獨立」的支持者都是少數,「維持現狀」則占絕大多數。這說明多數人在和平統一條件還在繼續創造過程中,既不願立即統一,也不支持「台獨」,有些人傾向於透過維持台海現狀,維持臺灣現今的「自主與自立」。

在臺灣,「文化認同」與「國家認同」有著密切的關係。一方面兩岸在政治文化、性格文化、宗教文化和多元文化方面的「差異」,成為影響臺灣民眾「身分認同和政治歸屬」的重要因素,因為文化作為社會的歷史和集體記憶,而共同的歷史和集體記憶是建構「民族、文化、歷史、政治認同和統獨選擇」等「國家認同」的根本,所以文化「差異」的存在事關重大。一方面兩岸在「文化認同」上是共同點最多的領域,文化共同性是建構歷史記憶和集體記憶的基礎,因而兩岸文化共同性是引導臺灣「文化認同」的重要因素,當然也是影響和引導臺灣「國家認同」的重要因素。

(二)兩岸文化「差異」的解讀

兩岸文化「差異」對於兩岸關係的正反面作用，一是直接的，即透過文化交流在推進兩岸關係和平發展鞏固和深化、推進和平統一進程中的作用大小、成效多少體現出來。二是間接地，即如何對待兩岸文化「差異」關係到臺灣「國家認同」的重塑，臺灣社會形成什麼樣的「國家認同」，對於兩岸關係和平發展鞏固和深化、與和平統一的實現影響極大。

正確對待兩岸的文化「差異」。兩岸文化「差異」是客觀存在，60多年來，兩岸走上不同的發展道路，建立不同的政治制度，堅持不同政治信仰、確立不同的意識形態、實施不同的經濟模式、推行不同的教育機制、完備不同的文化體系，但都取得了令人矚目的成就。因為上述種種「不同」，所以兩岸在各個領域和各個層面都有「差異」。文化「差異」也是如此。既然大陸中國特色的社會主義和臺灣中國特色的資本主義兩種體制都是成功的，既然兩岸關係和平發展取得歷史性成就，既然兩岸已經透過「18項協議」開始了共同發展、共同繁榮、共同追求和平統一的進程，表明只要正確對待兩岸「差異」就能減少和淡化「差異」的負面影響，也就是說兩岸間的各種「差異」、包括文化「差異」的存在也是合理的。既然兩岸文化「差異」是合理存在，那麼就有正確對待和如何解決的問題。根據「一國兩制」科學設想，對於兩岸現有的各種合理存在，透過「兩種制度並存、臺灣高度自治」的方式繼續存在、發展和繁榮。正是「差異」的存在，兩岸文化交流才有事可做，才大有可為。因此，對於兩岸文化「差異」，要從積極層面去正確對待對方的「差異」，透過「差異」找到交流和合作的重點，增加文化交流的文化、政治和社會效益，在兩岸文化的共性與「差異」中尋找促進兩岸關係和平發展鞏固和深化、和平統一的推進和實現之道。改變對於兩岸文化「差異」的認識，還要有政治上包容、文化上寬容，特別是在兩岸兩種體制存在的情況下，瞭解、尊重、包容和認同對方的文化「差異」和其他「差異」，這才有利於影響和引導臺灣的「國家認同」朝著增加「一個中國認同」的方向轉變。從文化和政治的關係中，可以看到「文化認同」和「國家認同」的必然聯繫，可以看到對於兩岸文化「差異」的不同立場和做法，會導致產生不同的「國家認同」。不同的「國家認同」，則對兩岸關係和臺灣社會產生不同的結果。

如何正確認識和對待兩岸文化「差異」，是和平發展鞏固和深化階段要完成的

重要任務之一。兩岸都重視文化交流，加強文化交流合作已經成為和平發展鞏固和深化的重要任務，為中華文化的新發展帶來新的機遇，同樣也是影響和引導臺灣「國家認同」的機會。因而，在和平發展鞏固和深化階段，抓住有利時機，有重點有部署有針對性地開展工作，改變臺灣「國家認同」的構成，增加「一個中國認同」，對於兩岸關係和平發展的鞏固和深化、推進和平統一來說，是一項具有戰略意義的工作。影響和引導臺灣「國家認同」，增加「一個中國認同」，是貫徹和平發展戰略的重大舉措，是檢驗做臺灣人民工作成效的標準之一，是推進兩岸「大交流大合作大發展」的信念、情感和思想基礎，有利於推動兩岸和平統一進程，有利於改進臺灣內部的政治構成。總之，臺灣「一個中國認同」的增加，絕對是對「台獨勢力」的約束和震懾。所以，圍繞影響和引導臺灣「國家認同」的轉變，成為各種政治力量的工作重點，反對「台獨」一方必須抓住機會，推動增加臺灣「一個中國認同」的工作。大陸也要深入推進經濟、政治改革，抓住戰略機遇期加快自身發展，全面落實十八大對台論述的高度，影響和引導臺灣「國家認同」的正面轉變。

1949年10月以來，海峽兩岸實行不同的政治制度，但不同的政治制度沒有削弱中華文化的正能量和影響力。在「兩種制度並存」情況下，「差異」不是差距，文化「差異」更不是文化蛻變和異化。在兩岸文化的共同的核心、內容、價值和載體基礎上，兩岸文化「差異」導致文化交流合作需求的增加，促進兩岸文化往來的發展，有利於兩岸改變對文化「差異」的認識，恢復和形成兩岸同胞應有的歷史和集體記憶，增加兩岸的「文化認同」，從有利於兩岸關係和平發展鞏固和深化的視角出發，影響和引導臺灣的「國家認同」的轉變。

第三節 兩岸文化交流的全面展開

中華文化是中華民族的血脈與靈魂，是兩岸同胞共同的寶貴財富，是維繫兩岸民族感情的精神紐帶。兩岸文化交流合作事關中華文化的傳承、弘揚和創新，事關推動兩岸關係和平發展鞏固和深化、和平統一的進程。在發展兩岸關係過程中，中華文化、兩岸文化往來的功能和影響得到充分顯現。更要看到兩岸文化往來可以增強「中華文化認同」，進而也是影響和引導「國家認同」的重要因素，「一個中國

認同」的增加又將成為兩岸文化交流合作的推動力量。

一、兩岸文化交流合作的全面展開

文化交流合作一直是兩岸大交流大合作大發展的動力，兩岸關係和平發展的鞏固和深化則為文化往來的發展提供了相應的氛圍和條件。兩岸文化交流伴隨著兩岸關係前進的歷程，與經貿交流一起，成為兩岸交流的兩大支柱，一再成為兩岸交流的熱點，一再掀起兩岸交流的高潮。文化往來的直接功能，是增強兩岸的「中華文化認同」，而「文化認同」則公認是「民族、歷史、政治認同和統獨選擇」等「國家認同」的重要基礎。

（一）兩岸文化交流合作的啟動

在兩岸文化都是中華文化、兩岸民眾都是中國人的前提下，在相互隔離的時代，兩岸人民都希望瞭解對岸的真實情況，並尋找適當的時機和方法突破這種隔離，爭取實現正常的往來和交流。在兩岸軍事對峙、互不往來30年後，在中共十一屆三中全會結束後不久，1979年元旦，根據中共中央關於和平解決臺灣問題的決策，全國人大常委會發表《告臺灣同胞書》[13]，標誌著隨著中共工作重心的轉變，大陸對台工作開始由「武力解放」進入「和平統一」新階段。1981年9月30日，葉劍英委員長代表中共中央和中央人民政府就發展兩岸關係發表「九點講話」[14]，再次表明了大陸推動兩岸交流、發展兩岸關係的願望、立場和主張，重申了開展兩岸文化交流合作的必要性和重要性。鄧小平十分重視中華文化和對台交流在促進祖國和平統一中的作用，他在1980年9月9日指出，中國統一，文化方面的作用很大，例如各地說話不同，文字上一看就懂。這方面需要慢慢積累。[15] 他在1988年6月25日強調，實現國家統一，是所有炎黃子孫的共同願望，發揚幾千年中華民族光輝燦爛的文化，是統一的一個重要基礎。[16] 為落實《告臺灣同胞書》，大陸相關部門先後出臺一系列政策和法令法規，為兩岸關係新階段的到來作了政治上、思想上、政策上和行動上的準備。在大陸的積極推動下，臺灣各界紛紛呼籲開放兩岸交流，國民黨當局也逐漸調整大陸政策，在1987年7月15日宣佈結束長達38年的「戒嚴」，臺灣進入所謂的政治「轉型期」，也意味著國民黨當局無法繼續拒絕大陸關

於發展兩岸關係的呼籲。10月15日，臺灣當局宣佈臺灣民眾赴大陸探親具體辦法，部分民眾可於11月2日起向臺灣紅十字會登記赴大陸探親。兩岸封鎖被打破，兩岸人員交流由探親開始啟動。

隨著《告臺灣同胞書》發表、兩岸小額經濟貿易活動非正式開始後，兩岸都把結束兩岸封鎖、開放兩岸交流的突破口選在文化方面，文化交流打開了兩岸交流的大門。1979年間，一些臺灣小說、散文開始「登陸」，接著瓊瑤、三毛等臺灣著名作家的作品相繼被介紹到大陸，大陸的文學作品也透過各種管道進入臺灣。經兩岸當局首次批准的兩岸文化交流是1982年4月8日在美國芝加哥舉行的「辛亥革命與中華民國建立——七十年後的回顧國際討論會」[17]。這一名義上由「美國亞洲研究學會」主辦的學術會議，事實上是經過美籍華人學者在海峽兩岸之間多次串聯後促成。出席會議的有來自海峽兩岸的重要學者，大陸方面由時任中共中央文獻研究室副主任胡繩任團長，臺灣方面由時任國民黨黨史委員會主任秦孝儀任領隊。在兩岸學者的共同努力下，會議取得了圓滿成功。這次會議的成功得到了兩岸知識界、民眾以及海外華人的高度讚揚，也得到了兩岸行政當局的首肯。因而，這次會議開創了兩岸文化交流的先河，引發了後來一系列類似會議的召開，對於打破兩岸隔離狀態是有貢獻的。

1987年以後，由「探親潮」帶來了海峽兩岸交流範圍的日益擴大，在諸多的交往與接觸中，文化方面的交流已經走在了前頭，兩岸文化界、學術界、藝術界、影視界、體育界和出版界等展開了多方面的交流。當時的兩岸交流只是處於單向狀態。也就是臺灣當局不放棄「三不政策」，只能同意部分臺灣民眾來大陸探親和旅遊，並借機進行一些有限的文化領域的交流。面對臺灣當局的禁令，島內文化界成為兩岸文化交流合作的先鋒，一些臺灣通俗歌手無視限制規定來到大陸演唱，影視製片人凌峰率先突破臺灣當局的禁令，來大陸拍攝電視片《八千里路雲和月》，把大陸的山川風貌、風土人情客觀地介紹給臺灣民眾。1988年，澳大利亞國立大學圖書館舉辦「中文圖書館事業之國際展望研討會」，邀請兩岸圖書館行業代表及海外同行進行討論，這是兩岸雙方首次就具體問題進行研討。自此以後，兩岸圖書館行業的交流日益增多。在成立一系列相關機構推進兩岸出版物的基礎上，兩岸還舉辦了多次的圖書展覽，推動兩岸出版界的交往與合作。1988年2月，臺灣歌手公開在

北京舉辦獨唱音樂會，唱出「孩子投進了母親懷抱，從此我們闔家團圓」、「我們永遠都是一家人」的歌聲和心聲，表達了臺灣人民對祖國和平統一的嚮往和對同胞的骨肉親情。由於臺灣當局設置種種限制，大陸僅有極少人得以赴台交流。1988年9月，在北京舉辦了「海峽兩岸學術研討會」，此會每年召開，到2012年，共舉辦了21屆。1989年6月，中科院地理所研究員趙松喬首次實現大陸人員赴台交流。1990年間，大陸準備入島的13個交流項目，臺灣當局只允許6人赴台，1991年，赴台交流僅18項、27人次。直到1991年底，臺灣當局共批准40餘名大陸人員赴台交流，兩岸交流處在來多去少的單向狀態。1991年10月，「90年代海峽兩岸交流合作」學術研討會在深圳舉行。同時法學界的交流也開始擴大。1989年，中國人民大學成立了大陸高校中第一個臺灣法律研究機構——臺灣法律問題研究所。1990年7月，中國法學會海峽兩岸法律研究會在北京成立，有力地推動了兩岸在法律方面的交流。隨著兩岸關係的鬆動、緩和，兩岸的出版界也分別掀起了「大陸熱」和「臺灣熱」。

進入20世紀90年代前期，兩岸交流進入雙向交流階段。從1992下半年起，臺灣當局逐步放寬大陸人士入台的限制，大陸赴台交流人員開始逐漸增多，最終形成了兩岸之間雙向交流的局面。是年初，中國科協在臺灣高雄、臺北成功地舉辦了「敦煌古代科技展」，觀眾達50萬人次，這是大陸首次在臺灣舉辦的展覽。5月，中央民族歌舞團舞蹈家楊麗萍等3人應邀赴台演出，這是大陸第一個3人以上的文藝團組赴台進行有償演出。同年，分別具有全國人大代表、全國政協委員身分的張存皓、吳階平等著名老科學家應邀赴臺灣進行交流訪問，這是第一次突破臺灣當局對大陸赴台人員實行的歧視性身分限制政策。此外，大陸18位元記者前往臺灣，實現了兩岸新聞界的雙向交流。此後，中央芭蕾舞團、上海崑劇團、雲南歌舞團、中央少兒合唱團、中國京劇院、北京京劇院、中央樂團等大型文藝團體相繼赴台演出，在島內產生了極大反響，兩岸交流高潮迭起，異彩紛呈。兩岸交流，包括文化交流開始由單向轉為雙向，兩岸文化交流也就走上快速發展軌道。

開始初期的兩岸文化交流，很好地承擔起和體現出中華文化在兩岸關係中的職能，為兩岸關係結束封鎖開始往來、兩岸交流高歌猛進作出了特殊貢獻。中華文化在推動兩岸交流方面發揮了重要作用，兩岸選擇文化交流作為突破口絕非偶然。因

此，可以說文化因素在兩岸關係發展過程中發揮了開創性、持久性的作用，成為聯結兩岸的精神和思想橋梁，成為探討臺灣「國家認同」問題的最初的通道。

（二）兩岸文化交流合作的大發展

對於20世紀90年代中期以來的兩岸文化交流的成就，文化部長蔡武有過精練、深刻和權威的論述：在大陸的積極推動下，1993年前後，臺灣當局逐步放寬對兩岸文化交往的限制，陸續出臺了一系列開放措施，從而產生了有利於兩岸文化交流發展的環境和條件。[18]1993年，臺灣「中華友好說唱藝術訪問團」和「雲門舞集」應邀來大陸多個城市演出。大陸的「紅樓夢文化藝術展」、「風雲再現——三國演義文化藝術展」在臺灣成功展出。兩岸文化交流合作逐步進入快速發展期，交流項目由最初的學術、科技、大眾傳播交流，擴大到幾乎所有文教類別；在交流方式上，人員互訪、召開學術研討會等逐步發展到交換出版品、合作研究、觀摩教學等較深入的交流。1995年1月，江澤民提出關於發展兩岸關係、推進中國和平統一進程的「八項主張」，強調指出「中華文化始終是維繫全體中國人的精神紐帶，也是實現和平統一的一個重要基礎，兩岸同胞要共同繼承和發揚中華文化的優秀傳統」。在此前後，儘管受到「千島湖事件」、「導彈危機」和「兩國論」等事件的影響，但是兩岸文化交流總體保持了較為快速的成長態勢。

2000年5月，民進黨上臺執政後，一方面在島內文化教育界推行「去中國化」，製造「民族認同、歷史認同和文化認同」的混亂；一方面對兩岸文化交流持否定和抵制態度，制定繁雜的審核手續，設置了諸多限制。面對這股「文化台獨」逆流，大陸充分發揮中華五千年燦爛文化的凝聚力和感召力，以共同弘揚中華優秀傳統文化為主線，以做好臺灣人民工作為立足點，以反對和遏制「文化台獨」為重點，積極主動地策劃、組織和推動兩岸文化往來，努力架構兩岸共同傳承、弘揚和創新中華文化的橋梁。在這一時期，中共中央就對台工作做出重大決策部署，提出一系列新主張和新舉措。2005年3月，胡錦濤提出關於對台工作「四點意見」，強調堅持一個中國原則絕不動搖，爭取和平統一的努力絕不放棄，貫徹寄希望於臺灣人民的方針絕不改變，反對「台獨」活動絕不妥協。3月14日，十屆全國人大三次會議透過《反分裂國家法》。這些意見和舉措表明了全中國人民堅決反對「台

獨」，捍衛國家主權和領土完整的堅定信心和決心。

自2008年5月國民黨重新上臺以來，兩岸關係出現了歷史性轉機。兩岸在「九二共識」基礎上恢復制度化協商，「三通」格局形成。2008年12月31日，大陸在紀念《告臺灣同胞書》發表30周年之際，首次提出「協商兩岸文化教育交流協議，推動兩岸文化教育交流合作邁上範圍更廣、層次更高的新臺階」的工作目標。其中「臺灣文化豐富了中華文化的內涵」的精闢論斷，更是展現了大陸對台文化交流合作的新思維。大陸的高度重視和積極推動，成為兩岸文化交流合作前進與發展的重要推動力。現今，兩岸文化交流合作範圍遍及大陸各個省、市、自治區，遍及包括金門、馬祖、澎湖在內的整個臺灣地區；交流內容幾乎涵蓋各個領域，一些專業化學術交流和文化產業交流增多，並由一般參觀、訪問發展到講學、探討、技術指導和合作研究，雙方眾多學術社團、科研機構、各級各類學校等都逐步建立比較穩定的交流合作關係；不少交流專案產生轟動效應，如「臺北—北京長跑」、福建湄洲媽祖金身巡台百日、大陸數百人組成的經濟和科技代表團赴台參訪、大陸14個省55個民族230人組團赴台舉辦「中華少數民族民俗技藝博覽會」、臺灣省大甲鎮瀾宮2000多名信眾謁祖進香團到湄洲媽祖廟舉行三獻大禮、臺灣數百人組團參加福建龍岩「世界客屬懇談大會」、大陸赴台舉辦「兵馬俑——秦文化特展」、大陸少數民族文藝工作者赴台舉行「中華情」大型演唱會等等。

2008年5月以來，兩岸文化交流合作日趨升溫，迎來了攜手加快文化交流合作的大好時機。作為兩岸級別最高的民間論壇的國共論壇，在2006年4月第1屆時定名為兩岸經貿論壇，第2屆定名為兩岸農業合作論壇，第3屆則定名為兩岸經貿文化論壇。在2009年7月舉行的第5屆兩岸經貿文化論壇，則第一次把兩岸文化交流合作作為論壇主題，並且就如何深化兩岸文化教育交流合作問題達成7條共識列入《共同建議》，重點在中華文化的傳承與創新、推進兩岸文化產業合作、拓展兩岸教育交流合作等三個方面。隨著兩岸文化交流的深入發展，兩岸越來越認識到中華文化在兩岸交流中的地位和重要作用。第7屆兩岸經貿文化論壇於2011年5月在成都舉行，會議就兩岸文教合作與青年交流等三項議題進行了充分討論。「論壇提出的加強兩岸青年交流的思路，豐富了兩岸大交流內涵，必將對兩岸關係的未來產生積極影響。在兩岸經濟合作已取得長足進展情況下，我們應更有力地推進兩岸的文教交流

合作，共同傳承中華文化的優秀傳統，不斷增強共有的中華民族認同，切實深化兩岸人民的心靈溝通與感情交融，為兩岸關係和平發展夯實思想基礎、提供精神動力」。[19] 在2012年7月舉行的第8屆兩岸經貿文化論壇上，會議認為兩岸文化教育交流合作已經成為兩岸關係和平發展鞏固和深化的重要任務，並且就如何發展兩岸文化教育交流合作形成「6點建議」。兩岸經貿文化論壇的共同建議，成為兩岸文化交流合作的指導性意見，反映出兩岸各界對於文化交流的重視程度。之所以此，則是因為看到文化交流的特殊功能和終極目標。炎黃文化、地方文化、特色文化、孔子文化和儒教文化、道教文化、媽祖文化等，在兩岸30多年的交流中，成為兩岸民眾交流交往的橋梁和平臺，成為兩岸大交流大合作大發展的重要推動力量，成為兩岸關係前進、和平發展鞏固和深化、和平統一實現的重要基礎。

兩岸有著共同的文化傳統，兩岸人民都非常重視弘揚優秀的傳統文化，文化交流反映了人民的願望，進一步增強了中華文化的凝聚力，有助於文化認同的形成和增強。得到認同的文化是一個國家建立、維繫和發展最穩定的紐帶，是代際間傳遞與延續的、一種獨特的、與他者不同的歸屬感，這就是我們常說的國家認同。」[20] 因此，兩岸文化交流合作不僅成為推動兩岸關係和平發展鞏固和深化的重要因素，也從政策上、行動上和效果上，為影響和引導臺灣「國家認同」創造了有利條件和開闢了有效的途徑。

二、兩岸文化交流合作的基本特點

兩岸文化交流走過30多年，內容日益豐富，形式日益多樣，規模日益擴大，聲勢日益壯闊，影響日益深遠。也要看到兩岸文化交流繼續受到兩岸政治對立的影響，存在的結構性問題還沒有完全解決。發揮文化交流合作在影響和引導臺灣「國家認同」時的積極作用，還有待兩岸的共同努力。

（一）兩岸文化交流的特點

綜觀兩岸文化交流合作，發展很快，沿著五個方面前進。

一是已經開始協商正常化、制度化進程。兩岸文化交流主要是民間交流，由民間機構和文教業務機構負責進行，隨著ECFA簽訂後，建立兩岸文化交流合作機制，簽訂「文教ECFA」，成為文化交流的發展方向。為此，關於文化交流合作的學術探討活動日益活躍。圍繞如何完成文化交流的正常化和制度化，如何深化兩岸文化交流，如何推進中華文化的傳承、弘揚和創新，兩岸專家學者和各界知名人士進行了深入研討，以凝聚共識。

二是人員交流高速增長。兩岸同胞都是相隔太久的一家人，具有中華文化這一共同的文化基礎，所以交流具有文字語言、生活習慣、飲食風格、宗教信仰和內容議題等方面的先天優勢，人員交流是增長最快的領域。臺灣居民來大陸，1987年是3萬餘人次，1992年突破了100萬人次，2000年超過300萬人次，2008年超過400萬人次，到2011年超過500萬人次。大陸居民赴台，1988年僅幾百人次，1997年超過5萬人次，1999年超過10萬人，2008年達到100萬人次，2012年超過200萬人次。到2012年底，兩岸人員交流達到2450萬人次，其中大陸赴台706萬人次。兩岸同胞穿梭在臺灣海峽，這是文化、經貿和社會交流的基礎，是最重要的交流。

三是兩岸文化交流和人員往來的層次逐步提高。最初交流的主要是學者專家、文化部門成員和學校學生，很快擴展到兩岸文化部門負責人，特別是一些具有較高黨政身分的人員進行交流，國家科學院長、科技部長、文化部長先後訪台，對推動兩岸交流產生了積極影響。同時，社會各界廣泛參與文化交流，文化交流領域進一步拓寬。文化交流已經遍及大陸各個省、自治區、直轄市，已經覆蓋臺灣地區和全部文化及相關行業。文化交流管道相對穩定，對口固定聯繫增多，已經建立起比較穩定的交流關係。

四是教育、影視、出版等方面的交流實現了新的突破，為下一步加大交流合作奠定了很好基礎。因為陸生赴台開始，兩岸教育交流的雙向化發展已勢不可擋。2011年11月，國台辦宣佈關於進一步推進兩岸廣播影視界合作交流的相關政策措施，受到島內業界的高度肯定。兩岸出版合作也不斷深化，優秀項目交流熱絡。兩岸連年舉辦書展、攝影展、演唱會、合唱節、京劇節、文化周等豐富多彩的文化交流活動，影響不斷擴大，成為兩岸民眾文化生活的重要組成部分。大陸的一批品牌

和高端文化項目在島內舉辦,出現了轟動效應。新聞、科技和宗教等領域的交流,都成為兩岸關係和平發展的推動力量。

五是文化創意產業成為兩岸文化交流合作新的亮點。兩岸共同擁有的中華文化是兩岸文化創意產業交流合作的重要基石和強勁動力。大陸的廈門、北京和深圳定期舉行的「文博會」和臺北的文化創意產業展覽,表明兩岸文化創意產業合作方興未艾,「創意中華」、「創意兩岸」正成為兩岸新共識。並且,臺灣在理念、運作、推廣、製作和銷售等方面有一定的先發優勢,大陸則在資金、人才、技術、設備和市場等方面擁有豐沛的資源,兩岸文創產業合作前景很好。從兩岸文化交流合作的規模、成果和趨勢論,為鞏固和深化兩岸關係和平發展,為影響和引導臺灣「國家認同」的轉變,開闢了很多工作平臺和管道,創造了很多新的工作方式和方案。

(二)兩岸文化交流的特殊性

在兩岸政治對立尚未結束、《和平協定》沒有簽署的情況下,兩岸文化交流有其特殊性[21]。

一是基礎性。兩岸交流涉及整個文化範疇,能夠影響人們的價值觀念、思維方式和感情感受。開展文化往來,可以加深民族感情,增強民族凝聚力,促進島內「中華文化認同」、「中華民族認同」、「一個中國認同」和反對「台獨」群眾基礎的增強和強化。兩岸文化往來是一個量變到質變的過程,透過量的積累就能起到潛移默化地影響臺灣民心的作用,因而是一項重要的基礎性工作。

二是民間性。由於目前兩岸關係的特殊性,兩岸的官方不能直接接觸,更談不上簽訂官方協定,兩岸文化交流合作目前只能在民間層面進行,以民間往來的形態出現。由於是在民間進行,所以涉及面很寬。兩岸文化往來涵蓋民族、歷史、語言和文字、宗教、哲學、文學、藝術、體育、教育、醫藥衛生、學術、民俗、影視、廣播、報刊和網路等諸多領域,涉及社會生活的各個方面和社會各階層人士。

三是政治性。兩岸社會制度不同,意識形態有別,政治關係複雜,在人員交流

中必然存在著誰影響誰的問題。臺灣當局對於兩岸交流的政治目的是非常明確的，宣傳「政治民主化、社會多元化、經濟自由化」的圖謀必然會滲透到各項交流活動中去。「台獨勢力」沒有停止過鼓吹「文化台獨」。因此，雖說是文化交流，但政治性和政策性極強。

四是複雜性。兩岸交流在兩岸政治對立下進行，面臨著不同的社會和人文環境，兩岸的文化形態存在著一定的「差異」，人們的價值觀念、思維方式、行為模式也有很大不同，在交流交往過程中也涉及並衍生諸如不正常、不平衡、不對稱、不深入、不穩定和不規範等問題，影響到兩岸文化往來和各項交流的健康發展和有序進行。

總體上看，文化交流溝通了兩岸炎黃子孫的民族感情，加深了臺灣人民對大陸的認同感，增強了中華文化的凝聚力，有力遏制了「台獨勢力」和島內分離傾向的進一步發展，對推進兩岸關係和平發展鞏固和深化、和平統一的進程產生了重大而深遠的影響。現在需要兩岸進一步思考的是，如何把兩岸文化往來對於增強「中華文化認同」的作用，如何把「中華文化認同」對於增加臺灣「一個中國認同」的作用最大化的問題。

三、中華文化的促進交流和整合功能

兩岸文化往來的重要任務之一，是在全面推進文化交流的同時，增強臺灣社會的「中華文化認同」，進而影響和引導臺灣社會的「國家認同」、增加「一個中國認同」。這一文化整合和融合功能，是源遠流長、博大精深的中華文化的基本內涵和作用決定的。

中華文化的整合、融合功能，是因為其在發展過程中形成的核心、內涵、價值取向和對民族成員的行為規範所決定的。「文化一統、民族一統、政治一統、中華一統」一直是中華文化的核心價值觀念和思想體系，是中華民族向心力、凝聚力的源泉。維護國家統一，反對國家分裂是中華民族天經地義的政治價值取向，這種價值取向深深地銘刻在中華民族成員的心裡[22]。與「大一統」相配合的愛國主義，同

樣是中華文化和民族精神的核心，中國人的文化思想是以家庭為核心，崇拜祖先是宗教信仰之一。由對祖宗的「思念和尊重」擴展為對父母的「孝」，對父母的「孝」擴展到對家族鄉里的「敬」，對家庭鄉里的「敬」擴展到對國家社稷的「忠」，形成了中國人的「家」和「國」的一體觀念，完成了「愛家」與「愛國」的聯結。因此，在中華民族歷史上，人們把祖國比喻成母親，把「孝母心」上升為愛國心，把愛鄉情放大為愛國情。中華文化的愛國主義、中國人的愛國情，不是政治強權強行灌輸的結果，是對發端於斯、生於斯、長於斯的故鄉、親人的眷戀，是對祖國歷史文化、人文精神的鍾愛和依戀，是對國家和人民利益高於一切的價值取向[23]。

「中華一統」和愛國主義思想，作為中華民族的主體思想和核心價值，在反對祖國分裂、維護主權和領土完整，推動進步、繁榮的歷史進程和現實鬥爭中，發揮了鑄造「國魂」、「民魂」的作用。即使在臺灣，緊隨政治多元化的是思想、觀念多元化，「臺灣主體性」、「臺灣意識」和「臺灣優先」廣為流行，甚至「台獨理念」也成為社會主要意識之一，但是「大一統」和愛國主義依然是臺灣文化的基本精神，依然是臺灣社會的主流意識，君不見「台獨勢力」執政時利用公共權力，瘋狂推行「法理台獨」、「公投制憲」、「入聯公投」、「文化台獨」和「漸進台獨」，極力打壓反對「台獨」力量，但建立在「法統基礎」上的反對國家分裂、「愛國（『中華民國』）主義」依然是臺灣民意主流，也成為「台獨勢力」不可逾越的文化、思想和政治障礙。此外，「大一統」和愛國主義具有強大的同化力。從中華文化的發展過程中看，每當外域文化進入中原後，大都「逐步中國化」，融入中華文化而成為其一部分。以漢族為主的封建國家，不僅面臨內憂，而且外患不斷，外族入主中原直到清朝才基本停止，但先後曾經入主中原的其他民族，最後都自願認同漢族文化，形成了以漢族為核心的中華民族，建立了幅員遼闊、人口眾多和民族融合的文明國家。中華文化的強大「同化力」與愛國主義情懷一起，也成為兩岸關係和平發展鞏固和深化、文化往來的文化、思想和政治基礎。所以，儘管兩岸政治對立沒有解決，作為同一民族、同一文化和同一國家的兩岸，都有啟動和發展文化交流和其他交流的願望和動能。在兩岸進入對峙下的交流交往階段後，兩岸均願意擱置政治爭議，先急後緩，先易後難，先經後政，先民後官，開展兩岸交流合作，文化往來更是得到雙方重視，是因為兩岸官方和民間都受到「中華一統」、

愛國主義信念的直接和間接的制約。

中華民族成員願望接受「中華一統」和愛國主義思想的制約，是因為中華文化的精神激勵、價值取向和行為規範功能[24]。中華民族優秀傳統文化代表著中國文化的發展方向，能夠激發人們的民族自尊心和自豪感，一直成為維繫中華民族存在、進步、發展和壯大的精神力量。中華文化的核心價值、思想精華、豐富內涵和優秀傳統，激勵著兩岸人民共同尋求和平統一之路，激勵著文化交流合作奔騰向前。中華文化有「大一統」、愛國主義的核心，有了與之相一致的精神激勵和道德情操，當然也成為自覺的價值取向，這也是歷史上形成的。因為中華文化作為有機的統一整體，是在特定的地域裡的中華民族的成員，透過艱苦而又富有創造性的探索，經過自然自覺催化、整合和融合，在創造出反映該地域人民文明發展程度的文化同時，又自覺認同中華一體的先進意識和價值取向。中華文化的形成和發展過程，就是不同地方文化縮小「差距」和正確對待「差異」，接受中華文化核心價值、思想精華、豐富內涵和優秀傳統的過程。兩岸文化往來就是中華文化經過數十年的兩岸各自發展之後，合力傳承、弘揚和創新中華文化，逐步縮小「差距」和正確對待對方「差異」的過程；重新認同、形成兩岸關係和平發展與和平統一的價值取向，最後完成祖國和平統一的過程。在中華文化的核心價值、精神激勵、道德情操和價值取向上，難能可貴的是，民族文化經過認同和整合，逐漸形成民族成員共同的思想和行為模式。中華文化是倫理道德型文化，它約束著民族行為方式和價值標準，民族成員以此為榮，自覺向善，克服惡行，這就是中華文化的力量所在。

中華文化源遠流長，博大精深，是由中華民族所共用、認可的民族精神、人生哲學、道德理想、智慧知識和價值取向的總和。正因為中華文化的存在，中華民族的歷史才得以延續，情感才得以分享，文脈才得以演進，智慧才得以傳承，中華傳統文化是包括臺灣同胞在內的全國各族人民共同創造的，是數千年來「民族認同、歷史認同、文化認同和政治認同」等「國家認同」賴以確立的基礎，更是今天兩岸同胞共同擁有的最大資產。中華文化激發了全國人民的民族自尊心、自信心和自豪感，成為維繫全民族共同心理和價值追求的思想紐帶，成為煥發人們為實現民族統一和社會進步而英勇奮鬥的精神源泉。[25] 文化交流對兩岸關係和平發展鞏固和深化的意義特殊，只有透過兩岸同胞對彼此共同文化價值的認同，雙方才能形成凝聚

力和戰鬥力，從而實現兩岸文化的整合。兩岸文化整合是兩岸社會相互瞭解、尊重和認同的基礎，兩岸社會的相互瞭解、尊重和認同是兩岸關係和平發展鞏固和深化的基礎。兩地文化內在本質與精髓出自一脈，歷史的遭遇和時空的障礙並未阻擋大多數兩岸同胞之間正常往來的趨勢。兩岸人民之間存在重建情感的需求和渴望，民族情感和對傳統文化的共同依賴感，在其中扮演了催化劑的角色。兩岸文化往來取長補短，相輔相成，有利於中華文化的傳承、弘揚和創新，有利於增進兩岸人民相互瞭解、溝通情感和構建「命運共同體」，有利於兩岸營造政治對話氣氛和推進兩岸關係和平發展的鞏固和深化，有利於增強臺灣的「中華文化認同」和「一個中國認同」，進而有利於和平統一進程的推進。文化交流顯然成為凝聚兩岸感情、縮短兩岸距離的最大力量。[26]

第四節 兩岸文化交流合作的功能分析

擴大和深入進行兩岸文化交流合作，是兩岸共同的願望。隨著兩岸關係和平發展的鞏固和深化，兩岸對文化往來湧現更大的興趣中表現出出更多的積極性。「弘揚中華文化，加強精神紐帶」已經成為新時期對台工作的主要任務[27]。馬英九當局也能夠堅持「中華文化認同、民族認同」，在清理「文化台獨」、「去中國化」方面也做了一些工作，兩岸在文化往來中的積極因素持續增加，文化往來正在有序開放的前提下穩步發展，「中華文化認同」也在不斷增強。隨著時間的推移，兩岸文化往來的作用和影響也會在臺灣的「國家認同」問題上體現出來。

一、啟動兩岸政治協商的意識準備

兩岸文化交流合作，是兩岸中國人在走向和平統一的進程中，兩種不同社會制度下進行的文化領域的往來，是在兩岸敵對狀態尚未正式結束、政治對立的特定歷史條件下產生和發展的。也就是說，在兩岸政治矛盾沒有解決、政治僵局沒有緩解情況下，兩岸隔絕狀態既不利於兩岸的發展，也不利於和平統一，嚴重影響兩岸同胞情義，嚴重傷害民族感情。在大陸的積極建議和推動下，臺灣當局也給予必要配

合,都認為兩岸政治對立不改變兩岸都是中國人、兩岸文化都是中華文化的事實,在中華文化的基礎上,先開始兩岸文化、經濟、人員和社會的各項交流,既能透過交流謀求兩岸共同發展之道,實現共同繁榮,又能為破解兩岸政治難題、啟動兩岸政治協商進行必要準備。

兩岸文化交流合作,是在創造解決兩岸政治矛盾的必要氛圍和基礎。兩岸關係的性質是,「1949年以來,大陸和臺灣儘管尚未統一,但不是中國領土和主權的分裂,而是上個世紀40年代中後期中國內戰遺留並延續的政治對立,這沒有改變大陸和臺灣同屬一個中國的事實。兩岸複歸統一,不是主權和領土再造,而是結束政治對立。」[28] 兩岸在政治對立下,「中國法統」和「誰代表中國」成為雙方必爭的焦點。大陸強調1949年10月人民革命勝利、建立中華人民共和國的合法性、必要性、重要性和權威性,強調改革開放和社會主義現代化建設取得舉世矚目的偉大成就,強調新中國繼承了「中華民國」在國際間的權利和義務,有效地管理國家和發展經濟,主導著兩岸關係方向和發展,具有中國的對內治理權和對外代表權。臺灣當局則堅持「中華民國」的「法統」,堅持「中華民國」擁有統治中國的「合法性」,兩岸關係也應「在中華民國憲法架構下」展開互動。對於兩岸政治現實,馬英九描述為「主權互不承認,治權互不否認」[29],「九二共識」是「一中各表」、即「一中」就是「中華民國」,「兩岸問題最終解決的關鍵不在主權爭議,而在生活方式與核心價值」[30]。對於如何解開兩岸「政治死結」,馬英九提出「一國兩區」[31],大陸提出「兩岸一國」[32],顯然「兩區」和「兩岸」已有交接,「一國」大有文章,大陸在「一中框架」下強調「一國」,避開是中華人民共和國還是「中華民國」之爭,用「中國」體現更多的包容性,表達政治誠意。馬英九的「一國」,則是繼續堅持「中華民國法統」。顯然,破解兩岸政治難題,需要雙方創造條件。

兩岸文化交流合作,以及民間性質的交流交往,當然不能直接解決政治矛盾。但是從文化交流本身,可以說明人們認識兩岸問題的本質,可以幫助人們尋找解決問題的途徑和方式。在兩岸文化往來中,在接受中華文化薰陶的同時,也是在接受中華文化的「文化一統,民族一統,政治一統、中華一統」和愛國主義等核心價值再教育,接受中華文化中的「自強不息、憂患自省、和諧安定和正道直行」等文化

精髓再教育，接受中華文化中的民族氣節、道德情操和行為規範的再教育，增加對中華文化的認同，逐漸正確對待和認同對方的文化「差異」，為了民族的復興，找到解決兩岸政治對立的聯結點不是沒有可能的。文化往來，屬於軟性的心理介入和心靈平等的對話。透過多種多樣的文化往來，尤其是透過中國各民族和各地區富有特色的文化交流，在各種娛樂、欣賞、參觀、討論和學習等相對輕鬆、歡愉的文化場合，進行交流和對話，政治色彩會減少，意識形態會淡化，有利於降低「泛政治化」，有利於降低敵意，有利於增進政治互信、民族感情，有利於達成共識，有利於累積破解政治難題、實現政治突破的條件。只要兩岸在「九二共識」基礎上，透過文化往來和其他交流合作的前期準備，實現兩岸政治關係的突破，結束政治對立，可以說是臺灣「國家認同」多元化向增加「一個中國認同」方向轉化的轉捩點。

二、促進兩岸經濟交流的持久動力

兩岸文化往來對於經濟交流的作用，是兩岸文化同屬中華文化的屬性決定的。兩岸文化往來目的之一，是要用歷史經驗和優秀傳統文化寶庫中的有利於推動兩岸政經合作、共創雙贏的文化思想元素，進一步推動文化往來與經濟合作良性互動，完善兩岸經濟合作機制，建立穩固的兩岸經濟利益共同體，加快兩岸「經濟一體化」，建設兩岸共同家園，實現中華民族的偉大復興。

兩岸文化往來與兩岸經濟交流合作，已經成為兩岸關係和平發展鞏固和深化的兩大支柱。兩岸小額經貿往來在《告臺灣同胞書》發表前後即已開始，兩岸文化往來顯然比經濟文化與合作起步晚半拍，但發展很快，成為兩岸交流的突破口，在各個文化領域、不同地區、不同層面和不同單位迅速展開，到20世紀90年代前期都已進入雙向交流階段，除了使得兩岸文化往來的氛圍越來越濃、發展越來越好外，也成為推進兩岸人員、社會和經貿交流的重要因素。文化與經濟之間存在互動關係，在經濟運行中，每一個項目和活動都不可避免地受到文化背景的深刻影響。而文化背景的「差異」，也總是透過經濟活動的方式、規模和過程曲折地反映出來。[33]

臺灣民眾的「中華文化認同」從未出現實質性動搖，即使在最艱難的年代，兩

岸民間的思想、文化、經濟交往，也或暗或明、或多或少、直接或間接地存在著。這種兩岸特有的、割不斷的交流，成為20世紀80年代初兩岸經濟交流啟動的深層次的原因。文化與經濟的關係緊密。一方面區域文化環境對經濟活動的影響越來越深刻，文化等非經濟因素對經濟行為的制約和影響有時比經濟本身的因素更重要。一方面文化與發展受到人們的高度關注，在追求經濟增長的同時，文化繁榮是經濟發展的重要目標。從這一點出發，推進兩岸「經濟兩化」，實施和落實ECFA，也要重視兩岸文化交流的作用。30多年來，在兩岸不同政治制度下，中華文化因素作為兩岸經濟交流合作的內在能量，對兩岸經濟合作起了極大的促進作用。由於兩岸文化的同根性，近年來兩岸的文化、旅遊與經貿的合作日益緊密地聯繫在一起，兩岸宗教、謁祖、尋根、觀光旅遊等文化旅遊持續高漲。文化旅遊既豐富了文化交流合作，又促進了兩岸經濟、特別是臺灣經濟的發展。兩岸關係和交流發展30多年的實踐表明，在兩岸政治對立沒有解決，雙方共同傳承、弘揚和創新中華文化，是兩岸經濟交流合作的持久動力。

兩岸關係和平發展鞏固和深化的重點工作之一，是透過ECFA起步的兩岸「經濟兩化」工作，加快兩岸「經濟一體化」。實現這一目標，需要文化往來的配合和支持。隨著兩岸「經濟一體化」進程，新的難點和矛盾將會凸顯，將會逐步觸及更加接近兩岸關係癥結的核心問題。兩岸關係的實踐和經驗告訴人們，兩岸經濟合作持續推進的力量是文化，是中華民族的文化價值體系。隨著兩岸間「經濟利益共生性」的加深，應當從增強「中華文化認同」進而引導「民族認同」、「國家認同」著手，推進兩岸文化整合、修復被人為割裂的文化記憶，增強兩岸的「中華文化認同」，增加臺灣的「一個中國認同」，擴大經濟合作成果，推進兩岸關係和平發展的鞏固和深化。[34]

三、增強「中華文化認同」的專業平臺

兩岸文化往來，是在兩岸政治關係沒有正常化、兩岸交流只能是處於民間交流狀態下，發揮中華文化的感染、教化功能，增強兩岸的「中華文化認同」、進而增加臺灣「一個中國認同」的最有效也是最好的辦法。從文化思想領域看，增強「中華文化認同」和增加「一個中國認同」的任務很重。

第四章　中華文化與臺灣「國家認同」

（一）清理「文化台獨」

「文化台獨」的根本目的是割裂兩岸文化淵源關係，破壞兩岸人民共同認同的基礎。清理「文化台獨」和糾正「去中國化」，需要終止實施多年的「文化台獨」，需要修改被「台獨分子」篡改的教科書，需要恢復被「臺灣正名」的「原來名稱」。關鍵是無形的、已經流行的「台獨意識」和「台獨國家認同」如何清除？如何糾正在「台獨」極力煽動和灌輸之下，出現的「臺灣主體性」、「臺灣意識」的「極端化」等偏離「中華文化認同」、「一個中國認同」的問題？文化交流合作重要內容之一，就是透過文化的途徑和方式，透過頌揚中華傳統文化中的「政治一統」、愛國主義等民族之魂、思想精髓，透過褒揚歷史上國家大一統時期帶來的發展，透過暴露和批判歷史上的分裂行為和民族罪人，揭露「台獨勢力」把「臺灣文化極端化、台獨化」的陰謀，正確引導臺灣民意，肅清「台獨」流毒，增強「中華文化認同」。在中華文化發展史上，出現過多次挑戰中華文化的正統性、合理性和權威性的論爭，每次都是中華文化在更高層次上的發展而結束，此次反對「文化台獨」的鬥爭也是如此。正是文化交流合作，可以從深層次揭露「台獨」的虛假、反動的一面，影響和引導被搞亂的臺灣社會和文化，重新回歸和增強「中華文化認同」。

（二）正確對待兩岸文化的「差異」

在特定的地理、歷史、政治、經濟、對外關係和文化環境中，兩岸文化已經形成明顯的「差異」。如在傳承中華文化和吸取外來文化兩個方面，臺灣都具有一定的優勢，文化多元是兩岸文化的共同現象，吸收西方和多元文化的長處是中華文化長盛不衰的原因之一。但也要看到60多年來臺灣文化的多元，在文化「差異」中更突出，對臺灣的影響也要大得多。如政治文化的「差異」方面，政治文化的功能是為政治決策提供合適的文化氛圍，作為一定時期流行的政治信仰、立場、態度和情感等政治心理傾向，因此由於兩岸政治對立，政治體制和意識形態的不同，在政治文化上也有充分體現，形成了明顯的「差異」。如性格文化的「差異」方面，臺灣文化與大陸文化有很大的不同，臺灣文化、性格文化在不同時期不同政治力量的引導下出現了一些變化形成明顯的「差異」，也對和平發展與和平統一產生不小的影

響。如兩岸宗教文化上，很大程度上有一致性，兩岸宗教都受制中華文化中的儒佛道為核心的宗教文化影響，宗教文化和活動都在這一範疇內展開，臺灣宗教文化始終沒有離開中原的軌跡。問題是兩岸宗教的從現象到本質都有很大不同，主要表現在臺灣宗教更加普及，與社會政治、經濟生活結合緊密。兩岸宗教文化的「差異」與其他意識形態領域的「差異」一樣，對兩岸相互瞭解、尊重、包容和認同產生很大影響。兩岸在文化領域的「差異」，是可以透過文化往來實現正確對待和認同的，在此基礎上，在兩岸合力再創中華文化的輝煌過程中，可以得到逐步解決。無論是從理論還是從實踐看，兩岸文化往來實質上是兩岸經過各自長達60多年的文化沉澱，在各自已經形成的傳承、弘揚和創新中華文化的基礎上，形成合力，共同推進中華文化進入新的發展階段。

在兩岸文化往來中，弘揚的是中華文化中的核心和精髓，傳播的是中華民族浩然正氣和不朽精神，謳歌的是優秀文化的優秀代表，歌唱的是時代和民族的最強音，表達的是兩岸相同的習俗帶來的歡樂，奉獻的是高水準的文化藝術，追求的是兩岸再度聯手再造中華文化的輝煌。正是透過文化往來，兩岸文化都可以在對方傳承、弘揚和創新中華文化的成就和經驗中，在發現自身的差距和不足的同時，更多的對於文化「差異」的瞭解、尊重、包容和認同，逐漸增強「中華文化認同」，增加臺灣的「一個中國認同」。

四、推進兩岸社會認同的重要途徑

和平發展與和平統一的過程，就是兩岸社會相互瞭解和認同的過程。影響和阻撓兩岸社會瞭解和認同的關鍵，是如何對待兩岸之間存在的「差異」；如何理解和尊重兩岸之間存在的「差異」，兩岸文化整合是有效辦法；如何促進兩岸文化整合，交流合作是有效辦法。

兩岸因為政治體制、意識形態不同，兩岸的「差異」十分明顯。因為國民黨主導的資本主義在大陸22年實踐的失敗，所以中國共產黨不可能帶領人民走資本主義道路；因為帝國主義、封建主義和官僚資本主義阻礙了中國的發展，所以中國共產黨只有堅持社會主義；因為國民黨大陸時期主導的西方政黨政治、選舉政治在中國

第四章　中華文化與臺灣「國家認同」

成政治鬧劇，所以中國共產黨不可能實行西方式的政治；因為國民黨主導的資本主義經濟體系不能讓中國強大，所以中國共產黨不可能在建立政權初期實行市場經濟。在不同的政治體制、意識形態下，兩岸經過長達數十年的時間，形成了被各自民眾接受和認同的社會構成，這就表明各自的存在是合理的、可行的、有效的。更為重要的是，大陸的中國特色社會主義和臺灣的中國特色資本主義，都取得了得到世界承認的成功，由於發展道路、政治體制、意識形態和經濟模式都有區別，也就是說透過不同的道路都達到了發展的目的。這樣帶來的結果是雙方的「差異」很多，存在於各個領域。如果以自己的標準去觀察對方，那麼對方的客觀存在本身就是「差異」。

兩岸社會之間，深受兩岸政治對立的影響，推進瞭解和認同的難度較大，尤其是臺灣方面的阻力更大一些。改變臺灣民眾對於大陸的看法，是推進兩岸社會瞭解和認同的關鍵點。兩岸交流30多年來，臺灣方面對於大陸的看法偏頗之處更多一點。觀察臺灣社會對於大陸的觀感和心理上接受大陸的程度，在兩岸「差異」問題上相對集中體現出來。對於主要是因為兩岸政治對立產生的「差異」，臺灣方面看到「差異」的合理性少一些，把「差異」看成是「差距」。「差異」是合理存在，「差距」則是雙方發展方式、速度和水準不同而形成的距離，把兩岸「差異」看成是兩岸發展的「差距」，看成是大陸落後、僵化的標誌，單方面要求大陸調整和改正。實質上是臺灣方面用「一種制度」下的標準來評判「兩種制度」下的合理存在，用「單一制度」的標準來取代「兩種制度」下的兩種標準，顯然模糊了政治和制度的界限，增加不必要的顧慮和麻煩。

按照「一國兩制」戰略構想，在祖國和平統一前提下，國家的主體部分實行社會主義制度，臺灣等地實行資本主義制度，兩岸人民繼續在不同的社會和政治制度中生活，原有的社會制度和生活方式長期不變。不僅臺灣民眾現有各種權益將得到滿足，而且他們希望獲得的其他權益也將得到充分實現，真正實現當家做主的夙願，充分行使選擇社會制度和生活方式的權利，更加廣泛、直接地參與管理國家大事。在和平發展階段、實現和平統一階段和祖國和平統一完成後階段，「兩種制度並存，臺灣高度自治」，兩岸人民繼續在各自的社會和政治制度中生活，不涉及政治制度的變更。在兩岸文化領域，就是逐漸增強「中華文化認同」，透過文化的整

合,推進兩岸民眾之間的相互瞭解和理解,推進兩岸對於「差異」這一客觀存在的相互瞭解、尊重、包容和認同,逐步實現社會瞭解和認同。對於生活在兩種對立政治體制下的民眾來說,這種文化、情感、心態和觀念上的調整顯得更為重要。生活在兩種制度下,形成不同政治信仰、道德精神、心理狀態、思維方式和價值取向的兩岸民眾,實現中國特色社會主義和資本主義的共存共榮,增強「中華文化認同」,以及借助文化交流合作、透過文化整合找到共同價值取向,是一條可行的道路。

「文化整合」是指不同文化透過交流合作而產生的互相吸收、消化、融合和創新的過程。中華文化的歷史性、區域性和多樣性,決定了文化整合的必然性。不同地區之間的互相聯繫,必然帶來不同區域文化的相互影響,互相融合乃至同化,進而產生新的文化特質,在更高水準上實現新的發展。中華文化的發展過程就是多民族多地區多風格的地方文化整合的結果,中華文化就是多民族多地區多風格的地方文化整合、融合和提煉出來的精華。兩岸文化交流合作已經成為文化整合的最佳途徑。可以說兩岸文化往來,交流領域全、交流程度深、交流幅度廣、交流人數多、交流水準高、交流時間長、交流方式新、交流途徑寬、交流成就大,而且文化交流的內容更接近民意,交流的形式絕大部分為民眾喜聞樂見,交流的效果也能在社會上直接反映出來,交流中出現的問題也易於解決。因此,不僅僅是文化優秀成果的交流,而是兩岸全社會的交流;不僅僅是文化的薰陶,而是心靈和觀念的交會;不僅僅是帶來文化領域的改變,而是對整個社會的影響;不僅僅是文化的融合,而是兩岸社會的瞭解和認同。這一過程,也是「中華文化認同」和「一個中國認同」不斷增進的過程。

兩岸交流和合作的重要目標,是要實現兩岸的共同繁榮,是要實現兩岸的和平統一,實現中華民族的偉大復興,兩岸文化交流合作的歷史使命也是如此。兩岸文化往來之所以能夠為完成這一歷史使命作出特殊貢獻,不是「文化萬能論」,而是因為文化作為意識形態,雖說是一定階段的政治和經濟的反映,更重要的是文化作為民族歷史、民族之魂、民族精神的綜合體現,也成為「國家認同」的重要基礎。兩岸文化交流合作作為推進和平統一的重要途徑,集中體現在有利於確立和鞏固和平統一所必要的經濟、政治、民意和思想基礎上,集中體現在中華文化的「中華一

統、愛國主義、和合和諧、自覺向善」等核心價值和思想精華所代表的價值取向上。只要共同繼承、弘揚和創新中華文化，凝聚推動兩岸關係發展的共同意志，形成兩岸共同的「民族認同、文化認同、歷史認同、政治認同和統獨選擇」等「國家認同」，就能形成在中華民族偉大復興過程中完成和平統一的精神力量。

注　釋

[1].《龍應台從85歲老父看「四郎探母」談文化認同》，2012-12-19，http：//www.zhgpl.com/crn-webapp/doc/docDetailCNML.jsp？coluid=93＆kindid=2910＆docid=102354336。

[2].《張露：文化將是決定兩岸發展關鍵力量》，中國網，2010-10-29，http：//opinion.china.com.cn/opinion_72_6272.html。

[3].李道湘、于銘松主編：《全球化與中華文化》，北京：五洲傳播出版社，2009年版，第100頁。

[4].中華文化的核心內容部分，參考李道湘、于銘松主編：《全球化與中華文化》，北京：五洲傳播出版社2009年版，第100-114頁（第五章：中華文化基本精神的內容），于銘松撰稿，本文著重參考。

[5].中華文化的基本特點部分，參考李道湘、于銘松主編：《全球化與中華文化》，北京：五洲傳播出版社2009年版，第89-97頁（第四章之三：中華文化的基本特點），于銘松撰稿，本文著重參考。

[6].朱熹：《論語集注》。

[7].程顥、程臣頤：《二程全書·遺書》。

[8].李道湘、于銘松主編：《全球化與中華文化》，北京：五洲傳播出版社2009年版，第185頁。

[9].李道湘：《兩岸文化交流中的若干理論問題研究》，《北京聯合大學學報（人文社會科學版）》，2011年2月，第73頁。

[10].楊東曉：《臺灣解嚴前後的文化記憶》，《新世紀週刊》，2009年第16期，第97頁。

[11].參見2000年8月6日臺灣《聯合報》，第1版。

[12].參見2000年5月21日臺灣《中國時報》，第1版。

[13].《全國人大常委會告臺灣同胞書》，載於1979年1月1日《人民日報》，第1版。

[14].葉劍英的「九點談話」，發表於1981年9月30日《人民日報》，第1版。

[15].《中國臺灣問題外事人員讀本》，北京：九州出版社2006年版，第65頁。

[16].《中國臺灣問題外事人員讀本》，北京：九州出版社2006年版，第65頁。

[17].婁傑：《中華文化與祖國和平統一》，武漢出版社1999年版，第248頁。

[18].蔡武：《新中國成立60年對港澳和對台文化工作》，參見《2010對台港澳文化交流年鑒》，北京：文化藝術出版社，第3-13頁。

[19].《王毅：兩岸經貿文化論壇達成四點共識》，2011年5月9日，http：//www.chinataiwan.org/zt/jmkj/dljlajmwhlt_1/yw/201105/t20110509_1850593.htr

[20].張露：《文化將是決定兩岸發展關鍵力量》，http：//opinion.china.com.cn/opinion_72_6272.html。

[21].兩岸文化交流的特殊性，參見《中國臺灣問題外事人員讀本》的《兩岸交流的特殊性》部分，北京：九州出版社2006年版，第78頁。

[22].李道湘、于銘松主編：《全球化與中華文化》，北京：五洲傳播出版社2009年版，第115頁（第五章：中華文化基本精神的內容），于銘松撰稿。

[23].同上，第114頁（第五章：中華文化基本精神的內容），于銘松撰稿。

[24].李道湘、于銘松主編：《全球化與中華文化》，北京：五洲傳播出版社，2009年版，第116-119頁（第五章：中華文化基本精神的內容），于銘松撰稿。

[25].邵寶明：《兩岸文化協議與社會融合芻議》，載於上海社科院臺灣研究中心：《深化兩岸關係和平發展學術研討會論文集》，2012年7月，第1-6頁。

[26].邵寶明：《兩岸文化協議與社會融合芻議》，載於上海社科院臺灣研究中心：《深化兩岸關係和平發展學術研討會論文集》，2012年7月，第1-6頁。

[27].胡錦濤：《攜手推動兩岸關係和平發展 同心實現中華民族偉大復興——在紀念〈告臺灣同胞書〉發表30周年座談會上的講話》，http：//news.xinhuanet.com/newscenter/2008-12/31/content_10586495_2.htm。

[28].胡錦濤：《攜手推動兩岸關係和平發展 同心實現中華民族偉大復興——在紀念〈告臺灣同胞書〉發表30周年座談會上的講話》，http：//news.xinhuanet.com/newscenter/2008-12/31/content_10586495_2.htm。

[29].《聯合報：馬英九為何陷可能連任失敗危機》，2011-05-19，http：//www.chinareviewnews.com/crn-webapp/doc/docDetailCreate.jsp？coluid=0＆kindid=0＆docid=101698602。

[30].馬英九「就職演說」，參見2008年5月20日臺灣《聯合報》，第1版。

[31].馬英九：《一國兩區是兩岸最理性務實定位》，2012-05-20，http：//www.chinareviewnews.com/doc/1021/1/4/4/102114455.html？coluid=0＆kindid=0＆docid=102114455。

[32].賈慶林：《兩岸不是國與國關係》，2012-07-29，http：//www.zhgpl.com/crn-webapp/doc/doc-DetailCNML.jsp？coluid=93＆kindid=8010＆docid=102181975。

[33].單玉麗：《強化兩岸文化交流與經濟合作互動，推動兩岸關係和平發展》，載中國統一戰線理論研究會、兩岸關係理論福建研究基地編：《第四屆「和諧海峽」論壇論文集》，2011年12月，第54頁。

[34].單玉麗：《強化兩岸文化交流與經濟合作互動，推動兩岸關係和平發展》，載中國統一戰線理論研究會、兩岸關係理論福建研究基地編：《第四屆「和諧海峽」論壇論文集》，2011年12月，第56頁。

第五章 和平發展鞏固和深化背景概述

　　兩岸關係和平發展鞏固和深化，需要擴大和深入進行兩岸文化交流合作。從島內政局看，反對「台獨」的國民黨執政有利於兩岸文化交流合作的進行，堅持「台獨黨綱」、干擾和平發展和兩岸文化交流的民進黨正在竭盡全力準備執政。從兩岸關係看，已經站在歷史新起點上的兩岸關係，迎來了進一步發展的良好契機和有利條件，為增強兩岸的「中華文化認同」、影響和引導臺灣「國家認同」、增加臺灣的「一個中國認同」提供了很好的機遇。

第一節 臺灣政治生態與「國家認同」的引導

　　兩岸文化交流合作的擴大和深入，正面影響和引導臺灣的「國家認同」，島內政治生態和朝野競爭態勢如何是重要因素之一。從態勢上看，馬英九5年連贏四場重大選舉，但政治聲望屢創新低。國民黨掌握島內政局演變主導權，但面臨執政政績不明顯、改革不力等諸多困境。民進黨逐步走出敗選下臺的陰霾，展現了在野黨的應有實力，但重返執政面臨諸多結構性挑戰。反對「台獨」的國民黨繼續執政，成為兩岸關係和平發展鞏固和深化、兩岸文化交流合作擴大和深入的重要政治保證。

一、馬英九連任成功與力堵「台獨執政」

　　從島內政治生態看，最為明顯的是馬英九和國民黨當局陷於執政困境之中。但是要看到，馬英九的連任成功，有效防止「台獨勢力」上臺執政，這是對於兩岸文化交流和其他交流來說，對於增強「中華文化認同」和增加「一個中國認同」來說，是至關重要的一步。國民黨執政終止了「台獨執政」，對增加「民族、文化、歷史、政治認同和統獨選擇」中的一個中國成分是有利的。觀察馬英九就職以來的

政局發展脈絡，在島內他的政績人們感受不到，他的缺失人們盯住不放，於是政治聲望一跌再跌。

（一）兩度勝選防堵「台獨」

馬英九分別在2008和2012年兩度勝選，防堵「台獨勢力」上臺執政成功，為擴大和深入進行兩岸文化交流合作，為社會和民眾中的「中華文化和民族認同」提供必要的政治條件。2008年1月、3月，臺灣地區分別舉辦了「立委」及「總統」兩場重大選舉，國民黨取得壓倒性勝利，實現了「全面執政」，民進黨慘遭重挫、敗選下野。在1月12日舉行的第七屆「立委」選舉中，國民黨獲得總共113席「立委」中的81席，佔據了「立法院」2/3以上席次的絕對優勢，幾乎完全掌控了「立法院」各種重大議案、預算案與人事任命同意權案的議事主導權，再加上親民黨、無黨聯盟和無黨籍的5席，泛藍共囊括86席，超過「立院」總席次的3/4，已經達到可以聯合發動「修憲」和罷免「總統」所需要的席位。民進黨僅獲27席，處於不足「立法院」1/4席次的絕對劣勢，完全喪失了在「立法院」內主導人事與議案的能力。在3月22日舉行臺灣第12屆「總統選舉」中，國民黨推出的參選人馬英九、蕭萬長得票765萬、得票率為58.45%，民進黨推出的參選人謝長廷、蘇貞昌得票544萬、得票率為41.55%，「馬蕭配」以領先對手220萬餘票的絕對優勢當選臺灣地區領導人。國民黨在「立委」、「總統」兩場重大選舉中獲得壓倒性勝利，實現「全面執政」的主要原因在於島內民眾對陳水扁當局執政8年貪腐無能、失政敗德強烈不滿，民心思變、思治。如陳水扁8年任內過度操弄「公投、正名、制憲」等「急獨議題」，將兩岸關係拖入戰爭邊緣，引來廣大民眾的極度不滿與反彈，強烈期望「變天」、「換人換黨做做看」。如在野時以「清廉、勤政、反黑金」相標榜的民進黨當局上臺後快速蛻變為「貪瀆集團」，尤其是圍繞陳水扁家人及其親信的一系列駭人聽聞的重大弊案被陸續曝光，引發臺灣社會的強烈憤慨，島內民心思變、思治。如大陸在堅持反對「台獨」的同時，推出一系列推動兩岸關係朝和平穩定方向發展、惠及島內民眾的新主張與新舉措，進一步催化了島內民眾「求和平、求穩定、求發展、求繁榮」的主流民意。如反對「台獨」，主張兩岸關係和平發展的國民黨獲得島內多數民眾的認同，馬英九長期保持的正直、清廉、誠信形象亦得到廣大臺灣民眾的認可。

第五章　和平發展鞏固和深化背景概述

　　臺灣地區實現二次政黨輪替，反對「台獨」、承認「九二共識」的國民黨重返執政，反對「台獨勢力」利用執政權推動「法理台獨」活動取得階段性重大勝利，兩岸關係迎來和平發展的重大機遇期。兩岸開始具體落實國共兩黨2005年4月簽署的「五項共同願景」，兩岸關係實現了歷史性轉折，和平發展實現了一系列重大突破，也讓清理「文化台獨」、「去中國化」和「台獨國家認同」成為可能。

　　2012年1月14日，臺灣地區舉行「總統」、「立委」換屆選舉。此次「二合一選舉」競選過程中，受諸多複雜因素影響，馬英九、國民黨的選情一直較為艱困。如受國際金融危機及歐債危機蔓延的衝擊，島內經濟發展持續低迷，貧富差距不斷擴大，加上高房價、高物價，以及失業率居高不下，島內民怨沸騰。如馬英九當局應對「8‧8水災」、「美國牛肉進口問題」等內政不力，危機處理能力欠佳，被民進黨扣上了「無能」的標籤。如同為泛藍陣營的親民黨主席宋楚瑜執意參選，對馬英九形成了一定的搶票威脅。但是，最終選舉結果是馬英九得票689萬張、得票率為51.6%，蔡英文得票數為609萬張、得票率為45.63%，前者以領先6%、約80萬票的戰績勝出。在「立委」選舉中，國民黨獲得64席，民進黨是40席、其他黨派9席。這一結果，表明島內民眾普遍支援兩岸關係和平發展，並且從兩岸「三通」、大陸居民赴台旅遊、簽署和落實ECFA等一系列兩岸兩會協定中獲得實實在在的「和平紅利」，對堅持「台獨黨綱」、否認「九二共識」的民進黨、蔡英文能否處理好兩岸關係不放心。在選前倒數幾天，島內工商業、中小企業主代表紛紛站出來肯定「九二共識」，表達了明確的「挺馬」意向，對臺灣社會大眾產生了很大的號召力與影響力。再加上馬英九4年來推行「活路外交」的成果顯現，美國方面表達了對馬英九的支持。馬英九勝選的結果也表明，臺灣民眾用選票再次表達了「求和平、求穩定、求發展、求繁榮」的主流民意，表達了對「九二共識」的認同和對推動兩岸關係和平發展的支持。馬英九獲得連任、國民黨繼續掌握臺灣執政權以及「立法院」的過半席次，為推動兩岸關係在和平發展軌道上繼續向前發展提供了新的機遇，也為「中華文化認同」的增強與「一個中國認同」的增加提供了重要條件。

（二）政治聲望居低不起

　　馬英九當局政治聲望不高，當然在增強臺灣社會的「中華文化認同」和增加

「一個中國認同」方面，無論是影響力還是實際效果都打折扣，但是至關重要的一條，那就是有效阻止「台獨勢力」上臺，為反對「台獨」、正確引導臺灣「國家認同」，為擴大和深入進行兩岸文化交流合作提供政治保障。馬英九上臺後，雖然在推動兩岸關係和平發展、拓展臺灣「國際生存空間」方面取得亮眼政績，並獲得大多數島內民眾的肯定。但是，因「拼經濟」績效不彰、應對島內重大突發事件不力以及處理島內重大政策決策反復多變，特別是在民進黨的刻意操弄下，引發島內民眾的不滿，頻頻陷入執政困境，馬英九個人政治聲望亦迭創新低。

如「拼經濟」績效不彰，島內彌漫一股「無感復蘇」怨氣。陳水扁執政8年推動「急獨路線」導致島內經濟體質快速惡化。馬英九在第一次勝選後，臺灣社會充滿了「經濟馬上就好」的高度期待。但是2008年下半年由美國「次貸危機」引發的百年一遇的「國際金融海嘯」對高度外向型的臺灣經濟造成了重大衝擊。島內經濟增長趨緩、出口大幅下滑、股市低迷，就業形勢惡化，失業率上升，當年經濟增長率由上年的5.7%跌為1.82%，2009年更出現負增長。雖然，馬英九當局採取了一系列措施提振、刺激島內經濟景氣，包括鬆綁兩岸經貿政策、推動兩岸直接雙向全面「三通」、開放大陸居民赴台旅遊、簽署ECFA等，2010年度經濟增長率高達10%，2011年臺灣「國際競爭力」排名達到世界第6、亞洲第3。但是，因國際經濟景氣復蘇乏力以及歐債危機持續蔓延，臺灣經濟一直欲振乏力，特別是貧富差距擴大、薪資下降、物價與房價居高不下以及結構性失業問題愈趨嚴重等，島內民眾財富大幅縮水、生活品質下降，社會上彌漫一股「無感復蘇怨氣」，民眾不滿情緒增加。在臺灣具有相當公信力的臺灣指標民調公司所做的「臺灣民心動態調查」2012年9月上旬公佈的民調顯示，高達89.9%的民眾認為經濟情況不好。

如應對「8・8水災」等重大突發事件不力，以及重大施政決策頻頻失誤，被貼上「無能」標籤。2008年上臺之初，馬英九當局行政團隊就因處理油價調漲、「閣員綠卡事件」等問題反應遲緩、處置不當而被外界批評為政治敏感度不夠、決策手法粗糙、溝通能力不足等，引來民眾的不滿，新當局開局不利。與此同時，上任後的馬英九的用人風格及決策方式備受外界爭議。上任之初，因為選用一批綠營重要人物擔任「考試院長」、「監察院副院長」等職務而遭到泛藍軍的抵制。其日常執政團隊以學者從政居多，他們大多政治敏感度低，施政注重專業考量，且不擅與外

界溝通，推出的政策常因與島內民意脫節而遭到強力反彈，之後又讓步、妥協而導致決策反覆、多變，因此遭受社會各界嚴厲批評。特別是馬英九在重大施政決策過程中，過度依賴親信人馬與核心幕僚，因而被外界抨擊為「用人同質性高」、「小圈圈決策」等。可以說，因為馬英九的執政風格和得失，一直處於社會各界和輿論指點的風口浪尖上。

2009年8月8日，「莫拉克」強颱風襲台，南部地區「3天下了整年的雨量」，降水量高達1000毫米，蘭嶼等地出現17級狂風，多處發生百年一遇的洪水與泥石流。風災造成699人死亡、1766戶房屋毀損、損失高達1998億元（新臺幣），高雄縣小林村更慘遭滅村。馬英九當局在風災來臨時反應遲緩，後續應對又狀況頻出，島內民怨沸天。特別是在民進黨的刻意操作以及島內媒體的推波助瀾下，馬英九當局的執政能力遭受來自各方面包括黨內的強烈批評，馬英九被外界扣上「無能」的標籤，甚至有人公開批評馬英九當局「無能殺人」。馬英九及其執政團隊的民意支持度與滿意度急劇下挫，陷入嚴重執政困境之中。馬英九的滿意度由上任周年時的52%大幅下探到20%左右，不滿意度則躥升到近60%的歷史新高。劉兆玄「內閣」的施政滿意度更下挫到13%，不滿意度則高達70%。9月7日，因救災不力，「行政院長」劉兆玄在各界巨大壓力下辭職下臺，馬英九隨即對「內閣」進行大幅改組，國民黨副主席兼秘書長吳敦義，副主席、桃園縣長朱立倫分別出任「行政院」正、副「院長」。

一波未平，一波又起。2009年10月23日，台美正式簽署《美國牛肉輸台議定書》，台決定開放美國30月齡以下牛肉及其產品進口，包括帶骨牛肉、絞肉、內臟、牛尾等肉品。由於馬英九當局在開放美國牛肉進口問題上，不僅事前未做好島內社會的政策宣傳工作，亦未與黨內高層及黨籍「立委」溝通，被民進黨操弄為「黑箱作業」、「罔顧民眾生命健康」，部分縣市及社會團體還紛紛發起抵制「美國牛肉進口」的活動。國民黨居主導地位的「立法院」最後在民意壓力下，透過修法推翻了《美國牛肉輸台議定書》，引發了新一輪的政治風暴，馬英九當局陷入新的信任危機，馬的滿意度再度降至「8‧8水災」時的20%，不滿意度高達62%。

2012年1月馬英九勝選後不久，接連推出「開放美國牛肉進口」、「油電價雙

漲」以及複徵「證所稅」等三大極富爭議性政策。這些政策雖然都是基於提振島內經濟景氣以及拓展臺灣「國際經貿空間」不得不推動的政策措施，只是因為這些政策觸動了島內不同群體的切身利益，加之馬當局在推出這些政策前，未能提前加強與朝野政黨的溝通以及加大社會宣傳，在民進黨、台聯黨的聯手炒作與攻擊下，引發島內強大民怨，馬英九當局再度陷入嚴重的執政困境。特別是2012年7月2日，馬英九刻意栽培的國民黨「本土新生代」政治明星、前「行政院秘書長」林益世因收賄、索賄被檢方收押，重創國民黨執政團隊的清廉形象，進一步加劇了馬當局的執政困境。臺灣TVBS電視臺7月2日所做民調顯示，馬的滿意度只剩下15%，創下歷年新低，不滿意度則達到69%，創下歷年新低。9月27日，該電視臺所做的民調顯示馬的滿意度僅剩13%，為歷年最低。[1] 之後，馬英九當局又提出要削減部分軍公教退休人員待遇問題，再次加劇社會各界對他的不信任，民意調查中的信任度和支持度一直居低不起。[2]

綜合起來看，馬英九在民意調查資料中的如此低的社會信任度和支援度，以及帶來的執政困境，基本貫穿整個執政過程。但是要看到，從民意調查資料看也好，從社會輿論和各界人士的表態看也好，對於馬英九的大陸政策、與大陸一起推進兩岸關係和平發展的成績，卻是得到充分肯定，這就有利於兩岸文化交流合作的擴大和深入，有利於「中華文化認同」的增強，有利於「國家認同」朝著增加「一個中國認同」方向的轉變。

二、國民黨主政防止「台獨勢力」復辟

臺灣「國家認同」多元化重要原因之一，是李登輝和陳水扁主政20年間的煽動和誤導，這表明執政者和執政黨的路線、政策對於「國家認同」往什麼方向變所起的作用很大。儘管擁有執政優勢的國民黨沒有發揮執政優勢，但是民進黨處於在野狀態，「台獨勢力」也就沒有宣揚「台獨國家認同」的公共權力舞臺，兩岸文化交流合作的阻力和障礙則大為減少。

（一）政治生態優勢明顯

第五章　和平發展鞏固和深化背景概述

　　從政治生態角度看，國民黨擁有優勢，泛藍軍則擁有絕對優勢。這一優勢的存在，客觀上對於社會上和民眾中的「中華文化和民族認同」、擴大和深入進行兩岸文化交流合作起到鼓舞作用。在2008年重返執政之初，因馬英九當選時的沖高得票、國民黨在「立法院」擁有過2/3席位多數，理論上是牢牢掌握了「中央執政權」。在當時的北高和縣市、基層的權力結構中，國民黨方面也是佔有多數。在地方執政權的爭奪中，國民黨能夠保住有利的戰略地位。先是在2009年年初開始的多次「立委補選」中，國民黨是連戰連敗，黨內士氣低落。為迎接地方換屆選舉，2009年7月2日，台「行政院」核定，臺北縣、台中縣市、高雄縣市及台南縣市升格或合併升格為「直轄市」，這次縣市升格是近60年來臺灣地方行政區劃最大的一次調整，使得臺灣地區的直轄市由過去的2個上升為5個，即臺北市、新北市（原臺北縣）、台中市（原台中縣市）、台南市（原台南縣市）及高雄市（原高雄縣市）（簡稱「五都」），地方縣市從23個減少為17個。2009年12月5日，臺灣地區舉行了縣市長、縣市議員與鄉鎮市長「三合一」選舉。在17個改選的縣市中，國民黨贏得12個縣市。2010年11月27日，臺灣地區舉行臺北市、新北市、台中市、高雄市、台南市5個直轄市市長選舉，國民黨保住臺北市、新北市與台中市。無論是執政席位上，還是執政地區的綜合實力上，國民黨都佔有優勢。

　　從選舉結果看，國民黨「一黨獨大」，具備主導政局的能力。馬英九得票51.6%，擁有過半多數；國民黨在「立法院」擁有64席，泛藍軍擁有68席，擁有過半多數；在都市區擁有3都執政權；在縣市長層級擁有12席，泛藍軍總共13席；在「五都」和縣市議會議員中，擁有多數席位，在正副議長中佔有絕對優勢；在鄉鎮長、村里長和鄉鎮市民代表中，國民黨具有優勢，泛藍軍擁有絕對優秀。如果從政治學和成熟的政黨政治考慮，在臺灣的政治生態中，無論是行政權還是立法權，無論是上層還是中下層，無論是媒體、社會輿論還是民意基礎，應該沒有阻撓國民黨施政的障礙，十分有利於馬英九的執政，事實上與此相反。

（二）政治優勢難以發揮

　　由於執政背景不理想，由於馬英九當局的決策失誤，更由於民進黨方面的刻意操弄，限制了國民黨政治優勢的發揮，當然也限制了國民黨當局在影響和引導「國

家認同」問題上作用的發揮。擁有主導政局能力的馬英九和國民黨方面，在施政中極不順利，主要原因是國民黨內部。

一是「府、院、黨」溝通不良，國民黨政黨形象受傷。馬英九上臺之初以「全民總統」、「黨政分離」相標榜，在重大人事安排與決策上疏於與黨內高層及黨籍「立委」協商溝通，重用一些政治色彩不明顯的學者或專業人士，甚至是綠營人士，傾力為其輔選的黨務系統人員及黨籍「立委」反未得到安排，特別是馬英九任命前臺聯黨「立委」賴幸媛為「陸委會主委」，引發黨內的強烈不滿，甚至公開對抗。國民黨占主導地位的「立法院」不僅否決了馬英九有關提名前民進黨「立委」沈富雄出任「監察院副院長」的人事同意案，並迫使馬英九提名的具有親綠色彩的「考試院長」人選張俊彥退出審查程式，馬當局行政團隊的部分施政也遭到黨籍「立委」掣肘，國民黨佔據「立法院」絕對多數的優勢未能充分發揮。馬英九於2009年7月兼任黨主席後，確立「以黨輔政」的黨政關係後，雖有助於加強黨政間的溝通，但是馬英九對於黨內「立委」仍難以完全掌控，不少黨籍「立委」仍在「開放美國牛肉進口」、複征「證所稅」等問題上，與馬英九當局唱反調，採取不配合態度。林益世貪腐案爆發後，黨內人士更借機痛批馬「識人不明」、「用人不察」，呼籲馬用人要擴大圈圈，不要只用自己喜歡的人，要擴大聘用的管道與來源等。對此，馬英九聽者藐藐，我行我素，調整不大。執政集團內部溝通不暢成為國民黨執政優勢難以發揮的領導原因。

二是馬英九黨內地位弱化，黨內各種矛盾叢生。行政團隊執政績效不彰、民調支持度低迷，馬英九在黨內地位也不斷弱化。黨內反對他兼任黨主席的雜音不斷，不少黨籍「立委」更是公開挑戰馬的黨主席權威，一些基層黨員還公開提議要罷免馬的主席之位。為穩固黨內地位，馬英九不得不公開宣示，將在期滿後繼續參選黨主席，並在2013年1月23日中常會上透過由他擔任下一屆黨主席候選人的決議，基本平息黨內雜音。除此之外，黨內各種矛盾不斷浮出檯面。如馬英九在重大人事安排與施政上，刻意弱化、邊緣化黨內大佬的影響力，引起黨內的不滿。如馬英九上臺後，堅持「不統、不獨、不武」的「三不政策」，在推動兩岸政治談判問題上態度保守謹慎，對於李登輝、陳水扁任內大肆推動「去中國化」、「臺灣正名」等「台獨活動」未能及時有效地進行撥亂反正。加之，馬當局在推動島內政治改革

時，一再拿軍公教人員的退休金問題開刀，引起深藍選民的強烈不滿，在選舉中選擇不投票或「含淚、含恨、含血」投票。如進入馬英九第二任期後，黨內中生代接班卡位問題開始浮現，黨內圍繞2014年的5個直轄市長、17個縣市長等「七合一地方選舉」的提名佈局，開始出現角力。馬英九權威受到挑戰成為國民黨執政優勢難以發揮的政治原因。

三是政黨實力下滑，社會支持基礎鬆動。從2009年初的多項「立委」補選開始，國民黨就遭遇連戰連敗的窘境，選票不斷流失。在2009年12月5日舉行的縣市長、縣市議與鄉鎮市長「三合一」選舉中，雖說國民黨保住17個改選縣市中的12個縣市執政地位，但丟掉具有重要指標意義的宜蘭縣和花蓮縣，得票率從上屆的49%下降到47%，得票數為209萬票，較上屆減少了13萬票，與2008年馬英九在17個縣市的得票數相比，減少了近百萬張選票。在2010年11月27日舉行的「五都」市長選舉中，雖然國民黨贏得「三都」，但在總得票數與得票率上，國民黨分別為337萬票、44.54%，落後於民進黨的377萬票、49.87%的得票率，與2008年「大選」馬英九在五市的得票相較，又流失了百萬餘張選票，尤其是台中市僅以3萬票的些微差距險勝。在2012年1月14日舉行的「總統」及「立委」選舉中，馬英九連任成功，但得票比上屆減少76萬，而蔡英文得票則增長了65萬。在「立委」選舉中，國民黨獲得64席，較上屆少17席，民進黨則由27席上漲為40席。國民黨選票流失現象一再引起泛藍軍的關心，一再呼籲馬英九進行檢討，但效果不明顯。國民黨得票流失成為執政優勢難以發揮的社會原因。

四是黨務改革推行不易，面臨諸多難題。馬英九2009年7月兼任國民黨主席後，便全面推進國民黨內部改革，並延攬「親密戰友」、核心幕僚、臺北市副市長金溥聰出任黨秘書長，以貫徹其改革理念。關於確立「以黨輔政」的黨政關係，期望「以更緊密的黨政合作，達成更有效的國政運作」[3]。關於端正選風問題，積極在黨內推動「選舉不買票」的改革理念，樹立黨的清廉形象。在2009年11月的黨內中常委改選舉過程中，出現了「發走路工、宴客吃飯、送禮」等賄選事件，使得中常委的正當性與權威性大打折扣中。馬英九為展示「反賄選」決心，重塑國民黨形象，透過讓新當選中常委、候補中常委全部請辭的方法實現中常委的全面改選。關於加速清理黨產，提升政黨形象問題。2009年12月30日，國民黨中常會透過黨產最

終解決方案,宣稱未來黨將轉型為選舉機器,選舉經費以募款為主。如強化基層組織,整合地方勢力,提升地方派系形象。關於積極培養青年才俊,重用形象清新的青壯派人士,全面推動國民黨年輕化,以增強黨的體質。但是,馬英九推動的改革過於理想化,觸動了黨內傳統勢力的利益,加之黨務改革缺乏規劃、處理手法粗糙,引發黨內諸多不滿,並加深了自身困境。關於島內選舉中的「買票文化」歷時已久,各種變相買票行為更是屢禁不止,「不撒錢就沒有票」,馬英九要端正選風、杜絕黑金,只會使國民黨在選舉中自縛手腳,陷入被動。關於國民黨與地方派系之間的盤根錯節的關係,馬英九在選舉提名中刻意排斥形象不好但又有競選實力的地方派系人士,且不願意釋出政治資源,透過利益交換拉攏基層實力派,引來地方派系的強烈反彈,直接削弱了國民黨在地方選舉中的組織動員力。關於出清黨產問題,將進一步加大國民黨的選舉資金壓力,不利於黨務發展,並將直接削弱國民黨的傳統組織優勢。黨務改革成為國民黨執政優勢難以發揮的黨內原因。

正是執政過程中的馬英九和國民黨內部的問題,為社會各界批評執政當局,為民進黨監督國民黨、刻意操弄各種議題提供了機會和氛圍。如此狀況,導致國民黨在「中華文化認同」與「一個中國認同」的話語權和主導權嚴重不足,正面影響力有所下降。

三、民進黨堅持「台獨」與準備重返執政

民進黨從來沒有放鬆過影響和誤導臺灣「國家認同」工作,或者說一直在與泛藍軍爭奪影響和引導「國家認同」、進行兩岸文化交流合作的控制權,一直希望透過上臺執政來壓縮「一個中國認同」空間,增加「台獨國家認同」。在2008年「立委」以及「總統」選舉中慘敗後,再度成為在野黨的民進黨士氣低迷、軍心渙散。當年8月「陳水扁家族海外洗錢弊案」的爆發,進一步摧毀了該黨「清廉、勤政、愛鄉土」的核心價值,民進黨及島內「台獨勢力」均陷入空前困境,面臨創黨以來最大危機。但是,進入2009年後,民進黨借馬英九當局陷入執政困境之機,逐步走出敗選陰霾。不僅在多場「立委」補選中獲勝,在2009年縣市長、2010年的「五都」以及2012年的「總統」及「立委」選舉中,總得票率與得票數顯著上升,政黨實力增長,展現了未來重新執政所需要的實力。

第五章　和平發展鞏固和深化背景概述

（一）士氣提升，實力增長

　　進入2009年後，趁馬英九深陷執政困境之機，加之「陳水扁家族海外洗錢弊案」逐步進入司法程式，民眾對之關注度下降，民進黨透過自身調整逐步站穩腳跟，走出低谷，在接下來的島內各項大小選舉中，展現了止跌回升的發展勢頭，得票率與得票數都較過去有所增長，展現了強勁的政治實力與穩固的社會支援基礎。在2009年底的臺灣17個縣市長選舉中，民進黨不僅繼續掌握雲林縣、嘉義縣和屏東縣的地方執政權，而且還重新奪回了被該黨視為「民主聖地」的宜蘭縣，執政縣市由上屆的3個上升為4個。得票率由上屆的39%大幅增長為45%，創下了歷屆縣市長選舉的新高，得票數為198萬票，較上屆增長22萬票，與國民黨的差距分別由上次的46萬票、9%縮小至11萬票和2.56%。且在執政縣市的得票率大幅領先國民黨，在國民黨執政縣市僅小幅落後，如在國民黨傳統票倉桃園縣僅以5萬票的差距小敗，展現出止跌回穩的發展勢頭。在2010年底的「五都」選舉中，民進黨在高雄市、台南市獲得壓倒性的勝利，在高雄市以82.1萬票遙遙領先脫離民進黨參選的楊秋興的41.4萬票和國民黨參選人黃昭順的31.9萬票，在台南市則大贏國民黨21萬票，在臺北市、新北市、台中市僅小敗，且在「五都」的總得票率與總得票數都高於國民黨，展現了穩固的地方實力。在2012年的「總統」及「立委」選舉中，民進黨參選人蔡英文獲得609萬票及45.63%的得票率，較上屆增長65萬、4個百分點，國、民兩黨的得票差距由2008年的220萬票縮小至80萬票；民進黨在「立法院」所占的席次也由27席快速增長為40席，在「立法院」的制衡馬英九當局的能力增強，展現了重返執政的政治實力。

（二）權力重組，蘇蔡心結

　　2008年5月18日，學者出身、形象清新的「前陸委會主委」蔡英文在黨內各派妥協下當選為民進黨下臺後的首任黨主席。蔡英文就任黨主席後，抓住馬英九當局施政不彰、民眾不滿之機，逐步開展以重塑政黨形象為中心的黨務改革，推動「貼近民意、重塑清廉、強化組織、理性問政」等政策[4]，以期「漸漸將頹喪的民進黨轉化為看得到希望的政黨」。蔡英文出任黨主席之初，因黨內資歷淺，缺乏基層實力與選戰功績，黨內領導地位並不穩固，甚至被黨內外視為過渡性的「弱勢黨主

席」。但是，一方面她迥異於民進黨傳統政治人物，以中產階級、理性專業的學者形象獲得不少民眾的認同，也為提升民進黨的形象注入了活水；另一方面在她帶領下，民進黨在2009年底縣市長選舉中獲得小勝，不僅守住原有地盤，更拿回宜蘭縣，迅速累積了戰功與社會聲望。2010年5月23日，蔡以78192票、90.29%的得票率成為該黨第一位順利連任的主席以及歷屆黨主席選舉得票最高者。這顯示蔡英文自出任黨主席以來，理性務實的形象以及輔選戰功獲黨內的普遍認可，進一步鞏固了在黨內的權威，也展現了在基層的實力。在2010年的「五都」選舉中，蔡英文不僅帶領民進黨獲得近五成的選票，更以黨主席之姿投入新北市選舉，初試啼音就拿下超過100萬票的佳績，進一步夯實了黨內地位，晉身為黨內「新天王」，為她在競爭民進黨2012年「總統候選人」提名、擊敗蘇貞昌累積了政治資本。蔡英文雖然最後在2012年「總統選舉」中落敗，但其仍被視為黨內參選2016「總統選舉」的重要人選。

幾年來，蔡英文、蘇貞昌等黨內新老天王間的競合成為黨內權力鬥爭的主線。2008年敗選後，作為「總統候選人」政治上「受傷較重」的謝長廷，受制於「2008年敗選就退出政壇」的承諾而不得不暫時遠離政治中心，作為「副總統候選人」的蘇貞昌顯然敗選責任較輕、一度被認為是黨內最有實力挑戰2012年「總統」大選的人選。但是，隨著蔡英文的迅速崛起，對蘇貞昌形成強大挑戰。進入2010年後，蘇、蔡圍繞爭奪2012年「大選」的黨內提名展開了激烈爭奪。在2010年底的「五都選舉」，蔡英文原本規劃自己參選臺北市，而由曾任兩屆臺北縣長的蘇貞昌繼續攻打新北市，但蘇貞昌陣營評估認為繼續參選新北市不論輸贏皆對其爭奪黨內2012年「總統」參選提名不利，搶先自行公佈「參選臺北市長」，打破了蔡英文的佈局，不得不宣佈參選新北市。最後，雖然蘇貞昌、蔡英文雙雙落敗，但蔡英文卻因拿下民進黨在新北市的歷史最高票而「雖敗猶榮」、聲勢上漲，蘇貞昌卻在臺北市大輸17萬票、聲勢下挫，「蘇蔡心結」正式浮上檯面。在爭奪2012年民進黨「總統參選人」提名過程中，兩人競爭非常激烈，黨內協調不成後，最後採取全民調初選的方式，蘇貞昌最後在天時、地利、人和皆不利的情況，以1.35%的微弱差距輸給蔡，[5]「蘇蔡心結」進一步強化。蔡英文雖然在2012年「大選」中落敗，但因得票數與得票率都較2008年時有較大成長，黨內基層多認為蔡英文是「非戰之罪」，把她作為代表民進黨參選2016年「總統選舉」的重要人選，蔡英文本人亦對繼續代表

民進黨參選2016年「大選」充滿強烈企圖心,宣稱「要持續讓自己成為選項」[6]。

　　蔡英文在2012年「大選」中落敗並辭去黨主席後,蘇貞昌視投入黨主席選舉、奪取黨主席之位為抬高自身黨內實力與地位,以及爭取民進黨2016年「總統選舉提名」的重要契機。在黨主席選舉過程,蘇貞昌遭到黨內「擁蔡」及「反蘇」勢力的聯合圍剿,最後僅以50.47%的低得票率當選為民進黨主席。為保持政治實力與聲望,蔡英文成立「小英基金會」、深入基層等為自己創造政治舞臺。對此,黨內部分人士指出「未來兩年民進黨會有『兩個太陽』」[7]。與此同時,謝長廷亦不甘心退出歷史舞臺,欲抓住民進黨內出現要務實調整兩岸政策的聲音,從其較擅長的兩岸政策論述著手,抬高政治地位與影響力。2012年10月4至8日,謝長廷以「臺灣維新基金會董事長」身分參訪大陸廈門、北京等地,為自己搭建了舞臺、創造了議題,提高了媒體能見度與曝光率。未來,蔡英文、蘇貞昌、謝長廷等民進黨新老天王間圍繞爭奪2016年「大選提名」的競爭將愈演愈烈。島內輿論宣稱,「謝長廷登陸,引發外界高度關注,儼然成為民進黨目前『第三個太陽』」[8]。

(三)政策調整,堅持「台獨」

　　在兩岸關係和平發展的新形勢下,面對兩岸經濟、文化和民間等各項交流交往的迅猛發展,民進黨面臨務實調整大陸政策的強大壓力。自在2008年「總統選舉」慘敗後,民進黨就不斷浮現要求重新檢討「台獨黨綱」與調整兩岸政策路線的聲音,包括前民進黨主席許信良、前「立委」李文忠等人均認為,「民進黨若不務實調整兩岸思維與台獨路線,就不可有重新執政的機會」。蔡英文就任民進黨主席後,為爭取中間選民、擴大選票基礎,改變了陳水扁時期的「激進台獨路線」,積極推動民進黨向「務實台獨」方向轉型,如在2010年的「五都」及2012年「總統選舉」中,改變了以往主打「統獨、族群議題」的做法,專攻經濟、貧富差距、社會公平等民生議題,不斷宣稱「在兩岸政策上絕不會重蹈陳水扁的覆轍,會推行更穩定、一貫、且能為外界預測的政策」,「亞太區域的和平必須有穩定的兩岸關係,民進黨會負起維持兩岸和平與穩定的責任」等等[9]。但是,蔡英文領導下的民進黨仍頑固堅持「臺灣是一個主權獨立國家」、拒不承認「九二共識」的立場。在2012年「總統選舉」中,蔡英文最終以80萬票的較大差距落敗,島內外各界一致認為,

她落敗的主要原因在於拒不承認「九二共識」，兩岸政策論述過於空洞、模糊，島內民眾對其處理兩岸問題的能力不放心，「兩岸政策成為民進黨邁向重新執政的最後一哩路」[10]。

選後，黨內有關務實調整兩岸政策的呼聲再度四起。黨內主流意見多認為，兩岸政策應進行調整，要正視大陸崛起以及兩岸關係和平發展獲得島內多數民眾認同的現實，要加大與大陸的交流、接觸。以謝長廷為代表的「黨內務實派」更主張從戰略層次對兩岸政策進行大幅度調整，包括接受「中華民國憲法」、「憲法一中」。但以黨主席蘇貞昌為首的「黨內當權派」則認為，「堅持臺灣主權獨立的基本立場不可變，但可改變處理兩岸關係的態度與方法」。蔡英文亦強硬宣稱，「民進黨最大的責任就是保護臺灣這個國家的主權」，「要跟國際社會說清楚，臺灣跟中國的主權是不同的」。[11] 對於謝長廷參訪大陸時提出的「憲法各表」、「憲法共識」等主張，民進黨內絕大多數表示不認同。因民進黨內多數幹部及基層支持者「台獨意識」根深蒂固，加之馬英九當局執政基層基礎並不牢固，黨主席蘇貞昌本人在兩岸政策方面的論述能力也較弱，民進黨在短期內並沒有大幅調整兩岸政策的意願、動力與壓力，這從民進黨宣佈成立「中國事務委員會」而非「兩岸事務委員會」一事即可見一斑。

民進黨上臺執政是為了推行「台獨主張」，為了宣揚「台獨國家認同」。正是因為民進黨的「台獨立場」，正是因為極力打壓「一個中國」的「民族、文化、歷史、政治認同和統獨選擇」，正是因為極力扭轉和篡改兩岸文化交流合作的性質和功能，所以也成為民進黨上臺執政的主要障礙。

四、藍綠較量與政治認同的社會基礎

在藍綠兩大陣營的對立中，以國民黨為主體的泛藍軍擁有多數優勢。這一優勢，成為臺灣社會和民眾反對「台獨」、承認「九二共識」、推進和平發展「三大共識」的政治基礎，成為擴大和深入進行兩岸文化交流合作的社會基礎，也成為「中華文化認同」不斷增加、臺灣「國家認同」朝著有利於兩岸關係和平發展鞏固和深化、和平統一進程方向轉變的重要動力。近年來，島內藍綠「二元對立」，

國、民兩大黨對決的政黨格局，以及「北藍南綠」政治版圖日趨穩固，第三勢力發展空間有限。泛藍團結程度成為能否發揮國民黨執政優勢的關鍵。

（一）兩黨格局，國民對決

從幾年來的臺灣政治生態的演變過程、特點和影響可以看出，政黨格局繼續呈國、民兩大黨對決態勢，第三勢力缺乏發展空間。鑒於馬英九當局執政表現不盡如人意令島內民眾相當不滿，而民進黨難以在兩岸政策路線做出實質性調整令大部分民眾不放心，島內不少政治人物，包括台聯党精神領袖李登輝、親民黨主席宋楚瑜都試圖乘此機會，在國、民兩黨之外走出第三條路線，但是因缺乏政治實力、基層支持基礎以及具有吸引力的政治主張，一直未能成功。在2012年「總統」及「立委」兩項選舉中，執意參選的宋楚瑜最後只獲得2.7%、36萬餘張選票，以慘敗收場。在「立委」選舉中，「單一選區兩票制」的選制也極大地限縮了小黨及無黨籍的生存空間，「立委」席次大都被國、民兩黨瓜分，台聯黨、親民黨各僅分得3席。國、民兩黨政治實力接近，競爭日趨激烈。國民黨由馬英九當選時的最高峰逐步下滑，民進黨卻一路攀升，雙方差距逐步縮小、實力日趨接近，這勢必將增大兩者間的競爭，馬英九在未來幾年若不能交出民眾滿意的成績單，2016年再次發生政黨輪替的可能性將增大，也將對臺灣的「國家認同」演變的趨勢產生重大影響。

（二）政治版圖，北藍南綠

臺灣多年來形成的「北藍南綠」態勢、「藍鬆綠固、北淺藍、南深綠」的現狀在繼續。近年臺灣地區的「總統」、「立委」及縣市長選舉活動中均呈現「北藍南綠」特點，國民黨在北部較佔優勢，民進黨在南部占絕對優勢。目前，南部縣市中，除嘉義市外，包括大高雄、大台南、屏東、雲林和嘉義縣均由民進黨執政，而北部11縣市除宜蘭縣外均由國民黨執政。這種格局不僅日趨固化，也呈現「藍鬆綠固、北淺藍、南深綠」的趨勢，即民進黨在南臺灣的勢力不斷壯大，基層堅實而穩固，國民黨在南部的實力持續衰微。國民黨在北部雖佔據一定優勢，但這種優勢並不牢固，且不斷縮小。從內部結構看，「北藍南綠」實為「藍綠間隔」，在長期為藍營執政的臺北、新北和台中市，綠營支持者始終保持在四成五左右。在長期綠營

執政的高雄市,藍營支持者也是如此。政治版圖與執政信任、支持度有關係,但有例外。如現在馬英九的民調支持度下跌不起,但是到2014年「七合一選舉」時,又是藍略大於綠的基本盤起作用。藍略大於綠的基本盤的存在,決定了「台獨」和反「台獨」的政治態勢,也成為「中華文化和民族認同」的重要支撐。

(三)泛藍分裂,團結為重

馬英九執政以來,泛藍陣營內部矛盾加劇。馬英九成功連任和國民黨繼續執政,為泛藍陣營在臺灣發揮更大作用創造了條件,更重要的是也為泛藍陣營的團結和調整打下了基礎。問題是隨著馬英九連任成功,泛藍陣營內部矛盾重重。由於國民黨在政治姿態和政治安排上,沒有滿足敗選後的宋楚瑜、正在急於擴大政治影響的親民黨的需要,再加上馬英九方面決策精準度不夠,親民黨「立委」則是公開表示要和其他政黨進行「議題合作」,在「進口美國牛肉」、「油電雙漲」等公共政策議題上聯手民進黨、台聯黨,與國民黨較量。2012年底,新黨主席鬱慕明先後表示,由於藍綠惡鬥、馬英九方面在大陸政策上的消極作為,新黨退出藍軍;只要馬英九宣佈恢復「國統綱領」和追求國家統一,新黨則回到國民黨。現在的問題是,國、親、新三黨如何減少不信任,為擴大基本盤這一大目標而協調、聯合作戰。顯然,內部矛盾一再干擾泛藍軍的團結,給泛藍陣營帶來不小的傷害,不利於反「台獨」力量的集結和增長,也直接關係和影響到國民黨執政的「多數優勢」的發揮。泛藍陣營的團結,是島內「中華文化認同」能否增強、「一個中國認同」能否增加、兩岸文化交流能否擴大和深入的重要保證。

反對「台獨」的政黨執政,是擴大和深入進行兩岸文化交流合作,是增強「一個中國」的「民族、文化、歷史、政治認同和統獨選擇」的必要的政治保證和重要條件,因此人們更加關注的國民黨的執政趨勢。觀察幾年走過來的馬英九當局,執政的滿意度只有一成三左右,低於「百萬人反貪倒扁」時的陳水扁的滿意度7個百分點以上。按照政治學理論和現實,如此低的滿意度已經跌到無法執政、近乎於執政崩潰的程度。但是在海內外媒體、臺灣社會輿論和包括民進黨核心人物在內的各界人士中,認為馬英九已經陷入執政危機、無法執政的聲音微乎其微,應該說這是分析臺灣政局演變趨勢的重要觀察點。只要馬英九方面能夠充分發揮執政優勢,減

少執政失誤，有利於國民黨繼續執政的態勢就會繼續，有利於兩岸關係和平發展鞏固和深化的態勢就會繼續。

第二節 兩岸關係有利於臺灣認同問題的引導

「一個中國認同」是兩岸和平統一的信念、情感和思想基礎；「中華文化認同」是「一個中國認同」的基礎，「中華文化認同」的增強，發展兩岸文化往來是重要平臺和必由之路，和平發展鞏固和深化的任務之一就是擴大和深入進行兩岸文化交流合作。現階段兩岸關係和兩岸交流的重點是，「繼續鞏固兩岸政治互信基礎，深化兩岸同屬一個中國的共同認知；繼續鞏固兩岸經貿關係發展成果，深化互利合作；繼續鞏固兩岸各界大交流局面，深化文化教育領域交流；繼續鞏固兩岸關係和平發展的民意基礎，深化兩岸同胞的感情融合」[12]。作為發展兩岸關係的戰略設計，「四個鞏固和深化」得到兩岸各界的高度贊成，為擴大和深入進行兩岸文化交流合作提供了重要的機遇和氛圍。

一、和平發展鞏固和深化階段的到來

兩岸關係和平發展鞏固和深化階段的到來，是大交流大合作大發展等各種合力共同運作的結果，其中文化交流合作為此作出傑出的貢獻。同樣，和平發展鞏固和深化階段的到來，更是兩岸文化交流合作擴大和深入的推動力量。

兩岸關係和平發展鞏固和深化階段的到來，是兩岸關係和兩岸交流發展的必然結果。在30多年的兩岸關係實踐中，大陸總結了制止「台獨」挑釁、越過各種風雨坎坷、推動和平發展與和平統一進程的寶貴經驗[13]。首先，做到「三個堅持」。面對錯綜複雜的兩岸關係形勢，做好反擊「台獨」挑釁、推動兩岸交流、促進和平發展工作，最重要的是堅持「和平統一、一國兩制」、「八項主張」和「六點意見」。兩岸關係的演變規律、兩岸交流的客觀實踐告訴人們，「三個堅持」是確保兩岸關係方向、主導兩岸關係演變、推動兩岸交流發展的政治保障。其次，繼續貫徹經過實踐證明、行之有效的對台方針政策。30多年來大陸出臺的對台方針政策，

特別是中共十六大以來的對台方針政策，從兩岸關係實際出發，認識和掌握兩岸關係的發展規律，與時俱進，集中體現出大視野大格局大胸懷、新思維新舉措新戰略，兩岸間出現了大交流大發展大合作大融合的新態勢。繼續貫徹對台工作新戰略，是推動兩岸關係和平發展鞏固和深化與和平統一進程的重要保證。第三，大陸加快發展是兩岸關係和平發展的經濟基礎。改革開放和現代化建設不斷取得巨大進步，是推動兩岸關係發展、實現祖國和平統一的雄厚基礎和可靠保障，決定了兩岸關係的基本格局和發展方向。第四，中國人的事必須由中國人自己辦。臺灣問題是中國的內政，如何解決臺灣問題是中國的內部事務。觀察兩岸關係的發展歷程，兩岸同胞創造了許多好的經驗和行之有效的做法，表明海峽兩岸中國人有能力、有智慧把兩岸關係的前途掌握在自己手中，透過交流合作增進感情融合、增加共同利益，透過協商談判積累共識、減少分歧，循序漸進解決問題。第五，反對「台獨」是兩岸關係發展的需要。「台獨」的猖獗活動，一方面固然有阻撓兩岸交流和破壞兩岸關係的後果，一方面正好也是臺灣社會認識「台獨」的過程。「台獨勢力」及其分裂活動違背兩岸同胞共同利益，損害中華民族根本利益，拂逆中國發展不可阻擋的歷史潮流，是對兩岸關係和平發展的最大威脅，必然遭到兩岸同胞共同反對。兩岸關係和臺灣社會實踐表明，「台獨」不得人心。兩岸關係和平發展的勝利，為影響和引導臺灣「國家認同」準備了兩岸關係的實踐基礎。

自2006年4月國共兩黨提出要把和平發展作為兩岸關係主題，尤其是2008年5月以來，中共從全域和戰略高度把握台海局勢，作出一系列重大決策部署，推動兩岸關係取得重大進展和突破。在推進和平發展中，堅持把反對「台獨」作為對台工作的首要任務，維護了國家主權和領土完整，維護了對於國家發展至關重要的戰略機遇期；確立兩岸關係政治基礎，累積兩岸政治互信，推動兩岸協商談判，兩會相繼簽署了包括ECFA在內的18項協議，解決了諸多關係兩岸同胞切身利益的實際問題，推動了兩岸交往合作的制度化；實現全面直接雙向「三通」，為兩岸人員往來和貿易投資創造了空前便捷有利的條件；大力爭取臺灣民心，廣泛團結臺灣民眾促進兩岸關係發展，對臺灣社會產生越來越廣泛積極的影響；妥善處理臺灣涉外事務，國際社會奉行「一個中國政策」格局更為穩固，普遍積極評價和歡迎兩岸關係的改善發展。經過2008年5月以來的努力，兩岸關係實現了歷史性轉折，取得了一系列的突破性進展和重要成果，呈現出和平發展的新局面。和平發展取得的成就，

為鞏固和深化打下了扎實的基礎，也為十八大對台論述的出臺提供了豐富的實踐依據。

兩岸關係和平發展理論的重點和創新，主要表現在：首先，深刻揭示了祖國和平統一與兩岸關係和平發展的辯證統一關係和內在聯繫，強調確保兩岸關係和平發展，有利於兩岸同胞加強交流合作、融洽感情，有利於兩岸積累互信、解決爭議，有利於兩岸經濟共同發展、共同繁榮，有利於維護國家主權和領土完整，實現中華民族的偉大復興。其次，系統提出構建兩岸關係和平發展框架的政策主張，強調堅持大陸和臺灣「同屬一個中國」作為政治基礎，把深化交流合作、推進協商談判作為重要途徑，把促進兩岸同胞團結奮鬥作為強大動力，把反對「台獨」分裂活動作為必要條件，並據此從政治、經濟、文化、社會、涉外事務和軍事安全等六個方面全面、系統地提出政策主張，指明了構建兩岸關係和平發展框架的努力方向，體現了奮力開拓兩岸關係前進道路的政治智慧和務實思路。第三，為了推進和平發展，創造性地提出兩岸共同維護「一個中國框架」的主張，強調對台工作要貫徹「以人為本」的理念，明確表示要在與國家和平發展戰略的聯繫中把握和推進兩岸關係和平發展，在推進民族復興的歷史進程中開闢兩岸關係的發展前途。

兩岸關係和平發展鞏固和深化階段的基本任務，就是要深化兩岸「同屬一個中國」的共同認知，深化互利合作，深化文化教育領域交流，深化兩岸同胞的感情融合。

二、鞏固和深化是為再創新局創造條件

在兩岸關係實現歷史性轉折、和平發展取得一系列重大突破、兩岸交流取得一系列重大成果基礎上，繼續推進和平發展的鞏固和深化，客觀上起到為兩岸關係和交流再創新局、實現新的突破積聚能量的作用。兩岸關係的前進，可以為兩岸文化交流實現新的突破創造條件。

（一）政治互信不斷累積是在構建政治突破的政治基礎

政治互信「就是海峽兩岸雙方彼此以口頭、書面或行為默契的方式，展現出共同維護兩岸同屬一個中國的法理和政治現實之意志，建立起相互包容和信任的政治關係。」[14] 在和平發展階段，政治互信的本質是，在兩岸主要矛盾由公開對抗向和平發展的轉變過程中，表現出雙方的政治決策、政策制定和政治包容度。過去幾年來，雙方確立了反對「台獨」、承認「九二共識」、和平發展等基本原則，簽訂了互利互惠的18個協議，形成了在突發事件發生時、敏感問題處理時的理解態度和解決方案，既是政治互信的結果，也是對政治互信的考驗，更是政治互信的提升。

政治互信伴隨著和平發展的過程，推動著和平發展的前進。就政治互信來看，分為兩個階段，初級階段的特徵是民間進行的經貿的文化的社會的交流，主要是和平發展的啟動和正常運轉，實現和平發展的正常化和機制化，此階段的政治互信是保護「民間行為」的誠信保證和政治保障。和平發展的正常化和機制化，必然呼喚和平發展的常態化和普及化，大交流大合作大發展也由「民間管道」轉為「機制管道」。大交流大合作大發展的深化，必然促進社會認同，逐漸成為各自社會構成、邏輯思維、價值觀念的一部分，那麼經過累積的政治互信也會隨之逐步提升和強化，成為和平發展的制度和政治保障的組成部分。政治互信兩個階段的辯證關係和累積、提升過程，就是在創造破解政治難題的條件和過程，就是在為增強「中華文化認同」、正確影響和引導臺灣「國家認同」提供政治保證。

(二) 兩岸談判歷程為政治對話提供了成功典範

兩岸會談機制化的建立，為擴大和深入進行兩岸文化交流合作提出了正常化、制度化的要求。在「九二共識」基礎上的兩岸對話，是改善兩岸關係的必由途徑，也是推進和平發展的重要方式。

就兩岸對話機制看，首先，海協會和海基會商談機制化。每半年一次、在兩岸分別舉行的「陳江會」，已經成功簽署18項協定，成為兩岸對話的主要管道。兩會作為兩岸協商主管道，決定著兩岸商談的方向、議題，成為維護民間交流秩序的「非體制保障」。其次，協商管道多樣化、參加成員專業化。兩岸對話根據交流交往議題的需要，開始組織相關行業和主管官員參加談判。如兩岸金融監管部門在

2009年11月簽署《兩岸金融監理合作瞭解備忘錄》、旅遊部門在2010年5月互設辦事處、經貿部門為落實ECFA成立「經濟合作委員會」、食品研究部門簽署合作意向書就是成功的典範,海協會和海基會互設辦事處也提上議事日程。作為兩岸對話機制,國共經貿文化論壇、海峽論壇、地區合作和專題合作論壇越來越多,議題越來越廣,成為兩岸協商的新途徑新平臺。第三,自覺遵守協議。兩岸簽署的各項協議,儘管是民間的,基本能夠得到嚴格執行,成為兩岸大交流大合作大發展的重要保障。從華航談判、金門協定、「汪辜會談」和會晤,到兩會商談、專業部門的商談和各種論壇,兩岸談判已經積累起成功的經驗。如談判態度上,是緊緊抓住和切實用好兩岸關係發展面臨的難得歷史機遇,珍惜和維護兩會交往商談的政治基礎;如談判過程上,是平等協商、善意溝通、積累共識、務實進取,積極務實地解決存在問題;如談判議題上,是兩岸雙方要商談解決的問題很多,對商談議題和步驟作出合理規劃。[15] 值得指出的是,ECFA設計的理念、政策思路與實踐方式,對未來全面建構兩岸關係和平發展框架具有重要示範意義。兩岸應借鑒ECFA的有益經驗,推動兩岸關係全面深化發展,包括儘快啟動社會文化交流合作的制度化建設,適時啟動兩岸各種方式的政治對話與協商。[16]

兩岸已有的談判經驗,為推動兩岸政治關係的發展,為進行兩岸政治對話提供了寶貴經驗。關鍵是兩岸兩會的協商和豐碩成果,不僅是兩岸文化交流和其他交流的制度保障,而且對於臺灣社會和民眾如何正確對待兩岸「差異」也提供了很有價值的參考,為影響和引導臺灣「國家認同」提供了必要的氛圍和條件。

(三)臺灣民意新動向為政治突破締造合適的社會氛圍

兩岸「三通」的實現,促進兩岸經貿文化和人員交流高潮的到來,對和平發展產生不可估量的影響,為臺灣帶來巨大的經濟效益,直接幫助臺灣經濟抵禦國際金融危機衝擊和完成經濟轉型。兩岸的共同利益在增加,精神紐帶在增強,在直接往來中增進了相互的瞭解、理解與感情,和平發展的兩岸氛圍大為改善。

論和平發展的物質基礎,兩岸共同利益已經形成。就台商投資大陸來說,到2012年底,台商投資大陸項目為87760個,總額達到567.6億美元,台商每年利潤超

過200億美元。就兩岸經貿來說，2012年達到1689億美元，臺灣順差954億美元。歷年總額為14379億美元，臺灣順差8841億美元，順差相當於臺灣2年的外貿總量，相當於臺灣的外匯存底的二倍以上，兩岸經貿成為臺灣經濟和外貿持續增長的重要原因。就ECFA來說，早收清單進入的臺灣產品539項、138.4億美元，占臺灣對大陸出口16.1%，臺灣有2.3萬家中小企業和42萬勞工受惠[17]，產值最少增加新臺幣千億元[18]。就免稅和減稅效果看，臺灣方面在2011、2012、2013年分別減少稅收（新臺幣）141億、152億（141億加152億）、2億（141億加152億加2億）。就大陸民眾赴台旅遊方面，（截至2011年10月）赴台的450萬遊客，不僅為臺灣觀光業帶來50億美元的外匯收益，而且還增加約5萬個就業崗位。到2012年底，以團進團出方式赴台旅遊的大陸遊客達483萬人次，臺灣旅遊業收入2433億新臺幣。就陸商投資臺灣來說，儘管存在限制和起步不久，到2011年12月底，投資項目204個、總額約52.5億台幣，創造4700多個就業崗位[19]。2012年，陸資新增138個項目、金額為3.28億美元，同比增加650.11%。[20] 兩岸經濟交流正常化、經濟合作制度化取得的經濟效益，成為和平發展鞏固和深化、臺灣民意出現變化的物質基礎。

論島內民意的變化，應該說在政治制度和意識形態領域、誇大兩岸「差異」、不贊成現階段兩岸統一等問題上，臺灣民意變化不大，但是出現一些值得關注的動向。如廣大臺灣同胞積極支援和投入大交流大合作大發展，兩岸關係和「九二共識」開始成為臺灣重大選舉的正面議題，臺灣民眾對大陸的敵意和誤解有了大幅下降，維護和平發展成為臺灣絕大多數民眾的共識。支援和平發展的臺灣民意的積聚，客觀上是在積聚政治突破的能量，是在為破解政治難題創造民意條件。這一態勢和趨勢，十分有利於兩岸文化交流的擴大和深入，十分有利於臺灣「一個中國認同」的增加，進而十分有利於兩岸關係和平發展的鞏固和深化，有利於和平統一進程的推進。

和平發展的鞏固和深化，必然帶來政治互信的增加、兩岸談判的成熟、臺灣民意的變化等結果，這些結果必然帶來兩岸關係的美好前景，這是不以人們的意志為轉移的。

三、鞏固和深化是要化解和平發展的阻力

第五章　和平發展鞏固和深化背景概述

和平發展的鞏固和深化不會一帆風順，破解政治難題不易，是因為反對意見和力量的存在。當然，也要看到和平發展的鞏固和深化，又是化解各種消極因素和阻力的主要途徑。鞏固和深化是要開創兩岸關係和平發展的新局，就是要在完成大交流大合作大發展正常化和制度化的情況下，逐步展開兩岸政治對話，協商政治議題。展開政治對話的難點，是對話的名分和主體問題。政治對話難點的解決，可以為正確對待兩岸文化和其他方面的「差異」奠定必要的政治基礎，臺灣「國家認同」的難點也將隨之逐步化解。

（一）再創新局的機遇和挑戰

和平發展階段的重要任務之一，就是弄清楚和平發展與和平統一階段的各自特點，按照和平發展階段的要求，克服盲目超越階段性要求、把和平統一階段任務提前到和平發展階段完成的「急性病」，防止保守僵化跟著階段性要求後面無作為的「悲觀病」，盡可能地把階段性優勢發揮到極致。從現階段看，有利於和平發展鞏固和深化的條件始終存在。首先，馬英九連任和泛藍軍擁有「立法院」過半席位，並且在繼續推進兩岸關係和平發展方面立場和動力未變，能夠有效抵制「台獨陣營」在「立法院」內干擾和平發展的行為，成為和平發展鞏固和深化的體制保障。其次，馬英九連任就職後，接受「九二共識」，堅持兩岸人民同屬於中華民族，強調兩岸是「一個中華民國，兩個地區」，表示「今後四年，兩岸要開拓新的合作領域，繼續鞏固和平、擴大繁榮、深化互信，為兩岸和平發展創造更加有利的環境」[21]，表明一方面是否定「兩國論」和「一邊一國論」，一方面是為今後再創兩岸關係新局預留了空間。第三，大陸透過政治商談解決臺灣問題的立場和決心更堅定，推動和平發展鞏固和深化的動力更強勁，作為再創新局、實現政治上的突破的主導力量，一直在為破解政治難題進行戰略準備。

從現階段看，不利於和平發展鞏固和深化的因素繼續存在。首先，馬英九方面的島內執政環境不佳造成的執政困境，可能干擾其推進兩岸關係的積極性，面對一系列難題，和平發展問題上難有創新的動力。其次，馬英九的政治立場和性格決定了在兩岸關係上難有大的突破，他的「不統、不獨、不武政策」和「公投」的四項條件、患得患失的性質，導致在兩岸政治關係上不會採取重大動作。第三，「台獨

勢力」不希望兩岸關係進一步改善，一貫干擾兩岸關係和平發展，反對政治協商更是其基本立場和政策。第四，臺灣民意被誤導。從30多年來的兩岸交流實踐看，臺灣民意並不反對兩岸談判，臺灣民意關心的是兩岸如何談判和談出什麼結果。在政治談判被「妖魔化」和「汙名化」的情況下，臺灣民意存在顧慮是可能的。此外，美國等西方政治勢力不希望兩岸關係走得太近，當然也不希望現階段兩岸政治協商的進行。

顯然，再創兩岸關係新局的機遇和挑戰並存，面對機遇應對挑戰的最好辦法就是堅定不移地推進和平發展的鞏固和深化，只有透過鞏固和深化才能克服不利因素，為破解政治難題創造條件。克服兩岸關係和平發展鞏固和深化不利因素的過程，也是解答臺灣民意關於和平發展與和平統一的疑問，端正關於「中華文化認同」與「一個中國認同」的態度和認識的過程。當然，任何「中華文化認同」與「一個中國認同」的進展，都將成為文化和其他方面交流、兩岸關係和平發展鞏固和深化的內在動力，成為推進和平統一的基礎性建設。

（二）大交流大合作大發展需要正常化和制度化

和平發展是兩岸關係發展過程中的重要階段，鞏固和深化是和平發展經過井噴式、暴發式的高潮期後，進入穩步前進階段，重點是完成兩岸大交流大合作大發展的正常化。

正常化的任務和工作很多，如民間經濟文教交流正常化，「文教　ECFA」與ECFA一起，作為民間交流的兩大支柱，基本覆蓋全部社會領域。也就是說，只有簽署兩大協定才能基本完成民間交流的正常化建設，實現大交流大合作大發展由「民間管道」向「機制管道」的轉變。如繼續簽署後續協議，兩岸「經濟兩化」已經取得關鍵性的成果，後續部署和協議的完成，關係到ECFA效益的提升。如制訂系統高效的管理制度，正常化提供了合法性，合法性需要合理性，合理性需要管理制度的確立，管理制度的確立是機制化的重要組成部分。如雙方提供政策性支持，正常化的意義在於民間交流符合雙方的法律和政策，管理制度的實施更需要雙方政策和法規的配合，也就是說正常化需要兩岸完成相應政策、法規和體制的接軌。ECFA和

「文教ECFA」，幾乎涉及全部社會領域，涉及的政策、法規很多，這是正常化是否完成的標誌之一。如雙方互設機構，協定和制度制訂後，為了更好地貫徹和實施，需要成立互設機構，這是正規化、機制化的重要一步。與兩岸經濟合作委員會、旅遊辦事處一樣，下一步重點是兩會互設辦事處，各專業領域也應仿效成立。

在民間交流階段，只有做到正常化、制度化、機制化，才能做到大交流大合作大發展的常態化、穩定化和普及化。需要指出的是，經濟和文教協定的簽訂和實施，應該作為和平發展鞏固和深化的標誌，也是完成了《和平協定》為主體、經濟和文化為「兩翼」的前期準備。在此基礎上，構建和平發展框架，應該是進入和平發展新階段的重要標誌。關鍵是如何對待「和平協議問題」。《和平協議》與完成全面整合的「兩岸統一方案」不一樣，只是階段性協議，更多的是對過去60多年兩岸關係的總結。特別是作為和平發展的加油站，是對和平發展鞏固和深化取得成就的高階位的肯定，完成「經政」、「易難」、「急緩」同步並進的關鍵性部署。ECFA和「文教ECFA」、《和平協定》構建起兩岸關係和平發展的總體框架和堅實基礎，也使得兩岸瞭解、尊重、包容和認同文化等「差異」，擴大和深入進行文化交流合作、增強「中華文化認同」、影響和引導臺灣「國家認同」有法可依，有據可循，有事可做。

（三）貫徹十八大精神，再創兩岸關係新局

面對兩岸關係和平發展鞏固和深化的新形勢和新任務，十八大政治報告對台論述，站位高，立意深，在總結和平發展的成果和經驗的基礎上，從兩岸同胞同屬中華民族，同心實現中華民族偉大復興的戰略高度，首次將「全面貫徹兩岸關係和平發展重要思想」，與「和平統一、一國兩制方針」和「發展兩岸關係，推進祖國和平統一進程的八項主張」一起列入黨的重要文獻，全面、深刻、精煉地論述了和平發展理論和務實可行的政策，表達了對推進和平發展與和平統一進程的堅定信念。報告強調，「和平統一最符合包括臺灣同胞在內的中華民族的根本利益；兩岸同胞是血脈相連的命運共同體；要團結臺灣同胞維護好、建設好中華民族的共同家園；全體中華兒女攜手努力，就一定能在同心實現中華民族偉大復興進程中完成祖國統一大業。」[22] 表明中共對台大政方針始終是站在全民族發展的高度去思考、解決

兩岸關係中的重大問題，堅持民族利益和民族復興至上，充分展現了中共在解決臺灣問題、實現國家統一問題上的使命感和博大胸懷。同時，體現了中央對現階段國家總體發展戰略和兩岸關係總體形勢的深刻認識和準確把握，顯示中共始終將兩岸關係和平發展同國家的和平發展戰略緊密聯結，對台工作始終服務服從於國家總體發展戰略，表明了中共對於所承擔的實現國家統一的重大歷史使命，具備堅定的決心、充分的信心和應有的耐心。作為和平發展理論的重要組成部分，政治報告強調兩岸「同屬一個中國」，正在成為「命運共同體」，要「共同推進兩岸關係，共同享有發展成果」，「維護好建設好中華民族共同家園」，「同心實現中華民族偉大復興」，呼籲臺灣方面也應從民族振興的高度，放棄黨派個人的私利，透過推動兩岸關係和平發展參與到中華民族的偉大復興進程中。

政治報告強調要「鞏固和深化兩岸關係和平發展的政治、經濟、文化、社會基礎，為和平統一創造更充分的條件」。首先，要在兩岸互動中反對「台獨」，堅持「九二共識」，增進維護「一個中國框架」的認知。大會首度將堅持「九二共識」以及維護「一個中國框架」寫入黨代會的政治報告中，表明「九二共識」在未來推進兩岸關係互動中將會繼續發揮不可替代的積極作用。兩岸共同維護「一個中國框架」的主張，也是大陸因應兩岸關係和平發展新形勢和兩岸尚未統一的實際情況，提出的富有包容性和創意的主張，體現出大陸對台工作的新思維。其次，累積政治互信，破解政治難題。政治報告提出要探討國家尚未統一特殊情況下的兩岸政治關係，商談建立兩岸軍事安全互信機制，協商達成兩岸和平協議，開創兩岸關係和平發展新前景。這些「希望兩岸共同努力」的項目，是兩岸關係進入新的歷史階段、邁入「深水區」無法回避的重大歷史任務。兩岸關係和平發展已由開創期進入鞏固深化的新階段，要確保兩岸關係發展在正確的軌道上行穩致遠，兩岸經貿、社會、文教關係的深入發展，必須要與兩岸政治關係的發展協調同步，必須要就政治議題進行對話商談準備條件，以建構可長久的兩岸和平發展框架。第三，擴大民意基礎。政治報告一方面強調兩岸同胞同屬中華民族，是血脈相連的命運共同體，理應相互關愛信賴，共同推進兩岸關係，共同享有發展成果，因而要促進兩岸同胞團結奮鬥，共同開創兩岸關係和平發展新前景。一方面表示對臺灣任何政黨，只要不主張「台獨」、認同一個中國，大陸都願意同他們交往、對話、合作。大陸一直希望民進黨能夠認清潮流和趨勢，早日放棄「台獨黨綱」，以突破自身的束縛，為參與

兩岸黨際交流合作創造條件。第四，全面推進兩岸交流。胡錦濤總書記指出，要持續推進兩岸交流合作。深化經濟合作，厚植共同利益。擴大文化交流，增強民族認同。密切人民往來，融洽同胞感情。政治報告進一步突出了兩岸經濟合作的共同利益紐帶和兩岸交化往來的民族感情紐帶作用。第五，促進平等協商，加強制度建設。政治報告特別提出這一問題，實際上是呼籲雙方穩步推進包括兩岸經濟、文教、人員往來等各個領域的機制化、法制化進程，努力營造一個有利於兩岸關係和平發展的環境、條件和機制，以創造不可逆轉的制度保障。制度建設將是未來兩岸關係發展的一項重要內容，包括完成 ECFA的後續談判、兩岸互設辦事處、協商「文教ECFA」等將會納入雙方的共同議程中。要本著「先易後難、循序漸進」的思路，在兩岸的共同協商下逐步穩妥地推進。

十八大政治報告對台論述，根據兩岸關係和平發展的新形勢、新機遇和新挑戰，全面、深刻闡述了兩岸關係和平發展理論，提出了對台工作的指導思想、總體要求和對於重大問題的基本主張，為新時期對台工作指明了方向和實踐路徑。只要牢牢把握和平發展的主題，共同努力，排除干擾，就一定能夠不斷強化大交流大合作大發展的好勢頭，不斷開創和平發展的新局面。兩岸關係和平發展取得的成就，為兩岸相互間的瞭解、尊重、包容和認同，開闢了寬廣的通道，進而也為增強兩岸「中華文化認同」、影響和引導臺灣「國家認同」提供了現實可能。

注釋

[1].《再創新低 民調顯示馬英九滿意度僅剩13%》，2013-01-21，http：//news.ifeng.com/gundo-ng/detail_2013-01/21/21418821_0.shtml。

[2].《中國時報》民意調查結果，馬英九滿意度是13.7%，參見2013年1月21日臺灣《中國時報》，A1。

[3].《馬黨改六方針：清廉執政、黨產歸零》，2009-10-17，http：//www.chinareviewnews.com/crn-webapp/doc/docDetailCreate.jsp？coluid=0＆kindid=0＆docid=101107210。

[4].《專訪段宜康：蔡英文少了點賭徒性格》，2008-12-18，
http：//www.chinareviewnews.com/crn-webapp/doc/docDetailCreate.jsp？coluid=0＆kindid=0＆docid=100830244。

[5].《蔡小勝蘇1.35個百分點》，參見2011年4月28日臺灣《中國時報》，A1。

[6].《瞄準2016年？蔡英文：讓自己成為選項》，2012-05-11，
http：//www.chinareviewnews.com/crn-webapp/doc/docDetailCreate.jsp？coluid=0＆kindid=0＆docid=102104152。

[7].《新聞眼/小英基金會地下黨部　形成兩個太陽》，參見2012年7月16日臺灣《聯合報》，A1。

[8].《觀察站/面對中國　蘇蔡跟隨謝足跡？》，參見2012年10月5日臺灣《聯合報》，A1。

[9].《蔡英文海外行之盤算與省思》，2011-06-23，
http：//www.chinareviewnews.com/crn-webapp/doc/docDetailCreate.jsp？coluid=0＆kindid=0＆docid=101739102。

[10].《蔡英文：最後一哩路真的很難走　還是要走》，2012-02-01，
http：//www.chinareviewnews.com/crn-webapp/doc/docDetailCreate.jsp？coluid=0＆kindid=0＆docid=101996694。

[11].《蔡英文赴美謝票：釣島維權　兩岸不同》，參見2012年10月30日臺灣《中國時報》，A1。

[12].參見中台辦王毅主任在騰沖舉行的第十二屆海峽論壇上的講話精神，2012-03-15，http：//speech.lib.taiwan.cn/wangyi/201204/t20120420_2446422_1.htm。

[13].胡錦濤：《攜手推動兩岸關係和平發展　同心實現中華民族偉大復興——在紀念

〈告臺灣同胞書〉發表30周年座談會上的講話》，
http：//news.xinhuanet.com/newscenter/2008-12/31/content_10586495_2.htm。

[14].《劉國深：加強兩岸政治互信 ABC》，2009-12-27，
http：//www.chinareviewnews.com/doc/1011/5/5/1/101155103.html？coluid=0&kindid=0&docid=101155103。

[15].《胡錦濤總書記會見臺灣海基會董事長江丙坤》，2008-06-13，
http：//www.chinareview-news.com/doc/1006/7/1/6/100671607.html？coluid=0&kindid=0&docid=100671607。

[16].《兩岸學者期勉兩岸關係進一步推出「升級版」》，2012-06-02，
http：//www.chinareview-news.com/doc/1021/2/8/4/102128439.html？coluid=0&kindid=0&docid=102128439。

[17].《ECFA簽署 馬英九：臺灣將成石斑魚王國》，2010-06-28，
http：//www.chinareviewnews.com/doc/1013/6/6/5/101366591.html？coluid=0&kindid=0&docid=101366591。

[18].《台媒：ECFA效益在島內發酵「五都」選舉藍營主打》，2010-07-24，
http：//www.chinatai-wan.org/taiwan/tw_PoliticsNews/201007/t20100724_1465772.htm。

[19].《陸資入台投資累計達52.5億台幣》，2012-04-11，
http：//www.chinareviewnews.com/doc/1020/7/1/6/102071692.html？coluid=0&kindid=0&docid=102071692。

[20].參見2013年1月21日臺灣「中央社」電。

[21].《馬英九「就職演說」全文：兩岸和解實現台海和平》，2012-05-20，
http：//www.chinare-viewnews.com/doc/1021/1/4/4/102114462.html？coluid=0&

kindid=0&docid=102114462。

[22].《豐富「一國兩制」實踐和推進祖國統一》,2012-11-08,http：//news.xinhuanet.com/video/2012-11/08/c_123929967.htm。

第六章 影響和引導臺灣「國家認同」的路徑

在臺灣問題上,「國家認同」的重要性表現在兩方面。一方面是要完成祖國和平統一,必須先解決臺灣「國家認同」問題。只有理順「國家認同」問題,才能圍繞和平統一問題達成共識,從而才有推進兩岸關係和平發展鞏固和深化、進而推進和平統一的自覺行為。一方面臺灣「國家認同」存在偏差,「台獨勢力」極力篡改、誤導「原生領域的認同」,極力改變「現實領域的認同」,造成「臺灣主體性」、「臺灣意識」的極端化,「國家認同」和「統獨選擇」出現偏移和偏向。正反兩方面情況表明,臺灣「國家認同」問題的複雜性和嚴峻性,影響和引導「國家認同」的重要性和緊迫性。研究臺灣「國家認同」問題的必要性和實用性,表現在從貫徹中共十八大對台論述和方針政策、推進兩岸關係和平發展鞏固和深化的戰略層面,從學理上和政治上探討臺灣「國家認同」問題的同時,從爭取臺灣民心、增加「一個中國認同」考慮出發,提出既有宏觀、戰略性的,也有務實、可操作性的對策建議。

第一節 充分認識「一個中國認同」的特殊意義

「國家認同」是一個國家存在、發展的信念、情感和思想基礎。「一個中國認同」的意義也在這裡,是推進兩岸關係和平發展鞏固和深化、完成和平統一的立場、信念、價值和動力所在。簡單地說,只有在「一個中國認同」基礎上,發展兩岸關係、實現和平統一,才能成為自覺行為、社會選擇和共同決定。

一、貫徹和平發展戰略的重大舉措

影響和引導臺灣「國家認同」,對於實施和平發展戰略關係極大,和平發展的深化有助於臺灣「一個中國認同」的增加,增加「一個中國認同」則有助於和平發

展戰略的成功。

　　首先,「堅持大陸和臺灣同屬一個中國作為推動兩岸關係和平發展的政治基礎」。一個中國原則是中國政治和兩岸關係演變的必然結果,只有堅持一個中國原則,反對「台獨」,才能保證兩岸關係和平發展的正確方向和不斷深化,才能有效防止各種人為干擾和破壞,才能從根本上保證和平統一的完成。在和平發展階段,一個中國原則體現為「九二共識」。「九二共識」是現階段正面影響和引導臺灣「國家認同」,增加「一個中國認同」的基本原則。清理「文化台獨」、強化「中華文化、民族認同」、引導「國家認同」朝著認同中國、認同「我是中國人」方向轉變,只能在「九二共識」基礎上展開。其次,充分認識和平發展階段的作用和意義。兩岸關係和平發展戰略的確立,不僅揭示出兩岸關係的發展方向與目標,更標誌著對台工作戰略重心轉變的開始,祖國和平統一「分步走理論」的確立。在完成祖國和平統一進程中,兩岸關係和平發展階段擔負著特殊的任務,作為大陸創造和平統一條件的準備過程,成為臺灣人民接受兩岸和平統一的過渡階段、完成統一的必經之路,因此要避免強調「過程」忽視「目的」、強調「過程」就是「目的」的偏差。「一個中國認同」是正確理解和認識和平發展階段作用和意義的思想基礎,「一個中國認同」的增加,將增加貫徹和實施和平發展戰略的自覺性、能動性和創造性。第三,「把促進兩岸同胞團結奮鬥作為推動兩岸關係和平發展的強大動力」。在貫徹和落實和平發展戰略工作中,爭取廣大臺胞的支援是關鍵。「臺灣同胞是我們的骨肉兄弟」,是中華民族的成員,幾百年來兩岸同胞的命運已經聯在一起;臺胞是「發展兩岸關係的重要力量」,如今兩岸交流與和平發展能有如此大的規模、取得如此多的成就,都是臺胞自覺參與和推動的結果;臺胞也是「遏制『台獨』分裂活動的重要力量」,對於現階段「台獨」來說,最有效的遏制力量除了大陸和國際反對「台獨」的壓力外,就是臺灣民意的壓力。總之,「兩岸同胞是血脈相連的命運共同體」。作為和平發展與和平統一的重要力量,廣大臺胞和大陸各界攜手合作,團結奮鬥,將會大大增加臺胞的參與感、成就感和榮譽感,有利於增加「一個中國認同」,也會使得更多的臺胞自覺維護「九二共識」、支持和平發展,積極投入大交流大合作大發展潮流之中。第四,加快大陸發展,為解決臺灣問題、實現和平統一創造條件。完成和平統一的過程,需要兩岸共同努力,當探討完成和平統一臺灣需要進行什麼調整時,大陸也應該思考自身需要那些調整,在加快自身

第六章　影響和引導臺灣「國家認同」的路徑

發展的同時，增加對臺胞的吸引力。大陸的調整，有利於改善大陸的形象，表達大陸的誠意，增加對臺胞的吸引力和親近感，擴大兩岸關係和平發展的群眾基礎。

透過影響和引導臺灣的「國家認同」，增加「一個中國認同」，將會有效壓縮「台獨」和「台獨國家認同」的空間，有利於島內反獨力量的增長，有利於反獨統一戰線的鞏固，有利於兩岸關係和平發展鞏固和深化的推進，進而對貫徹和落實和平發展戰略產生深遠的影響。

二、做好臺灣人民工作的檢驗標準

寄希望於臺灣人民，是完成和平統一的重要舉措，做好臺灣人民工作、爭取臺灣民心和轉變臺灣民意，一直成為大陸對台工作的重點。做臺灣人民工作的標準是什麼？就是要讓廣大臺胞成為兩岸交流、和平發展、和平統一的支持力量。應該說，30多年來，廣大臺胞為兩岸交流作出很大貢獻，成為兩岸交流的主力，贊成兩岸關係和平發展，但是現階段不贊成兩岸和平統一。造成這一情況的原因很多，「一個中國認同」下降、「政治認同」混亂是重要原因。

從做臺灣人民工作的層次講，確立「一個中國認同」是基礎性工作。對於廣大臺胞來說，只有「一個中國認同」成為社會主流認同，才能有推進兩岸交流、和平發展與和平統一的自覺行動。也就是說，做臺灣人民工作是否有成效的標準之一，就是看影響、引導臺灣「國家認同」的進展和效果如何。對此，首先，要尊重和關心臺灣同胞。這是做臺灣人民工作的基礎，也是影響和引導臺灣「國家認同」的前提。「實現中華民族偉大復興要靠兩岸同胞共同奮鬥，兩岸關係和平發展新局面要靠兩岸同胞共同開創，兩岸關係和平發展成果由兩岸同胞共同享有」[1]。為此，一方面是「對臺灣同胞在特殊歷史條件下形成的心態和感情，對他們由於各種原因對大陸產生的誤解和隔閡，我們不僅會基於同胞之愛予以充分理解和體諒，而且會採取積極的措施努力去疏導和化解」。一方面是「凡是涉及到臺灣同胞利益的事情都要認真對待，凡是向臺灣同胞作出的承諾都要認真履行」[2]，「滿腔熱情為臺灣同胞多辦好事、多辦實事，依法保護臺灣同胞正當權益」；要最廣泛地團結臺灣同胞，在推動兩岸關係和平發展、實現中華民族偉大復興的道路上，共用一個偉大國

家的尊嚴和榮耀，以做堂堂正正的中國人而驕傲和自豪[3]。其次，讓臺胞全面瞭解大陸。透過30多年的兩岸交流，兩岸同胞相互間的認識逐漸增深，臺胞對大陸的瞭解在增加。問題是一方面參加交流的臺胞已過1700萬人次，實際來大陸的臺胞只有700多萬人，占其總人數的三分之一左右，絕大部分臺胞沒有來過大陸；一方面到過臺灣的大陸民眾也只有700多萬人次，在臺灣留給臺胞的形象、感覺，只是大陸形象的一部分；一方面參加交流的臺胞接觸過的大陸同胞也僅是大陸民眾的一部分。人員接觸有限，直接影響到瞭解大陸的深度和廣度，直接影響到瞭解大陸的真實度。大陸太大，瞭解大陸需要有正確的立場之外，還要有足夠的時間。只有充分瞭解大陸，才能談得上做臺灣人民工作和爭取臺灣民意，才能讓大陸和統一成為臺胞嚮往的目標。第三，臺胞要正確對待兩岸「差異」。隨著以情緣和利益為主軸的兩岸交流的深入，參加兩岸交流的兩岸同胞情感在昇華、要求在增加、標準在提高，當然對於對方的缺失、對於雙方矛盾的瞭解也在增加，特別是看到的兩岸「差異」和對「差異」的認識也在增加。對於兩岸「差異」，臺灣一些人看得較重，如大陸在政治理念和制度上與臺灣的不同被認為是「不民主」，對於大陸在政治運作上與臺灣的不同被認為是「不正常」，對於大陸在社會管理上與臺灣的不同被認為是「不透明」，對於大陸在資訊公開上與臺灣的不同被認為是「不公開」，對於大陸在生活方式上與臺灣的不同被認為是「不文明」，對於大陸在文化思想上與臺灣的不同認為是「不傳統」。臺胞應從兩岸的特殊性看待兩岸的「差異」，在「兩種制度並存，臺灣高度自治」情況下，「差異」不是「差距」，不是由對錯、快慢、多少、高低、存廢所能判斷和解決的，應相互尊重，不能要求「兩岸一律」。瞭解、尊重、包容和認同兩岸「差異」是對兩岸同胞、特別是對臺胞的基本要求，也是影響和引導臺灣「國家認同」的關鍵。

在30多年兩岸交流、情感、利益和文化基礎上，兩岸同胞的「共同利益、共同觀念、共同價值、共同命運和共同認同」正在形成，這既有利於臺灣「一個中國認同」的增加，也將產生做臺灣人民工作、爭取和轉變臺灣民意的特殊效果。

三、擴大兩岸交流合作的深層源泉

「一個中國認同」作為意識形態，在兩岸關係和交流往來中，必將產生深層次

的作用，形成持久不衰的動力。當前的主要任務是推動大交流大合作大發展。

（一）鞏固和平發展成果，全面推進交流

兩岸關係進入和平發展軌道以來，取得一系列重大成果，推進兩岸關係和平發展鞏固和深化的前提是，鞏固和平發展成果。

一是落實ECFA，加快實現兩岸「經濟兩化」。《海峽兩岸經濟合作框架協定》的簽訂，為實現兩岸「經濟兩化」開闢了道路，隨著ECFA的實施，兩岸合作實際上剛剛起步，當前及今後一個階段的工作重點是，全面推進ECFA的各項後續協商取得實質性成果[4]。全面釋放ECFA的效應，特別是要讓臺灣的各行各業、不分地域的民眾都能分享到ECFA的經濟紅利，享受到兩岸關係和平發展所帶來的實實在在的利益。當然，如果有人否認「九二共識」，宣揚和推進「台獨」，破壞兩岸「經濟兩化」的政治基礎，不僅將難以深入推進兩岸經貿關係，也將難以保障兩岸經濟合作的成果。

二是擴大「三通」，加快兩岸各界交流和社會認同。「三通」和兩岸社會各界大交流，對於增進兩岸民眾的瞭解、理解，加深彼此的感情融合和利益聯結，增強島內民眾逐步培養兩岸「命運共同體意識」，形塑新的「共同認同」，都具有十分深遠的影響。因此，下一步兩岸仍須全面交流、重點交流，以時間換空間；透過拓寬交流領域、豐富交流內容，創新交流形式，建構交流機制，促使兩岸雙方和社會各界全面加強經貿、文教、社會等各層次、各領域的交流交往，以實現兩岸社會的包容和認同[5]。

三是加強對話，鞏固兩岸協商機制。大陸海協會和臺灣海基會的定題定期換地會談，已經取得了令人矚目的成果，基本解決了現階段兩岸大交流大合作大發展所急需的正常化和制度化問題。一方面深化和平發展還有更多的議題要協商，已經解決的議題基本屬於「先易、先經、先急」範疇，開始面臨「後難、後政、後緩」的議題。一方面在兩會協商之外，兩岸很多地區、行業、領域都已開始對口協商和簽署協議，眾多兩岸論壇紛紛出臺，在各自行業和領域共同為兩岸關係和平發展的鞏

固和深化,作出各自的努力。兩岸旅遊辦事處和兩岸經濟交流合作委員會已經成立,海協會和海基會互設辦事處已經啟動。因此以「兩會協商」為龍頭,進一步鞏固和充實國共兩黨交流合作機制,加強和擴大兩岸經貿文化論壇、海峽論壇等諸多功能性平臺的功能,加強和完善兩岸協商機制。

與其他兩岸關係實踐一樣,兩岸在「經濟兩化」、社會認同和對話機制上的加強,形成更多領域和更多層次的交流合作局面,將對臺灣「一個中國認同」產生重大影響,「一個中國認同」的增加將會更加促進大交流大合作大發展局面的提升。

(二)提升對於大交流大合作大發展的認識,全面推進交流

客觀地說,兩岸交流30多年,大陸推行以情感、利益和文化為核心的交流取得了很多成果,兩岸關係實現了歷史性轉折,但是在爭取臺灣民意方面的成效有待提升。在臺灣一些政治勢力宣揚的「陰謀論」、「失衡論」、「無感論」和「無用論」影響下,一些民眾一方面歡迎大陸對臺灣的扶持,一方面對大陸的負面印象與看法不少;一方面對大陸的期待和要價在提高,一方面又擔心對大陸依賴的增加;一方面不主張現在啟動政治談判,一方面又不斷在軍事、「涉台外交」等政治議題上做文章。如何解決部分臺灣民眾對於兩岸交流、和平發展出現的認識偏差,增加「一個中國認同」是有效解決途徑之一。

「一個中國認同」成為主流認同後,臺灣民眾對於兩岸交流的認識問題就會得到逐步解決,參加兩岸交流實踐的自覺性就會逐漸提高。總之,接受「九二共識」,累積政治互信,是在為影響和引導臺灣「國家認同」打造政治基礎;推進兩岸文化往來,增強「中華文化認同」,是在為影響和引導臺灣「國家認同」打造思想基礎;加快「經濟兩化」,形成共同利益,是在為影響和引導臺灣「國家認同」打造經濟基礎;擴大「三通」,加快兩岸社會交流和認同,是在為影響和引導臺灣「國家認同」打造社會基礎;加強對話,推進兩會協商,是在為影響和引導臺灣「國家認同」打造體制基礎。上述工作的展開,是找到了正確影響和引導臺灣「國家認同」的途徑和動力。

四、推動兩岸和平統一的信念基礎

臺灣「一個中國認同」到什麼程度，和平統一的條件就成熟到什麼程度；臺灣社會「一個中國認同」形成之日，就是和平統一條件成熟之時。把「一個中國認同」對和平統一的意義提高如此程度並不過分。歷史上鄭成功收復臺灣、康熙統一臺灣、中華民國收復臺灣、國民黨蔣介石當局遷到臺灣等四次兩岸統一或治權調整，都在臺灣沒有引起反對聲浪，當時兩岸政治、社會、經濟、文化、教育的性質和水準相差有限是重要原因之外，全社會「一個中國認同」的形成和存在是主要因素。對於和平統一來說，「一個中國認同」的增加，在現階段同樣具有特殊的意義。

（一）啟動政治協商的動力

兩岸關係和平發展是和平統一的過渡階段，政治協商是建立兩岸關係穩定發展機制的必要途徑。對此，大陸認為需要「在國家尚未統一的特殊情況下的政治關係展開務實探討」，就臺灣政治定位、結束敵對狀態、簽訂《兩岸和平協定》和軍事安全互信機制等問題進行協商。關於政治對話，兩岸存在很大落差，臺灣方面一直以「先易後難、先經後政、先急後緩」和民意不贊成為由加以拒絕或推遲，並且還為《和平協定》加上「國家需要、民意支援、國會監督和公投透過」四項條件。關鍵是臺灣民意對於兩岸政治談判的態度，要讓臺灣民眾知道，政治對話不會「矮化臺灣」和「親中賣台」；和平發展不可能一直把政治與經濟分開處理，「只易不難、只經不政、只急不緩」不可能一直成為和平發展階段的行為準則，要確保現階段兩岸關係長期、穩定和深入發展，必須透過政治協商建構和平穩定發展框架，和平發展的前景最終將取決於解決政治關係取得的進展。因此，兩岸透過擴大兩岸的共同利益、累積政治互信、加強經濟合作的方式，緩解兩岸政治分歧，培養和擴大島內社會贊同兩岸關係和平發展的政治基礎；透過兩岸交流交往去扭轉島內一部分民眾在對大陸認識、「國家認同」等重大問題上的偏差，拆除橫亙在兩岸社會大眾之間有形和無形的藩籬，特別是心理屏障，凝聚兩岸社會的向心力，凝聚政治談判的條件[6]。

（二）協商和解決臺灣政治定位

啟動兩岸政治協商的主要障礙是臺灣當局的政治定位。臺灣和大陸同屬一個國家，只是從1949年10月起，「中華民國政府」在大陸被推翻，由南京遷往臺北，負責管理臺灣地區，同時「中華民國政府」的對外代表權和對內管理權由中華人民共和國政府接管。經過60多年的兩岸各自治理，已經形成「兩種制度」下，各自管理的「兩個地區」。由於法理上「中華民國政府」已經被推翻，事實上還在臺灣地區行使職權，並且保持有23個「邦交國」和參加30餘個政府間國際組織而擁有部分對外代表權，因此臺灣當局在兩岸關係中的「法統、正統心態」愈加強烈，成為臺灣與大陸對峙、兩岸政治對立久難化解的根源。臺灣當局不滿意當前兩岸關係的政治定位，擔心在現有條件下走上談判桌會失去「法統優勢」，在沒有得到大陸承認的相應的政治身分認定前，推遲與大陸進行正式對話。臺灣當局的「偏安立場」成為臺灣「一個中國認同」多元化的原因之一，臺灣「國家認同」多樣化成為當局堅持「法統」的民意依據。因此，「一個中國認同」的增加，是理順臺灣民意結構、同時也是為臺灣當局改變政治思維提供必要的民意氛圍。

（三）和平統一的思想基礎

在推進和平統一進程中，增加臺灣的「一個中國認同」，具有極為重要的意義。「一個中國認同」到什麼程度，決定著中國完成和平統一時使用什麼方式、選擇什麼時機、使用什麼手段的大問題。實現和平統一有三項基本條件。首先，必須堅持「一個中國」。從歷史上看，臺灣屬於中國，至今沒有一個國家政府正式表示懷疑和反對過這一定論。從60多年來的兩岸關係看，兩岸同屬一國，是雙方都遵守的基本原則和法律。從兩岸關係的走向看，只有堅持一國內部事務才有發展的可能和空間。「兩岸一中」是完成和平統一的政治基礎。「一個中國認同」的增加是臺灣「堅持一中」的重要思想和認識保證。其次，必須堅持共同發展。解決臺灣問題，是中華民族復興和騰飛的關鍵；中國完成統一的過程和結果，必然能夠促進兩岸的發展；大陸經濟強勢發展情況下，有利於臺灣的發展。現階段的兩岸交流和合作，是大陸幫臺灣的重要途徑和方式，「一個中國認同」可以成為兩岸交流和合作的源源不斷的動力。第三，必須堅持「雙方接受」。祖國和平統一方案必須得到兩

岸人民的贊成和支持，尤其是臺灣民眾的理解和接受，是祖國和平統一方案是否成熟和可行的重要標準。「一國兩制臺灣模式」的立足點就在這裡。「一個中國認同」的增加，有利於拉近兩岸民眾心理、感情、政治和現實距離，有利於改變雙方對於兩岸「差異」的認識，有利於提升臺胞討論、贊成和接受「一國兩制臺灣模式」的積極性。

因此，更要看到臺灣社會對大陸的正確認識和「一個中國認同」的增加，不僅是有利於深化和平發展、推進政治協商，而且還將成為和平統一的思想和認識基礎。

五、臺灣內部政治構成的調節槓桿

臺灣「一個中國認同」的增加，不僅是有利於兩岸關係和平發展的鞏固和深化，同樣也有利於臺灣內部政治構成的調整。

（一）有利於「一個中國認同」的增加

對於「國家認同」問題，在兩岸引起越來越多的人關注，尤其是臺灣各界也開始重視這一議題，開始從「一個中國認同」的相關影響因素做工作。

一是「民族認同」。臺胞的「中華民族認同」從來都是「主流認同」。經過李登輝、陳水扁長達20年的編造「新興民族」、「臺灣民族」的「台獨宣傳」後，在經歷這一反面教材教育和危害後，大多數民眾在燥熱、躁動後，「兩岸人民同屬中華民族，都是炎黃子孫」[7]的認識在加深。特別要看到，針對「台獨勢力」編造的「臺灣民族」是「新興民族」、「海洋民族」等「台獨言論和主張」，馬英九當局與接受「九二共識」相配合，同時把「中華民族認同」作為執政的政治基礎，肯定兩岸同屬中華民族，對於「中華民族認同」的增強起到積極作用。面對和平發展，同為中華民族成員的臺灣同胞，在思考臺灣的發展和前途時，逐漸認識到兩岸的利益和前途是連在一起的。在兩岸政治對立、臺灣政治定位沒有解決前，「中華民族認同」成為最為重要的「政治認同」。「民族認同」是「國家認同」的重要基礎，

是「政治認同」的核心。「中華民族認同」的存在和增強，必然會增加「一個中國認同」。

二是「文化認同」。歷經「文化台獨」浩劫後，臺灣的「中華文化認同」越來越受到社會各界的重視。一方面是糾正「文化台獨」的危害，「台獨執政」期間的「台獨基礎性工作」，就是極力編造與中華文化相對立的「臺灣文化」，以此編造「台獨國家認同」的文化基礎。民進黨下野後，社會上強烈要求完成「去台獨化」，清理「文化台獨」，臺灣當局也採取了一些「去扁化」、反「台獨」、清理「去中國化」舉措，部分糾正「文化台獨」。一方面是重視中華文化的作用，馬英九表示，「傳承中華文化，是必須達成的使命及責任」[8]，「中華文化是兩岸最大的公約數」，要實現中華文化的「文藝復興，臺灣有條件扮演最關鍵的『尖兵』及『催化劑』角色」[9]。同時，兩岸把擴大文化交流作為和平發展鞏固和深化的主要任務，文化交流對擴大中華文化的影響產生重大作用。「中華文化認同」是相應的「民族、歷史、政治認同和統獨選擇」等「國家認同」長盛不衰的動力。

三是「歷史認同」。與「民族、文化認同」一起，「歷史認同」也是構成「國家認同」的重要條件。李登輝和陳水扁推行「台獨」時，篡改臺灣歷史是其主要工作。在臺灣歸屬上宣揚臺灣是「無主的土地」，在兩岸關係上宣揚歷史上代表中央政府管理臺灣的權力機構和人事是「外來政權」，在歷史遭遇上宣揚「日本侵略有利論」，在兩岸關係上宣揚大陸圖謀「吞併臺灣」。針對「台獨」篡改臺灣歷史的陰謀，臺灣有關方面從編寫臺灣歷史教材、增加中國歷史教學時間、增加兩岸歷史文化交流、增加「大中國意識」等方面，增加兩岸「同屬一個國家」的政治意識和歷史概念。

四是「政治認同」。臺灣當局表示，「兩岸關係並非國與國的關係，而是一種特殊的關係」[10]，把「『九二共識』作為雙邊協商的基礎」[11]，確保兩岸關係向前發展的政治基礎。「九二共識」與和平發展的成果，成為從正面影響和引導臺灣「國家認同」走向的重要保證。同時，正是有了「九二共識」，所以兩岸關係和平發展取得重大成就，使得影響和引導臺灣「國家認同」的兩岸關係因素發生了重大變化，為引導臺灣「國家認同」提供了有效的著力點。「一個中國認同」的增加，

固然自身是「國家認同」調整的產物，但有利於臺灣「國家認同」的正面轉變。

（二）有利於內部政治構成的調整

政治現實與「政治認同」有密切的關係，政治現實對「政治認同」的形成影響很大，「政治認同」也會對政治現實產生不可低估的作用。

一是臺灣社會的基本矛盾是「台獨」和反「台獨」，決定這一態勢的，是因為「台獨勢力」把臺灣「國家認同」多元化作為推動「台獨」的理論依據和實踐基礎。在其看來，在有關「國家認同」的民意調查資料中，出現了支援「台獨」占兩成左右、自認為是中國人的認同在下降、自認為是臺灣人的認同在上升的局面，「台獨國家認同」已經初具規模。對此，要有高度的警惕，只有促使「國家認同」正面變化，「一個中國認同」不斷增加，則是對「台獨國家認同」的否定，有效遏制「台獨」蔓延。「台獨政黨」的「獨性」減少，「台獨陣營」的「獨性」淡化，有利於反「台獨」力量的增長，有利於社會基本矛盾的主要矛盾和矛盾的主要方面的轉變。

二是臺灣政治現實中的基本組成是藍綠兩大陣營。綠營的存在和發展，就是把「台獨國家認同」作為判斷臺灣社會「台獨支持率」的重要依據，民進黨當局從有關臺灣「國家認同」的民意調查資料中得到鼓舞，根據四成以上綠營支援率、兩成左右「台獨支持率」、「我是中國人」認同較低的情況，認為臺灣社會「台獨國家認同」已經基本確立，所以成為民進黨東山再起、重新上臺執政的社會和民意基礎。只要臺灣民眾的「政治認同」和「統獨選擇」逐漸改變，「一個中國認同」逐漸增加，綠營和民進黨作為草根性極強的政治力量還有存在和發展的空間，但是其「獨性」會逐漸減少。因此，藍綠陣營的存在和鬥爭依舊，但是鬥爭的性質和焦點將逐漸有所改變。

三是臺灣政治現實的基本運作，是藍綠互相監督和各自贏得選舉，爭取最大的政治、行政和經濟資源，雙方鬥爭的焦點集中體現在選舉上。在選舉動員上，利用基本矛盾進行政治宣傳，是藍綠各自鞏固基本盤的重要舉措。「一個中國認同」被

全社會接受後，基本矛盾失去政治依據，將由「台獨」和反「台獨」向發展社會生產力和提高生活品質方面轉化，以往選舉動員時利用基本矛盾對各自陣營進行深度政治動員的做法將被放棄，不再成為選舉動員主要基調。在選舉議題上，隨著「一個中國認同」逐漸成為「主流認同」後，「台獨政黨」的政治空間被壓縮，「獨性」將逐漸減少，朝野較量逐漸回歸理性和公共政策之爭。在選舉手段上，炒作「國家認同」是常見競選方式之一。如果臺灣「國家認同」出現趨同趨勢，「一個中國認同」逐漸為民眾所接受，選舉中的大陸政策和統獨之爭，不再圍繞「是否賣台」展開，將在如何促進臺灣發展的層面展開。不過，從現階段來看，反對「台獨」依然是兩岸關係和平發展鞏固和深化的首要任務。

臺灣問題的複雜性，或是兩岸關係的曲折性，表現是多方面的。但要看到，「國家認同」狀況如何，確實對臺灣政局的演變起到特殊的作用。

第二節 營造引導臺灣「國家認同」的文化氛圍

「中華文化認同」是「一個中國認同」的基礎，兩岸文化交流合作是增強「中華文化認同」的基礎。深入和擴大進行兩岸文化往來，是兩岸關係和平發展鞏固和深化的客觀需要、基本任務和重要途徑。在兩岸大交流大合作大發展的潮流中，文化往來應向更寬領域、更大規模、更深層次、更高效益、更大影響邁進，更好地為影響和引導臺灣「國家認同」、增加「一個中國認同」創造相應的文化氛圍。

一、正視兩岸文化交流合作中的問題

隨著兩岸關係和平發展鞏固和深化階段的到來，文化往來日益頻密，在文化交流過程和實踐中，需要對兩岸文化交流合作中出現的一些問題和看法，進行總結和提高，充分發揮文化往來對於和平發展鞏固和深化的積極作用。

（一）關於兩岸文化往來的傾向性看法

第六章　影響和引導臺灣「國家認同」的路徑

　　由於雙方政治對立問題沒有解決，由於文化往來都是民間方式進行，由於交流領域廣、規模大和專案多，加上對於中華傳統文化本來就有爭論和不同看法，因此伴隨著兩岸文化交流的日益頻繁，也出現了一些值得關注的新情況與新問題。

　　一是在文化交流合作出現「物質化傾向」。文化往來的終極價值，是要在傳承、弘揚和創新中華文化的基礎上，增強兩種體制下的「中華文化認同」，兩岸結成促進雙方心靈相通、感情相近、社會相認的新的文化紐帶，為兩岸關係和平發展的鞏固和深化、為和平統一的實現創造最為重要的條件。這就需要在保持一定經濟效益的同時，從社會效益高於經濟效益、經濟效益為社會效益服務的角度形成「文化價值認同」。由於兩岸文化交流合作投入的時間、物力和人力成本相對高一些，經濟問題就會突出一些，帶來的問題是在文化往來出現一些重文化市場輕文化內涵，重文化消費輕文化整合，重經濟文化輕精神文化等現象。

　　二是對於兩岸傳承中華傳統文化的認識不同。由於近現代以來的經歷、政治和國際等種種非文化因素，雖然兩岸「中華文化認同」依然存在，但是臺灣方面更多的認同「臺灣特色的中華文化」，過分強調兩岸中華文化存在的「差異」，把客觀存在的「差異」，當成大陸傳承、弘揚和創新中華文化上落後臺灣的「差距」。臺灣一些人就此認為，中華傳統文化在大陸已經「支離破碎」，缺乏中華傳統文化的代表性，在中華文化的傳承上臺灣要比大陸更有發言權和代表性。就大陸而言，肯定臺灣方面保持中華傳統文化的成績，但並不贊同島內一些人對於大陸在傳承中華傳統文化方面的、並不理性的指責，更不主張打著各種旗號，進行中華文化「正統性之爭」。兩岸對於對方文化的評論，本質上是兩岸的文化「差異」。

　　三是對於兩岸文化往來意義的認識不同。文化交流合作的柔性特徵，使得兩岸首先在文化方面進行整合，透過交流合作，兩岸借助文化橋梁，逐漸溝通和聯絡兩岸人民的感情，逐步建立和平發展與和平統一的「文化認同」和「價值取向」，建設兩岸共同的精神家園。對此，大陸認為兩岸理應尊重並充分發揮文化交流在推動兩岸經濟交流、消解兩岸政治歧見、弱化兩岸敵對情緒的作用，臺灣一些人則希望兩岸文化交流「溢出效應」止於經濟、社會領域。「台獨勢力」更加將兩岸文化交流「汙名化」，將其視為大陸「吞併」臺灣的前奏，抹黑、攻擊兩岸文化交流促進

兩岸關係的正面意義。

四是有關兩岸文化交流制度化的認知不同。自2008年5月以來，兩岸關係和平發展為兩岸文化交流合作創造了比以往更方便的條件，兩岸文化交流也取得了很大的進展。但客觀而言，由於歷史上兩岸長期處於隔絕狀態，兩岸文化交流的廣度與深度還遠遠不夠。如兩岸文化往來中，兩岸文化主管部門尚無正常的交流與接觸，雙方各有自己的考慮。交流合作多為區域性、局部性、短期性和臨時性活動，統籌性、全域性、長期性和規範性不夠。由於交流機制的長期不到位，兩岸文化交流中政策措施不對等、交流規模不對稱、交流領域不普及等問題無法得到很好處理，亟待透過穩定的交流平臺，透過制度化管道逐步解決。

兩岸關係和平發展為兩岸文化交流的制度化提出了新的挑戰和機遇，適時商簽「文教ECFA」，推動兩岸文化交流正常化、制度化和規範化，已成為兩岸不可回避的重要議題。

（二）關於兩岸文化往來中存在的傾向性問題

兩岸文化交流合作歷經30多年，取得了一系列重大成果，呈現良好發展勢頭。但是從整體上看，與推動兩岸關係和平發展鞏固和深化的目標、要求仍有距離。

一是不正常。在兩岸交流和文化往來問題上，臺灣一些人的政治文化和「政治認同」有些認識不到位、不正常：面對兩岸關係和平發展，看到的只是能夠帶來多少「和平紅利」和自己能夠享受多少紅利；拒絕談政治，認為現在不是談政治議題的時候，即使談政治議題也不要談「一中原則」；談到兩岸經濟交流合作，大陸應該讓臺灣賺更多的錢，還不能說臺灣賺了大陸的錢，因為臺灣還要保持自己的「自尊」；大陸說對臺灣「讓利」，有損於臺灣尊嚴，應該說是兩岸「互利」；大陸不能只讓臺灣從事兩岸經貿和投資的企業賺錢，還要讓臺灣不參加兩岸經貿交流活動的社會成員都要獲利；大陸經濟轉型和發展應該儘量與世界接軌，企業實體應該按照經濟規律辦事和競爭，但是對台商的優惠不能減少或取消。說到臺灣對外關係，臺灣一些人就說，臺灣現有「國際空間」一點不能少，擴大國際活動空間是應該

的，購買美國武器是必須的，大陸如果不同意、不配合就是打壓臺灣。說到軍事安全互信機制，大陸必須撤除瞄準臺灣的導彈，放棄對台使用武力，否則什麼問題都不能談。

二是不平衡。有兩岸文化交流的受眾不平衡，兩岸文化交流合作的赴台交流專案和活動，大多集中在臺灣北部，進入和平發展鞏固和深化階段以來，不少兩岸文化交流項目開始跨過濁水溪，向臺灣南部、東部進發。有交流項目不平衡，品牌的多一些，大眾的少一些；上層的多一些，基層的少一些；傳統的多一些，主旋律的少一些。解決不平衡的關鍵，是要從為臺灣人民服務和謀利、為臺灣發展出力的高度，從推進兩岸文化、社會瞭解和認同的高度，開展兩岸文化交流合作活動。

三是不對稱。兩岸文化往來不對稱是客觀存在，由於兩岸綜合文化實力、文化項目、文化載體相差太多，大陸要比臺灣方面更全更多更大更強。因此，文化交流與其他交流一樣，從內容到形式都要做到對稱，事實上是不可能的，只能向臺灣方面傾斜。在交流過程中，大陸照顧臺灣方面的利益和感受，只會有更好的效果。從根本上講，兩岸文化交流不是兩種異質文化的交流，也不是兩種不同民族文化的交流，是對共有的中華文化的傳承、弘揚和創新，並非對稱才能進行交流，更非對稱才能有效果。在現實文化往來中，大陸文化界積極主動推動交流合作，從量上看，大陸赴台進行的項目與人數遠多於臺灣方面，在政策措施上要比臺灣方面務實和到位。關鍵反映出觀念上的不對稱，臺灣一些政治勢力不放棄過時、僵化的立場，對文化行為「泛政治化」，阻撓兩岸文化交流合作。觀念上的不對稱，顯然是落後於時代，不符合兩岸關係和平發展鞏固和深化的潮流，也不利於兩岸文化交流合作的深入。

四是不深入。分析兩岸文化交流的效益和影響，確實存在形式多於內容、政治誠信有待增加、交流有待深入的問題。造成兩岸文化往來與其他交流不深入的問題，主要是兩岸政治難題沒有破解、政治對立沒有解決，直接影響到和平發展與兩岸交流的深入。兩岸文化交流合作的專案，參加者主要涉及演藝人士、學者專家、學校師生和文化部門從業人員，活動安排確實難於面面俱到。大陸赴台文化交流合作專案和活動深入臺灣縣、鄉、村民眾基層中間不夠，不利於兩岸文化交流向縱深

發展。有些文化交流合作專案上出現淺層次、不求實效的傾向。在一些領域也有只關注參與的人數，忽視文化交流品質的現象。「不深入」問題，在文化產業合作上的表現是文化產品和文化創意產品的培育不夠。

五是不穩定。兩岸文化往來與其他交流一樣，為民間交流，一方面沒有制度可循，一方面沒有評判標準，主管機關批准時就有很大的隨意性，在審查和批准交流專案時很可能是以「政治標準」作為評判依據，增加了文化交流的不穩定性。在政治對立情況下，民間交流有很大的局限性，必須得到文化主管部門的配合，才能穩定展開。由於兩岸文化交流合作的限制較多，操作程式複雜，溝通不夠及時順暢，一些文化交流項目未能很好地整合各方資源和各階層力量，在參與人員、經費籌措等方面都無法得到長期穩定的保障，導致一些文化交流活動要麼隨意縮小規模，要麼中斷。

六是不規範。作為民間交流，文化交流更加需要制度化和規範化。由於政治制度、意識形態、法律體系和運作方式不同，文化交流不僅是參與交流的專業領域、團體、人士的事，還包括更多的社會受眾和社會場所，也包括管理、工商、稅務和治安等眾多部門，僅靠民間協調和習慣運作難度很大，交流成本大為增加，沒有制度和組織保障，沒有規範化的安排，很難取得理想效應。兩岸文化往來因無成文法律和制度，兩岸文化交流的限制還比較多，操作程式複雜，深入交流的風險難於控制，在很大程度上制約了兩岸文化交流向縱深發展。兩岸文化交流制度化和規範化，需要兩岸文化關係正常化。目前，兩岸文化關係正常化、制度化和規範化問題開始提上議事日程，已經進入探索和嘗試階段。

兩岸文化同文同種同源，在歷經長達60多年、「差異」甚巨的各自發展後，一方面在文化交流過程中不可避免地產生文化衝撞，出現一些不正常、不協調的問題；一方面又促使人們從現實的角度理解對方文化社會的合理性，瞭解、尊重、包容和認同對方的文化「差異」。因此，經過兩岸共同努力，在兩岸關係和平發展鞏固和深化進程中，解決文化往來存在的傾向性問題並不難。文化往來中的傾向性問題的解決，有利於發揮文化交流合作對於增強「中華文化認同」、增加臺灣「一個中國認同」的影響和引導作用。

二、擴大兩岸文化交流的基本設想

和平發展的鞏固和深化，對於兩岸文化交流合作的要求，第一位的任務是深入、擴大兩岸文化往來。對於兩岸文化交流合作，要做到交流無限制、合作不封頂、往來無底線。兩岸文化交流合作的成就，不僅是直接體現在推進兩岸關係和平發展鞏固和深化方面，更深層次、間接地體現在增強「中華文化認同」、增加臺灣「一個中國認同」的成效上。

（一）藝術交流沒有止境

30多年來，藝術專業交流、藝術表演和展覽交流是兩岸文化往來的主要內容，兩岸的藝術界都向對方展現了經過長期傳統文化沉澱、具有豐富文化底蘊的各種優秀劇碼和專題展覽，產生了重大影響，集中體現了文化交流的重要意義。

就兩岸藝術交流經歷、現狀和特點看，在做臺灣人民工作中，只有藝術交流是透過藝術形式、依靠藝術感染力來進行的。藝術交流特點決定了兩岸藝術往來具有特殊的影響力。如對於來自大陸不同省份的臺灣社會群體，充分發揮地方戲劇、音樂和歌舞的特色，將會產生極高的影響力和認同感。如針對中老年群體，要透過傳統藝術和鄉土藝術，擴大文化往來社會效益。如針對青少年群體，流行音樂、影視聲像、動漫創意則極易受到他們的關注。在藝術交流方面，要做到專業和業餘相結合，上級單位和基層部門相結合，名人參與和民間交流相結合，特色交流和社會交流相結合，各界交流和青少年交流相結合。在繼續增加大型文藝團體、名團名劇名人交流，繼續做好合作製作影視音樂歌舞專案，繼續做好藝術演出和展覽的同時，更要把地方戲劇、特色藝術、傳統工藝、民樂山歌、少數民族藝術和邊疆風情等，更多地納入到兩岸藝術交流的視野中來。

藝術交流帶來藝術感染力，藝術感染力對於兩岸「文化認同」的作用不可低估，對於影響和引導臺灣「國家認同」的正面轉變的作用也是如此。

（二）教育交流潛力巨大

在兩岸文化往來中，教育交流合作是基礎性、長期性和長效性的工作。兩岸教育交流合作，成為兩岸關係的重要構成，成為和平發展鞏固和深化的重要陣地。只有教育交流合作，才能在盡可能短的時期內，把千千萬萬個家庭和社會成員推到兩岸交流的實踐中來，接受對方文化的薰陶，鑒別和正確對待雙方的文化「差異」，在吸收兩岸文化的優點中提高。

首先，要把工作做好做到位。論教育資源的人均擁有量，臺灣要比大陸擁有很大的優勢；從教育的綜合實力看，大陸佔有絕對優勢。因此，大陸教育部門和對台系統，要利用大陸各地文化優勢和相關學校特點，有計劃有重點地把臺灣學校納入交流規劃中來，臺灣應該承認大陸更多學校的學歷，實現兩岸教育系統的地區對地區、學校對學校、專業對專業、特長對特長的連接。其次，要促進兩岸教育水準的提高。經過長達60多年的各自發展，兩岸教育界都有各自的優勢和長處，都有很多值得對方借鑒和學習的地方。兩岸教育系統要有統一安排，不同地區和不同學校有重點有計劃地透過交流，提高自身的教育水準。第三，要發展和完善中國特色的教育體制。世界上只有中國擁有從性質、內容到形式都不同的兩種教育體制，只要把兩岸各自教育制度的優點加以整合，就能形成先進和成熟的教育體制。教育機制方面的交流合作，應該成為下一階段兩岸教育往來的重點。

因為課堂和學校教育是直接向學生、透過學生間接向家長、社會傳授兩岸歷史往來和中華文化一家的知識和觀念，兩岸教育交流合作對於增加臺灣「一個中國認同」的作用和影響，更為直接和有效。

（三）圖書交流空間廣闊

兩岸圖書出版業之所以能夠深化合作，是因為在帶來可觀的社會和經濟效益的同時，兩岸圖書形成了很有趣的互補現象。兩岸圖書出版上的不同特點，為對方提供了許多借鑒之處，因此成為兩岸圖書出版界進行合作的基礎。

兩岸圖書出版交流合作發展空間廣闊，在繼續全面推進兩岸圖書出版業現有的交流合作同時，首先，兩岸圖書合作出版、銷售的深入，需要做好版權保護、版權

貿易，要嚴格執行《著作權法》、《對於內地出版港、澳、台同胞作品版權問題的暫行規定》、《國家版權局關於認真執行對台、港、澳版權貿易有關規定的通知》等14個法規法令，為兩岸圖書交流提供了必要的法律保證[12]。其次，逐步開放圖書編輯、出版和零售市場，把圖書交流合作透過到對方出版部門訂購或書展、展銷會、交易會形式的「交流合作式」，逐步變成在對方社會的普遍存在，促進兩岸圖書出版交流的規範化、時效化和效益化。作為兩岸人民相互理解、增進共識的重要途徑，圖書交流合作將成為文化往來的重點發展領域。

因為圖書的系統、深度和透徹等特點，圖書媒介有利於在社會、民眾中形成共通的情感和認識，形成「想像的共同體」，增強兩岸民眾的「中華文化認同」，進而正確影響和引導臺灣的「國家認同」。

（四）傳媒交流任重道遠

由於傳媒的傳播功能與其他領域不同，因而兩岸傳媒交流合作也是社會影響最大的領域。如傳媒帶有強烈的意識形態色彩，與其他文化領域不同，傳媒處於政治力量的間接和直接管理之下，無論是內容還是形式，都受到有關方面的嚴密控制。

首先，一些臺灣媒體在報導大陸情況時如何避免片面性？由於政治對立的存在，由於臺灣媒體不同的生態環境，政治立場、工作職能、思維方式和運作程式存在很大的不同，不可避免地受到自身政治傾向和意識形態的束縛，帶有明顯的預設立場，這種情況只有透過兩岸傳媒交流合作解決。其次，推進傳媒交流正常化。當前著重要解決的，有「不對稱、不平衡」問題，如大陸媒體在臺灣駐點和採訪記者偏少的問題，有相關電視頻道的落地轉播等。兩岸關係和平發展鞏固和深化要求傳媒交流合作，逐步用「一國兩制」、即「兩種制度並存，臺灣高度自治」概念，正確對待兩岸傳媒由於兩種運作模式和意識形態帶來的「差異」，實現由不同傳媒系統向新聞資源分享、由有限開放向放開限制、由議題性合作向制度化合作、由不規則往來向正常化往來的轉變。

應該說，傳媒交流合作對於人們價值取向、思維方式、「文化認同」和「國家

認同」的影響最大，由於新聞傳媒與執政意志的特殊關係，意識形態限制很明顯，因此傳媒交流合作的正常化難度也很大。只要兩岸傳媒交流合作做好做到家，將成為影響和引導臺灣「國家認同」、增加「一個中國認同」的強勢通道。

（五）宗教交流多頭並進

在兩岸文化往來中，在有關能夠增強「中華文化認同」的諸因素中，宗教起的作用是其他文化方式所不能替代的，共同的宗教和民間信仰在兩岸具有相當大的社會影響力和控制力，與人們的「文化認同」和「國家認同」具有密切的關聯。

首先，宗教和民間信仰交流要克服一般化，在舉行各種熱鬧非凡的宗教儀式的同時，要充分調動和發揮宗教和民間信仰中的「中華民族意識」、「中華文化認同」和「自覺向善」等積極因素，使其成為影響、引導臺灣民意和「國家認同」正確走向的重要力量。其次，宗教交流活動要做細做實。從規模和數量上講，大陸的宗教和民間信仰要比臺灣多得多，這也決定了在宗教和民間信仰交流中大陸的主導地位和活動潛力，要發揮各地的宗教團體和場所的作用，增加親切感和號召力。第三，兩岸宗教界要聯手走向世界。兩岸關係和平發展的鞏固和深化，使得兩岸宗教界可以共同對外，減少過去宗教界因為政治對立而出現的內耗，充分發揮中華宗教對於華人華僑、又透過華人華僑對於兩岸同胞的凝聚作用。

加強宗教和民間信仰交流，讓更多臺灣民眾瞭解大陸，並且在交流中不斷增進共識，「一起為兩岸人民『普度眾生』，為兩岸關係搭起『和平橋梁』，為兩岸人民強化『共同信仰』，這種兩岸宗教界的交流合作，更能拉近兩岸人民的心靈距離。為兩岸關係未來發展奠定扎實基礎，也是兩岸和平發展，提升人民幸福的重要保障。」[13]

（六）文博交流前景無限

在兩岸文化往來中，歷史、考古和非物質文化遺產領域交流的專業性很強，但其透過館藏、陳列、展覽、表演和研討能夠影響社會各界。對於兩岸關係來說，此類交流合作具有特殊意義。

第六章　影響和引導臺灣「國家認同」的路徑

　　從歷史、考古和非物質文化遺產的研究物件看，就是研究證明「兩岸一國」和「兩岸一家」的各種史料，作為歷史文化的現實形態，直觀地為人們展現兩岸共同的歷史原貌。從歷史、考古和非物質文化遺產研究的成果看，加強「兩岸故宮」的交流合作是民意所向，並且就2013—2015年的合作計畫達成共識[14]，這是繼承和弘揚中華文化優秀傳統的題中之意。故宮是中華傳統文化的代表符號，對於兩岸同胞而言具有一種民族認同感，其重要性毋庸諱言。[15] 從歷史、考古和非物質文化遺產研究領域的兩岸交流看，要擴大新領域，對於兩岸歷史、考古和非物質文化遺產研究來說，大陸方面水準很高、分佈極廣和史料太多，要有計劃地擴大參與，傳播大陸傳統文化豐厚的文化底蘊。要透過遍佈全國各地的非物質文化遺產、地方史料、特色考古和各類博物館，發揮對於特定的臺灣學者和受眾的特殊影響力。要交流新成果，大陸史學和考古新發現、新成果層出不窮，要注重發揮此類文物對於臺灣民眾的歷史感染力，歷史、考古和非物質文化遺產的交流，可以讓中華民族自強不息的精神、民族認同的心理、戀土歸根的意識、內聚凝合的情感、「中華文化認同」和「一個中國認同」深植於兩岸人民心中。

（七）共同進軍華文世界

　　在思考兩岸文化往來問題時，共同進軍華文世界值得雙方關注和重視。在中華文化的傳承、弘揚和創新中，重在創新。在發展、創新機遇中，兩岸加強文化往來、聯手進軍華文世界十分必要。

　　首先，共同做好做大「世界漢語教育工程」。自2007年起，國務院批准實施旨在向世界推廣漢語、弘揚中華文化的「漢語橋工程」計畫，這是中國政府首次實施系統、創新、面向世界的推廣漢語計畫。兩岸教育、文化和社會各界在進行海外漢語教學方面，都已積累了豐富的經驗，參加「漢語橋工程」大有可為。其次，辦好「孔子學院」和「臺灣學院」，積極推動和支持國外的漢語教學，順應世界上出現的學習中文的熱潮，促進世界文化多元化。第三，兩岸共同扶持華文世界領軍項目。長期以來，雜技、武術和京劇等古老而傳統的演出產品已經成為中華文化的形象，兩岸文化交流合作的重點之一，是發揮兩岸文化的不同優勢，樹立市場、競爭和現代意識，發現、培養可以走向世界的新的文化品牌和項目，掌握世界華文市場

的話語權,增加中華文化品牌的原創含量。特別是文化創意產業面臨很好的發展機遇,兩岸要共同創造更多的中華文化品牌產業。在「文化全球化」過程中,中華文化的再度輝煌將極大地引發兩岸同胞的自豪感、成就感,有利於兩岸「中華文化認同」的鞏固和深化,也將成為正面影響和引導臺灣「國家認同」的主要因素。

綜上所述,兩岸文化往來作為戰略設計,需要文化各個領域全面推進。擴大兩岸文化交流合作,是兩岸關係和平發展鞏固和深化的重要任務;兩岸文化交流合作的深入,又成為兩岸關係和平發展鞏固和深化的推動力量。這也成為增強「中華文化認同」、增加「一個中國認同」的不可或缺的背景和動力。

三、適時商簽兩岸文化教育交流協議

兩岸關係和平發展鞏固和深化階段的到來,兩岸在經貿關係上已有了突破性的進展,協商和簽署「文教ECFA」成為兩岸共同關注的目標,也成為兩岸下一步要協商完成的重要任務。文化是民族的靈魂,教育是文化的傳遞,文教交流具有瞭解對方、聯絡情感、溝通觀點、凝聚共識、化解分歧、重建共同記憶的特殊功能。「文教ECFA」的協商並達成協議,不僅推進兩岸文化往來,而且也助於增強兩岸間的政治互信與增加政治談判所需要的氛圍,更是增強「中華文化認同」、增加臺灣「一個中國認同」的機制化保障。

(一)商簽「文教ECFA」問題的提出

1993年4月,海協會和海基會在新加坡為「汪辜會談」進行預備性磋商時,曾提出「文教與科技交流」議題。2005年4月,國共兩黨達成「五項共同願景」[16],開始把建立兩岸文教交流合作機制作為兩岸交流的重點之一。到2008年12月,在兩岸關係實現歷史性轉折、和平發展取得一系列重大進展情況下,大陸提出要「採取積極措施,包括願意協商兩岸文化教育交流協議,推動兩岸文化教育交流合作邁上範圍更廣、層次更高的新臺階。」[17]至此,協商「文教ECFA」正式提上兩岸議事日程。與兩岸「經濟兩化」一樣,兩岸文化往來的正常化、制度化和規範化成為雙方協商的方向。特別是ECFA的協商、簽署和實施過程,為兩岸協商「文教ECFA」提

第六章　影響和引導臺灣「國家認同」的路徑

供了很好的啟迪。文化往來已經取得很大成績，文化交流合作的實踐、規模、效益和未來需要制度化，協商和簽署「文教ECFA」是兩岸文化傳承、弘揚和創新的必然要求。

和平發展實踐表明，ECFA為進一步推進兩岸文化的交流和合作提供了發展的路徑和樣本。為此，兩岸有關方面和有識之士開始為「文教 ECFA」營造氣氛。2009年7月，以「推進和深化兩岸文化教育交流合作」為主題的第5屆國共論壇——兩岸經貿文化論壇在長沙舉行，面對兩岸文化交流合作十分活躍、逐漸形成深度合作的局面，會議指出，兩岸文化事業的進步需要交流，兩岸關係發展需要來自文教交流的動力，更需要強有力的「文化認同」、「民族認同」的支撐。開展兩岸文化教育事業交流合作，對推動兩岸關係發展具有基礎性、全域性和長遠性的重要作用。[18] 對於商簽「文教ECFA」，大陸反覆強調，要開展多層次、多管道對台交流，堅持密切代表人士往來與擴大基層民眾交往相結合、深化文化交流與加強經貿合作相促進的做法；在延續過去的擴大對臺灣各界與基層民眾的交往之外，要深化兩岸文化交流合作，尤其是增進臺灣民眾對中華民族和中華文化的認同。[19] 國台辦明確表示，大陸對於商簽兩岸文化交流協議持開放態度，也願意繼續與臺灣有關方面協商溝通，探討實現兩岸文化交流機制化的各種方案。[20]「文教ECFA」作為文化發展戰略，更多的是在喚起和形成共同集體記憶的基礎上，傳承、弘揚和創新中華文化，增強「中華文化認同」和增加臺灣的「一個中國認同」，加快兩岸文化整合進而促進社會瞭解和認同。有了這一共識，應該說協商和簽署「文教ECFA」是可能的。

中共十八大政治報告指出，要持續推進兩岸交流合作，擴大文化交流，增強民族認同；密切人民往來，融洽同胞感情。為了突出兩岸經濟合作的共同利益紐帶和兩岸交化往來的民族感情紐帶作用，強調要加強制度建設，穩步推進包括兩岸經濟、文教、人員往來等各個領域的機制化、法制化進程，努力營造一個有利於兩岸關係和平發展的環境條件和機制，以創造不可逆轉的制度保障，鞏固和深化兩岸關係和平發展的政治、經濟、文化、社會基礎，為和平統一創造更充分的條件。[21]「文教ECFA」將以中華文化為精神紐帶、橋梁，拉近兩岸的心理距離，有效增進雙方情感，增加彼此互信，奠定兩岸關係正常化、制度化的基礎。透過「文教ECFA」

建立兩岸文化往來機制,加深兩岸共有的歷史記憶,瞭解、尊重、包容和認同雙方的差異,逐步探索出解決政治對立的新方法、新模式,推進文化整合和融合,共同完成中華文化的傳承、弘揚和創新偉業。

(二)「文教ECFA」的要點

「文教ECFA」的思考方向,應該是屬於制度化、規範化和常態化的政策面的整體論述和戰略框架安排,實現兩岸文化關係正常化和文化交流制度化。

一是關於兩岸文化交流機制。在藝術交流方面,要增加藝術各領域往來的廣度、深度和高度,包括建立長期和良好的溝通合作平臺與機制,推動文化交流全方位、多層次、按計劃、有水準和高效益的發展;在兩岸教育交流方面,要就整體教育交流作出系統化規劃,與各自政策層面的相關規定實現對接,建立良好溝通、協商機制和聯絡平臺;在兩岸傳播媒體交流方面,要完成各傳播媒體透過交流合作,實現相互對接以及與國際的對接,讓傳播媒體成為宣傳、推進和平發展鞏固和深化的重要陣地;在文化產業交流方面,要在原有的圖書出版合作基礎上提升到如何共同進軍世界華文市場,如何為創立中華文化的世界性品牌、文化創意、影視聲像、動漫業等領域的合作建立一套行之有效的機制。

二是關於政策扶持機制。文化屬於意識形態,在兩岸政治對立沒有解決情況下,強烈的意識形態色彩決定了文化交流正常化、制度化和規範化的難度所在,民間行為更易受到「泛政治化」的衝擊,主管機關批准時很可能是以「政治標準」作為評判依據,增加文化交流的不穩定和不對稱。兩岸文化交流離不了兩岸各自主管部門的支援,需要從決策、政策和制度方面,建立行之有效的一條鞭指揮體系、規章制度和運行機制,作為兩岸文化往來的政策和政治保障。

三是關於經濟支助機制。兩岸文化往來離不開經費支撐,如兩岸文化交流合作專案開支甚大,無論是時間成本、物力成本,還是人力成本都會高一些,經費支撐成為交流能否成功的關鍵因素之一;兩岸文化交流合作專案的社會效益高於經濟效益,作為兩岸文化往來的終極價值,是要在傳承、弘揚和創新中華文化的基礎上,

增強兩種體制下的「中華文化認同」，儘管部分文化交流合作也要按照市場方式的運作狀態，也有收支平衡和經濟效益問題，但社會效益是最重要的；在協商兩岸文化交流合作機制時，如何增加經費投入和成立社會基金應該成為主要議題之一。

四是關於獨立評價機制。同一文化專案在不同的政治體制下顯然有不同的標準，在如何評價兩岸文化交流合作的成效問題上，需要依據中華文化的核心利益、思想精華、豐富內涵和優秀傳統，符合兩岸關係發展規律和兩岸交流實踐，符合兩岸同胞的審美要求，有利於中華文化的傳承、弘揚和創新，有利於兩岸文化往來的可持續發展，同時又在兩岸政治制度所能容忍的限度內，建立相關評判機制和標準。

五是關於市場開放機制。兩岸文化交流合作需要陣地、舞臺、場所和空間，需要盡可能多的群眾性參與，市場效應十分明顯，其他文化領域也是如此。因此，在兩岸文化交流合作中，從正常化、制度化和規範化的高度，逐步開放市場，為參加文化交流合作的各方提供更多的陣地、舞臺、場所和空間，才能爭取最大的社會和經濟效益。

六是關於責任管理機制。兩岸文化交流合作的政治性和社會性極強，加強責任管理是實現目標和完成任務的基本要求，兩岸文化往來現狀還有許多值得改進的地方；要加強管理，逐步改變兩岸文化往來中出現的一些偏離「文化價值認同」的「物質化傾向」問題，逐步減少兩岸政治對立對於兩岸文化交流合作的干擾問題，切實改變交流機制的長期不到位而導致文化交流中出現的政策措施不對等、交流規模不對稱、交流領域不普及等問題。

七是關於資源分享機制。在兩種政治制度和運行體制下，兩岸文化資源各有特點，只有做好共用和合理分配文化資源工作，才能在搞好文化交流合作的同時，更好發揮文化交流合作的社會和經濟效益。在資源分享機制中，要建立資訊交流機制和人才培養機制，透過培訓、觀摩、輔導和培養兩岸文化交流合作所需要的專門人才，推動兩岸文化往來的正常、健康和深入發展。「文教ECFA」的思考方向，也是如何做好影響和引導臺灣民意、增加「一個中國認同」的思考方向。

（三）「文教ECFA」的難點

協商、簽署「文教ECFA」是一個系統工程，涉及民族、歷史、語言和文字、宗教、哲學、文學、藝術、體育、教育、醫藥衛生、學術、民俗、影視、廣播、報刊和網路等諸多領域，涉及社會生活的各個方面和社會各階層人士，需要解決的問題很多。

1.文化本身的考慮

博大精深的中華文化是維繫全體中國人的精神紐帶，是全體中國人的共同驕傲和精神支柱。兩岸文化形態系出同門，兩岸語言文字一樣，衣食住行、風俗習慣、宗教信仰、倫理道德、行為規範、社會心理和思維方式等也大體相同，政治文化也是在以儒家學說為代表的中華傳統文化和西方政治理論結合的產物。臺灣文化發展不僅使中華文化在臺灣根深葉茂，也使其內涵得到豐富和發展。

同時也應看到，由於政治制度、歷史遭遇和地理環境等有所不同，臺灣文化已形成融中華文化、移民文化、海島文化、外來文化和西方文化於一體的自身特色。臺灣文化崇尚自由開放，接受外來事物較快；尊重多元、包容不同、勇於創新，重視將傳統文化與現代文化相結合；政治上效法歐美的政黨政治、三權分立與普選制；經濟上實行外向型的市場導向的自由競爭機制；社會治理向西方看齊，公民文化、志工文化及大眾消費文化較為發達等。兩岸在制度文化和觀念文化上的「差異」逐漸形成並加深。文化「差異」深深影響著兩岸之間的情感和觀念，部分臺灣民眾觀察和認識大陸時產生偏差，干擾臺灣社會的「民族、文化、政治認同和統獨選擇」等「國家認同」，不僅給兩岸關係和平發展的鞏固和深化造成一定程度的干擾，也成為影響兩岸累積政治互信、破解兩岸政治難題的深層次原因。從這個意義上可以說「兩岸交流最艱難的障礙也在於文化」。[22]　因此，關於文化本身，「文教ECFA」所要解決的是，完成兩岸文化的相互關係和地位，正視兩岸文化「差異」和互補優勢，實現文化往來的正常化、制度化、規範化和常態化等相關問題的論述、定位和架構。

2.文化政治特性的考慮

在兩岸政治對立沒有解決、和平協議沒有簽署前提下,文化往來在和平發展鞏固和深化階段具有特殊作用。文化交流合作屬於軟性的心理介入和心靈平等的對話,在操作過程中無需刻意規避敏感的政治符號,也不像經濟交流那樣注重經濟利益,可以透過多種多樣的文化往來,尤其是透過中國各民族和各地區富有特色的文化交流,進行交流和對話,有利於降低敵意,有利於增進政治互信和同胞感情。在一定程度上,文化往來可以跨越政治障礙,降低甚至避免兩岸政治分歧的正面衝撞,因而可以成為兩岸對待政治分歧、協商政治議題、解決政治對立的緩衝地帶。

問題是文化的政治特性決定了文化屬於意識形態,兩岸意識形態的對立成為文化往來時必須考慮的問題。一方面是現有政策限制,政治制度不同決定了文化交流合作的局限性,成為文化往來正常化的阻力,成為文化交流不對稱、不深入、不穩定的主要原因。應該說,兩岸雙方在各自文化政策上,都沒有完成與對方文化的對接工作。如臺灣方面在招收陸生學習政策方面顯然有需要調整的地方,如兩岸在新聞傳播媒體交流合作方面顯然都有需要調整的地方。一方面是文化交流合作被「泛政治化」。文化屬於意識形態,文化交流也被臺灣一些人看成是兩岸軟實力的較量和政治制度的交會,看成是爭奪人心、思想的鬥爭,看成是「中共的統戰手段」。因此,協商「文教ECFA」的關鍵是在如何克服意識形態的干擾。

根據兩岸談判歷史和經驗,談判的具體問題都好解決,尤其是談判時實力較小的一方提出要實力強大的一方適當讓步,這一一般談判中最難的事情,在兩岸談判中並不困難。大陸總是從「兩岸一家人」的基本點出發,面對臺灣方面的要求,總能給予理想的回答。也就是說,協商「文教ECFA」的難點,不是在談判的具體問題,而是在現有意識形態內,如何儘量縮小不同政治體制的牽制和影響。正因為如此,簽署「文教ECFA」更有其必要性和重要性。實際上,「文教ECFA」政治難點的解決,也是如何更好擴大和深入兩岸文化交流合作,在此基礎上實現增強「中華文化認同」、增加「一個中國認同」工作的突破。

第三節 營造引導臺灣「國家認同」的社會氛圍

臺灣「國家認同」問題引起各界的高度關注，最關鍵的是需要抓住兩岸關係和平發展鞏固和深化的有利時機，加強影響和引導臺灣「國家認同」的工作。在影響和引導臺灣「國家認同」和「統獨選擇」的演變趨勢方面，大陸有責任也是大有作為的，關鍵是大陸只要繼續保持發展態勢，逐步樹立對臺灣的絕對優勢，那麼解決臺灣問題的時間就在大陸一邊，和平發展的主導權在大陸一邊，和平統一的決定權在大陸一邊。

一、堅持「九二共識」，累積政治互信

擴大和深入進行兩岸文化交流合作，是為了鞏固和深化兩岸關係和平發展，是為了推進和平統一進程，這就需要堅持正確的政治方向，需要兩岸累積政治互信，需要破解政治難題。

（一）堅持「九二共識」，堅決反對「台獨」

兩岸文化往來的實質，就是兩岸共同接受中華文化的「文化一統、民族一統、政治一統、中華一統」等核心價值、思想精華再教育的過程，共同接受中華文化中的民族氣節、道德情操和行為規範的再教育的過程。正是因為有了20世紀80年代後期開始的兩岸文化交流和其他交流，才有了2008年5月開始的兩岸關係和平發展，才有了兩岸的政治互信，才有了反對「台獨」、「九二共識」與和平發展三項共識。同樣，文化交流合作是兩岸關係的重要組成部分，深入發展的前提是增進政治互信。「增進政治互信就是要維護和鞏固一個中國的框架。兩岸雖然尚未統一，但中國的領土和主權沒有分裂。一個中國框架的核心是大陸和臺灣同屬一個國家，兩岸關係不是國與國的關係。兩岸從各自現行規定出發，確認這一客觀事實，形成共同認知，就確立、維護和鞏固了『一個中國框架』。在此基礎上，雙方可以求同存異，增強彼此的包容性。」[23] 只要兩岸在事關維護「一個中國框架」這一原則問題上形成共同認知和一致立場，就有了構築政治互信的基石，什麼事情都好商量。

第六章　影響和引導臺灣「國家認同」的路徑

　　解決兩岸對立的關鍵，是完成臺灣的政治定位和「中華民國」定性問題。「定位和定性問題」需要透過兩岸政治談判解決，而「定位和定性問題」又是臺灣方面啟動兩岸結束敵對狀態談判、簽訂和平協定的政治前提，因而在「定位和定性問題」現今無解情況下，「一中框架」下的「兩岸一國」，充實了「九二共識」的內涵，為「各表一中」提供了完整的政治論述。馬英九當局的「一國」，則是繼續堅持「中華民國法統」。這就增加了兩岸政治結構性矛盾的複雜性，但是作為中國內戰遺留下來的「法統之爭」，既是臺灣內部反對「台獨」的政治武器，又是現今體現「兩岸一國」的重要表述。「九二共識」是「兩岸一國」的具體化。只有堅持「九二共識」、確立「兩岸一國」、堅決反對「台獨」，就能保證和平發展與兩岸文化交流的正確方向。中共十八大政治報告首度將堅持「九二共識」以及維護「一個中國框架」寫入政治報告中，表明大陸對「九二共識」的肯定和重視，表明「九二共識」在未來推進兩岸關係互動中將會繼續發揮積極作用。兩岸共同維護「一個中國框架」的主張，也是大陸因應兩岸關係和平發展新形勢和兩岸尚未統一的實際情況，提出的富有包容性和創意的主張，體現出大陸對台工作的新思維。因此，在堅持「兩岸一國」、反對「台獨」問題上，共同增強「兩岸一國」與「一國兩區」的共同點，尋找兩種論述的連接點，為破解政治難題創造條件。

　　要充分認識「台獨」對於兩岸關係的破壞力，充分認識「台獨執政」給兩岸關係和平發展帶來的危害，繼續採取有效措施全面、有力遏制「台獨」的蔓延。對於時而有之的「臺灣政黨輪替已成常態，民進黨上臺執政正常且無害」、「否認『九二共識』的民進黨上臺執政後，大陸必須與其打交道」、「大陸如果拒絕配合『台獨執政』會影響和平發展，會影響臺灣民意」等說法，要予以駁斥，重申既定立場。兩岸文化交流合作，是在創造解決兩岸政治矛盾的必要氛圍和基礎。同樣，兩岸在解決政治對立問題取得的進展，則將成為兩岸文化關係正常化、文化往來制度化的政治動力和政治保障，也是兩岸關係發展、兩岸交流推進、增強「中華文化認同」和增加臺灣「一個中國認同」的政治動力和政治保障。

（二）累積政治互信，建構共同基礎

　　兩岸文化交流合作，以及民間性質的交流交往，當然不能直接解決政治矛盾。

但是從文化交流本身，可以說明人們認識兩岸問題的本質，可以幫助人們尋找解決問題的途徑和方式。透過多種多樣的文化往來，政治色彩會減少，意識形態會淡化，有利於降低「泛政治化」，有利於降低敵意，有利於增進政治互信、累積破解政治難題和實現政治突破的條件。在兩岸政治對立沒有結束、和平協定沒有簽署情況下，政治基礎還要增強，政治互信顯得更加重要。

一是政治互信是推進兩岸和平發展、兩會協商對話、兩岸經濟合作的需要，而且對於強化兩岸的「中華文化認同」，對於引導臺灣的「國家認同」也顯得十分重要。鞏固與增進兩岸之間，包括官方、民間等各層面的政治互信是推進兩岸關係和平發展鞏固和深化的關鍵。互信是指相互之間的信任問題，政治互信則是指彼此在政治原則立場和方針政策上的相互信任。對於臺灣來說，就是要給予大陸「臺灣不會走向分裂、兩岸最終將走向統一」的信心；對於大陸來說，就是要給予臺灣「保持台海和平穩定、兩岸統一對臺灣人民有利」的信心[24]。兩岸關係和平發展就是在國共兩黨「五項共同願景」基礎上確立政治互信的結果，兩岸間許多敏感問題都與政治因素有關，需要基本的政治互信為基礎來協商解決。

二是兩岸之間的政治互信較為脆弱，兩岸都承認「九二共識」，但對「九二共識」的內涵認知並不一致；兩岸在推動政治對話與政治協商等問題上缺乏共識；臺灣內部藍綠政治力量在兩岸政策上存在巨大分歧。兩岸政治互信的脆弱，導致兩岸交流與「國家認同」出現不一致的現象，和平發展的成就沒有促使臺灣的「國家認同」出現有利於「一個中國認同」的變化。累積與鞏固兩岸政治互信，就是要堅持「九二共識」、堅持「反獨」。面對兩岸政治結構性矛盾，要尊重現狀，尊重對方，求同存異，化異求同。

三是「國家認同」與兩岸關係極為密切。根據政治學理論和兩岸關係的實踐，「民族和國家認同」經由社會化的管道建構起來後，反過來就成為民族或者國家的情感因素，兩者相互影響，相互作用。因此，臺灣社會的「中華民族、歷史和文化認同」，有助於兩岸政治互信的累積和鞏固；政治互信累積到較高程度時，將會促成「兩岸關係質變的基礎[25]，「一個中國認同」也會成為臺灣的主流認同。

第六章　影響和引導臺灣「國家認同」的路徑

政治互信的累積，也是在鞏固文化交流合作的共同基礎。就文化本身來說，60多年來，兩岸在制度和觀念上的文化「差異」逐漸形成並加深，深深影響著兩岸之間的情感和觀念，特別是在臺灣民眾觀察和認識大陸時產生一些偏差，干擾臺灣社會的「民族、文化、歷史、政治認同和統獨選擇」，不僅給兩岸關係和平發展的鞏固和深化造成阻力，也成為影響兩岸建立政治互信的深層次原因。從這個意義上可以說「兩岸交流最艱難的障礙也在於文化」。[26] 兩岸政治互信的累積，有利於引導兩岸正確對待和認同文化「差異」，克服文化自身存在的不利於交流交往的因素。政治互信的累積，可以讓兩岸文化交流合作逐步跨越政治障礙，擺脫意識形態束縛，降低甚至避免兩岸政治分歧的正面衝撞，為文化往來創造更好的政治和政策氛圍，這也是在為正面影響和引導臺灣「國家認同」構建政治和思想保障。

（三）破解政治難題，協商和平協定

兩岸文化往來作為民間性質的交流交往，從文化角度看，可以說明人們認識兩岸問題的本質，改變人們的思維方式，拓寬人們的思路，有利於探討解決政治對立問題的途徑和方式。和平發展是兩岸關係發展過程中的重要階段，鞏固和深化是和平發展經過「井噴式、暴發式的高潮期」後，進入穩步前進和深入階段，重點是完成兩岸大交流大合作大發展的正常化和制度化。

正常化、制度化的任務和工作很多，如兩岸「經濟兩化」已經取得關鍵性、實質性的成果，ECFA後續部署和協議的完成，關係到ECFA效益的提升。如制訂系統高效的管理制度，正常化使得兩岸經濟交流合作有了合法性，合法性需要合理性和高效化，合理性和高效化需要管理制度的確立，管理制度的確立是機制化的重要組成部分。如雙方提供政策性支持，正常化的意義，在於民間交流符合雙方的法律和政策，管理制度的實施更需要雙方政策和法規的配合，也就是說正常化需要兩岸完成相應政策、法規和體制的對接。如雙方互設機構，協定和制度制訂後，為了更好地貫徹和實施，需要成立互設機構，這是正規化、機制化的重要一步。與兩岸經濟合作委員會、旅遊辦事處一樣，下一步重點是兩會互設辦事處，各專業領域也應仿效成立。在民間交流階段，只有做到正常化、制度化、規範化，才能做到大交流大合作大發展的常態化、穩定化和普及化。在此基礎上，構建和平發展框架，協商和簽

訂兩岸和平協定,應該是鞏固和深化的重要任務。和平協議是對過去60多年兩岸關係的總結,是完成「由經助政、由易解難、由急拉緩」轉變的戰略性安排。

從政治協商的形勢、時機、條件和政治基礎,到政治協商的機制、性質、位元階、形式、內容和執行機構,兩岸都存在分歧。問題是兩岸政治對話的難點,不是在談判的立場、態度、形式、議題、協定等具體問題上,難就難在談判的「名分和主體」。也就是說,兩岸各以什麼「政治名分」走上談判桌,以什麼樣的「對話主體」進行平等談判。兩岸正如有些人所說,說臺灣是中國一部分,更要說明臺灣是中國什麼樣的一部分?說兩岸屬於中國,更要說明中國是一個什麼樣的中國?說法不同,相關的問題有四:首先,「法統」、「國號」問題,即「主權如何互不承認問題」。從現實上講,大陸不贊成「中華民國國號」,臺灣不贊成中華人民共和國國號,「中國」則不是兩岸「憲法所定的國號」,卻又是兩岸法律架構的政治基礎,也是臺灣和大陸主權歸屬的共同表述,接受「中國」這一國號應該不涉及政治對立,不涉及內戰勝負的歷史記憶,不改變兩岸現有的憲法和法律架構,更是兩岸同一地理、民族、歷史、文化歸屬和認同的集中體現。因此,「一個中國並不是『非此即彼』,兩岸只要堅持一個中國,不必在一個中國到底是中華人民共和國還是『中華民國』上打轉。」[27]「中國」應該成為兩岸現在互不承認的主權歸屬的共同表述。其次,「政治名分」和「對話主體」問題,即「如何對待治權問題」。只要兩岸能夠堅持「一個中國」,只要能夠在雙方關係中遵守「兩岸同屬一中」,解決「治權如何互不否認問題」則有了政治和法律依據。第三,「主權和治權如何行使問題」。前兩個問題有了結論,按照「兩制並存」設想,這一問題則是屬於「許可權程度問題」,兩岸可以透過談判解決的問題。無論是結束敵對狀態、和平協定、軍事安全互信機制、臺灣對外事務議題,還是兩岸大交流大合作大發展由「民間管道」轉為「機制管道」、「體制管道」等議題,只要兩岸談判,這些問題都能解決。第四,「公投」和平協議問題。對於兩岸政治對話,臺灣方面不斷強調現在還是「先經後政」階段、時機不成熟,而且還表示簽訂和平協定的要滿足「國家需要、民意支援、國會監督、公投透過」等「四項條件」[28]。確切地說,創造兩岸政治協商的時機和條件,有待雙方共同努力,但是把「公投透過」作為簽署和平協定的條件之一,顯然是把問題複雜化。

第六章　影響和引導臺灣「國家認同」的路徑

兩岸問題的本質是政治問題，深化兩岸關係和平發展不能迴避複雜、敏感的政治問題。結束兩岸敵對狀態、簽訂兩岸和平協定、建立兩岸軍事安全互信機制、協商臺灣涉外事務等政治難題的解決，才能拆除阻隔兩岸之間的藩籬與屏障，為兩岸關係和平發展鞏固和深化開闢平坦大道，為兩岸文化交流合作打通綠色通道。兩岸應在堅持「先易後難、先經後政、把握節奏、循序漸進」既定思路的同時，「有序發展、穩定發展、良性發展」，實現「穩中有進」[29]。在兩岸還未開啟政治對話商談的時候，應著力培養和增進以政治互信為核心的全方位的戰略互信，提升臺灣當局進行政治對話商談的動力和意願。

對於政治談判，首先，無論兩岸政治對話協商是否需要借用兩會機制，抑或另起爐灶建立新的管道和平臺，建立政治對話常態化機制十分必要，可以使議題、議程、方式等可以得到合情合理的安排，為談判高效、可持續的進展提供制度化保障；也可以透過機制本身的權威性引導議題進入社會大眾，激發兩岸廣泛深入的討論，逐步營造討論和解決問題的社會氛圍。[30]　其次，兩岸政治性議題對話協商啟動的難點是臺灣政治定位，如何對待、處理「中華民國」問題，是兩岸關係的關鍵。在日常交流事務中可以擱置爭議、求同存異，在兩岸政治談判中無法迴避和擱置。兩岸應該從「臺灣問題是中國內戰的遺留問題」、「統一是結束兩岸政治對立」角度，思考臺灣當局的政治定位，是否可以從「兩個內戰團體」、「兩岸一國」、「一國兩區」和「中國大陸、中國臺灣」等方向去研究，以得出符合兩岸關係實際、符合兩岸結構性矛盾性質的政治結論。

只要經過兩岸同胞的共同努力，依靠中華民族的智慧和中華文化的精髓，定能達成兩岸政治難題的破解、政治協商的啟動、和平協定的簽訂、政治對立的解決等目標。作為兩岸關係和平發展的鞏固和深化、和平統一的進程取得劃時代、里程碑式的成就，政治對立的解決，對於兩岸關係和交流、文化交流合作、影響和引導臺灣「國家認同」與增加臺灣的「一個中國認同」等問題來說，則是釐清和解決了其中至關重要的政治結構性矛盾。

二、爭取臺灣民心，增加「一中認同」

擴大和深入進行兩岸文化交流，與經貿、社會和政治交流一樣，都是在增加兩岸共同利益，幫助臺灣發展的同時，做好臺灣人民的工作。

（一）根據階段特點，正確認識「認同」

開展兩岸文化交流合作的目的，就是要增強臺灣的「中華文化認同」，進而增強「民族、歷史和政治認同」與「一個中國認同」。客觀地說，「中華文化認同」還是臺灣社會的「主流認同」，正是因為有「中華文化認同」的存在，所以兩岸文化往來才能取得如此大的成就，和平發展才能取得一系列重大進展。但是要看到，與「中華文化認同」一起出現的現狀，是當前臺灣「國家認同」出現的混亂，在民意調查資料中體現的「一個中國認同」的相關資料均不理想，體現兩岸關係和平發展和做臺灣人民工作、爭取臺灣民心、引導臺灣民意成效的相關資料也有不滿意的地方。臺灣「國家認同」的多元化狀況，要求大陸保持清醒的頭腦，要認真學習中央對台工作戰略和政策，從兩岸關係實際出發，根據對台工作和爭取臺灣民心的特殊性，抓住「國家認同」的要點和重點，正確評估現狀和演變趨勢，才能從鞏固和深化和平發展、推進和平統一的高度，戰略上保持穩定，戰術上主動出擊，引導臺灣「國家認同」向有利於「一個中國認同」的方向轉變。

面對臺灣「國家認同」出現的多元化，重要的是如何評估臺灣「國家認同」的狀況。評估臺灣「國家認同」的標準是，是否能夠符合「有利於兩岸同胞加強交流合作、融洽感情，有利於兩岸積累互信、解決爭議，有利於兩岸經濟共同發展、共同繁榮，有利於維護國家主權和領土完整、實現中華民族偉大復興」的要求。從總體上看，剔除「台獨」相關的認同，其餘的認同基本沒有違背「四個有利於」。在「一個中國認同」和「傾向和贊成統一」等符合兩岸關係要求的「國家認同」之外，即使是對「中華民國、臺灣人、既是臺灣人也是中國人、既是中國人也是臺灣人、維持現狀和永遠維持現狀」的「五類認同」，也是贊成和平發展的，也是贊成大交流大合作大發展的。即使是認同「傾向和支持台獨」的民眾，與老牌「台獨分子」、核心「台獨分子」也不一樣，經過做工作最終也是能夠跟上兩岸關係發展步伐的。

第六章　影響和引導臺灣「國家認同」的路徑

如何看待「五類認同」中的特殊現象？關於認同「中華民國」問題，在臺灣是一個基本常識和政治覺悟問題，也是反對「台獨」的需要。關於認同「我是臺灣人」問題，從「現實居住、生活所在地」、「維持兩岸現狀」角度回答的是多數，從支持「台獨」角度回答的是少數，只要其不認同「臺灣共和國」，「我是臺灣人」則不能說是「台獨同盟軍」。認同「台獨」是少數，所以認同「我是臺灣人」的人當中支持「台獨」的也是少數。從階級學說和統一戰線理論來看，在兩岸敵對狀態沒有結束、和平協定沒有簽訂情況下，只要不是認同「分裂國家」、「台獨」和臺灣是「主權獨立國家」的，都是鞏固和深化兩岸關係和平發展、增強兩岸瞭解和認同、反擊「台獨」挑釁的團結和依靠物件。當然，也要看到此類「政治認同」的消極作用，如在某種程度上干擾和平發展的鞏固和深化，便於「台獨」利用來宣揚各類「台獨認同」，也有人以此類「政治認同」為由來推遲與大陸進行政治談判，助長臺灣社會誤解大陸的思潮等。大陸的工作是發揮此類「政治認同」的積極成分，減少此類「政治認同」的消極成分。只要此類「政治認同」是贊成和平發展的，贊成兩岸交流合作的，就為大陸提供了爭取此類「政治認同」向有利於「一個中國認同」轉變的時間和空間！

評估臺灣「國家認同」是一個複雜的工作，正確量化臺灣「國家認同」不易做到，在反對「台獨」和「台獨」力量都在擴大各自認同的爭奪中，要充分認識到此類「政治認同」在臺灣的普遍存在和積極意義，才能更好地明確現階段的工作方向，完成階段性的工作任務。當前，是要增加「一個中國認同」，反擊和遏制「台獨國家認同」，影響和引導上述「政治認同」朝著有利於兩岸關係和平發展鞏固和深化方向轉變，為形成和平統一階段所需要的臺灣「國家認同」而努力。應該說，「中華文化認同」是「台獨」不可逾越的文化、精神防線，只有不斷增強「中華文化認同」，臺灣「國家認同」多元化及其出現「身分認同和政治歸屬」的多種結果，也會朝著正確的方向轉化。

（二）爭取臺灣民心，增加「一中認同」

得到認同的文化是一個國家建立、維繫和發展最穩定的紐帶，兩岸文化交流合作的本意，就是透過文化特有的深入人心、心靈交流的功能，影響和引導臺灣的

「國家認同」，爭取臺灣民心。在臺灣社會的認同問題上，最重要的是增加「一個中國認同」。臺灣「國家認同」是臺灣民意的重要組成部分，影響和引導「國家認同」與爭取臺灣民心、瞭解和掌握臺灣民意緊密相連。或者說，只要瞭解臺灣民意、掌握臺灣民意脈動，也就找准了影響和引導臺灣「國家認同」的有效途徑。

「一個中國認同」重新成為臺灣「國家認同」的主流認同，需要島內民眾的支援和作為。長期以來，臺灣民意都是影響島內政局和兩岸關係發展的重要力量，是推動和平發展與引導臺灣「國家認同」必須高度重視的重要力量。值得注意的是，由於歷史、現實和內外原因，不僅兩岸存在「差異」，而且導致島內民眾普遍存在「恐共、拒共」心理，對大陸都存在不同程度的誤解和敵視，擔心兩岸和平統一會損害臺灣的利益，表現為「臺灣主體性」和「臺灣意識」極端化和絕對化帶來的分離傾向的膨脹，島內民眾在「國家認同」上「去中趨台」、在「統獨選擇」上「去統趨獨」的傾向明顯。為最大限度地爭取島內民意的支持，大陸堅持以人為本，把寄希望於臺灣人民的方針貫徹到各項對台工作中去，最廣泛地團結臺灣同胞一道推進兩岸關係和平發展的鞏固和深化。

爭取臺灣民心是一項長期的複雜的系統工程，涉及對台工作的方方面面。從歷史經驗和現實效果看，如加強兩岸情感紐帶，先從解決社會文化和經濟基礎等方面的整合、認同入手，將「兩岸同屬一個中國」落實到兩岸交流交往的方方面面，讓兩岸同胞從日常生活中就切實感受到兩岸是命運共同體，以此構建「一個中國認同」的生活現實基礎。如厚植兩岸共同經濟利益，兩岸要在ECFA基礎上，推進兩岸「經濟兩化」，加深兩岸經濟互賴關係，即雙方都能從這種關係中獲益，以此構建臺灣「一個中國認同」的經濟基礎。如增加「兩岸同屬一中」的政治共識，兩岸之間透過深入探討找到解決結構性矛盾的原則、程式、路徑和辦法，以此構建「一個中國認同」的政治基礎。爭取臺灣民意，要充分認識到解決臺灣問題是一個長期過程，爭取臺灣民意工作也將貫穿始終，這絕非權宜之計和所謂「統戰計謀」，不因局勢的一時波動而動搖，也不因少數人的蓄意干擾而有任何改變。爭取臺灣民意工作的長期性，表明了臺灣「國家認同」回歸「一個中國認同」工作的長期性。如要重視島內民眾的「悲情意識」，臺灣人民不僅曾遭受殘酷的封建壓迫，而且還慘遭殖民主義、帝國主義的侵略和掠奪，長期遭受異族奴役和統治，因此形成了強烈的

第六章　影響和引導臺灣「國家認同」的路徑

「悲情意識」和「出頭天」心態，與「臺灣主體性」、「臺灣意識」一樣，是對臺灣「一個中國認同」內涵的特殊要求，應與愛國愛民愛島愛家結合起來論述，朝著兩岸歷史遭遇相同、命運相同、共同繁榮、和平統一等方向引導。這樣，在做影響和引導臺灣「國家認同」工作時，才能更有針對性、說服力和更有成效。

臺灣是多元化的社會，族群關係和階層組合複雜，他們的經濟地位、立場觀點、經濟地位和政治作用不一樣，因而工作側重點也不同。總體上講，對於臺灣民眾來講，主要是擴大「中華文化認同」和「一個中國認同」的社會基礎，以宣傳大陸的誠意、善意、誠信、對台政策為主，宣講大陸的綜合實力、兩岸交流給臺灣帶來的發展和利益為主，以積極參加兩岸文化和其他交流為主。對於反對「台獨」的政黨和社會力量，要學習他們高舉反對「台獨」旗幟、堅持戰鬥在反對「台獨」第一線的戰鬥勇氣和精神，為他們參加、組織兩岸交流活動提供最大的方便。要充分發揮重點行業、重點人物在重要時刻就重要議題發揮重要的作用，要平時做好與他們的交流交往工作。要充分發揮工商界的特殊作用，工商界一直是兩岸經貿和其他交流的主力軍，對兩岸關係和平發展的作用和好處有著比其他各界更深的體會，他們現身說法應該有很大的空間。要充分發揮學術界的特殊作用，學術界經過多年來與大陸同行的交流，對於兩岸交流與和平發展有著更深的理解，看的問題更遠，因而在關鍵時刻關鍵問題發表關鍵見解，具有關鍵的作用。有針對性有重點的開展工作，將會提高增強「中華文化認同」、增加「一個中國認同」的效益。

與爭取臺灣民心工作一樣，影響和引導臺灣「國家認同」、增加「一個中國認同」，是一項長期、複雜的系統工程，涉及的因素很多，對於大陸來說，關鍵是要大陸的發展和綜合實力的提高，需要大陸透過深化改革開放、不斷增強兩岸關係中關於政治、民主、法治建設的話語權和主導權，需要大陸在探討國家和平統一前的兩岸政治關係問題上與時俱進和實事求是，需要國際上的「一個中國格局」越來越鞏固和中國國際地位、影響力的不斷提升，需要兩岸能夠正確對待各種「差異」，需要兩岸經濟、文化、人員和社會各項交流的擴大和深入，更需要推動臺灣當局在破解政治難題上邁出關鍵步伐。透過多種管道和多種方式，形成做臺灣人民工作、爭取臺灣民意、增加「一個中國認同」的合力。

（三）正確對待「差異」，連接「共同命運」

鞏固和深化兩岸關係和平發展與實現兩岸和平統一的過程，實質上就是面對存在的包括文化「差異」在內的各種各樣「差異」，逐漸做到瞭解、理解、尊重、包容和認同的過程。「差異」不是「差距」，「差距」是需要逐漸縮小，「差異」是客觀存在，沒有必要調整到完全一致。如何正確對待和認同兩岸之間存在的「差異」，兩岸文化整合是有效辦法；如何促進兩岸文化整合，加強交流合作是有效辦法。

從歷史上看，鄭成功收復臺灣、康熙派遣施琅統一臺灣、中華民國政府光復臺灣和國民黨當局撤到臺灣，都是在兩岸政治制度、經濟狀況、生活水準和文化程度相差有限的情況下發生，民意支援，過渡順利，轉軌平和，恢復迅速。如今，兩岸「差異」的存在和加深，成為完成統一必須解決的問題，也是引導和轉變臺灣「國家認同」的要點之一。在推進兩岸關係和平發展鞏固和深化，思考如何影響和引導臺灣「國家認同」的時候，大陸作為推進和平統一的主體，責任很大。從兩岸現狀出發，從完成和平統一的目標考慮出發，要符合「一個國家，共同繁榮，雙方接受」的實現兩岸統一的基本原則，兩岸需要在正確對待兩岸「差異」方面做出較大努力，才能得到兩岸民意的認同。

自20世紀70年代起，臺灣「國家認同」出現新的情況，「一個中國認同」開始出現多元，造成這一情況的因素很多，要說大陸有什麼責任的話，那就是因為發展道路、政治體制和意識形態的不同。也就是说，部分臺灣同胞在「共同的歷史、經驗和集體記憶」即「中華民族、文化和歷史認同」的基礎上，到70年代後，在原有「確認」自己的「身分、歸屬」是「中國人、認同中國」基礎上，開始改變「中國身分和歸屬」，重要原因之一就是臺灣同胞對於兩岸「差異」的感覺在加深。兩岸政治體制、意識形態不同，兩岸綜合實力懸殊，兩岸政治對立又沒有結束，因此政治制度、價值觀念、思維方式和生活方式不同。造成的「差異」簡單用一句話表述，就是在「兩個不同的社會」中養成了不同的生活方式[31]。根據大陸提出的「一國兩制」設想，統一後的中國「兩種制度並存、臺灣高度自治」，互不否定，共同發展。問題是完成和平統一是兩岸共同的責任，需要得到兩岸同胞的認同，大陸的

政治、經濟和文化優勢需要臺灣民意的認同。

從上述思考點出發,「一國兩制臺灣模式」作為解決兩岸政治對立的基本設想,不僅涉及對臺灣方面的承諾和保障,更為重要的是從政治、體制、法律、管理等基本內容、程式等方面,大陸自身的配合和調整,以符合「一個國家,共同繁榮,雙方接受」的基本原則。如在《憲法》架構中,是否要從兩岸四地的現實規定國體、政體及各項社會制度,臺灣方面涉外事務和軍事方面保留的「部分中央權力」如何行使,因為臺灣普選制的加入造成國家政治制度多樣化如何論述,關於軍事制度、經濟制度、社會階級構成論述如何進行必要調整,關於臺灣同胞的權益和私有財產的保護,特別是大陸的政治改革的方向、目標、程式、方法和效果如何。從憲法和法律高度正確對待和認同兩岸「差異」,關係到兩岸能否組成事實上的「命運共同體」,關係到和平統一的進程,對於「一個中國認同」的增加起到舉足輕重的作用。

兩岸存在的「差異」,是可以透過文化往來做到相互瞭解、尊重、包容和認同來解決。兩岸文化往來,實質上是兩岸經過各自長達60多年的文化沉澱,在各自已經形成的傳承、弘揚和創新中華文化的基礎上,弘揚的是中華傳統文化中的核心和精髓,追求的是兩岸再度聯手再創中華文化的輝煌。因此,透過交流合作,兩岸都可以在對方傳承、弘揚和創新中華文化的成就和經驗中,在發現自身的差距和不足的同時,更多的對於雙方文化「差異」的尊重、包容和認同,逐漸增強「中華文化認同」。也就是說,透過交流合作,兩岸可以把存在的文化「差異」調整到共有的文化優勢上來。兩岸文化交流合作與兩岸「經濟兩化」一起,共同築起「命運共同體」的堅實基礎,也成為增強「中華文化認同」、增加臺灣「一個中國認同」的堅實基礎。

(四)全面落實ECFA,增加共同利益

兩岸經濟交流合作與文化往來,已經成為兩岸關係和平發展鞏固和深化的兩大支柱。兩岸文化往來對於經濟交流的特殊促進作用,是兩岸文化同屬中華文化的屬性決定的。兩岸文化往來,是一個多民族大家庭內的不同地區之間的不同文化的整

合和融合過程。目的之一就是要用傳統文化寶庫中的有利於兩岸政經合作、共創雙贏的文化思想元素，推動經濟合作良性互動，加快「兩岸經濟一體化」，建立穩固的兩岸經濟利益共同體，實現共同繁榮、推進和平發展鞏固和深化的目標。

　　經過30多年的往來，臺灣經濟借助大陸市場取得了巨大的經濟利益，兩岸經濟交流合作日益加深，共同利益已經初步形成。以兩岸經貿交流為例，2012年兩岸經貿總額為1689億美元（歷年總額為14379億美元），臺灣順差近954億美元（歷年總額超過8841億美元），台商在大陸實現年達200億美元的贏利，臺灣約有四成以上的商品出口大陸，透過大陸遊客游臺灣能給臺灣增加5萬個就業崗位、解決臺灣12%的失業人員。特別是臺灣競爭力有限的農產品低稅和免稅向大陸出口，大陸成為臺灣高速發展的養殖業、種植業最大的消費市場。

　　兩岸關係和平發展最大成果之一，就是簽署和落實ECFA，繼兩岸兩會制度化協商機制建立之後，經濟合作是又一實現制度化合作的領域，表明兩岸關係和平發展正在向深層次延伸。ECFA成為增加兩岸共同利益的不可多得的機會，因而有利於引導臺灣民意，實現兩岸「心靈通、感情通、命運通」，對「國家認同」產生積極影響。落實ECFA的重點和難點，是對於第一個關於兩岸「經濟兩化」的協議，如何做到增加兩岸共同利益、提升雙方經濟效益、推進和平發展鞏固和深化等成效最大化的問題。首先，要用積極、開放、務實的心態來看待兩岸「經濟兩化」。在泛綠陣營的故意煽動下，在一些傳媒的片面報導下，臺灣社會上流行一些怪論，與政治上的「和平發展無效論」、「馬英九執政無能論」和「民進黨上臺無害論」相配合，宣揚「惠台政策無用論」、「大陸幫台無補論」、「ECFA無益論」、「經濟增長無感論」、「大陸統戰無知論」。對台工作部門應該聯絡臺灣相關部門，公佈具體資料，說清楚成績和問題所在，針對怪論有目的地進行解釋和調整。其次，要反擊「台獨」陣營的攻擊。對於兩岸關係和平發展的鞏固和深化，民進黨方面表現極不正常，兩岸只要簽一個協議，民進黨就攻擊和反對。特別是ECFA提出、協商和實施以來，民進黨在反對ECFA的政治底氣不足、經濟理由不夠、抹黑藉口不多的情況下，重點宣揚ECFA圖利大財團，傷害中南部、中小企業、中下基層利益（「三中」），造成社會貧富差距擴大等違反經濟規律和常識的怪論。《兩岸投資保護協議》簽訂後，民進黨聲稱是「不平等、不安全、不民主」的「喪權辱國的賣國條

第六章　影響和引導臺灣「國家認同」的路徑

約」。「台獨」言論確實對和平發展和大陸形象有所損害，對此大陸要主動出擊，並聯繫和鼓勵藍綠企業界人士，一起揭露「台獨勢力」的不良圖謀。

實現兩岸「經濟兩化」是經濟全球化的要求，符合區域經濟一體化的潮流，是大陸經濟發展的必然結果，更是臺灣經濟擺脫困境、加快轉型和升級的必要途徑。ECFA的目標是加強和增進雙方之間的貿易、投資和合作，逐步建立公平、透明、便利的投資保障、貨物和服務貿易、智慧財產權保護機制，兩岸應充分利用有利時機，爭取儘快完成後續協商進程，同時應更加注重兩岸相應政策、法規和體制的接軌，高效、全面實施ECFA。從鞏固和深化的要求看，在落實ECFA、《兩岸投資保護協議》和「兩岸貨幣清算機制」情況下，兩岸都要提供政策支援，促進兩岸企業的優勢集成，增強兩岸經濟的競爭力。在全球化的大背景下，要讓臺灣工商界瞭解趨勢和行情，在大陸高效經營多年的台商，要跟上經濟發展大潮。因為大陸經濟也在發展，大陸的中小企業也在快速發展，只有遵照經濟規律，兩岸經濟界才能做好調整、轉型和升級工作，才能共同發展，才能繼續擴大兩岸經貿交流的效益。如兩岸經貿總額近幾年每年超過1600億美元，臺灣順差每年近900億美元，對於臺灣經濟的幫助有多大，這是眾所周知的事實。以 ECFA來說，僅是早期清單實施的2011、2012、2013年度，大陸分別減少臺灣貨物稅收（新臺幣）141億、152億（141億加152億）、2億（141億加152億加2億），臺灣方面的受益多少是眾所周知的事實。大陸廠商和各省負責人團每年前往臺灣直接採購數百億（新臺幣）的貨物，對於臺灣經濟產生的直接效益有多少是眾所周知的事實。對於大陸來說，是如何把這些事情做得更好，如何把經濟效益轉化為社會效益，如何把和平發展的「紅利」在島內變為支持和平發展的動力，如何減少「台獨分子」用賺取大陸的錢來反對大陸和推行「台獨」的事情發生。

推進兩岸「經濟兩化」，實施和落實ECFA，也要重視兩岸文化交流的作用。兩岸關係發展30多年的實踐表明，在兩岸政治對立沒有解決，雙方共同傳承、弘揚和創新中華文化，是兩岸關係發展的基礎，是兩岸經濟交流合作的動力。隨著兩岸「經濟利益共生性」的加深，應當從增強「中華文化認同」進而引導臺灣「國家認同」著手，推進兩岸文化整合，修復被人為割裂的文化記憶，影響、引導臺灣「一個中國認同」的增加，擴大經濟合作成效，推進兩岸關係和平發展的鞏固和深

化。[32]

(五)改進交流措施,促進兩岸瞭解

面對兩岸存在的文化和其他方面「差異」,和平發展鞏固和深化的過程,就是加深兩岸互相往來,探索正確對待和認同「差異」的過程;實現和平統一的過程,就是兩岸瞭解、尊重、包容和認同「差距」的過程。兩岸文化交流合作的目標和任務,就是為了加快兩岸的相互瞭解和認同。正在興起的兩岸大交流大合作大發展局面,則為深入進行文化交流合作提供更好的氛圍。

兩岸「差距」和「差異」是事實存在。60多年的分離,對於臺灣民眾來說,大陸社會具有不同的政治氛圍、社會環境、人際關係,加上國際、政治和媒體等影響因素,加上雙方接觸的時間、人數、機會、議題有限,所以強烈感覺到「差距」、「差異」的存在。大陸在經濟發展品質、人民生活素質、社會管理水準、學校教育條件等方面的「差距」,是可以透過交流發現,透過改革縮小,透過發展解決。兩岸在文化、政治、體制、道德、信仰等許多方面存在的「差異」,要認識到「差異」不是「差距」,不是一方正確一方錯誤,不是一方落後一方先進,因而不是一方強制要求對方接受自己。解決的辦法是「一國兩制」,雙方在各自的體制中存在,實行高度自治,透過交流合作,逐漸正確對待和認同「差異」。和平發展鞏固和深化階段的任務,就是要透過大交流大合作大發展完成這一過程。

兩岸關係實現歷史性轉折、和平發展取得突破性進展以來,全面「三通」的大門剛剛打開,兩岸社會各界大交流的局面只是初步形成,要想透過兩岸交流交往去扭轉島內相當一部分民眾在對大陸認識、臺灣政治定位、「國家認同」和「統獨選擇」等重大問題上的偏差,拆除橫亙在兩岸社會大眾之間的心理屏障,凝聚兩岸社會的向心力,還有一段較長的路要走。從整體上看,下一步兩岸仍須全面深化交流,以時間換空間。透過拓寬交流領域、豐富交流內容,創新交流形式,建構交流機制,促使兩岸雙方和社會各界全面加強經貿、文教和社會等各層次、各領域的交流交往,以實現兩岸社會的心靈、文化、意識層面的瞭解和認同。鑒於島內獨特的「北藍南綠」的政治生態和藍綠社會基礎的差異,大陸方面尤需進一步加強同臺灣

中南部地區、中下階層民眾、中小企業、中間勢力和青少年的交流。[33] 要加大力度與反對「台獨」的政黨往來，發揮國共論壇、海峽論壇、兩岸經貿文化論壇、各省區論壇和各專業論壇的作用。最大限度放寬兩岸人員往來限制，繼續與民進黨各派系和基層交流，更加切實關心臺灣同胞的福祉，關心臺灣的發展，要以比近幾年來更大陣容、更大聲勢、更大幹勁推動兩岸關係和平發展的鞏固和深化。要抓緊落實兩岸兩會、其他專業領域成立辦事處的工作，加快與大交流大合作大發展相適應的機制建設。

關鍵是要打開兩岸交流的思路，增加兩岸交流的成效。首先，全面開花。在現有基礎上繼續擴展兩岸交流，要處理好形式和效果、放開與限制、程度與力度、靈活與原則、個別與全部、單一和綜合、上層和基層、長期和短期、特殊和普遍、全面和重點的關係，只要是有利於兩岸交流的事允許做、可以做、要求做。其次，有的放矢。對台系統和經貿部門要及時聯手，對於一些已經得到臺灣社會和民眾承認的、體現大陸實力採購行動，如進口臺灣農產品、水產品，是否由有相應經濟實力、公信度高、支援和平發展態度明確的農漁會和相關公司出面辦理；集中進口工業品、零配件、初級產品和原材料時，是否主要向有相應經濟實力、公信度高、支援和平發展態度明確的企業和公司下單；安排接受陸生學習的高校和接待陸客的旅行社，是否也應該這樣。對於政治上傾向和支援「台獨」的財團、集團和企業，鼓勵、教育他們參加和投入到兩岸經貿交流中來，在展現大陸綜合實力的同時，透過他們與大陸的合作、借助大陸市場發展自身的經歷，幫助他們增加對於和平發展、兩岸交流的認識。第三，儘快放開。2012年兩岸人員往來超過760人次，到2012年底兩岸人員往來已經達到2450萬人次。人員交流既然已經達到較為普及的程度，出於「安全」考慮需要注意的問題應該都已發生過，如何管理和做好管理工作已經積累了豐富的經驗，現在應該是要注重更多「便利」和節省時間、人力、經濟成本的時候了。在為臺灣同胞赴大陸辦理手續問題上，在大陸人士赴台審批問題上，只有做到相對自由往來，才能加快實現兩岸社會的瞭解和認同。以「三通」為前提的兩岸社會各界大交流，對於增進兩岸民眾的瞭解、尊重和認同，加深彼此的感情融合和利益聯結，逐步培養兩岸共同命運共同認同，增強臺灣的「中華文化認同」和「一個中國認同」方面，都具有十分深遠的影響。

（六）加強對台傳播，增強兩岸「認同」

新聞傳播媒體本身屬於文化範疇，也是兩岸文化往來的重要方面。兩岸傳媒擔負著增進兩岸社會互相瞭解和認同的特殊重任，擔負著為兩岸交流通風報信、架橋鋪路的特殊功能。新聞交流是兩岸文化交流、兩岸交流的重要組成部分，對於溝通兩岸同胞的感情，增進相互瞭解，消除歧見和增加共同認同，推動兩岸關係發展和祖國和平統一進程具有十分重要的作用。在推動兩岸新聞交流合作的同時，更要加強大陸對台傳媒工作。因為，大陸面對的客觀現實是，臺灣媒體在30多年的兩岸交流中做了大量工作，作出了極為重要的貢獻，只是由於「政治對立」的存在，臺灣一些人對大陸的「誤解」和「猜疑」不可能在短期內消失。特別是臺灣媒體的受眾是在島內，因此必須站在臺灣受眾的立場報導大陸新聞、評論大陸時事、介紹大陸實情，這樣的結果是片面性不可避免，並且在各個領域各個方面都有表現。特別是隨著臺灣「傳媒社會」和「傳媒政治」的逐步形成，媒體報導大陸的新聞、情況越來越多，受眾無法拒絕媒體傳播的消息，因而媒體的影響越來越大。如此局面要求大陸對台傳媒，一方面透過兩岸新聞交流，加強兩岸傳媒溝通和合作，逐步做到報導對方時的客觀、平實和準確。一方面大陸對台傳媒也要不斷改革，逐步適應兩岸關係和平發展鞏固和深化的要求，在引導和增強臺灣社會的「中華文化認同」、增加臺灣「一個中國認同」方面上發揮積極作用。

在和平發展鞏固和深化階段，大陸對台傳媒工作極為重要。大陸關於和平發展與和平統一的立場、政策和工作，主要透過大陸媒體向臺灣民眾傳播，因而大陸媒體現階段的對台傳播任務十分重要、十分繁重。對台傳媒具有很強的政治性、政策性與敏感性，傳媒體系是大陸影響臺灣的仲介與橋梁，傳播節目的優劣直接決定著大陸對台政策的成效。在當前兩岸政治對立沒有解決、臺灣傳媒生態與大陸「差異」很大、臺灣一些民眾對大陸的誤解較深情況下，大陸對台政策和作為，只有透過傳媒體系的整體運作與創造性勞動，透過恰當的包裝、演繹與「推銷」，以受眾喜聞樂見的形式出現，才能真正達到影響臺灣民意的目的。

為了更好發揮大陸傳媒對台傳播的作用，如要從思想認識和政策上明確將對台傳媒列為專門序列，實行不同於對內宣傳、國際宣傳乃至於一般對海外華人華僑宣

傳的管理辦法，給予相對獨立的地位。如對台傳媒要切實轉變思想觀念，考慮到臺灣民眾對「宣傳」、「統戰」普遍持有的戒備和排斥心理，要「突出台字、淡化宣字」，增強針對性、提高時效性。如要樹立「大宣傳」觀念，重視用「軟性文宣」影響島內社會和民眾。對台傳媒應高度重視「軟性文宣」的作用，服務島內市場，運用中華文化的精神紐帶，對臺灣社會和民眾產生潛移默化的作用。如構建複合狀的對台傳媒地區佈局，在大陸地區，首先是做大、做強中央媒體，組建專業對台傳媒集團，突出其輿論宣傳、心理宣傳的功能；適度開放並重點扶持福建沿海及其他台商投資集中地區的地方媒體。如要在和平發展的有利環境中，透過兩岸新聞交流合作等方式，在島內直接向臺灣受眾傳播新聞和資訊。如對中央媒體與地方、民間媒體的功能做出適當區分，中央媒體以官方聲音為主，地方、民間傳媒在確保與中央立場保持一致的前提下，給予一定的靈活度，以達到中央與地方媒體、官方與民間媒體相互配合、相得益彰的效果。如不回避問題，要在堅持對台宣傳傳媒作為「中央喉舌和發言人」的同時，除了要做到全面、及時報導外，在內容上可以更加開放一點，對於臺灣民眾關心的大陸不放棄使用武力是針對「台獨」的、臺灣涉外事務問題，大陸內部的經濟轉型、反腐敗、政治體制改革等問題，都可以在對台宣傳節目中進行充分討論、深刻分析、正確引導。大陸對台傳媒是在臺灣受眾中樹立大陸的形象，是在直接做正確對待和認同兩岸「差異」的解釋、引導工作，或者說是在直接為「中華文化認同」、「一個中國認同」保駕護航。對台傳播工作做到家做到位有成效之時，就是對台工作新局面的到來之日。

三、開展綠營工作，加強人員交流

為了鞏固和深化兩岸關係和平發展、推進和平統一進程，大陸反覆強調，「兩岸同胞要擴大交流，兩岸各界及其代表性人士要擴大交流，加強善意溝通，增進相互瞭解。對於任何有利於推動兩岸關係和平發展的建設性意見，我們都願意作出積極回應。」

（一）關於「臺灣意識」

大陸明確指出，「臺灣同胞愛鄉愛土的臺灣意識不等於『台獨意識』」[34]。

「臺灣意識」流行已久，主要表現為離開故鄉開發臺灣、尊重歷史、愛惜臺灣、要求與祖國一起發展的「地域鄉土情結」。在臺灣政治轉型過程中逐漸異化，特別是經過李登輝和陳水扁等的灌輸、煽動和扭曲，「臺灣意識」和「臺灣主體性」一起被極端化、絕對化，其中的「家鄉、故土、兩岸、祖國」的核心和概念被掏空，被「台獨勢力」作為「台獨」的重要社會思想基礎，成為「台獨」勢力敵視、對抗大陸的主要民意口號。大陸把「臺灣意識」和「台獨意識」分開，也是在剝離「台獨」的思想和社會基礎，以鞏固兩岸關係和平發展的民意和社會基礎。而且大陸強調「對於部分臺灣同胞由於各種原因對祖國大陸缺乏瞭解甚至存在誤解、對發展兩岸關係持有疑慮，我們不僅願意以最大的包容和耐心加以化解和疏導，而且願意採取更加積極的措施讓越來越多的臺灣同胞在推動兩岸關係和平發展中增進福祉」[35]，具有很強的現實意義。對於廣大臺灣同胞來説，有一些「臺灣意識」是正常的，因而肯定愛鄉愛土的「臺灣意識」，有利於孤立極小部分的「台獨核心分子」，有利於擴大島內反獨陣營，有利於貫徹寄希望於臺灣人民的方針。

（二）如何看待民進黨

大陸反復強調「對於那些曾經主張過、從事過、追隨過『台獨』的人，我們也熱誠歡迎他們回到推動兩岸關係和平發展的正確方向上來。我們希望民進黨認清時勢，停止『台獨』分裂活動，不要再與全民族的共同意願背道而馳。只要民進黨改變「台獨」分裂立場，我們願意作出正面回應。[36] 中共十八大政治報告指出，對臺灣任何政黨，只要不主張「台獨」、認同一個中國，我們都願意同他們交往、對話、合作。[37] 大陸直接點明民進黨，是在提醒民進黨應該跟上推動兩岸關係和平發展這一全民族的步伐，同時表明大陸對民進黨的期待和既往不咎的態度，對於廣大的民進黨人和追隨者、支持者來説，不管過去在「台獨」方面做過什麼事，説過什麼話，只要支援兩岸關係和平發展，大陸都會歡迎。大陸的這一態度，表示出高度重視民進黨的存在和對民進黨的期待，願意為民進黨在放棄「台獨」後繼續發揮政治作用提供兩岸關係大平臺，顯示出很大的包容性和開放性。兩度成為在野黨的民進黨，借助馬英九當局陷入執政困境之機，逐步走出敗選陰霾，在「1·14選舉」中，總得票率與得票數有所上升，政黨實力增長，展現了未來可能重返執政的實力。多年來，大陸在與民進黨交流交往方面取得了很大的成績，也形成了成功的

第六章　影響和引導臺灣「國家認同」的路徑

經驗和方法。

一是堅持反對「台獨」。只有堵死「台獨路」，才能有和平發展、和平統一的康莊道。對於任何「台獨理念和路線」，必須給予揭露和批判；對於任何「台獨主張和行為」，必須給予抵制和反擊。因而對於堅持「台獨黨綱」的民進黨，必須保持足夠的政治、民意壓力，任何減輕反對「台獨」的政治、民意壓力的行為，實質上是對「台獨」的縱容。從民進黨的演變過程看，反對「台獨」的壓力，是民進黨進行調整的重要動因；只有來自民意和各界的反「台獨」壓力達到臨界點時，民進黨才會進行實質性的轉變。為此，要破除兩種說法，一種說法是說「大陸一直在打壓民進黨」，此話不全面，應該是說大陸只是在打壓「搞台獨的民進黨」。一種說法是說「大陸越打壓民進黨，民進黨越興旺」，此話太無知，一方面民進黨沒有「越興旺」，一方面也確實讓民進黨認真思考政策調整問題。總之，在反對「台獨」問題上，沒有妥協和退讓的空間。

二是區別對待民進黨成員。在「九二共識」和反對「台獨」基礎上，要看到民進黨的多種組合，在考慮與民進黨的交流時，要注意把民進黨和基層組織相區別，不與堅持「台獨黨綱」的民進黨往來，但對待民進黨的基層組織不一樣；要注意把民進黨與普通黨員相區別，不與堅持「台獨黨綱」的民進黨來往，但對待民進黨的普通黨員不一樣；要注意把民進黨的「台獨」核心分子與廣大黨員相區別，打擊「台獨」勢力和「台獨」核心分子，但對於廣大黨員不一樣；要注意把臺灣北部和南部相區別，不是說孰輕孰重，但要根據臺灣政治生態出現「北藍南綠」態勢、「藍鬆綠固、北淺藍、南深綠」的特徵，有側重點的南北並重、齊頭並進，為南北發展多出力。要注意把「台獨執政」和「下野台獨」相區別，雖說都堅持「台獨黨綱」，但「下野台獨」的政治需求是實現執政目標，因此對待兩岸交流的態度、政策和手段有調整，這應成為思考與民進黨交流的主要方向之一。總之，與廣大民進黨員、重點人士多交流，把與廣大民進黨員和重點人士多交流計畫具體化，作為兩岸關係和平發展鞏固和深化階段的任務之一，已經成為大陸對台系統開展對台工作的共識，並且已經取得可喜的成績。

三是掌握與民進黨成員交流工作的特點。與民進黨成員交流由來已久，也做出

了很大的成績，民進黨內不斷出現重要成員參訪大陸、要求調整大陸政策的呼聲和建議此起彼伏。在兩岸關係和平發展鞏固和深化階段，在兩岸文化交流合作的擴大和深入時期，加強和做好與廣大民進黨成員的交流也是基本任務之一。在與民進黨成員的交流中，要把反對「台獨」和教育引導相結合，要透過教育引導，讓廣大民進黨成員瞭解大陸反對「台獨」的決心、信心和能力，認識鞏固和深化兩岸關係和平發展的必要性和重要性；要把思想工作和實際利益相結合，對於真心實意與大陸交流的民進黨成員，應該成為對台交流的依靠力量；把學術交流和經貿文化交流相結合，學者和學術機構之間的交流一直在進行，可以為增加其他交流搭橋鋪路；要把重點人士和麵上工作相結合，民進黨內有很多活躍人士，他們思想活躍，活動能量較大，參與兩岸交流態度積極，開展與他們的交流應該成為開展面上交流的有效配合；要把公開和私下交流相結合，這樣可以多交朋友，多出成果；要把專門交流和多種形式相結合，在開展與臺灣社會各種交流的時候，要邀請一些民進黨內的重點人士參加，從多方面著手和推進。

如何評估與民進黨交流的成果？做民進黨工作的目標應該定在如何「化獨、減獨」即「減少台獨的毒性」上，而不是寄希望於民進黨實力的大幅減少上。在臺灣政黨政治格局中，維持一個實力相當的在野黨有利於朝野相互監督。對於現今的民進黨來說，如果頑固堅持「台獨黨綱」，「台獨路線」不變，基本盤在短期內無法增加而繼續敗選，基本無法「完成執政的最後一哩路」。如果放棄「台獨黨綱」、改變以否認「九二共識」為核心的大陸政策，「頑固台獨派」有可能出走，帶來民進黨的分裂，基本盤在短期內會下降而繼續敗選。問題是如果民進黨放棄「台獨黨綱」，重新確立作為在野黨的合適政治定位，在島內透過公共政策之爭展現在野黨的形象和能力，在兩岸關係上透過參與、推進和平發展的鞏固和深化，展現在野黨的處理兩岸關係的能力和成績，擴大影響和教育選民，短期內會出現「頑固台獨派」出走而實力下降的局面，從中遠期看則會增加對中間選民的吸引力而贏得執政權。民進黨的決策階層還沒有認清其中的辯證關係，所以在思考與民進黨交流的目標時，則要看得遠一點。

四、做好國際工作，發揮外交優勢

第六章 影響和引導臺灣「國家認同」的路徑

無論是擴大和深入進行兩岸文化交流合作，還是鞏固和深化兩岸關係和平發展，都需要相應的國際氛圍，發揮中國「涉台外交」的優勢和拓展僑務對台工作是重要方面。

（一）做好國際工作，發揮外交優勢

在有關臺灣文化演變和兩岸文化交流合作的影響因素中，國際因素佔有特殊地位。臺灣在兩岸較量、共同發展中所處的弱勢地位決定了對於國際支持的特殊需求，臺灣文化也是如此。臺灣文化同為中華文化，為了擴大中華文化影響和進軍華文世界，為了文化多元化發展，當然也有與大陸進行軟實力競爭的意涵，比較重視與國際文化的聯結，更多的吸收國際文化。因此，兩岸文化交流合作需要良好的國際環境，需要大陸發揮「涉台外交」優勢，為兩岸關係和平發展的鞏固和深化，也是為兩岸文化往來，提供更好的國際氛圍。

在兩岸敵對狀態沒有結束、雙方沒有就國家統一前的政治關係作出總體安排情況下，臺灣涉外事務和「國際空間」是一個「複雜、綜合、多層的問題」[38]。臺灣涉外事務的複雜性之所以存在，是因為臺灣本身定位所致。從根本上講，外交是主權的外延、行使、代表和象徵，臺灣不是主權國家，因而不可能擁有與主權國家一樣的正常外交關係；臺灣也沒有與大陸實現政治關係正常化，也就無法就涉外事務達成正式協定；為了經濟社會發展的需要，臺灣又需要保持一定的國際空間。因此，臺灣方面不可能放棄擴大國際空間的努力，兩岸圍繞臺灣「外交」出現的矛盾是客觀存在。兩岸關係和平發展的實踐又表明，面對臺灣涉外事務問題，兩岸只要在「九二共識」基礎上進行協商，就一定能夠找到解決的辦法。

做好國際相關領域的工作，就是根據外交的特殊功能，把其對和平發展的促進功能、影響和引導臺灣「國家認同」轉變的功能，發揮到最大。首先，充分認識「涉台外交」的新形勢，處理好實力和能力、目標與手段、短期和長期、兩岸關係和「涉台外交」的關係。要想讓「涉台外交」成果最大化，有必要考慮兩岸關係和平發展鞏固和深化的需要，考慮到引導臺灣民意的需要，在「九二共識」基礎上進行協商，合情合理地安排好臺灣的涉外事務問題。其次，逐步調整臺灣參加國際組

織活動的思維。因為外交是主權在國際間的延伸,長期以來已經形成臺灣「外交」與兩岸關係對立的觀念。只要是臺灣「外交」的成功,則是對「一個中國格局」的挑釁和「涉台外交」的失敗。這種國際冷戰思維和兩岸互不往來時期形成的觀念,在兩岸關係和平發展階段已有很多調整。事實上,臺灣現有國際空間減少並非一定是好事,因為對外空間不管因為什麼原因遭到壓縮,臺灣民意都無法接受。再則現階段協商臺灣參加個別國際組織活動問題,體現大陸對臺灣的善意和誠意。總之兩岸關係和平發展階段「涉台外交」的展開,需要與之相適應的思維和觀念。第三,增強「涉台外交」的主導能力。積極主導國際政治生活中相關臺灣議題的演變,針對西方一些政治力量借臺灣問題干涉中國內政、防範中國和牽制中國發展的問題,「涉台外交」系統要站得更高,看得更遠,掌握話語權,主導事件朝有利於兩岸關係和平發展鞏固和深化的方向發展。對於臺灣當局的「活路外交」和「外交休兵」中有利於兩岸關係和平發展的部分,「涉台外交」應從國際外交態勢、相關國際組織規定、臺灣政局演變進程、兩岸關係和平發展需要等四個方面,正確判斷時機,在「九二共識」基礎上,透過兩岸協商解決問題,積極主導「涉台外交」的趨勢。臺灣當局至今已把現階段對外目標鎖定在參加特定的國際組織、簽訂自由貿易協定和提升與重要國家的「實質關係」等方面[39]。在不造成『兩個中國』、『一中一台』的前提下,可以透過兩岸務實協商作出合情合理安排。同時建立針對「台獨外交」的預警、判斷和穩定機制,保證兩岸關係和平發展沿著正確方向前進。第四,為兩岸文化共同走向世界服務。中華文化走向世界是世界性議題,不僅獲得兩岸和華人華僑社會的支持,也在西方文化和其他一些地區文化圈中產生越來越大的影響。在中華文化的傳承、弘揚和創新中,最高層次是創新,創新最有利的陣地之一是國際舞臺。兩岸文化也可以透過共同走上世界,共同創造新的成果,得到更好的發揚光大。開展「涉台外交」,可以為兩岸文化共同走向世界提供更好的途徑和保障。「涉台外交」工作,實質上在反擊西方一些政治勢力製造「臺灣獨立」、「兩個中國」或「一中一台」的陰謀,是在壓縮「台獨勢力」在國際間宣揚臺灣是「主權獨立國家」、「台獨國家認同」的活動空間,是在為影響和引導臺灣「國家認同」和增加「一個中國認同」創造更好的國際背景。

「涉台外交」的任務是要鞏固「一個中國格局」、創造有利於兩岸關係和平發展的國際氛圍,要反擊任何製造「兩個中國」、「一中一台」或「臺灣獨立」的圖

第六章　影響和引導臺灣「國家認同」的路徑

謀。西方一些政治勢力從來沒有停止過插手臺灣問題、干涉中國內政的錯誤行徑。在中國經濟比較落後階段，西方一些政治勢力插手臺灣問題的圖謀沒有成功過，在中國綜合實力、國際地位和影響力大幅提升的今天，更不能容許他們的陰謀和囂張，決不給任何插手臺灣問題、干涉中國內政的違反國際法行為留有任何空間，決不給任何「台獨外交」留有任何空間。要抓住我國綜合實力和國際地位上升的機遇，掌握國際間關於臺灣問題的話語權。充分發揮我國在國際事務中的影響力，掌握關於一些國際組織和國際重大活動場合在處理臺灣問題時的主導權。充分發揮兩岸關係和平發展在亞太地區和國際事務中的正能量，掌握國際事務中的「涉台外交」的決定權。在國際活動場合，在國際組織內部，出現關於臺灣問題的爭執時，我國要充分發揮主導作用，按照兩岸關係和平發展的思想引導「涉台外交」事務的走向。

要有理有利有節地開展對美國工作。有理，是指中國維護國家主權和領土完整是天經地義的事，美國也在中國收復臺灣過程中、協助中國完成接收工作而作出自己的貢獻，美國不應該進行自我否定；美國「雙軌政策」實施的最好時機，是兩岸互不往來時期，在兩岸關係和平發展鞏固和深化階段顯然已經缺乏可行性、正當性和必要性。有利，是指應向美國方面表明，中美進行戰略合作受益不僅是中美兩國，而是整個世界；美國不能因小失大，既然能夠基本遵守中美三個公報維護中美關係的大框架、大目標，何必還做向臺灣出售武器、支持一些國家在釣魚島和南海問題的對華挑釁這類傷害中國人民的感情、傷害中美兩國人民的友好關係的事情，實在是得不償失，美國應該繼續做已經堅持數年的兩岸關係和平發展的促進派。有節，是指在不影響中國的戰略機遇期，不影響中美關係的大局，不影響兩岸關係和平發展的前提下，堅決反對美國向臺灣出售武器等違反國際法的行為，堅持回擊美國縱容某些國家挑釁中國主權和領土完整的不正當行為。在堅持有理有利有節的過程中，要有針對性有重點的開展對美交流。對於美國的親華派與親台派、行政與議會系統、軍方與外交系統、理論界與高教界、媒體和影視、工商界和財經界、社會各界名人和基層民眾，要從多種角度進行觀察，要根據各自的政治背景、經濟利益、社會地位和立場觀點，有針對性的設定議題和活動進行交流交往，克服一般化，提高正能量。美國的態度和立場，對於臺灣社會和民眾的影響很大，美國支持兩岸關係和平發展，可以增加島內反對「台獨」、支援和平發展的聲勢。

要有效反擊日本右翼勢力的挑釁。發展中日兩國人民的友好關係是我國外交重點之一，按照「七二體制」[40] 處理台日關係是中日關係的基本原則之一。在臺灣問題上，重點是反擊日本右翼勢力的挑釁活動。長期以來，日本右翼勢力公開支持「台獨勢力」，一直圖謀突破中日之間的關於臺灣問題的基本準則。特別是挑起釣魚島爭端，侵犯中國領土和主權完整，甚至還在驅趕在中國領海正常作業的中國漁船問題上，區別對待兩岸的漁船，圖謀分化、挑撥兩岸的關係。日本當局這種沒有格局、缺心眼式的伎倆只能成為國際笑柄。在釣魚島問題上，兩岸的立場、態度和主張是一致的，雙方都強調釣魚島是中國的領土，只有李登輝式的「台獨分子」宣稱釣魚島是日本的，公開把自己放在與中國人民為敵的位置上。不過，這也表明在中日之間，最重要最為關鍵的是反擊日本右翼勢力的挑釁，讓事實教育廣大日本人民和正義力量，團結周邊國家，維護亞太地區的長期和平和穩定，震懾「台獨分子」，鼓舞臺灣同胞，激發共同維護領土和主權完整的信心、決心和能力。

（二）努力拓展僑務，做好對台工作

擴大和深入進行兩岸文化交流，增強兩岸「中華文化認同」、增加臺灣「一個中國認同」，華人華僑領域是一個可以大有作為的領域。

華人華僑具有光榮的革命傳統，為中國近現代史上的革命運動和中國革命的勝利作出過很大的貢獻。特別是在異國他鄉的奮鬥過程，他們都擁有一顆愛國心，他們熱切希望祖國的強大，希望祖國實現和平統一，希望在中華民族的復興進程中加快和平統一的實現。華人華僑中深沉的愛國情懷，是僑界和兩岸的不解之緣所在。華人華僑具有堅實的「中華文化認同」。數千萬的中國人離開家鄉，遠赴海外在不同的文化和社會環境裡學習、生活和創業，但都把中華優秀傳統文化帶到新的居住地，中華文化的核心價值、思想精華、豐富內涵和優秀傳統在僑界廣大發揚。改革開放以來，中國大陸前往世界各地的移民超過800萬人，很大一部分集中在美國、日本等發達國家，新移民的加入，大大增加了僑界對於綜合實力和國際地位不斷提高的祖國的認同程度。在全世界的華人社會裡，憑著「中華文化」可以找到自己的同胞、鄉親。「中華文化認同」是開展與華人華僑交流、做好僑務工作的基礎。僑界與臺灣有著特殊的關係。由於華人華僑的政治立場、生活環境、文化底蘊、思維

第六章　影響和引導臺灣「國家認同」的路徑

方式、價值觀念、人脈關係和歷史上的聯繫等，與臺灣方面容易對接，有著自然的聯繫和認同。這種自然聯繫和認同，一方面有利於大陸透過僑界擴大和深入進行兩岸文化交流和其他交流，做臺灣人民工作，爭取臺灣民意朝著有利於兩岸關係和平發展鞏固和深化的方向轉變；一方面也要看到，由於兩岸政治對立問題沒有解決，這一政治結構性矛盾在僑界反映出來，兩岸由於政治對立而出現的文化和其他「差異」也會在僑界形成不同的看法。

兩岸關係和平發展帶來了僑界的和平發展新局面，在「台獨執政」期間、在「台獨」挑撥下出現的分裂局面開始緩解，僑界在加強團結的同時，成為兩岸關係和平發展的支持力量。如僑界對臺灣的影響，中國改革開放的日益成功、外交關係的成果、兩岸關係和平發展的鞏固和深化，為開展僑務工作、加強與僑界聯繫和發揮僑界在兩岸關係中的積極作用帶來了新的契機。祖國實現和平統一本是華人華僑的希望，由於僑界與臺灣有著自然的聯繫和認同，透過僑界宣傳和平統一政策，容易為臺灣同胞所接受。因此，發揮5000萬華僑華人的積極作用，增強僑界的「一個中國認同」，進而影響和引導臺灣的「國家認同」、增加「一個中國認同」，減少臺灣民意中不利於兩岸關係發展的消極因素，是兩岸關係和平發展鞏固和深化的需要，是實現祖國和平統一的需要。

僑務對台工作是做僑界工作的重要組成部分。全面、系統、深入研究僑務對台工作，是貫徹落實對台工作新戰略的重大舉措。瞭解、研究和掌握僑務對台工作的特點和要點，推進僑務系統全面、細緻、系統和高效地做好華僑華人的工作，更加準確地把握僑界社會脈動和民意走向，有效破解臺灣一些政治勢力借助僑界推行「分裂分治」、「兩個中國」和「臺灣問題國際化」的圖謀，更有針對性地做好臺灣人民工作，引導臺灣民意，把僑界轉變為促進兩岸和平發展、共同繁榮和祖國和平統一的「軟實力和硬實力」，因而對於對台工作具有很高的理論和實踐意義。僑界在對台工作中處於特殊的地位，因而僑務對台工作在推進兩岸關係和平發展鞏固和深化、乃至推進和平統一過程中具有不可替代的作用。

一是要站在推動和平發展進而推進國家統一的戰略高度，分析和釐清僑務對台工作的架構、內涵和特點，確立研究僑務對台工作的理論研究體系，根據僑務對台

工作具有的外交學、政治學、民族學、華僑學、社會學、統計學和歷史學等學科的綜合性特徵，探討開展僑務對台工作的實際工作路徑、方法和手段，探討建立僑務對台工作的評估標準。新時期僑務對台工作的戰略目標，是要鞏固國際間的「一個中國格局」、增強僑界「一個中國認同」、推進兩岸關係和平發展鞏固和深化、爭取「僑心」進而爭取臺灣民心。因此，要全面總結幾十年來僑務對台工作的成功經驗，充分認識僑務對台工作的重要性、特殊性和必要性，做好僑務對台工作與僑務工作、外交部門、「涉台外交」、對台工作、民間交流、對外貿易和對外宣傳等領域的結合，充分發揮僑務對台工作的有利因素，轉變不利因素，把僑務對台工作建設成為推進和平統一的重要陣地。

二是僑務對台工作的重點。「政治認同」有滯後和慣性，大陸前30年的極「左」路線的干擾，對僑界的「政治認同」的負面作用不能低估。在大陸開始改革開放、僑界對於祖國的「政治認同」開始增強不久，又遭到李登輝、陳水扁長達20年的「台獨意識」和「台獨國家認同」的干擾，對僑界的「國家認同」的破壞作用不能低估。在兩岸關係和平發展進入鞏固和發展階段，對於僑界「國家認同」的干擾因素有所減少，成為在「中華文化認同」基礎上，增強僑界對於祖國「政治認同」的有利時機，這也成為做好僑務工作的有利時機。臺灣當局也把經歷過「反共抗俄僑務政策」、把華僑分為「老、新、台三僑」的「台獨僑務政策」階段的「僑務政策」，重新定位為「僑務休兵」，為在「九二共識」基礎上共同推進僑界和平發展提供了條件。僑務對台工作的難點，是長期以來國民黨當局在華人華僑中推行的「僑務反共政策」，僑界一些人受到「兩岸法統之爭」的影響，再加上主流華人華僑社會所處的政治體制、意識形態和臺灣相同很多，因而與臺灣有著自然的聯繫，有些華人華僑在觀察兩岸時難免會關注到兩岸的「差異」。僑務對台工作就是要讓僑界正確認識、對待兩岸之間的「差異」，要看到在一個中國基礎上，「兩岸制度並存，臺灣高度自治」是兩岸「差異」的最好解決辦法。因此，僑務對台工作，就是要把僑界的思想逐漸統一到兩岸關係和平發展鞏固和深化、和平統一的實現上來，這是開展僑務對台工作的前提。

三是開展僑務對台工作的要點。開展僑務對台工作，一部分是開展對華僑的工作。華僑具有光榮的革命傳統，不僅積極投入中國近現代史上的歷次革命運動，很

第六章　影響和引導臺灣「國家認同」的路徑

多僑界領袖和華人華僑還是中國共產黨的親密朋友。中國共產黨與僑界比較多的聯繫，開始於抗日戰爭時期，海外許多華人華僑踴躍捐錢捐物支持延安抗戰，華人華僑在建設新中國的過程中也作出過獨到的貢獻，更是祖國改革開放的積極支持者。儘管兩岸政治對立直接影響到僑界對於兩岸的立場和看法，但是與大陸一起推動兩岸關係和平發展的鞏固和深化、和平統一的進程，是華人華僑的願望。因此，要充分發揮中華文化優勢，做好僑胞的服務工作，積極地與各地華人華僑進行文化、其他各領域的交流和聯誼、認真聽取僑界對祖國建設的建議和意見、關心僑胞在居住地的生活和發展、為華人華僑和子弟接受中華文化教育提供説明、分別做好不同地區不同階層的僑胞工作、為華人華僑辦實事辦好事、團結和依靠廣大僑胞等方面積極開展僑務工作。一部分是透過華僑開展對台工作。聯結大陸、僑界和臺灣三點之間的是共同的中華文化屬性，是共同的中華民族屬性，是對於民族復興與和平統一的盼望。華人華僑與臺灣方面的交流，有很多方便之處。如僑界有很多人，包括一些僑界領袖和實力派，與臺灣有較深的淵源；如僑界很多社團負責人、各地僑界領袖、在很多行業幹得有聲有色和做出突出成績的華人華僑，與臺灣各界人士來往很多；華人華僑的對於祖國強盛的感受，臺灣社會更容易相信和接受；華人華僑對於祖國的「民族、文化、歷史和政治認同」，對臺灣「國家認同」的影響更大更直接。因此，要團結、依靠、組織和指導廣大僑胞，多做促進兩岸關係和平發展鞏固和深化、和平統一進程的工作。

五、加強學術研究，探討深層問題

和平發展階段是為和平統一階段準備條件，其中包括提出、研究和制訂相關推進兩岸關係和平發展的鞏固和深化、實施和平統一的方案。在總結60多年兩岸關係、30多年兩岸交流經驗基礎上，根據兩岸關係規律和實踐，提出下一階段的戰略設想、政策要點和工作方案，是大陸保持戰略主動地位、主導兩岸關係全域、積極推進兩岸交流的重要部署。

（一）開展「一國兩制臺灣模式」研究

研究「一國兩制臺灣模式」，從遠期看是完成「和平統一」的重要準備，從近

期看是做臺灣人民工作、爭取臺灣民心、擴大臺灣民眾支援祖國和平統一的需要。關於「一國兩制臺灣模式」設計，如確立「臺灣模式」的基本指導思想，強調大陸和臺灣同屬一個中國，反對「臺灣獨立」、「兩個中國」或「一中一台」，尊重臺灣的主流民意，促進臺灣的繁榮和發展。如關於「臺灣模式」的產生途徑，「臺灣模式」應該是兩岸各界代表討論的結果，大陸應該成立專門機構，對「臺灣模式」方案進行早期籌備和初步設計。如臺灣民眾基本權益的保護，無論是「完成和平統一方案」還是「高度自治方案」，都必須充分照顧臺灣民眾的基本利益，為了增加可信度，相關條文要落到實處、細化，讓臺灣民眾看得懂、記得住和易執行。如關於「臺灣模式」的主要特點，強調大陸充分尊重臺灣地區談判代表產生的程式和臺灣地區談判代表的自主性；強調臺灣問題與港澳問題的不同性，「臺灣模式」要比「港澳模式」更寬；強調和平發展是中華民族振興之路，臺灣的發展和繁榮是「臺灣模式」的基本思想；強調臺灣高度自治，可以拒絕侵犯臺灣民眾權力和利益的決定。如「臺灣模式」的主要內容，主要包括大陸統一後中國的憲法架構；資本主義制度的基本大法、法律體系、政治構成和運作制度；臺灣應該享有的「外交」空間和活動方式；高度自主的經濟法則和財政體系；相對獨立的軍事防衛體系；開放的新聞和資訊保障體系；統一後的中央政府尊重臺灣、香港和澳門高度自治的具體法律條文和制約辦法。要充分認識關於「一國兩制的臺灣模式」研究的意義，對「臺灣模式」的研究本身就是對台政策不斷完善的過程，也是爭取臺灣民心的過程，更是「一國兩制」「法律化、政策化和條文化」的過程。從影響和引導臺灣「國家認同」的角度看，則是在為「一個中國認同」打下扎實的法律基礎。

（二）和平發展鞏固和深化的其他議題

為了兩岸關係和平發展鞏固和深化的需要，需要加強對於臺灣民意、臺灣政治定位、兩岸政治協商的啟動、和平發展階段的特徵和任務、臺灣輿情和媒體、臺灣對外關係、對台工作戰略、「台獨執政」的危害、與民進黨的交流交往、臺灣「國家認同」等方面的研究。特別是對於臺灣「國家認同」的研究有待加強。要認真學習中央對台工作戰略和政策，從兩岸關係實際出發，根據對台工作和爭取臺灣民心的特殊性，抓住「國家認同」的要點和重點，從推進兩岸關係和平發展鞏固和深化，推進和平統一進程的高度，戰略上穩步推進，戰術上主動作為，影響和引導臺

第六章　影響和引導臺灣「國家認同」的路徑

灣「國家認同」向有利於增加「一個中國認同」的方向發展，從信念、情感和思想層面，為兩岸關係和平發展的鞏固和深化，為和平統一的推進打下扎實的基礎。

隨著兩岸關係和平發展鞏固和深化階段的來臨，在國際政治和經濟格局風雲變幻、兩岸關係和平發展機遇和挑戰並存的環境下，中共十八大根據兩岸關係和平發展的新形勢、新機遇和新挑戰，全面、深刻闡述了兩岸關係和平發展理論，提出了對台工作的指導思想、總體要求和對於重大問題的基本主張，為新時期的對台工作指明了方向和實踐路徑。在十八大制訂的對台戰略、方針和政策指引下，在包括廣大臺灣同胞在內的全體中華兒女攜手努力下，兩岸關係和平發展必將乘勢而上，開拓進取，一定能在同心實現中華民族偉大復興中完成祖國的和平統一大業！

注　釋

[1].《胡錦濤在紀念〈告臺灣同胞書〉發表30周年座談會上的講話》，參見2009年1月1日《人民日報（海外版）》，第1版。

[2].《胡錦濤會見參加兩岸經貿論壇代表時的講話》，參見中國社會科學院臺灣研究所：《新時期對台方針政策重要文獻彙編》，第47頁。

[3].《胡錦濤在紀念〈告臺灣同胞書〉發表30周年座談會上的講話》，參見2009年1月1日《人民日報（海外版）》，第1版。

[4].王毅：在桂林第九屆兩岸關係研討會上的講話，《台聲》雜誌2011年2月。

[5].朱衛東：《後ECFA時期兩岸政治談判的準備與路徑》，2011-06-15，http：//www.chinareview-news.com/doc/1017/3/3/3/101733366.html？coluid=0&kindid=0&docid=101733366。

[6].朱衛東：《後ECFA時期兩岸政治談判的準備與路徑》，2011-06-15，http：//www.chinareview-news.com/doc/1017/3/3/3/101733366.html？coluid=0&kindid=0&docid=101733366。

[7].《馬英九「國慶」致詞》,參見2010年10月11日臺灣《聯合報》,A1。

[8].中新社臺北2010年10月14日電。

[9].《劉兆玄:大陸應採取王道精神》,參見2010年12月24日臺灣《聯合晚報》,A1。

[10].《紀欣:馬英九與蔡英文區隔 明智之舉》,20110617,
http://www.chinareviewnews.com/crn-webapp/doc/docDetailCreate.jsp?coluid=0&kindid=0&docid=101731896。

[11].《馬英九與美國智庫視訊會議講稿全文》,20110513,
http://www.chinareviewnews.com/crn-we-bapp/doc/docDetailCreate.jsp?coluid=0&kindid=0&docid=101692168。

[12].袁偉:《兩岸圖書出版業交流評析》,載《臺灣研究》2000年第2期。

[13].《欣見兩岸佛教交流共搭兩岸關係和平橋梁》,參見2009年4月1日臺灣《中央日報》。

[14].《兩岸故宮新任院長在京舉行首次會談共謀交流合作》,2013-01-22,
http://www.chinatai-wan.org/jl/yw/jiaol/201301/t20130123_3576294.htm。

[15].張夢:《兩岸文物交流入春》,《中外文化交流》2009年第4期,第49頁。

[16].胡錦濤會見連戰新聞公報,
http://lib.taiwan.cn/2005doc/201109/t20110921_2073840.htm。

[17].《胡錦濤:攜手推動兩岸關係和平發展 同心實現中華民族偉大復興——在紀念〈告臺灣同胞書〉發表30周年座談會上的講話》,
http://news.xinhuanet.com/newscenter/2008-12/31/content_10586495_2.htm。

[18].賈慶林在第5屆兩岸經貿文化論壇開幕式上致辭，2009-07-11，http：//lib.taiwan.cn/2009doc/201109/t20110921_2076259.htm。

[19].賈慶林：《採取更加積極措施發展兩岸關係》，2012-03-07，http：//www.chinareviewnews.com/doc/1020/3/3/4/102033459.html？coluid=0＆kindid=0＆docid=102033459。

[20].國台辦：《對商簽兩岸文化交流協議持開放態度》，2012-09-12，http：//www.chinanews.com/tw/2012/09-12/4177252.shtml。

[21].《豐富「一國兩制」實踐和推進祖國統一》，新華網，2012-11-08，http：//news.xinhuanet.com/video/2012-11/08/c_123929967.htm。

[22].楊立憲：《兩岸觀念文化的交流應嘗試「相向而行」》，2011-09-02，http：//www.chinareview-news.com/doc/1018/2/1/5/101821548.html？coluid=0＆kindid=0＆docid=101821548。

[23].賈慶林：《兩岸不是國與國關係》，2012-07-29，http：//www.zhgpl.com/crn-webapp/doc/doc-DetailCNML.jsp？coluid=93＆kindid=8010＆docid=102181975。

[24].張文生：《兩岸政治互信的概念分析》，www.chbcnews.com/news/zjzl2009-11/06/con。

[25].「思想者論壇——認同與兩岸關係」，香港《中國評論》，2009年9月號，第57頁。

[26].楊立憲：《兩岸觀念文化的交流應嘗試「相向而行」》，2011-09-02，http：//www.chinareview-news.com/doc/1018/2/1/5/101821548.html？coluid=0＆kindid=0＆docid=101821548。

[27].許世銓：《為「後九二共識」化解分歧》，載香港《中國評論》2012年第5

期。

[28].《馬宣稱：公投沒過，就不會簽和平協議》，
http：//www.chinareviewnews.com，2011-10-20，
http：//www.chinareviewnews.com/doc/1018/7/5/2/101875201.html？coluid ＝ 0＆kindid＝0＆docid＝101875201。

[29].王毅：在廣東東莞台商協會慶典上的致辭，參見2011年1月《台聲》雜誌，第21頁。

[30].朱衛東：《後ECFA時期兩岸政治談判的準備與路徑》，2011-06-15，
http：//www.chinareview-news.com/doc/1017/3/3/3/101733366.html？coluid=0＆kindid=0＆docid=101733366。

[31].龍應台：《臺灣人為何不想統一》，2012-10-06，http：//www.zhgpl.com/crn-webapp/mag/doc-Detail.jsp？coluid=0＆docid=102257320。

[32].單玉麗：《強化兩岸文化交流與經濟合作互動，推動兩岸關係和平發展》，載中國統一戰線理論研究會、兩岸關係理論福建研究基地編：《第四屆「和諧海峽」論壇論文集》，2011年12月，第56頁。

[33].朱衛東：《後ECFA時期兩岸政治談判的準備與路徑》，2011-06-15，
http：//www.chinareview-news.com/doc/1017/3/3/3/101733366.html？coluid=0＆kindid=0＆docid=101733366。

[34].胡錦濤：《攜手推動兩岸關係和平發展 同心實現中華民族偉大復興——在紀念〈告臺灣同胞書〉發表30周年座談會上的講話》，
http：//news.xinhuanet.com/newscenter/2008-12/31/content_10586495_2.htm。

[35].同上。

[36].同上。

[37].《豐富「一國兩制」實踐和推進祖國統一》，20121108，
http：//news.xinhuanet.com/video/2012-11/08/c_123929967.htm。

[38].俞新天：《對擴大臺灣國際空間的思考》，參見2009年3月《中國評論》。

[39].《馬英九：兩岸和諧現況實屬空前》，2010-02-01，
http：//www.chinareviewnews.com/doc/1012/1/7/0/101217034.html？coluid=0＆kindid=0＆docid=101217034；《馬英九：ECFA有助區域和平》，2010-04-27，
http：//www.chinareviewnews.com/doc/1013/0/3/5/101303580.html？coluid=0＆kindid=0＆docid=101303580。

[40].「七二體制」是指中日兩國恢復邦交關係的聲明中關於臺灣問題的主張。

主要參考資料

一、文獻和書目

1.才家瑞.對「臺灣意識」和中國意識的幾點思考〔J〕.臺灣研究,1999(2).

2.馬英九,蕭萬長.治國:臺灣贏的新策略〔M〕.臺灣:商周文化事業股份有限公司,2007.

3.馬英九編.兩岸關係的回顧與前瞻〔M〕.臺灣:「行政院大陸委員會」,1992.

4.包宗和.台海兩岸互動的理論與政策面向:1950—1989〔M〕.臺灣:三民書局,1991.

5.王波.政治認同問題研究〔D〕.北京:中國人民大學博士學位論文,2006.

6.王紅英.大戰略——鄧小平與祖國統一〔M〕.北京:九州出版社,2004.

7.王曉波.臺灣意識的歷史考察〔M〕.臺灣:海峽學術出版社,2001.

8.王爾理.政治文化導論〔M〕.臺灣:五南圖書出版股份有限公司,2002.

9.王英津.國家統一模式研究〔M〕.北京:九州出版社,2008.

10.王高成編.臺灣的戰略未來〔M〕.臺灣:華揚文教事業股份有限公司,2006.

11.石之瑜.當代臺灣的中國意識〔M〕.臺灣:正中書局,1993.

12.史明.臺灣不是中國的一部分:臺灣社會發展四百年史〔M〕.臺灣:前衛出版

社，1992.

13.史明.臺灣民族主義與臺灣獨立革命〔M〕.臺灣：前衛出版社，2001.

14.朴鐘佑.台海兩岸與韓半島統一問題之比較研究〔D〕.北京：中國人民大學博士學位論文，2011.

15.盧建榮.分裂的國族認同（1975—1997）〔M〕.臺灣：麥田出版社，1999.

16.劉紅.試論海峽兩岸主要矛盾性質的演變〔J〕.臺灣研究，1997（3）.

17.劉紅.民進黨執政狀況研究〔M〕.北京：九州出版社，2003.

18.劉紅.臺灣主要社會意識與現實的關係分析〔J〕.臺灣研究，2006（1）.

19.劉紅.「台獨」誤導「國家認同」的階段、要點簡述〔J〕.北京聯合大學學報，2012（1）.

20.劉一德.大難臨頭的臺灣：臺灣國家主義的誕生〔M〕.臺灣：日臻出版公司，1997.

21.劉文斌.臺灣國家認同變遷下的兩岸關係〔M〕.臺灣：問津堂書局，2005.

22.劉性仁.主權爭議何去何從？〔M〕.臺灣：時英圖書出版有限公司，2004.

23.劉國深.論百年來的「臺灣認同」的異化問題〔J〕.臺灣研究集刊，1995（4）.

24.劉國基.「兩國論」全面觀察——李登輝「遜位」前世紀末的豪賭〔M〕.臺灣：海峽學術出版社，1999.

25.許世銓.激盪中的臺灣問題〔M〕.北京：九州出版社，2007.

26.朱衛東.從民意調查看臺灣民眾統獨趨向〔J〕.臺灣研究，1998（4）.

27.朱諶.民族主義的背景與學說〔M〕.臺灣：編譯館，2000.

28.江宜樺.自由主義、民族主義和國家認同〔M〕.臺北：揚智文化事業股份有限公司，2000.

29.江宜樺.自由論——西方自由主義的發展〔M〕.臺灣：聯經出版事業公司，2001.

30.江宜樺.自由民主的理路〔M〕.臺灣：聯經出版事業公司，2001.

31.呂華維.臺灣的認同與國家安全之研究〔D〕.淡江大學碩士學位論文，2002.

32.許慶雄.臺灣「建國」的理論基礎〔M〕.臺灣：前衛出版社，2000.

33.莊禮偉.百年來臺灣文化的源流、屬性和變遷〔J〕.東南亞研究，2005（3）.

34.李非.海峽兩岸經濟關係通論〔M〕.福建：鷺江出版社，2008.

35.李鵬.海峽兩岸關係分析論〔M〕.福建：鷺江出版社，2009.

36.李道湘.「文化台獨」理論及其批判〔J〕.中央社會主義學院學報，2003（3）.

37.李松林，楊建英.中國共產黨反分裂反台獨鬥爭及經驗研究〔M〕.北京：人民出版社，2009.

38.李義虎.國際政治與兩岸關係新思維〔M〕.香港：中國評論出版社，2005.

39.李祖基.臺灣歷史研究〔C〕.北京：台海出版社，2005.

40.李硯琴.從臺灣文化源頭看兩岸統一的文化基礎〔J〕.信陽師範學院學報，2006（5）.

41.李登輝.臺灣的主張〔M〕.臺灣：遠流出版事業股份有限公司，1999.

42.李登輝，中島嶺雄.亞洲和智略〔M〕.臺灣：遠流出版事業股份有限公司，2000.

43.李國祁.臺灣（國家）的認同結構〔J〕.洪泉湖，謝政諭編.百年來兩岸民族主義的發展與反省.臺灣：東大圖書股份有限公司，2002.

44.邵宗海等.族群問題與族群關係〔M〕.臺灣：幼獅文化事業公司，1995.

45.宋淑玉.馬英九執政時期「一個中國認同」問題解析〔J〕.思想理論教育導刊，2012（6）.

46.嚴安林.臺灣對外關係大變局〔M〕.上海：上海社會科學出版社，2011.

47.張亞中.兩岸統合論〔M〕.臺灣：生智文化事業有限公司，2000.

48.張鳳山.「台獨」的歷史演變〔M〕.北京：九州出版社，2008.

49.張五嶽.分裂國家互動模式與統一政策比較研究〔M〕.臺北：業強出版社，1992.

50.張優德.臺灣地區宗教的歷史與現狀及其對策研究〔J〕.宗教學研究，2001（1）.

51.張茂桂.族群關係與國家認同〔M〕.臺北：業強出版社，1993.

52.張麟征.歧路上的臺灣〔M〕.臺灣：海峽學術出版社，2000.

53.吳玉山.兩岸關係中的臺灣意識與中國意識〔J〕.新境界文教基金會編.中國事務論文集，2001.

54.陳孔立.臺灣學導論〔M〕.臺灣：博揚文化事業有限公司，2004.

55.陳孔立.臺灣歷史的集體記憶與民眾的複雜心態〔J〕.臺灣研究集刊，2003（3）.

56.陳荔彤.臺灣主體論〔M〕.臺灣：元照出版社，2002.

57.陳春生.臺灣主權與兩岸關係〔M〕.臺灣：翰蘆圖書出版有限公司，2000.

58.陳芳明.探索臺灣史觀〔M〕.臺灣：《自立晚報》出版部，1992.

59.陳毓鈞.我們是誰？臺灣是什麼？——臺灣的現在、過去和未來〔M〕.上海：上海譯文出版社，2006.

60.蘇起.危險邊緣：從「兩國論」到「一邊一國」〔M〕.臺灣：天下遠見出版股份有限公司，2003.

61.蘇格.美國對華政策與臺灣問題〔M〕.北京：世界知識出版社，1998.

62.鄒振東.臺灣政治文化的符號變遷研究〔D〕.廈門大學博士學位論文，2007.

63.鄭欽仁.「臺灣國家論」：歷史文化意識與國民意識的形成〔M〕.臺灣：前衛出版社，2009.

64.鄭曉雲.文化認同與文化變遷〔M〕.北京：中國社會科學出版社，1992.

65.林勁.淺析現階段臺灣的「國家認同」危機〔J〕.臺灣研究集刊，1993（3）.

66.林震.論臺灣民主化進程中的國家認同問題〔J〕.臺灣研究集刊，2001（6）.

67.林文程.中共談判的理論與實務——兼論台海兩岸談判〔M〕.臺灣：麗文文化事業有限公司，2000.

68.楊妍.地域主義與國家認同〔M〕.天津：天津人民出版社，2007.

69.楊開煌.出手——胡政權對台政策初探〔M〕.臺灣：海峽學術出版社，2005.

70.〔日〕若林正丈.臺灣：分裂國家與民主化〔M〕.洪金珠，許佩賢，譯.臺灣：月旦出版社股份有限公司，1995.

71.周志懷.新時期對台政策與兩岸關係和平發展〔C〕.北京：華藝出版社，2009.

72.周宏濤.臺灣走過戰後貧窮與不安的歷程〔M〕.臺灣：淩天出版社，2006.

73.周忠菲等.「台獨」的國際背景〔M〕.北京：九州出版社，2009.

74.周繼祥.政治學——21世紀的觀點〔M〕.臺灣：威仕曼文化事業有限公司，2005.

75.連橫.臺灣通史〔M〕.北京：九州出版社，2008.

76.姚同發.臺灣歷史文化淵源〔M〕.北京：九州出版社，2002.

77.洪永泰等.2004年臺灣政治紀實〔Z〕.臺灣：公民教育基金會，2004.

78.洪泉湖，謝政諭.百年來兩岸民族主義的發展與反省〔M〕.臺灣：東大股份出版，1992.

79.郝志東編.國家認同與兩岸未來〔M〕.澳門：澳門大學出版社，2008.

80.費孝通.中華民族多元一體格局（修訂本）〔M〕.北京：中央民族大學出版社，2003.

81.施正鋒.群眾與民族主義：集體認同的政治分析〔M〕.臺灣：前衛出版社，1998.

82.施正鋒.國家認同之文化論述〔M〕.臺灣：臺灣國際研究學會，2006.

83.胡佛.政治變遷與民主化〔M〕.臺灣：三民書局，1998.

84.趙森.國家認同與兩岸統一模式研究〔D〕.北京：北京大學博士學位論文，2011.

85.趙勇.臺灣政治轉型與分離傾向〔M〕.北京：中央編譯局出版社，2008.

86.趙全勝.分裂與統一：中國、韓國、德國、越南經驗之比較研究〔M〕.臺灣：桂冠圖書公司，1994.

87.趙春山.大陸政策與兩岸關係〔M〕.臺灣：民主基金會，1991.

88.袁偉.兩岸圖書出版業交流評析〔J〕.臺灣研究，2000（1）.

89.徐宗懋.臺灣人論〔M〕.臺灣：時報公司，1993.

90.徐宗懋.日本情結：從蔣介石到李登輝〔M〕.臺灣：天下文化出版股份有限公司，1997.

91.郭洪紀.臺灣意識與中國情緒〔M〕.臺灣：慧明文化事業有限公司，2002.

92.郭燕.國家認同：危機與重構〔M〕.北京：中央黨校出版社，2010.

93.郭燕.國家認同與臺灣問題〔M〕.香港：社會科學出版社有限公司，2011.

94.蕭高彥.國家認同、民族主義與民主「憲政」〔J〕.臺灣社會研究季刊，1997（26）：1-27.

95.蕭新煌.新臺灣人的心——國家認同的新圖像〔M〕.臺灣：新自然主義股份有限公司，2002.

96.閻學通.中國國家利益分析〔M〕.天津：天津人民出版社，1997.

97.黃文雄.臺灣——「國家」的條件〔M〕.臺灣：前衛出版社，1990.

98.黃俊傑.臺灣意識與臺灣文化〔M〕.臺灣：正中書局，2000.

99.黃嘉樹.臺灣能獨立嗎——透視「台獨」〔M〕.海南：南海出版公司，1994.

100.詹石窗.傳統宗教與民間信仰在海峽兩岸交流中的作用〔J〕.世界宗教研究，2001（4）.

101.葛永光.文化多元主義與國家整合：兼論中國認同的形成與挑戰〔M〕.臺灣：正中書局，1993.

102.彭維學.「台獨」的社會基礎〔M〕.北京：九州出版社，2008.

103.褚靜濤.台海衝突與交流〔M〕.臺灣：海峽學術出版社，2007.

104.蔡瑋.新世紀的兩岸秩序〔M〕.臺灣：海峽學術出版社，2002.

105.廖中山.海洋臺灣V.S.大陸中國〔M〕.臺灣：海洋出版社，1995.

106.蔡孟熹.臺灣民眾族群認同、統獨立場與政黨偏好變遷之研究〔D〕.臺灣：政治大學碩士學位論文，1997.

107.魏嘉南.國家認同理論與臺灣經驗論述之研究〔D〕.臺灣：東海大學碩士學位論文，2002.

108.戴國輝.臺灣結與中國結〔M〕.臺灣：遠流出版事業股份有限公司，1994.

109.中共中央文獻研究室.「一國兩制」重要文獻選編〔M〕.北京：中央文獻出版社，1997.

110.中共中央黨校，中台辦.中共三代領導人談臺灣問題〔C〕.北京，2001年9月。

111.中華文化學院.走向世界的中華文化〔C〕.北京：五洲傳播出版社，2009.

112.中國和平統一促進會.鄧小平論祖國統一〔Z〕.北京：團結出版社，1995.

113.中國社會科學院臺灣研究所.臺灣研究論文集（1988—2011）〔C〕.北京.

114.軍事科學院.「臺灣意識」與臺灣戰略思維〔R〕.北京，2009.

115.全國臺灣研究會.臺灣（1992—2011）〔Z〕.北京.

116.國台辦研究局.臺灣問題文獻資料選編〔Z〕.北京：人民出版社，1994.

117.國台辦.中國臺灣問題外事人員讀本〔M〕.北京：九州出版社，2006.

118.海峽兩岸研究協會.兩岸對話與談判重要文獻選編〔Z〕.北京：九州出版社，2004.

119.「中央通訊社」.世界年鑒（歷年）〔Z〕.臺灣.

120.行政院新聞局.「中華民國」年鑒（歷年）〔Z〕.臺灣.

二、報刊和媒體

綜合報刊

《人民日報（海外版）》、《台港澳情況》、《參考消息》

《中央日報》、《中國時報》、《中國時報週刊》、《海峽評論》、《聯合報》、《新新聞》

對台雜誌

中共中央臺灣工作辦公室：《臺灣工作通訊》

中國和平統一促進會：《統一論壇》

社科院臺灣研究所：《臺灣研究》、《臺灣週刊》

海峽兩岸關係協會：《兩岸關係》

全國臺灣同胞聯誼會：《台聲》

廈門大學臺灣研究院：《臺灣研究集刊》

福建社科院臺灣研究所：《現代臺灣研究》

主要網站

中國臺灣網：http://www.chinataiwan.org

中國評論網：http://www.zhgpl.com/

華夏經緯網：http://www.huaxia.com/

海峽之聲網：http://www.vos.com.cn/

新華網：http://xinhuanet.com

中國時報：http://www.chinatimes.com.tw/

中國國民黨全球資訊網：http://www.kmt.org.tw/

民主進步黨：http://www.dpp.org.tw/

自由時報：http://www.libertytime.com.tw/

遠見民調中心網：http://www.gvm.com.tw/

政治大學選舉研究中心網：http://esc.nccu.edu.tw/newchinese/data/Taiwan-

ChineseID.htm

聯合報：http://www.udn.cow/

後記

　　自南京大學歷史系77級畢業後，我一直從事中國國民黨史和臺灣問題研究。在規劃退休前的安排時，原想把30年來發表的學術論文、時政評論和新聞媒體訪談稿，編成文集出版。由於此類拙稿稍微多了些，經歷時間長了些，難於收集齊全不說，作為一般學者的言論也不值得如此動作。於是，總想選一個專題進行研究，作為退休前的學術總結。在進行臺灣「國家認同」問題研究中，我研究和撰寫的相關內容，從主題、內涵、篇幅和結構上看，可以先出《臺灣「國家認同」問題概論》，作為課題中期成果，作為我退休前的學術總結和業務交代。為了完善這一研究，希望各位同行和朋友指教。

　　回憶幾十年的研究經歷，始終不變的，是研究中國國民黨史和臺灣問題的方向、熱情和幹勁。在本題脫稿完成之際，在退休前夕，心中只剩下感謝。

劉紅

國家圖書館出版品預行編目(CIP)資料

臺灣國家認同問題與歷史沿革概論 / 劉紅 編著. -- 第一版. -- 臺北市：崧燁文化，2019.01

面 ； 公分

ISBN 978-957-681-755-7(平裝)

1.臺灣政治 2.國家認同

573.07　　　107023361

書　名：臺灣國家認同問題與歷史沿革概論
作　者：劉紅 編著
發行人：黃振庭
出版者：崧燁文化事業有限公司
發行者：崧燁文化事業有限公司
E-mail：sonbookservice@gmail.com
粉絲頁　　　　　　網　址：
地　址：台北市中正區重慶南路一段六十一號八樓815室
8F.-815, No.61, Sec. 1, Chongqing S. Rd., Zhongzheng Dist., Taipei City 100, Taiwan (R.O.C.)
電　話：(02)2370-3310　傳　真：(02) 2370-3210
總經銷：紅螞蟻圖書有限公司
地　址：台北市內湖區舊宗路二段121巷19號
電　話：02-2795-3656　　傳真：02-2795-4100　網址：
印　刷：京峯彩色印刷有限公司（京峰數位）

　　本書版權為九州出版社所有授權崧博出版事業股份有限公司獨家發行電子書繁體字版。若有其他相關權利及授權需求請與本公司聯繫。

定價：600 元

發行日期：2019 年 01 月第一版

◎ 本書以POD印製發行